VA-296

BIBLIOGRAPHIE
RAUMPLANUNG IM RUHRGEBIET

DORTMUNDER BEITRÄGE ZUR RAUMPLANUNG.
– BIBLIOGRAPHIEN BAND 1 –

Herausgegeben vom
Institut für Raumplanung (IRPUD)
Abteilung Raumplanung, Universität Dortmund

DORTMUNDER BEITRÄGE ZUR RAUMPLANUNG

BIBLIOGRAPHIEN
BAND 1

BIBLIOGRAPHIE RAUMPLANUNG IM RUHRGEBIET

Verfasser:	Rainer Stierand
unter Mitarbeit von:	Hanns-Jürgen Maszner
Programm und Datentechnik:	Werner Killing
Redaktion und Layout:	Ursula v. Petz

IRPUD
INSTITUT FÜR RAUMPLANUNG
ABTEILUNG RAUMPLANUNG
UNIVERSITÄT DORTMUND

Redaktionelle Betreuung :
Ursula v. Petz, Bereich Dokumentation (IRPUD)

Druckvorbereitung und Vertrieb:
Institut für Raumplanung der
Universität Dortmund (IRPUD)
Postfach 500 500
4600 Dortmund 50

Die Reihe erscheint im Selbstverlag des
Instituts für Raumplanung (IRPUD).
Nachdruck, auch auszugsweise, nur mit Genehmigung
des Herausgebers.

Druck:
Siedlungsverband Ruhrkohlenbezirk, Essen
Bindearbeiten:
Walter Knüfken, 4300 Essen

Dortmund 1976

ISBN 3-88211-002-3

Zu diesem Band

Wenn die Abteilung Raumplanung der Universität trotz vorhandener Dokumentationssysteme innerhalb ihrer Schriftenreihe DORTMUNDER BEITRÄGE ZUR RAUMPLANUNG, eine Reihe BIBLIOGRAPHIEN herausgibt, so geschieht dies aus mehreren Gründen:

Vorhandene Dokumentationssysteme stehen nicht allen Planern kurzfristig zur Verfügung, ihr Zugang ist beschränkt und oft mit zusätzlichem Kosten- und Zeitaufwand verbunden. Bibliographien, die dem Raumplaner die notwendigen Informationen zu einzelnen Fragestellungen geben, sind in der Bundesrepublik Deutschland vereinzelt vorhanden. Dies erschwert die notwendige Basisinformation bei der Bearbeitung von Forschungsvorhaben auf dem Gebiet der Raumplanung und macht oft schon deshalb Schwierigkeiten, da viele Beiträge raumrelevanter Disziplinen nur in sektoralen disziplinären Bibliographien auftauchen, die aufgrund ihrer fachbezogenen Systematik nur schwer zugänglich sind.

Die BIBLIOGRAPHIEN der DORTMUNDER BEITRÄGE ZUR RAUMPLANUNG sind darauf ausgerichtet, den aktuellen Bedürfnissen der Basisinformation der Raumplaner entgegenzukommen, die spezifische Forschungs- und Planungsprobleme zu lösen haben und sich dabei gezielt einen Überblick über vorhandene, Veröffentlichungen verschaffen wollen und müssen. Die BIBLIOGRAPHIEN, die meist als Nebenprodukt der intensiven Beschäftigung mit Einzelproblemen durch wissenschaftliche Mitarbeiter der Abteilung Raumplanung entstehen und sich durch die Kenntnis der Informationsbedürfnisse auszeichnen sollen, werden in Zukunft in unregelmäßigen Abständen veröffentlicht.

Das Ruhrgebiet ist an der Abteilung Raumplanung seit ihrer Gründung - nicht zuletzt aufgrund der Verpflichtung der Abteilung gegenüber dem Standort der Universität - physischer und sozio-ökonomischer Gegenstand verschiedener Forschungsaktivitäten, der Lehre, von Veranstaltungen sowie von Studienprojekten, deren Anspruch darin besteht, an der Praxis der Raumplanung orientiert zu sein und die vorrangigen Planungsprobleme des Ruhrgebietes zu behandeln. Aus diesem Grund war schon sehr bald nach Gründung der Abteilung Raumplanung an der Universität Dortmund das Bedürfnis entstanden, gerade Material zu diesem Thema zu sammeln und zu sichten.

Mit dem vorliegenden ersten Band der Reihe BIBLIOGRAPHIEN innerhalb der DORTMUNDER BEITRÄGE ZUR RAUMPLANUNG wird daher eine Publikation vorgelegt, die als Arbeitshilfe für all diejenigen gedacht ist, die sich mit dem Thema "Ruhrgebiet" beschäftigen oder dort als Planer tätig sind.

Institut für Raumplanung (IRPUD)
für die Schriftenkommission der
Abteilung Raumplanung der
Universität Dortmund

INHALT

		Seite
1.	Vorwort	I
2.	Einleitung	V
2.1.	Hinweise zur Benutzung	V
2.2.	Beschreibung der Ausgabe	IX
2.3.	Programmablauf	IX
3.	Gliederung	
3.1.	Regionale Gliederung	XI
3.2.	Sachgliederung	XIV
4.	Bibliographie	Blatt 1
5.	Registeranhang	
5.1.	Namensregister	001
5.2.	Institutionenregister	023

Karte der Verwaltungsgrenzen im SVR-Gebiet   VI

1. Vorwort

Die hiermit veröffentlichte Literaturzusammenstellung gibt den gegenwärtigen Stand unserer Arbeit an einer Bibliographie wieder, die zu einem späteren Zeitpunkt die raumplanungsrelevante Literatur über das Ruhrgebiet seit 1960 möglichst vollständig umfassen soll. Zur Abgrenzung des Ruhrgebiets haben wir die Grenzen des Siedlungsverbandes Ruhrkohlenbezirk zugrundegelegt, durch die noch immer von den Planungsproblemen her ein typisches und von der Wirtschafts-, Bevölkerungs- und Siedlungsstruktur her relativ einheitliches Gebiet umschrieben wird.

Die Absicht dieser Literaturzusammenstellung ist es in erster Linie, dem hier im Ruhrgebiet tätigen Planer einen Überblick zu geben über die für das Ruhrgebiet insgesamt und die einzelnen Teilgebiete verfügbaren Planungsgrundlagen, (-daten, -ziele, -instrumente) Beschreibungen und Bewertungen der Planungsentwicklung, die in Form von Veröffentlichungen, Papieren, Manuskripten usw. vorliegen. Sie will natürlich eine Literaturdokumentation (mit Inhaltsangaben zu den einzelnen Titeln) nicht ersetzen, die hier im Hause ebenfalls begonnen wurde, aber nur eine wesentlich kleinere Auswahl von Titeln berücksichtigen kann.

Die Adressaten sind die Planer in der öffentlichen Verwaltung, d.h. in den Kommunen sowie auf Bezirks- und Landesebene. Es sind außerdem die Studenten, die am Beispiel einer langen Planungstradition im Ruhrgebiet Raumplanung studieren oder sich mit der Region beschäftigen, weil diese Bevölkerung, die Wirtschaft und die Siedlungsstruktur ihr besonderes Interesse und Engagement herausfordert. Wir hoffen, daß wir auch der Planungsforschung über das Ruhrgebiet und den verschiedenen Gutachtern nützliche Hinweise zu Planungsproblemen liefern können.

Die Bibliographie ist von ihrem Verwendungszweck her konzipiert. Sie wird in dieser Form nicht nur aus Freude an der Sache oder einfach der möglichst großen Vollständigkeit halber zusammengetragen, sondern baut auf Erfahrungen über die Informationsbedürfnisse der Planung und Planerausbildung im Ruhrgebiet auf, die sich in der Abteilung Raumplanung der Universität Dortmund herausgestellt haben. Ausgangspunkt war die Literatur, die bei Forschungsarbeiten, Gutachten, Diplomarbeiten und Studienprojekten hier in der Abteilung gebraucht wurde und die uns aus diesem Arbeitszusammenhang heraus als Informationsgrundlage für die zukünftige Arbeit über das Ruhrgebiet notwendig oder berücksichtigungswert erscheint.

Eine wichtige Orientierung bei der Literaturauswahl boten die Ergebnisse einer "Umfrage" bei den Kommunalverwaltungen und Stadtarchiven im Ruhrgebiet, die wir gebeten haben, uns die für ihre Gemeinde wichtige Planungsliteratur zusammenzustellen.

Die Definition von Raumplanung, die der Literaturauswahl zugrundegelegt wurde, umfaßt folgende Problemfelder und die ihnen zugeordneten Planungen:

- die gegebene Raumstruktur und ihre Entwicklung. Sie wird bestimmt durch die naturräumlich/ökologische Struktur eines Gebietes (Umweltgüteplanung, Landschaftsplanung), die materiell-technische Struktur (Verkehrsplanung, Versorgungsplanung, Bauplanung einschließlich Städtebau) und die "immaterielle" Struktur, d.h. insbesondere die rechtliche und ökonomische Verfassung des Bodens (Bodennutzungsplanung);

- die räumlichen Voraussetzungen und Konsequenzen der wirtschaftlichen Produktion, insbesondere unter den Gesichtspunkten der regionalen Wirtschaftsforschung und -politik (Gebietswirtschaftsplanung, Gewerbeplanung, betriebliche Standortplanung);

- die Lebensverhältnisse der Bevölkerung in den betreffenden Gebieten, insbesondere die räumlichen Bedingungen, unter denen die einzelnen Bevölkerungsgruppen arbeiten und wohnen unter sozialgeographischen und sozialpolitischen Gesichtspunkten (Zuordnung von Arbeits- und Wohnplätzen, Wohnplanung, Planung der sozialen Infrastruktur)

sowie:

- die rechtlichen Formen und institutionellen Regelungen dieser Planungen;

- die finanziellen, organisatorischen und personellen Ressourcen für diese Planungen;

- die praktischen Verfahrensweisen und wissenschaftlichen Hilfsmittel (Theorien und Techniken) bei diesen Planungen.

Wir haben uns zum Einsatz der EDV entschlossen, um die laufenden Ergänzungen und Korrekturen einfacher durchführen zu können und mit vertretbarem Aufwand jeweils vollständige Listen zur Verfügung zu haben. Der Leser dieser Schrift kann daran freilich nur über eine baldige Neuauflage partizipieren. (Der jeweils neueste Ausdruck ist für Auswärtige in der Bereichsbibliothek Raumplanung einsehbar).

Diese Bibliographie wäre ohne die Mithilfe sehr vieler Institutionen und Einzelpersonen nicht zustandegekommen. Wir sind deshalb schon vielen zu Dank verpflichtet, ohne sie hier im einzelnen alle nennen zu können. Speziell danke ich dem Siedlungsverband Ruhrkohlenbezirk für die gewährte materielle Unterstützung, besonders Herrn Höttger für die Aufmerksamkeit gegenüber unserem langwierigen Unternehmen. Ich danke besonders auch den Kommunen, die uns teilweise mit erheblichem Arbeitsaufwand Literaturtitel zusammengestellt oder uns Literatur geschickt haben. Leider ist in manchen Städten unsere Anfrage "untergegangen", was zu Lücken in der vorliegenden Veröffentlichung geführt hat. Ich danke weiterhin dem Deutschen Institut für Urbanistik, Berlin, das uns seine Literaturdokumentation zur Auswertung zur Verfügung gestellt hat.

Natürlich haben auch die bestehenden einschlägigen Bibliographien weitergeholfen, insbesondere die

Bibliographie des Ruhrgebiets. Das Schrifttum über Wirtschaft und Verwaltung 1960-1963. Verfasser: Hermann Corsten;
Westfälische Bibliographie. Bearbeitet von der Stadt- und Landesbibliothek Dortmund;
Essener Bibliographie. Herausgeber: Stadtbibliothek Essen. Bearbeitet von Alfred Peter.

Schließlich danke ich unseren Kollegen und Studenten in der Abteilung Raumplanung, die uns mitgeholfen haben, Frau Wölk vom Rechenzentrum der Universität Dortmund, die die Titel abgelocht hat, und Frau Ehrke von der Bereichsbibliothek Raumplanung.

Als Verfasser der Bibliographie bzw. als Projektleiter bei diesem Vorhaben und zugleich als Bibliotheksbeauftragter der Abteilung bitte ich alle Leser, uns mit ihren Informationen bei der Ergänzung oder Korrektur der bisher gesammelten Literatur behilflich zu sein, damit wir zu gegebenem Zeitpunkt eine zweite vervollständigte Ausgabe dieses Bandes erstellen können. Noch eine Bitte: Wir benötigen für Dokumentation und Präsenzbibliothek weiterhin die "graue Literatur" aus Kommunen, Planungsbüros, Gutachtergruppen usw., die über den Buchmarkt nicht erhältlich ist.

Für Literaturauswahl und Aufbau der Bibliographie zeichnet der Verfasser verantwortlich. Kritik und Anregungen bitte an ihn.

Dortmund, November 1976

Rainer Stierand

2. Einleitung

2.1. Hinweise zur Benutzung

Die Bibliographie ist im hier vorliegenden Ausdruck zweistufig gegliedert. Übergeordnet sind die regionalen Einheiten, zu deren Abgrenzung die Verwaltungsgrenzen v o r der kommunalen Neugliederung vom 1.1.1975 dienen (siehe umseitige Karte. Für eine spätere gesonderte Auflage der Literatur seit 1975 sollen die neuen Verwaltungsgrenzen zugrundegelegt werden). Die Abgrenzung des "Ruhrgebiets" erfolgte durch die Grenzen des Siedlungsverbandes Ruhrkohlenbezirk. Dieses Gebiet wird zunächst untergliedert in die beiden Teile, die den Landschaften Rheinland und Westfalen angehören (Grenzen der Landschaftsverbände). Eine weitere Gliederung erfolgt, indem zunächst die kreisfreien Städte im Ruhrgebiet betrachtet werden und danach die Kreise. Diese sind mit den Gebietsteilen einbezogen, die in dem SVR-Gebiet liegen. Schließlich werden unabhängig von ihrer Größe die Gemeinden des Ruhrgebietes in alphabetischer Reihenfolge aufgeführt, soweit Planungsliteratur über sie bei uns vorliegt.

Wir haben die Obergliederung nach den Gebietseinheiten gewählt, weil wir davon ausgehen, daß der Planer in den meisten Fällen Informationen über bestimmte, je nach dem Planungsproblem anders abgegrenzte, Teilräume des Ruhrgebietes oder Planungsgrundlagen für einzelne Städte und Gemeinden benötigen wird und sich erst innerhalb dieser Gebiete für bestimmte Themen interessieren wird. Der Regionalgliederung nachgeordnet ist deshalb in der vorliegenden Fassung der Bibliographie eine Untergliederung nach Themen für jede einzelne der genannten Gebietseinheiten. Zweifellos wäre auch ein umgekehrtes, von einer thematischen Obergliederung ausgehendes, Vorgehen bei einer wissenschaftlich-systematischen Verwendungsabsicht sinnvoll. Wir haben uns hier bewußt zugunsten einer größeren "Handlichkeit" unserer Literaturzusammenstellung für die Praxis entschieden.

Die Untergliederung nach einzelnen Sachgebieten oder Themen ist sehr grob gehalten, um die Übersichtlichkeit zu wahren.

VERWALTUNGSGRENZEN IM SVR-GEBIET
MASSTAB 1:50 000, STAND 1.1.74

QUELLE: VERWALTUNGSGRENZENKARTE MASSTAB 1:50 000, LANDESPLANUNGSBEHÖRDE DÜSSELDORF

Sie lehnt sich an eine Gliederung des Dokumentationsverbundes zur Orts-, Regional- und Landesplanung an, die sehr deutlich kommunale Belange in den Vordergrund stellt. Weil auch wir vor allem der kommunalen und regionalen Planung im Ruhrgebiet Informationen liefern wollen und um die Vergleichbarkeit zu wahren, haben wir diese Gliederung zunächst übernommen, mußten sie aber dann doch für unsere Zwecke in vielen Punkten abändern.

Es bleibt zu erwähnen, daß die Ordnung der einzelnen Literaturtitel nach Erscheinungsjahr erfolgt, falls zu einem Gebiet und zu einem Sachgesichtspunkt mehr als ein Titel genannt ist.

Die Titelaufnahme ist in ihrem Aufbau und ihrer Vollständigkeit eher nach pragmatischen als nach "bibliothekarischen" Gesichtspunkten erfolgt (die Titelaufnahme erfolgte teilweise durch bibliothekarisch nicht geschulte Personen). Der Aufbau der Einzeltitel (vgl. unten Beschreibung der Ausgabe) nimmt auf die möglichst einfache maschinelle Bearbeitbarkeit Rücksicht; außerdem auf den sehr beschränkt zur Verfügung stehenden Platz.

Die Benutzungsmöglichkeiten sind im folgenden in vier Varianten aufgeführt:

a) Der "Benutzer" wird sich mit der Bibliographie normalerweise einen Überblick über die Literatur zu einem bestimmten Gebiet (und hier wieder zu einem bestimmten Thema) verschaffen wollen. In diesem Falle sucht er in der "Regionalen Gliederung" auf Seite XI dieses Gebiet, das dort mit der amtlichen Bezeichnung und in der verwaltungsmäßigen Abgrenzung aufgeführt ist, wie sie vor dem 1.1.1975 gegolten hat. Die hier angegebenen Schlüsselnummern verweisen auf die zu diesem Gebiet vorhandenen Literaturtitel, die er dort thematisch untergliedert und nach Erscheinungsjahren geordnet vorfindet.

b) Der Benutzer sucht die von einer bestimmten Person (Autor, Herausgeber usw.) bearbeitete Literatur.

In diesem Falle findet er im "Namensregister" (S.001) die in der Bibliographie vertretenen Personen mit Zu- und Vornamen und dem Verweis auf die Nummer des Titels, unter der sie in der Bibliographie stehen. Die Titel sind in der Bibliographie fortlaufend durchnumeriert.

Findet sich ein und derselbe Titel unter verschiedenen regionalen oder sachlichen Kriterien mehrmals, so ist in der Namensliste die Titelnummer nur einmal angegeben. Aus der Kopfleiste des betreffenden Titels ist aber ersichtlich, unter welchem Gebiet und Thema er außerdem noch genannt ist.

c) Der Benutzer sucht die von einer bestimmten Institution bearbeiteten, herausgegebenen oder in Auftrag gegebenen Titel.

In diesem Fall findet er im "Institutionenregister" die in der Bibliographie vertretenen Institutionen mit dem Hinweis auf die Titelnummern. Diese sind in wenigen Gruppen zusammengefaßt und innerhalb dieser Gruppen alphabetisch geordnet. Auch hier sind Mehrfachnennungen des gleichen Titels ausgeschieden, sind aber über die in der Kopfleiste aufgeführten Nummern zu ermitteln.

Einige weitere Benutzerwünsche können in dieser verkleinerten und gebundenen Ausgabe nur mittelbar erfüllt werden. So ist eine Zusammenstellung aller enthaltenen Titel zu einem bestimmten Thema nur umständlich durch Aufsuchen in allen gebietlichen Untergliederungen möglich. Auf Sonderwunsch können solche Benutzer jedoch einen entsprechenden Originalausdruck leihweise erhalten. Auch eine Liste aller - oder zu bestimmten Themen oder Gebieten - aus bestimmten Jahren vorhandenen Titel kann leihweise zur Verfügung gestellt werden.

2.2. Beschreibung der Ausgabe

Jede Seite der Bibliographie besteht neben der immer gleichen Kopf- und Grundzeile einschließlich Blattzähler aus zwei Spalten zu je fünf Feldern, die spaltenweise von oben nach unten zu lesen sind. Ein Feld kann eine Literaturangabe oder einen Text aus dem Regionen- und Sachschlüssel enthalten. Die Schlüsseltexte führen jeweils in ein neues Gebiet und Thema ein.

Enthält ein Feld eine Titelangabe, stehen vor der eigentlichen Titelinformation (Autor, Herausgeber, Titel, Ort, Jahr etc.) noch einige Zahlenangaben (Gebiets- und Sachgebietsschlüssel). Im einzelnen besteht die Zahlenreihe aus vier dreistelligen Gebietsschlüsseln und vier zweistelligen Sachgebietsschlüsseln. Die dem Titel an dieser Stelle zugehörigen Schlüsselnummern sind die jeweils ersten der beiden Viereergruppen. Treten in ihnen weitere Zahlen ungleich Null auf, weisen sie auf die anderen Bereiche der Regionen bzw. Sachgebiete hin, bei denen dieser Titel ein weiteres Mal auftritt.

Die zweite Zahlenreihe enthält zuerst die fortlaufende Titelnummer als Referenznummer beim Aufsuchen von Titeln anhand der Autoren- und/oder Institutionenliste. Die zweite Zahl ist die von der Titeldatei eingelesene externe Titelnummer. Sie beginnt mit der Jahreszahl der Titelaufnahme in die Datei und dient hauptsächlich Korrektur- und Prüfzwecken. Die Buchstaben und Zahlen in dieser Zeile rechts geben die Signatur des Titels in der Bereichsbibliothek Raumplanung (BB) und in der Universitätsbibliothek Dortmund (UB) an (bisher unvollständig).

2.3. Programmablauf

Das Programmpaket RUHRBIB besteht aus den Programmen Ruhrbib 1, Ruhrbib 2, Ruhrbib 2a, Ruhrbib 3 sowie den Schlüsseldatensätzen S 1, S 2.

Ausgangspunkt ist die Titel-Basisdatei, die auf Lochkarten, Platte oder Band gespeichert, alle notwendigen Informationen und Codeziffern gemäß den Konventionen der Eingabebeschreibung enthält. Diese Datei wird von Ruhrbib 1 eingelesen. Damit die Information beim späteren Output unter mehr als einem Gliederungspunkt erscheinen kann, wird jeder Titelsatz ein- oder mehrfach, je nach Häufigkeit der Sach- und Regionalschlüssel (max. 16 mal) auf eine Zwischendatei geschrieben. Die Zwischendatei 2 ist mit 900 Bytes fester Satzlänge so beschaffen, daß sie auch die Maximaltexte aufnehmen kann.

In einem zweiten Schritt wird der Inhalt der Zwischendatei mit Hilfe der IBM-Sort-Utility sortiert. Danach steht, nach Maßgabe des Regionsschlüssels, des Sachgebietsschlüssels und des Erscheinungsjahres hierarchisch sortiert, die Information in der Zwischendatei 11.

Das Programm Ruhrbib 2 liest zunächst den Sachgebietsschlüssel S 1 und den Regionalschlüssel S 2 ein und erzeugt einen Ausdruck im Format DIN A 3. Nun wird jeder Titel-Satz aus der Zwischendatei 11 einzeln abgearbeitet und in das für jeden Titel neugeschaffene Druckfeld von 17 Zeilen zu je 45 Zeichen eingeordnet. Ändert sich ein Sach- und/oder Regionalschlüssel, wird ein mit den Schlüsseltexten versehenes Druckfeld vorab auf die Zwischendatei 12 ausgegeben. Nach Abarbeitung der Datei 11 wird die Arbeitsdatei 12 geschlossen. Die fertigen Druckfelder mit den Titel- oder Schlüsselinformationen werden sodann von der Datei 12 in Gruppen zu 10 Feldern im Format DIN A 3 angeordnet und mit Blattzählern versehen ausgedruckt.

Außerdem wird vom Programm Ruhrbib 2 eine Zwischendatei 3 erzeugt, welche alle vorkommenden Autorennamen mit internen und externen Titelnummern enthält. Für die sich anschließenden Autoren- und Institutionenlisten wird vom Programm Ruhrbib 2a dann jeder Autorensatz mit intern vergebener Titelnummer aufbereitet und auf die Zwischendateien 14 und 15 geschrieben.

Das Programm Ruhrbib 3 druckt nach alphabetischer Sortierung der Datei 14 die Autorenliste im Format DIN A 3 aus. Die Datei 15 dient zur Herstellung der Institutionenliste.

3. Regional- und Sachgliederung

3.1. REGIONALE GLIEDERUNG

100 ALLGEMEINE PLANUNGSGRUNDLAGEN UND -DATEN ZUR PLANUNG IM RUHRGEBIET

200 STELLUNG DES RUHRGEBIETS IM BUNDESGEBIET, IN NORDRHEIN-WESTFALEN U. ZU ANDEREN GEBIETEN

300 RUHRGEBIET

400 RHEINLAND

500 WESTFALEN

600 EINZELNE KREISFREIE STAEDTE

605 BOCHUM

610 BOTTROP

615 CASTROP-RAUXEL

620 DORTMUND

625 DUISBURG

630 ESSEN

635 GELSENKIRCHEN

640 GLADBECK

645 HAGEN

650 HAMM

655 HERNE

660 LUENEN

665 MUELHEIM AN DER RUHR

670 OBERHAUSEN

675 RECKLINGHAUSEN

680 WANNE-EICKEL

685 WATTENSCHEID

690 WITTEN

700 KREIS DINSLAKEN

710 ENNEPE-RUHR-KREIS

720 KREIS GELDERN

730 KREIS ISERLOHN

740 KREIS MOERS

750 KREIS REES

760 KREIS RECKLINGHAUSEN

770 KREIS UNNA

802 AHSEN

804 ALPEN

806 BERGKAMEN

808 BISLICH (DIERSFORT)

810 BOENEN

812 BORTH

REGIONALE GLIEDERUNG

814 BRECKERFELD
816 BUDBERG
818 BUEDERICH
820 DATTELN
822 DINSLAKEN
824 DORSTEN
826 ENNEPETAL
828 ERGSTE
830 FLAESHEIM
832 FROENDENBERG
834 GAHLEN (GARTROP-BUEHL, HUENXE)
836 GELDERN
838 GEVELSBERG
840 HALTERN
842 AMT HALTERN
844 HATTINGEN
846 HERBEDE
848 HERDECKE
850 HERTEN
852 AMT HERVEST-DORSTEN (WULFEN)
854 HOHENLIMBURG
856 HOLZWICKEDE
858 HOMBERG (NDRH.)
860 ISSUM
862 KAMEN
864 KAMP-LINTFORD
866 KAPELLEN
868 KERKEN
870 KEVELAER
872 KIRCHHELLEN
874 MARL
876 MOERS
878 NEUKIRCHEN-VLUYN
880 OER-ERKENSCHWICK
882 ORSOY
884 ORSOY-LAND
886 PELKUM
888 RHEINBERG
890 RHEINHAUSEN

REGIONALE GLIEDERUNG

892 RHEINKAMP
894 RHEURDT
896 RHYNERN
898 RUMELN-KALDENHAUSEN
900 SCHERMBECK (WESLERWALD)
902 SCHWELM
904 SCHWERTE
906 SONSBECK
908 SPROCKHOEVEL
910 STRAELEN
912 UENTROP
914 UNNA
916 VOERDE (NDRH.)
918 WACHTENDONK
920 WALSUM
922 WALTROP
924 WEEZE
926 WESEL
928 WESTERHOLT
930 WESTHOFEN
932 WETTER
934 XANTEN

S A C H G L I E D E R U N G

- 10 RAUMENTWICKLUNG, RAUMPLANUNG
- 11 — RAUMENTWICKLUNG, RAUMORDNUNG, LANDESPLANUNG, REGIONALPLANUNG
- 12 — STADTENTWICKLUNG, STADTPLANUNG, STADTERNEUERUNG, SANIERUNG
- 13 — WOHNUNGSWESEN, WOHNPLANUNG, BAUWESEN
- 14 — SIEDLUNGSBAU, ARBEITERSIEDLUNGEN
- 15 — STADTGESTALTUNG, DENKMALPFLEGE
- 16 — LANDSCHAFTSOEKOLOGIE, LANDSCHAFTSPLANUNG
- 17 — SIEDLUNGSGEOGRAPHIE, STADTGEOGRAPHIE
- 18 — GRUNDEIGENTUM, BODENNUTZUNG, BODENWERT, BODENORDNUNG

- 20 WIRTSCHAFT
- 21 — WIRTSCHAFTSSTRUKTUR, STRUKTURWANDEL, STRUKTURKRISE, WIRTSCHAFTSGEOGRAPHIE
- 22 — WIRTSCHAFTSPLANUNG, WIRTSCHAFTSPOLITIK, WIRTSCHAFTSFOERDERUNG
- 23 — BERGBAU
- 24 — METALLINDUSTRIE (EINSCHL. MONTANUNION)
- 25 — BAUWIRTSCHAFT, BAUINDUSTRIE
- 26 — ANDERE INDUSTRIEN
- 27 — GEMEINDEUNTERNEHMEN (OHNE INFRASTRUKTUR-EINRICHTUNGEN)
- 28 — UEBRIGE WIRTSCHAFTSZWEIGE

- 30 BEVOELKERUNG
- 31 — DEMOGRAPHIE, SOZIOGRAPHIE, STADTSOZIOLOGIE
- 32 — BERUF, ARBEIT, SITUATION DER ARBEITER
- 33 — ARBEITERBEWEGUNG, GEWERKSCHAFTEN
- 34 — SOZIALWESEN, SOZIALARBEIT, SOZIALPOLITIK
- 35 — PARTEIEN, VERBAENDE, VEREINE, KIRCHEN
- 36 — ERHOLUNG, FREIZEIT, URLAUB, SPORT, SPIEL

- 40 INFRASTRUKTUR, VERSORGUNG
- 41 — STRASSENVERKEHR, EISENBAHN, SCHIFFAHRT, LUFTVERKEHR
- 42 — ENERGIEVERSORGUNG
- 43 — WASSERWIRTSCHAFT, ABFALL, UMWELTSCHUTZ
- 44 — GESUNDHEITSWESEN, KRANKENANSTALTEN, BESTATTUNGSWESEN
- 45 — BILDUNGSWESEN, SCHULEN, HOCHSCHULEN, MEDIEN, KUNST, KULTUR
- 46 — UEBRIGE INFRASTUKTUR

- 50 RECHT, VERWALTUNG, POLITIK
- 51 — VERFASSUNGSRECHT, VERWALTUNGSRECHT, KOMMUNALVERFASSUNG, GEMEINDERECHT

S A C H G L I E D E R U N G

53 - BEDIENSTETE
     (BEAMTE, ANGESTELLTE, ARBEITER)

54 - VERTRETUNGSKOERPERSCHAFTEN, WAHLEN

55 - OEFFENTLICHKEITSARBEIT, PARTIZIPATION,
     DEMOKRATISIERUNG

56 - VERWALTUNGSORGANISATION, VERWALTUNGS-
     RATIONALISIERUNG, PLANUNGSORGANISATION

57 - TERRITORIALE VERWALTUNGSGLIEDERUNG,
     REGIONALE UND KOMMUNALE NEUGLIEDERUNG

60 FINANZWESEN, STATISTIK, KARTOGRAPHIE

61 - FINANZEN, FINANZPLANUNG, HAUSHALTSWESEN

62 - KASSENWESEN, STEUERN, GEBUEHREN

63 - STATISTIK
     (SOWEIT NICHT THEMATISCH EINGEORDNET)

64 - KARTOGRAPHIE, KARTEN

65 - PLANUNGSMETHODEN

70 GESCHICHTE

71 - STADTGESCHICHTE, SIEDLUNGSGESCHICHTE,
     LANDESGESCHICHTE

72 - SOZIALGESCHICHTE

73 - WIRTSCHAFT- UND TECHNIKGESCHICHTE

74 - FIRMENGESCHICHTE

75 - INSTITUTIONENGESCHICHTE

76 - BAUTENGESCHICHTE

77 - RECHTSGESCHICHTE, VERFASSUNGSGESCHICHTE,
     WISSENSCHAFTSGESCHICHTE

80 BIBLIOGRAPHIEN

90 ZEITUNGEN, ZEITSCHRIFTEN, SCHRIFTENREIHEN

98 OHNE SACHGLIEDERUNG

4. Bibliographie

BIBLIOGRAPHIE RAUMPLANUNG IM RUHRGEBIET. IRPUD-BIBLIOGRAPHIEN.1. UNIVERSITAET DORTMUND. BL. 1

ALLGEMEINE PLANUNGSGRUNDLAGEN UND -DATEN ZUR PLANUNG IM RUHRGEBIET

RAUMENTWICKLUNG, RAUMPLANUNG

---

100 0 0 0102 0 0 0

1-761154

BORRIES HANS-WILKIN VON

AKADEMIE FUER RAUMFORSCHUNG UND LANDESPLANUNG

*OEKONOMISCHE GRUNDLAGEN DER WESTDEUTSCHEN SIEDLUNGSSTRUKTUR

HANNOVER 1969

VEROEFFENTLICHUNGEN DER AKADEMIE F RAUMFORSCHUNG U LANDESPLANUNG, ABHANDL. BD.56

ALLGEMEINE PLANUNGSGRUNDLAGEN UND -DATEN ZUR PLANUNG IM RUHRGEBIET

RAUMENTWICKLUNG, RAUMPLANUNG
 - RAUMENTWICKLUNG, RAUMORDNUNG, LANDESPLANUNG, REGIONALPLANUNG

---

100 0 0 0114 3 0 0

2-761484

LEY NORBERT

*WASSERWIRTSCHAFT UND RAUMORDNUNG DARGESTELLT AM BEISPIEL DES LANDES NRW.

BREMEN 1960

100300 0 011 0 0 0

3-761393

FRCRIEP SIEGFRIED

*LANDESPLANUNG IN BALLUNGSGEBIETEN

IN: ALLGEMEINE FORSTZEITSCHRIFT, JG. 17, 1962, H.4, S.63-66

---

100 0 0 011 0 0 0

4-761102

NORDRHEIN-WESTFALEN, MINISTER F WIRTSCHAFT, MITTELSTAND UND VERKEHR

*NOTWENDIGE MASSNAHMEN ZUR VERBESSERUNG DER LANDESSTRUKTUR. - DENKSCHRIFT. 1.TEIL: ANALYSE U VORSCHLAEGE Z REGIONALEN STRUKTURVERBESSERUNG. 2.TEIL: STRUKTURVERAENDERUNGEN DURCH NEUE POL., WIRTSCHFTL. U TECHN. ENTWICKLUNGEN

DUESSELDORF, TEIL 1: 1964, TEIL 2: 1966

---

100 0 0 011 0 0 0

5-761225

RICHTER J.H.WALTER

*DER BEGRIFF "RAUMORDNUNG" UND SEIN RECHTLICHER NIEDERSCHLAG IN DEM GESETZ BETREFFEND VERBANDSORDNUNG FUER DEN SIEDLUNGSVERBAND RUHRKOHLENBEZIRK

IN: RAUMFORSCHUNG UND RAUMORDNUNG 22 (1964) HEFT 1, S.17-23

---

100 0 0 011 0 0 0

6-761230

UMLAUF JOSEF

*DIE STRUKTURVERBESSERUNG IM LANDE NORDRHEIN-WESTFALEN

IN: STAEDTETAG NORDRHEIN-WESTFALEN 1964 S.72

---

100 0 0 011 0 0 0

7-761108

MEYERS FRANZ

STAEDTETAG NORDRHEIN-WESTFALEN

*DIE STRUKTURVERBESSERUNG IM LANDE NORDRHEIN-WESTFALEN. IN: DIE STRUKTURVERBESSERUNG IM LANDE NW. BERICHT UEBER D MITGLIEDERVERSAMMLUNG DES STAEDTETAGES NW AM 29.01.1964 IN ESSEN

OHNE ORT 1964

---

100 0 0 011 0 0 0

8-761229

UMLAUF JOSEF

*LEITBILD FUER DAS RUHRGEBIET VON MORGEN. GESPRAECH UEBER DEN ENTWURF DES GEBIETSENTWICKLUNGSPLANES.

IN: INFORMATIONSDIENST RUHR VOM 22.7.1964 S.2-4

---

(1)BEARBEITER (2)MITARBEITER (3)HERAUSGEBER (4)REDAKTION (5)PROJEKTLEITUNG (6)AUFTRAGGEBER

100 0 0 011 0 0 0
   9-760585

LANDESREGIERUNG NRW (3)

*LANDESENTWICKLUNGSPROGRAMM VOM 7. 8. 1964.

DUESSELDORF 1964

IN: MINISTERIALBLATT FUER DAS LAND NRW, AUS-
GABE A, 17. JG., 1964, NR. 107, S. 1205-1217

---

100 0 0 011 0 0 0
   10-761139   BB 010/8,UB X489/1

WEINHEIMER JOHANNES, LOWINSKI HEINRICH

NORDRHEIN-WESTFALEN, MINISTER F. LANDESPLANUNG,
WOHNUNGSBAU U OEFFTL. ARBEITEN

*GRUNDZUEGE DER RAEUMLICHEN ENTWICKLUNG IN NRW
VON 1871-1963, FOLGE 1

DUESSELDORF 1965

SCHRIFTENREIHE DES MIN. F LANDESPLANUNG, WOH-
NUNGSBAU U OEFFTL.ARB. D LANDES NW, BD.1

---

100 0 0 C111332 0
   11-761431

OLLENBERG WILFRIED A.

WESTF.WILHELMSUNIVERSITAET MUENSTER, INSTITUT
FUER SIEDLUNGS- UND WOHNUNGSWESEN

*BESCHAEFTIGUNG UND WOHNUNGSBEDARF AUSLAENDI-
SCHER ARBEITNEHMER ALS PROBLEM DER LANDES-
PLANUNG UND LANDESENTWICKLUNG IN NRW.
VERSUCH EINER PROGNOSE BIS 1980
MUENSTER 1967
INSTITUT F. SIEDLUNGS- UND WOHNUNGSWESEN,
SONDERDRUCK NR.38

---

100 0 0 011 0 0 0
   12-761328

SCHMITZ GOTTFRIED

DEUTSCHE AKADEMIE FUER STAEDTEBAU UND LANDES-
PLANUNG

*FREIRAUMPLANUNG IN INDUSTRIELLEN BALLUNGSGE-
BIETEN

IN: MITTEILUNGEN DER AKADEMIE F. STAEDTEBAU
UND LANDESPLANUNG 12(1968) SONDERAUSG.S.65-77

---

100 0 0 011 0 0 0
   13-761444

LOWINSKI HEINRICH

INSTITUT FUER RAUMORDNUNG, BONN-BAD GODESBERG

*ENTWICKLUNGSSCHWERPUNKTE UND ENTWICKLUNGS-
ACHSEN IN NORDRHEIN-WESTFALEN.
LANDESENTWICKLUNGSPLAN II

IN: INFORMATIONEN DES INSTITUTS FUER RAUMORD-
NUNG, H.11, JG.20, 1970, S.329-338

---

100 0 0 011 0 0 0
   14-761623

SCHMACKE E. (3)

*NORDRHEIN-WESTFALEN AUF DEM WEG IN DAS
JAHR 2000. - SECHZEHN PROGNOSEN

DUESSELDORF 1970

---

100 0 0 011 0 0 0
   15-760580

LANDESREGIERUNG NRW (3)

*NORDRHEIN - WESTFALENPROGRAMM 1975, (NRW 75)

DUESSELDORF 1970

---

100 0 0 011 0 0 0
   16-760586

LANDESREGIERUNG NRW (3)

*LANDESENTWICKLUNGSPLAN II. ENTWICKLUNGS-
SCHWERPUNKTE UND ENTWICKLUNGSACHSEN.

DUESSELDORF 1970

IN: MINISTERIALBLATT FUER DAS LAND NRW
AUSGABE A, 23. JG., 1970, NR. 47, S. 493-503
UND KARTE.

---

100 0 0 011 0 0 0
   17-760588

MINISTERPRAESIDENT DES LANDES NRW (3)

*SIEBTER BERICHT DER LANDESREGIERUNG NRW
UEBER STAND, MASSNAHMEN UND AUFGABEN
DER LANDESPLANUNG

DUESSELDORF 1970

IN: LANDESENTWICKLUNG. SCHRIFTENREIHE DES
MINISTERPRAESIDENTEN DES LANDES NRW, HEFT 28.

---

100 0 0 011 0 0 0
   18-760950

HALSTENBERG FRIEDRICH

*DIE BEDEUTUNG DES LANDESENTWICKLUNGSPLANES II
FUER DIE LANDESENTWICKLUNG NRW

IN: FESTSCHRIFT FUER HERMANN WANDERSLEB Z.
VOLLENDUNG D. 75. LEBENSJAHRES.
BONN 1970, S. 249-260

---

(1)BEARBEITER (2)MITARBEITER (3)HERAUSGEBER (4)REDAKTION (5)PROJEKTLEITUNG (6)AUFTRAGGEBER

100 0 0 011 0 0 0

19-760951

HALSTENBERG FRIEDRICH

*LANDESENTWICKLUNGSPLAENE IN NRW

IN: KOMMUNALWIRTSCHAFT, HEFT 7, 1971, S.250-

---

100 0 0 011 0 0 0

20-760587

LANDESREGIERUNG NRW (3)

*LANDESENTWICKLUNGSPLAN I. EINTEILUNG DES
LANDESGEBIETES IN ZONEN.
IN: MINISTERIALBLATT FUER DAS LAND NRW
AUSGABE A, 19. JG., 1966, NR. 186, S. 2259 -
2276 U. KARTE, GEAENDERTE FASSUNG VOM

17.12.1970, 24.JG., 1971, NR.17, S.199-214
DUESSELDORF 1970

---

100 0 0 011 0 0 0

21-760579

LANDESREGIERUNG NRW (3)

*HALBZEITBERICHT NORDRHEIN -
WESTFALEN - PROGRAMM 1975

DUESSELDORF 1973

---

100 0 0 011 0 0 0

22-760589

MINISTERPRAESIDENT DES LANDES NRW (3)

*BERICHT DER LANDESREGIERUNG NRW GEMAESS
PARAG. 20 DES LANDESPLANUNGSGESETZES IN DER
FASSUNG DER BEKANNTMACHUNG VOM 1. 8. 1972
(LANDESENTWICKLUNGSBERICHT 1972)

DUESSELDORF 1973. 73 S., KT., ABB., TAB.
LANDESENTWICKLUNG. SCHRIFTENREIHE DES
MINISTERPRAESIDENTEN DES LANDES NRW HEFT 35.

---

100 0 0 011 0 0 0

23-761140   UB X 5982

HEUER JUERGEN H.B.(3), CLAUSEN HARALD (2)

ARBEITSGEMEINSCHAFT F WOHNUNGSWESEN, STAEDTE-
PLANUNG U RAUMORDNUNG A D RUHR-UNIV. BOCHUM

*NORDRHEIN-WESTFALEN-PROGRAMM 1975. EINE ZWI-
SCHENBILANZ

BOCHUM 1973, 59S.

SCHRIFTEN FUER SOZIALOEKOLOGIE.8.

---

100 0 0 011 0 0 0

24-760576

LANDESREGIERUNG NRW (3)

*NEUE PERSPEKTIVEN DER LANDESENTWICKLUNG IN NW

DUESSELDORF 1974

SCHRIFTENREIHE DES MINISTERPRAESIDENTEN NW
HEFT 36, LANDESENTWICKLUNG.

---

100 0 0 011 0 0 0

25-761402   BB 902 NOR 33

HELLEN J.

*NORTH RHINE - WESTPHALIA
(PROBLEM REGIONS IN EUROPE)

LONDON: OXFORD UNIV.1974, 48 S.(ENGL.AUSGABE)

---

100 0 0 0111 2 0 0

26-761432   BB 050(100/7)

HOETKER DIETER

SIEDLUNGSVERBAND RUHRKOHLENBEZIRK, ESSEN

*RAUMORDNUNG,LANDESPLANUNG, REGIONALPLANUNG,
BAULEITPLANUNG IM LAND NORDRHEIN-WESTFALEN
VON A-Z

ESSEN 1974, 38 S.,5 BL.,KT.

---

100 0 0 011 0 0 0

27-760029   BB 110/101

HALSTENBERG FRIEDRICH, (1)

LAND NORDRHEIN-WESTFALEN, LANDESREGIERUNG,
(3)

*LANDESPLANUNG IST LANDESENTWICKLUNGSPOLITIK

DUESSELDORF 1974, 365., KT., ABB., TAB.

---

100 0 0 0116 5 0 0

28-761190   BB 760/50

BIERMANN HERBERT

MINISTER FUER BUNDESANGELEGENHEITEN/ CHEF D.
STAATSKANZLEI IN NW (6), ILS DORTMUND (4)

*MULTIREGIONALE INPUT-OUTPUT-ANALYSE VON NORD-
RHEIN-WESTFALEN AUS LANDESPLANERISCHER SICHT

DORTMUND 1975, 147 S.
SCHRIFTENREIHE LANDES-U.STADTENTWICKLUNGS-
FORSCHUNG DES LANDES NW., LANDESENTWICKLUNG
BD. 1.006

---

(1)BEARBEITER (2)MITARBEITER (3)HERAUSGEBER (4)REDAKTION (5)PROJEKTLEITUNG (6)AUFTRAGGEBER

BIBLIOGRAPHIE RAUMPLANUNG IM RUHRGEBIET. IRPUD-BIBLIOGRAPHIEN.1. UNIVERSITAET DORTMUND. BL. 4

ALLGEMEINE PLANUNGSGRUNDLAGEN UND -DATEN ZUR PLANUNG IM RUHRGEBIET

RAUMENTWICKLUNG, RAUMPLANUNG

- STADTENTWICKLUNG, STADTPLANUNG, STADTERNEUERUNG, SANIERUNG

---

100 0 0 0128 0 0 0

29-760980   BB 015(200/11)

DEUTSCHER VERBAND FUER WOHNUNGSWESEN, STAEDTEBAU UND RAUMPLANUNG E.V.

*LITERATURZUSAMMENSTELLUNG (LZ 4) STADTERNEUERUNG - ALLGEMEINE FRAGEN - (LIT. AB 1967, ERG. ZU LN 227 U. LZ 3) STAND: 1.10.1969, 215 TITEL

KOELN 1969

---

100 0 0 012 0 0 0

30-761350

SOMBART NICOLAUS

SIEDLUNGSVERBAND RUHRKOHLENBEZIRK (SVR)

*STADTSTRUKTUREN VON MORGEN

ESSEN 1969

SCHRIFTENREIHE DES SVR BD.24

---

100 0 0 012 0 0 0

31-761470

SIEDLUNGSVERBAND RUHRKOHLENBEZIRK, PLANCO-CONSULTING GMBH, PLANERBUERO ZLONICKY

*ABLAUFSCHEMA ZUR ERARBEITUNG VON STANDORT-PROGRAMMEN IN NORDRHEIN-WESTFALEN. FORSCHUNGSAUFTRAG DES SIEDLUNGSVERBANDES RUHRKOHLENBEZIRK

ESSEN: SVR 1971,   101S.

---

100 0 0 01255 0 0

32-760636

RONNEBERGER FRANZ

SIEDLUNGSVERBAND RUHRKOHLENBEZIRK (3)

*ENTWICKLUNG VON STRATEGIEN ZUR EINBEZIEHUNG DER OEFFENTLICHKEIT IN DEN PLANUNGSPROZESS FUER STANDORTPROGRAMME. GUTACHTEN FUER DEN SIEDLUNGSVERBAND RUHRKOHLENBEZIRK

ESSEN 1972

---

100 0 0 012 0 0 0

33-760524   BB 625/13

KUEPPERS HANS, MUELLER GERD (1)

*HANDBUCH DER STAEDTEBAUFOERDERUNG NRW

ESSEN: WINGEN 1973, LOSEBLATT AUSGABE

IN: GOLZ/LANGE: STRUKTURVERBESSERUNG IN NW ANLAGENBAND.

100932 0 012 0 0 0

34-760977   BB 210/66

GELSHORN WULF, HEIMANN FRIEDRICH W., MIETHKE WOLFGANG, SCHMAUS BRUNO, WALCHA HENNING (1)

INSTITUT FUER GEBIETSPLANUNG UND STADTENTWICKLUNG (INGESTA) (3)

*STADTENTWICKLUNGSPLANUNG UND STANDORTPROGRAMM (BEISPIEL WETTER/RUHR U.A.)

KOELN, OHNE JAHR, KT., ABLAUFSCHEMA

---

100 0 0 01211 0 0

35-761432   BB 050(100/7)

HOETKER DIETER

SIEDLUNGSVERBAND RUHRKOHLENBEZIRK, ESSEN

*RAUMORDNUNG, LANDESPLANUNG, REGIONALPLANUNG, BAULEITPLANUNG IM LAND NORDRHEIN-WESTFALEN VON A-Z

ESSEN 1974, 38 S.,5 BL.,KT.

---

100 0 0 012 0 0 0

36-760958

AKADEMIE FUER RAUMFORSCHUNG UND LANDESPLANUNG

*STADTREGIONEN IN DER BUNDESREPUBLIK DEUTSCHLAND 1970 - GEMEINDETABELLEN - ARBEITSMATERIAL 1975 -8

HANNOVER 1975, MASCH.SKRIPT.

ALLGEMEINE PLANUNGSGRUNDLAGEN UND -DATEN ZUR PLANUNG IM RUHRGEBIET

RAUMENTWICKLUNG, RAUMPLANUNG

- WOHNUNGSWESEN, WOHNPLANUNG, BAUWESEN

---

(1)BEARBEITER (2)MITARBEITER (3)HERAUSGEBER (4)REDAKTION (5)PROJEKTLEITUNG (6)AUFTRAGGEBER

100   0   0   01357 0 0

37-760832   BB 830/30   ALLGEMEINE PLANUNGSGRUNDLAGEN UND -DATEN ZUR
                                                 PLANUNG IM RUHRGEBIET

LANDESAMT FUER DATENVERARBEITUNG UND
STATISTIK NRW

*AMTLICHES VERZEICHNIS DER GEMEINDEN UND
WOHNPLAETZE (ORTSCHAFTEN) IN NRW.   RAUMENTWICKLUNG, RAUMPLANUNG
GEBAEUDE, WOHNUNGEN UND WOHNBEVOELKERUNG.
                                                   - SIEDLUNGSBAU,ARBEITERSIEDLUNGEN
DUESSELDORF

SONDERREIHE VOLKSZAEHLUNG 1961, HEFT 2A

---

100   0   0   013 0 0 0   100   0   0   014 0 0 0

38-760849   BB 830/90   42-760255

                                                 BOLLEREY FRANZISKA, HARTMANN KRISTIANA (1)

LANDESAMT FUER DATENVERARBEITUNG UND   *ARBEITERSIEDLUNGSBAU. EIN NEUER AUFGABENBE-
STATISTIK NRW   REICH DER DENKMALPFLEGE

*DIE BEWOHNTEN GEBAEUDE IN NORDRHEIN-WESTFALEN
LANDES- UND KREISERGEBNISSE   /HEFT 16A   MUENCHEN: MOOS 1975, 127 S.,ABB,
GEMEINDEERGEBNISSE   /HEFT 16B
                                                 IN: DENKMALPFLEGE IN DER BUNDESREPUBLIK
DUESSELDORF   DEUTSCHLAND

SONDERREIHE VOLKSZAEHLUNG 1961

---

100   0   0   01331 0 0

39-760834   BB 830/27   ALLGEMEINE PLANUNGSGRUNDLAGEN UND -DATEN ZUR
                                                 PLANUNG IM RUHRGEBIET

LANDESAMT FUER DATENVERARBEITUNG UND
STATISTIK NRW

*GEMEINDESTATISTIK NORDRHEIN-WESTFALEN.
BEVOELKERUNG UND ERWERBSTAETIGKEIT, GEBAEUDE   RAUMENTWICKLUNG, RAUMPLANUNG
UND WOHNUNGEN.
                                                   - LANDSCHAFTSOEKOLOGIE,LANDSCHAFTSPLANUNG
DUESSELDORF 1961

SONDERREIHE VOLKSZAEHLUNG 1961, HEFT 3A

---

100   0   0   01332 011   100   0   0   016 0 0 0

40-761431   43-761214

OLLENBERG WILFRIED A.   UMLAUF JOSEF

WESTF.WILHELMSUNIVERSITAET MUENSTER,INSTITUT   STADT UND AMT MARL
FUER SIEDLUNGS- UND WOHNUNGSWESEN
                                                 *REGIONALE GRUENPLANUNG
*BESCHAEFTIGUNG UND WOHNUNGSBEDARF AUSLAENDI-
SCHER ARBEITNEHMER ALS PROBLEM DER LANDES-
PLANUNG UND LANDESENTWICKLUNG IN NRW.
VERSUCH EINER PROGNOSE BIS 1980   IN: MARL.MOSAIK IN GRUEN. MARL 1963, S.5-6
MUENSTER 1967
INSTITUT F. SIEDLUNGS- UND WOHNUNGSWESEN,
SONDERDRUCK NR.38

---

100   0   0   013 0 0 0

41-760867   BB 830/27   ALLGEMEINE PLANUNGSGRUNDLAGEN UND -DATEN ZUR
                                                 PLANUNG IM RUHRGEBIET

LANDESAMT FUER DATENVERARBEITUNG UND
STATISTIK NRW

*GEMEINDESTATISTIK 1970,
GEBAEUDE UND WOHNUNGEN 1968.   RAUMENTWICKLUNG, RAUMPLANUNG

DUESSELDORF 1970   - SIEDLUNGSGEOGRAPHIE,STADTGEOGRAPHIE

SONDERREIHE VOLKSZAEHLUNG 1970, HEFT 3A

---

(1)BEARBEITER   (2)MITARBEITER   (3)HERAUSGEBER   (4)REDAKTION   (5)PROJEKTLEITUNG   (6)AUFTRAGGEBER

100 0 0 01721 0 0

44-760752

VOPPEL GOETZ

*PASSIV U. AKTIVRAEUME UND VERWANDTE BEGRIFFE
DER RAUMFORSCHUNG IM LICHTE WIRTSCHAFTS-
GEOGRAPHISCHER BETRACHTUNGSWEISE, ERLAEUTERT
AN WIRTSCHAFTSLANDSCHAFTEN DEUTSCHLANDS

BAD GODESBERG 1961

FORSCHUNGEN ZUR DEUTSCHEN LANDESKUNDE, BD.132

---

100 0 0 017 0 0 0

45-760697

KLUCZKA G., MEYNEN E.

*NORDRHEIN-WESTFALEN IN SEINER GLIEDERUNG NACH
ZENTRALOERTLICHEN BEREICHEN. EINE GEOGR.-
LANDESKUNDL. BESTANDSAUFNAHME, 1964 - 1968

DUESSELDORF 1970, 42S.

LANDESENTWICKLUNG. SCHRIFTENREIHE DES
MINISTERPRAESIDENTEN DES LANDES NRW, HEFT 27.

---

100 0 0 01731 0 0

46-760235   BB 690/40

BALDERMANN UDO

AKADEMIE FUER RAUMFORSCHUNG UND LANDESPLANUNG

*WANDERUNGSVERLAUF UND EINZUGSBEREICH
WESTDEUTSCHER GROSSSTAEDTE

HANNOVER 1970 JAENECKE VERLAG

IN: BEITRAEGE Z.FRAGE D.RAEUML.BEVOELKERUNGS-
BEWEGUNG. FORSCHUNGS- UND SITZUNGSBERICHTE
BD. 55, S. 77-97

---

100 0 0 017 0 0 0

47-760396   BB 105/53

DUERHOLT HEINZ

*VERAENDERUNGEN DER RAUMNUTZUNG IN
NORDRHEIN-WESTFALEN

DORTMUND 1974

SCHRIFTENR. LANDES- U. STADTENTWICKLUNGSFOR-
SCHUNG D. LANDES NORDRHEIN - WESTFALEN,
LANDESENTWICKLUNG, BD. 1.002

ALLGEMEINE PLANUNGSGRUNDLAGEN UND -DATEN ZUR
PLANUNG IM RUHRGEBIET

WIRTSCHAFT

---

100 0 0 02010 0 0

48-761154

BORRIES HANS-WILKIN VON

AKADEMIE FUER RAUMFORSCHUNG UND LANDESPLA-
NUNG

*OEKONOMISCHE GRUNDLAGEN DER WESTDEUTSCHEN
SIEDLUNGSSTRUKTUR

HANNOVER 1969

VEROEFFENTLICHUNGEN DER AKADEMIE F RAUMFOR-
SCHUNG U LANDESPLANUNG, ABHANDL. BD.56

ALLGEMEINE PLANUNGSGRUNDLAGEN UND -DATEN ZUR
PLANUNG IM RUHRGEBIET

WIRTSCHAFT

  - WIRTSCHAFTSSTRUKTUR, STRUKTURWANDEL,
    STRUKTURKRISE, WIRTSCHAFTSGEOGRAPHIE

---

100 0 0 02164 0 0

49-760823

LANDESAMT FUER DATENVERARBEITUNG UND
STATISTIK NRW

*INDUSTRIEATLAS NORDRHEIN-WESTFALEN

DUESSELDORF, OHNE JAHR

---

100 0 0 021 0 0 0

50-760850

LANDESAMT FUER DATENVERARBEITUNG UND
STATISTIK NRW
*DIE NICHTLANDWIRTSCHAFTLICHEN ARBEITSSTAETTEN
IN NORDRHEIN-WESTFALEN.
ARBEITSSTAETTEN IN DEN KREISEN UND
GEMEINDEN AB 10 000 EINWOHNER, HEFT 17,TEIL 1
ARBEITSSTAETTEN NACH GROESSENKLASSEN,
BESCHAEFTIGTE NACH DER STELLUNG IM BETRIEB,
UNTERNEHMEN NACH RECHTSFORMEN, HEFT 17,TEIL 2
SONDERREIHE VOLKSZAEHLUNG 1961
DUESSELDORF

---

100 0 0 02161 0 0

51-760835   BB 830/27

LANDESAMT FUER DATENVERARBEITUNG UND
STATISTIK NRW

*GEMEINDESTATISTIK NORDRHEIN-WESTFALEN.
ARBEITSSTAETTEN, BETRIEBSSTRUKTUR DER
LANDWIRTSCHAFT, GEMEINDEFINANZEN

DUESSELDORF

SONDERREIHE VOLKSZAEHLUNG 1961, HEFT 3 B

```
100  0  0  C21 0 0 0
  52-760277            BB 762/45
```

BUNDESMINISTERIUM FUER ARBEIT UND SOZIALORD-
NUNG, (3)

*DIE STANDORTWAHL DER INDUSTRIEBETRIEBE IN DER
BUNDESREPUBLIK DEUTSCHLAND IM ZEITRAUM VON
1955 - 1960

BONN 1961

```
100  0  0  02117 0 0
  53-760752
```

VOPPEL GOETZ

*PASSIV U. AKTIVRAEUME UND VERWANDTE BEGRIFFE
DER RAUMFORSCHUNG IM LICHTE WIRTSCHAFTS-
GEOGRAPHISCHER BETRACHTUNGSWEISE, ERLAEUTERT
AN WIRTSCHAFTSLANDSCHAFTEN DEUTSCHLANDS.

BAD GODESBERG 1961

FORSCHUNGEN ZUR DEUTSCHEN LANDESKUNDE, BD.132

```
100  0  0  02141 0 0
  54-760851            BB 830/102
```

LANDESAMT FUER DATENVERARBEITUNG UND
STATISTIK NRW, DUESSELDORF
*DIE ARBEITSSTAETTEN UND UNTERNEHMEN MIT
GEWERBLICHEM VERKEHR UND WERKVERKEHR IN
NORDRHEIN-WESTFALEN /HEFT 18
(KLEINSTE EINHEIT KREIS)
DIE UNTERNEHMEN MIT GEWERBLICHEM VERKEHR UND
UND WERKVERKEHR IN NORDRHEIN-WESTF. /HEFT 19
(KLEINSTE EINHEIT LAND)
- ERGEBNISSE DES VERKEHRSZENSUS 1962 -
SONDERREIHE VOLKSZAEHLUNG 1961

```
100  0  0  021 0 0 0
  55-760278            BB 762/45
```

BUNDESMINISTERIUM FUER ARBEIT UND SOZIALORD-
NUNG, (3)

*DIE STANDORTWAHL DER INDUSTRIEBETRIEBE IN DER
BUNDESREPUBLIK DEUTSCHLAND. VERLAGERTE UND
NEUERRICHTETE BETRIEBE IM ZEITRAUM VON 1961
BIS 1963.

BONN 1964

```
100  0  0  02163 0 0
  56-760759
```

WALTER FRIEDRICH

LAND NORDRHEIN-WESTFALEN

*REGIONALE WIRTSCHAFTSSTATISTIK NACH
BETRIEBEN, IHRE KARTOGRAPHISCHE AUSWERTUNG
UND DEREN BEDEUTUNG.

KOELN, OPLADEN 1965

FORSCHUNGSBERICHTE DES LANDES NRW NR.1250

```
100  0  0  021 0 0 0
  57-760279            BB 762/45
```

BUNDESMINISTERIUM FUER ARBEIT UND SOZIAL-
ORDNUNG (3),INSTITUT F.RAUMORDNUNG (1)

*DIE STANDORTWAHL DER INDUSTRIEBETRIEBE IN DER
BUNDESREPUBLIK DEUTSCHLAND. VERLAGERTE UND
NEUERRICHTETE BETRIEBE IN DEN JAHREN 1964 UND
1965.

BONN 1966

```
100  0  0  021 0 0 0
  58-760280            BB 762/45
```

BUNDESMINISTERIUM FUER ARBEIT UND SOZIAL-
ORDNUNG (3),INSTITUT F.RAUMORDNUNG (1) •

*VERLAGERTE, NEUERRICHTETE UND STILLGELEGTE
INDUSTRIEBETRIEBE IM JAHRE 1966. ZWISCHENBE-
RICHT UEBER DIE STANDORTWAHL DER INDUSTRIE
BETRIEBE I.D.BRD N.UNTERLAGEN D.BUNDESANSTALT
F.ARBEITSVERMITTLUNG U. -LOSENVERSICHERUNG

BONN 1967,

```
100  0  0  021 0 0 0
  59-760281            BB 762/45
```

BUNDESMINISTERIUM FUER ARBEIT UND SOZIAL-
ORDNUNG (3),INSTITUT F.RAUMORDNUNG (1)

*DIE STANDORTWAHL DER INDUSTRIEBETRIEBE IN DER
BUNDESREPUBLIK DEUTSCHLAND. VERLAGERTE UND
NEUERRICHTETE BETRIEBE IN DEN JAHREN 1966 UND
1967.

BONN 1968

```
100  0  0  021 0 0 0
  60-761100            UB F 4822
```

NORDRHEIN-WESTFALEN, MINISTER F WIRTSCHAFT,
MITTELSTAND UND VERKEHR

*NORDRHEIN-WESTFALEN IM WANDEL. STRUKTUREN UND
TENDENZEN DER WIRTSCHAFT. EIN BEITRAG ZUR
ANALYSE DER WACHSTUMSSCHWAECHE

DUESSELDORF 1968, 53 BL., 4 BL.TAB.

```
100  0  0  021 0 0 C
  61-761113
```

MEISE R.

*STRUKTURWANDEL UND ARBEITSMARKTENTWICKLUNG IN
NORDRHEIN-WESTFALEN.

IN: BUNDESARBEITSBLATT, J.20, S.402-407

(1)BEARBEITER (2)MITARBEITER (3)HERAUSGEBER (4)REDAKTION (5)PROJEKTLEITUNG (6)AUFTRAGGEBER

```
100  0  0  02131 0 0

  62-760885           BB 830/93
```

LANDESAMT FUER DATENVERARBEITUNG UND
STATISTIK NRW
*ARBEITSSTAETTEN, BESCHAEFTIGTE SOWIE LOEHNE
UND GEHAELTER
- ERGEBNISSE DER NICHTLANDWIRTSCHAFTLICHEN
ARBEITSSTAETTENZAEHLUNG 1970 -
LAND, REGIERUNGSBEZIRK, KREIS
DUESSELDORF
STATIST. BERICHT D, ARBEITSSTAETTENZAEHLUNG
1970 - 1

```
100  0  0  02131 0 0

  63-760870           BB 830/27
```

LANDESAMT FUER DATENVERARBEITUNG UND
STATISTIK NRW
*GEMEINDESTATISTIK 1970,
ENTWICKLUNG DER KREISFREIEN STAEDTE,
KREISE UND GEMEINDEN 1961-1975

DUESSELDORF

SONDERREIHE VOLKSZAEHLUNG 1970, HEFT 3E

```
100  0  0  021 0 0 0

  64-760866           BB 830/30
```

LANDESAMT FUER DATENVERARBEITUNG UND
STATISTIK NRW

*AMTLICHES VERZEICHNIS DER GEMEINDEN UND
WOHNPLAETZE IN NORDRHEIN-WESTFALEN 1970,
ARBEITSSTAETTEN UND BESCHAEFTIGTE

DUESSELDORF

SONDERREIHE VOLKSZAEHLUNG 1970, HEFT 2B

```
100  0  0  02131 0 0

  65-760886           BB 830/93
```

LANDESAMT FUER DATENVERARBEITUNG UND
STATISTIK NRW, DUESSELDORF
*ARBEITSSTAETTEN, BESCHAEFTIGTE SOWIE LOEHNE
UND GEHAELTER
- ERGEBNISSE DER NICHTLANDWIRTSCHAFTLICHEN
ARBEITSSTAETTENZAEHLUNG 1970 -
2: REG.-BEZ. DUESSELDORF, 3: REG.-BEZ. KOELN,
4: REG.-BEZ. AACHEN, 5: REG.-BEZ. MUENSTER,
6: REG.-BEZ. DETMOLD, 7: REG.-BEZ. ARNSBERG
STATIST. BERICHTE D ARBEITSSTAETTENZ. 1970
(KLEINSTE EINHEIT GEMEINDE)

```
100  0  0  021 0 0 0

  66-760887
```

LANDESAMT FUER DATENVERARBEITUNG UND
STATISTIK NRW

*DIE ARBEITSSTAETTEN IN NORDRHEIN-WESTFALEN
AM 27. MAI 1970,
LANDES-, KREIS- UND GEMEINDEERGEBNISSE IN
WIRTSCHAFTSSYSTEMATISCHER GLIEDERUNG.

DUESSELDORF
SONDERREIHE VOLKSZAEHLUNG 1970, HEFT 17 A

```
100  0  0  02131 0 0

  67-760894
```

LANDESAMT FUER DATENVERARBEITUNG UND
STATISTIK NRW

*AUSGEWAEHLTE GEMEINDEERGEBNISSE IN
NORDRHEIN-WESTFALEN - GEBIETSSTAND 1.1.1975

DUESSELDORF

SONDERREIHE VOLKSZAEHLUNG 1970, HEFT 16

```
100  0  0  02131 0 0

  68-760888
```

LANDESAMT FUER DATENVERARBEITUNG UND
STATISTIK NRW

*DIE ARBEITSSTAETTEN IN NORDRHEIN-WESTFALEN
AM 27. MAI 1970,
ERGEBNISSE FUER BESCHAEFTIGTENGROESSEN-
KLASSEN, STELLUNG IM BETRIEB, RECHTSFORMEN,
UNTERNEHMEN
DUESSELDORF 1970
SONDERREIHE VOLKSZAEHLUNG 1970, HEFT 17 B

```
100  0  0  021 0 0 0

  69-760869           BB 830/27
```

LANDESAMT FUER DATENVERARBEITUNG UND
STATISTIK NRW

*GEMEINDESTATISTIK 1970,
ARBEITSSTAETTEN UND BESCHAEFTIGTE /HEFT 3C
WEITERE STRUKTURDATEN   /HEFT 3D

DUESSELDORF 1970

SONDERREIHE VOLKSZAEHLUNG 1970

```
100  0  0  021 0 0 0

  70-760282
```

BUNDESMINISTERIUM FUER ARBEIT UND SOZIAL-
ORDNUNG (3), INSTITUT F. RAUMORDNUNG (1)

*DIE STANDORTWAHL DER INDUSTRIEBETRIEBE IN DER
BUNDESREPUBLIK DEUTSCHLAND MIT BERLIN (WEST).
VERLAGERTE, NEUERRICHTETE UND STILLGELEGTE
INDUSTRIEBETRIEBE IN DEN JAHREN 1968 U. 1969.
(NACH ERHEBUNGEN DER BUNDESANST. F. ARBEIT)

BONN 1971 70 S. 19 TAB. UND 2 KARTEN

```
100  0  0  02131 0 0

  71-761085           UB F 12483
```

STATISTISCHES BUNDESAMT WIESBADEN

*BEVOELKERUNG UND WIRTSCHAFT 1872-1972 (HRSG.
ANLAESSLICH DES 100-JAEHRIGEN BESTEHENS DER
ZENTRALEN AMTLICHEN STATISTIK)

STUTTGART , MAINZ, 1972, VERLAG KOHLHAMMER

100 0 0 021 0 0 0

72-761120

MALCHUS VIKTOR FRHR VON

*STRUKTURWANDEL IN NORDRHEIN-WESTFALEN IN
JUENGSTER ZEIT.

IN: RAUMFORSCHUNG UND RAUMORDNUNG JG.31, 1973
S.14-26

---

100 0 0 02131 0 0

73-760911   BB 830/93

LANDESAMT FUER DATENVERARBEITUNG UND
STATISTIK NRW

*BEVOELKERUNG UND ERWERBSLEBEN IN NORDRHEIN-
WESTFALEN 1974. ERGEBNISSE DES MIKROZENSUS
STATIST. BERICHT A/S 1, JAEHRLICH SEIT 1959

DUESSELDORF 1959- (JAEHRL.)

1CC 0 0 021 0 0 C

74-761193   BB 160/58

PUETZ HEINZ

*MESSUNG VON WIRTSCHAFTSKRAFT UND WIRTSCHAFTS-
STRUKTUR. VERSUCH EINER QUANTIFIZIERUNG UND
RANGFOLGEERSTELLUNG AM BEISP.D.STADT-U.LAND-
KREISE IN NORDRHEIN-WESTFALEN MIT HILFE DER
FAKTORENANALYSE

BERLIN 1975, 200S. VERL.DUNCKER + HUMBLOT

SCHRIFTENREIHE ZUR INDUSTRIE- UND ENTWICK-
LUNGSPOLITIK.17.

---

100 0 0 021 0 0 0

75-761583

KLEMMER PAUL, UNGER ARMIN (1)

INSTITUT FUER LANDES- UND STADTENTWICKLUNGS-
FORSCHUNG DES LANDES NORDRHEIN-WESTFALEN (3)

*ANALYSE DER INDUSTRIESTRUKTUR VON NORDRHEIN-
WESTFALEN

DORTMUND 1975
SCHRIFTENREIHE LANDES- U. STADTENTWICKLUNGS-
FORSCHUNG DES LANDES NW,
LANDESENTWICKLUNG BD. 1.010

---

100 0 0 02190 C 0

76-760803   BB 830/94

LANDESAMT FUER DATENVERARBEITUNG UND
STATISTIK NRW

*DIE WIRTSCHAFT NORDRHEIN-WESTFALENS
IN ZAHLEN
(SCHNELLBERICHT, MONATLICH)

DUESSELDORF

ALLGEMEINE PLANUNGSGRUNDLAGEN UND -DATEN ZUR
PLANUNG IM RUHRGEBIET

WIRTSCHAFT

- WIRTSCHAFTSPLANUNG,WIRTSCHAFTSPOLITIK,
  WIRTSCHAFTSFOERDERUNG

---

100 0 0 022 0 0 0

77-761116

INDUSTRIE- U HANDELSKAMMER F D SUEDOESTLICHE
WESTFALEN ZU ARNSBERG

*MASSNAHMEN ZUR STRUKTURVERBESSERUNG IN NORD-
RHEIN-WESTFALEN. BEILAGE ZU:

WIRTSCHAFTLICHE NACHRICHTEN DER IHK F D SUED-
OESTL WESTFALEN Z ARNSBERG, JG.1964, NR 11

---

100 0 0 022 0 0 0

78-760645

*REGIONALE STRUKTURVERBESSERUNG IN NORDRHEIN-
WESTFALEN. EINE DENKSCHRIFT DES NORDRHEIN-
WESTFAELISCHEN WIRTSCHAFTSMINISTERS.

IN: KOMMUNALPOLITISCHE BLAETTER. JG. 16,
1964. S. 827-828.

---

100 0 0 022 0 0 0

79-760678

KRAFT J.

*DIE ENTWICKLUNG DES TERTIAEREN SEKTORS
ZWISCHEN 1950 UND 1961 TEIL A UND B.

MUENCHEN 1967

---

100 0 0 022 0 0 0

80-760559

LANDTAG NRW

*GESETZ UEBER GRUNDERWERBSSTEUERBEFREIUNG BEI
MASSNAHMEN ZUR VERBESSERUNG DER
WIRTSCHAFTSSTRUKTUR VOM 24.11.1969

DUESSELDORF 1969 S.878

GESETZ UND VERORDNUNGSBLATT
FUER DAS LAND NRW

---

(1)BEARBEITER (2)MITARBEITER (3)HERAUSGEBER (4)REDAKTION (5)PROJEKTLEITUNG (6)AUFTRAGGEBER

100 0 0 022 0 0 0

81-761039

DEUTSCHER BUNDESTAG

*GESETZ UEBER DIE GEWAEHRUNG VON INVESTITIONS-
ZULAGEN UND ZUR AENDERUNG STEUERRECHTLICHER U
PRAEMIENRECHTLICHER VORSCHRIFTEN (STEUERAEN-
DERUNGSGESETZ 1969) VOM 18.8.1969

BONN-BAD GODESBERG 1969

IN: BUNDESGESETZBLATT I, S.1211

---

100 0 0 022 0 0 0

82-761086

STAHL LEO

*KOMMUNALE WIRTSCHAFTSFOEDERUNG. PRAXIS UND
RECHTLICHE PROBLEMATIK

KOELN, 1970, VERLAG GROTE

ANALYSE, TATBESTAENDE, PROGRAMME. EINE
SCHRIFTENREIHE DES KREISES UNNA, BD.1

---

100 0 0 022 0 0 0

83-760651

*RAHMENPLAN DER GEMEINSCHAFTSAUFGABE "VER-
BESSERUNG DER REGIONALEN INFRASTRUKTUR" FUER
DEN ZEITRAUM 1972 BIS 1975

AUSZUEGE AUS DER BUNDESTAGSDRUCKSACHE VI/2451
VOM 14.7.1971

---

100 0 0 022 0 0 0

84-760637

FINANZMINISTERIUM UND MIN. F. WIRTSCHAFT,
MITTELSTAND U. VERKEHR D. LANDES NRW. (3)

*RICHTLINIEN FUER DIE REGIONALE WIRTSCHAFTS-
FOERDERUNG DES LANDES NRW VOM 1.3.1972

DUESSELDORF 1972,

ALLGEMEINE PLANUNGSGRUNDLAGEN UND -DATEN ZUR
PLANUNG IM RUHRGEBIET

WIRTSCHAFT

  - BERGBAU

---

100 0 0 023 0 0 0

85-761463

RHEINISCH-WESTFAELISCHES INSTITUT FUER
WIRTSCHAFTSFORSCHUNG, ESSEN
*DIE KURZ- UND MITTELFRISTIGEN ABSATZAUS-
SICHTEN DER DEUTSCHEN STEINKOHLE. EINE
PROGNOSE DER ENERGIEWIRTSCHAFTLICHEN
ENTWICKLUNG IN DER BRD BIS 1980.

MITTEILUNGEN DES RHEIN.-WESTF. INSTITUTS FUER
WIRTSCHAFTSFORSCHUNG, ESSEN HEFT 3/1973
S.187-196

ALLGEMEINE PLANUNGSGRUNDLAGEN UND -DATEN ZUR
PLANUNG IM RUHRGEBIET

WIRTSCHAFT

  - METALLINDUSTRIE (EINSCHL. MONTANUNION)

---

100 0 0 024 0 0 0

86-760416

BUNDESMINISTERIUM FUER WIRTSCHAFT UND
FINANZEN, REFERAT PRESSE UND INFORMATION, (3)

*DAS ERP-PROGRAMM 1972. GESETZ BETR. DEN
VERTRAG VOM 18. 4. 1951 UEBER DIE GRUENDUNG
DER EUROPAEISCHEN GEMEINSCHAFT FUER KOHLE UND
STAHL VOM 29. 4. 1952 UND AENDERUNG DES
ARTIKELS 56 VOM 26. 1. 1960
BONN 1972
IN: BUNDESGESETZBLATT II, S.447 UND S.1573

ALLGEMEINE PLANUNGSGRUNDLAGEN UND -DATEN ZUR
PLANUNG IM RUHRGEBIET

WIRTSCHAFT

  - UEBRIGE WIRTSCHAFTSZWEIGE

---

100 0 0 028 0 0 0

87-760283

BURBERG PAUL-HELMUTH, (1)

LAND NORDRHEIN-WESTF., MIN. F. ERNAEHR.,LAND-
WIRTSCH. U. FORSTEN, LANDESAUSSCHUSS, (3)

*SOZIALOEKONOMISCHE BETRIEBSERHEBUNG 1969/70
NORDRHEIN-WESTFALEN. GESAMTBERICHT ZU EINER
STRUKTURANALYSE UND ENTWICKLUNGSPROGNOSE AUF-
GRUND EINER ERHEBUNG DER LANDWIRTSCHAFTS-
KAMMERN RHEINLAND UND WESTFALEN-LIPPE
DUESSELDORF, 1971, 137 SEITEN
FORSCHUNG UND BERATUNG, HEFT 19

---

(1)BEARBEITER (2)MITARBEITER (3)HERAUSGEBER (4)REDAKTION (5)PROJEKTLEITUNG (6)AUFTRAGGEBER

BIBLIOGRAPHIE RAUMPLANUNG IM RUHRGEBIET. IRPUD-BIBLIOGRAPHIEN.1. UNIVERSITAET DORTMUND. BL. 11

---

100 0 0 028 04190

88-760804

LANDESAMT FUER DATENVERARBEITUNG UND
STATISTIK NRW

*DER VERKEHR NORDRHEIN-WESTFALENS
IN ZAHLEN
(SCHNELLBERICHT)

DUESSELDORF

ALLGEMEINE PLANUNGSGRUNDLAGEN UND -DATEN ZUR
PLANUNG IM RUHRGEBIET

BEVOELKERUNG

---

100 0 0 030 0 0 0

89-761353

SCHMITZ GOTTFRIED

*DIE VERBESSERUNG DER INFRASTRUKTUR IN VER-
DICHTUNGSRAEUMEN

IN: DER LANGFRISTIGE KREDIT 1969 HEFT 21/22
S. 607-612

---

100 0 0 03055 0 0

90-761164

LENZ WILHELM VON

NORDRHEIN-WESTFALEN, LANDTAG

*MENSCH UND STAAT IN NRW. 25 JAHRE LANDTAG VON
NORDRHEIN-WESTFALEN

KOELN, BERLIN 1971

ALLGEMEINE PLANUNGSGRUNDLAGEN UND -DATEN ZUR
PLANUNG IM RUHRGEBIET

BEVOELKERUNG

   - DEMOGRAPHIE, SOZIOGRAPHIE, STADTSOZIOLOGIE

---

100 0 0 031 0 0 0

91-760837

LANDESAMT FUER DATENVERARBEITUNG UND
STATISTIK NRW

*DIE WOHNBEVOELKERUNG IN NORDRHEIN-WESTFALEN
NACH ALTER, FAMILIENSTAND UND RELIGION.
LANDESERGEBNISSE   /HEFT 4A
KREISERGEBNISSE   /HEFT 4B
GEMEINDEERGEBNISSE /HEFT 4 C
DUESSELDORF 1961
SONDERREIHE VOLKSZAEHLUNG 1961

---

100 0 0 031 0 0 0

92-760874

LANDESAMT FUER DATENVERARBEITUNG UND
STATISTIK NRW

*DIE WOHNBEVOELKERUNG IN NORDRHEIN-WESTFALEN
NACH DER UEBERWIEGENDEN UNTERHALTSQUELLE
AM 27. MAI 1970.
LANDES- UND KREISERGEBNISSE /HEFT 7A
GEMEINDEERGEBNISSE   /HEFT 7B
DUESSELDORF
SONDERREIHE VOLKSZAEHLUNG 1970

---

100 0 0 031 0 0 0

93-760831

LANDESAMT FUER DATENVERARBEITUNG UND
STATISTIK NRW

*DIE WOHNBEVOELKERUNG IN DEN GEMEINDEN
NORDRHEIN-WESTFALENS

DUESSELDORF

SONDERREIHE VOLKSZAEHLUNG 1961, HEFT 1

---

100 0 0 03145 0 0

94-760848   BB 830/96

LANDESAMT FUER DATENVERARBEITUNG UND
STATISTIK NRW

*DIE WOHNBEVOELKERUNG IN NORDRHEIN-WESTFALEN
NACH ABGESCHLOSSENER BERUFSFACHSCHUL-,
FACHSCHUL- UND HOCHSCHULAUSBILDUNG

DUESSELDORF

SONDERREIHE VOLKSZAEHLUNG 1961, HEFT 15

---

100 0 0 031 0 0 0

95-760846   BB 830/99

LANDESAMT FUER DATENVERARBEITUNG UND
STATISTIK NRW

*DIE HAUSHALTE IN NORDRHEIN-WESTFALEN
NACH ART UND GROESSE.

DUESSELDORF

SONDERREIHE VOLKZAEHLUNG 1961, HEFT 13

---

(1)BEARBEITER (2)MITARBEITER (3)HERAUSGEBER (4)REDAKTION (5)PROJEKTLEITUNG (6)AUFTRAGGEBER

BIBLIOGRAPHIE RAUMPLANUNG IM RUHRGEBIET. IRPUD-BIBLIOGRAPHIEN.1. UNIVERSITAET DORTMUND. BL. 12

---

100   0   0   031 0 0 0

96-760847   BB 830/106

LANDESAMT FUER DATENVERARBEITUNG UND
STATISTIK NRW

*DIE HAUSHALTE UND FAMILIEN IN NORDRHEIN-
WESTFALEN NACH TYPEN, ZAHL DER KINDER UND
EINKOMMENSBEZIEHER

DUESSELDORF

SONDERREIHE VOLKSZAEHLUNG 1961, HEFT 14

---

100   0   0   031 0 0 0

97-760853   BB 830/31

LANDESAMT FUER DATENVERARBEITUNG UND
STATISTIK NRW

*DIE ALTEN LEUTE IN NORDRHEIN-WESTFALEN
AM 6.6.1961
BEITRAG 221

DUESSELDORF

---

100   0   0   03157 0 0

98-760833   BB 830/30

LANDESAMT FUER DATENVERARBEITUNG UND
STATISTIK NRW

*AMTLICHES VERZEICHNIS DER GEMEINDEN UND
WOHNPLAETZE (ORTSCHAFTEN) IN NRW.
WOHNBEVOELKERUNG, RELIGIONSZUGEHOERIGKEIT,
ERWERBSPERSONEN UND PENDELWANDERER

DUESSELDORF
SONDERREIHE VOLKSZAEHLUNG 1961, HEFT 2 B

---

100   0   0   031 0 0 0

99-760840   BB 830/97

LANDESAMT FUER DATENVERARBEITUNG UND
STATISTIK NRW

*DIE WOHNBEVOELKERUNG IN NORDRHEIN-WESTFALEN
NACH DER UEBERWIEGENDEN UNTERHALTSQUELLE.
LANDES- UND KREISERGEBNISSE   /HEFT 7A
GEMEINDEERGEBNISSE   /HEFT 7B

DUESSELDORF
SONDERREIHE VOLKSZAEHLUNG 1961

---

100   0   0   03141 0 0

100-760845   BB 830/98

LANDESAMT FUER DATENVERARBEITUNG UND
STATISTIK NRW

*VERKEHRSMITTEL UND ZEITAUFWAND DER
PENDELWANDERER IN NORDRHEIN - WESTFALEN.

DUESSELDORF

SONDERREIHE VOLKSZAEHLUNG 1961, HEFT 12

---

100   0   0   03113 0 0

101-760834   BB 830/27

LANDESAMT FUER DATENVERARBEITUNG UND
STATISTIK NRW

*GEMEINDESTATISTIK NORDRHEIN-WESTFALEN.
BEVOELKERUNG UND ERWERBSTAETIGKEIT, GEBAEUDE
UND WOHNUNGEN

DUESSELDORF 1961

SONDERREIHE VOLKSZAEHLUNG 1961, HEFT 3A

---

100   0   0   031 0 0 0

102-760842

LANDESAMT FUER DATENVERARBEITUNG UND
STATISTIK NRW

*DIE ERWERBSPERSONEN IN NORDRHEIN-WESTFALEN
NACH DER BERUFLICHEN GLIEDERUNG.
LANDESERGEBNISSE   /HEFT 9A
GROSSTADTERGEBNISSE   /HEFT 9B

DUESSELDORF
SONDERREIHE VOLKSZAEHLUNG 1961

---

100   0   0   031 0 0 0

103-760839   BB 830/21

LANDESAMT FUER DATENVERARBEITUNG UND
STATISTIK NRW

*DIE AUSLAENDER IN NORDRHEIN-WESTFALEN NACH
STAATSANGEHOERIGKEIT, ALTER UND FAMILIENSTAND

DUESSELDORF

SONDERREIHE VOLKSZAEHLUNG 1961, HEFT 6

---

100   0   0   031 0 0 0

104-760843   BB 830/22

LANDESAMT FUER DATENVERARBEITUNG UND
STATISTIK NRW

*VERTRIEBENE DEUTSCHE AUS DER SOWJETISCHEN
BESATZUNGSZONE UND AUSLAENDER IN NORDRHEIN-
WESTFALEN NACH DER WIRTSCHAFTL. GLIEDERUNG

DUESSELDORF 1961

SONDERREIHE VOLKSZAEHLUNG 1961, HEFT 10

---

100   0   0   031 0 0 0

105-760838   BB 830/20

LANDESAMT FUER DATENVERARBEITUNG UND
STATISTIK NRW

*DIE VERTRIEBENEN UND DIE DEUTSCHEN AUS DER
SOWJETISCHEN BESATZUNGSZONE IN NORDRHEIN-
WESTFALEN NACH ALTER, FAMILIENSTAND U.RELIGION

DUESSELDORF

SONDERREIHE VOLKSZAEHLUNG 1961, HEFT 5

---

(1)BEARBEITER (2)MITARBEITER (3)HERAUSGEBER (4)REDAKTION (5)PROJEKTLEITUNG (6)AUFTRAGGEBER

```
100  0  0  03141 0 0                              100  0  0  031 0 0 0

106-760844              BB 830/103               111-760890
```

LANDESAMT FUER DATENVERARBEITUNG UND   LANDESAMT FUER DATENVERARBEITUNG UND
STATISTIK NRW   STATISTIK NRW

*DIE PENDELWANDERER IN NORDRHEIN-WESTFALEN   *DIE NATURLICHE BEVOELKERUNGSBEWEGUNG UND DIE
LANDESTEIL NORDRHEIN /HEFT 11A   WANDERUNGEN IN NORDRHEIN-WESTFALEN,
LANDESTEIL WESTFALEN /HEFT 11B   1964/BEITRAG 209, 1965/BEITRAG 224,
                                                 1966/BEITRAG 234, (KLEINSTE EINHEIT KREIS)
DUESSELDORF
                                                 DUESSELDORF
SONDERREIHE VOLKSZAEHLUNG 1961

```
100  0  0  031 0 0 0                             100  0  0  031 0 0 0

107-760841              BB 830/24                112-760891
```

LANDESAMT FUER DATENVERARBEITUNG UND   LANDESAMT FUER DATENVERARBEITUNG UND
STATISTIK NRW   STATISTIK NRW
*DIE ERWERBSPERSONEN IN NORDRHEIN-WESTFALEN
NACH DER WIRTSCHAFTLICHEN GLIEDERUNG.   *DIE BEVOELKERUNG IN NORDRHEIN-WESTFALEN
LANDESERGEBNISSE UND KREISERGEBNISSE FUER DEN   1967 /BEITRAG 242, (KLEINSTE EINHEIT KREIS)
LANDESTEIL NORDRHEIN /HEFT 8A,
KREISERGEBNISSE FUER DEN   DUESSELDORF
LANDESTEIL WESTFALEN /HEFT 8B,
GEMEINDEERGEBNISSE   /HEFT 8C.
SONDERREIHE VOLKSZAEHLUNG 1961
DUESSELDORF

```
100  0  0  03172 0 0                             100  0  0  031 0 0 0

108-760836              BB 830/27                113-760904              BB 830/93
```

LANDESAMT FUER DATENVERARBEITUNG UND   LANDESAMT FUER DATENVERARBEITUNG UND
STATISTIK NRW   STATISTIK NRW

*GEMEINDESTATISTIK NORDRHEIN-WESTFALEN   *WANDERUNGSSTROEME IN NORDRHEIN-WESTFALEN
BEVOELKERUNGSENTWICKLUNG 1871 - 1961 /HEFT 3C   1967 UND 1968.
BEVOELKERUNGSENTWICKLUNG 1816 - 1871 /HEFT 3D   STATIST. BERICHT A III 1/S
                                                 (KLEINSTE EINHEIT KREIS)
DUESSELDORF
                                                 DUESSELDORF
SONDERREIHE VOLKSZAEHLUNG 1961

```
100  0  0  03144 0 0                             100  0  0  031 0 0 0

109-760889                                       114-760892              BB 830/93
```

LANDESAMT FUER DATENVERARBEITUNG UND   LANDESAMT FUER DATENVERARBEITUNG UND
STATISTIK NRW   STATISTIK NRW

*DIE NATUERLICHE BEVOELKERUNGSBEWEGUNG UND DIE   *DIE BEVOELKERUNG IN NORDRHEIN-WESTFALEN
TODESURSACHEN IN NORDRHEIN-WESTFALEN SEIT   1968 /STATIST. BERICHT A I -III/S
1946. 1961 UND 1962 = BEITRAG 181   (KLEINSTE EINHEIT KREIS)
1963 = BEITRAG 185 (KLEINSTE EINHEIT KREIS).
                                                 DUESSELDORF
DUESSELDORF

```
100  0  0  031 0 0 0                             100  0  0  031 0 0 0

110-760903                                       115-760910
```

LANDESAMT FUER DATENVERARBEITUNG UND   LANDESAMT FUER DATENVERARBEITUNG UND
STATISTIK NRW   STATISTIK NRW

*DIE WANDERUNGEN IN NORDRHEIN-   *ERWERBSTAETGE IN NORDRHEIN-WESTFALEN
WESTFALEN /SEIT 1949   1959 - 1969. ERGEBNISSE DES MIKROZENSUS
1960/BEITRAG 145, 1961/BEITRAG 157,   BEITRAG 270 (KLEINSTE EINHEIT REG.-BEZ.)
1962/BEITRAG 172, 1963/BEITRAG 190.
(KLEINSTE EINHEIT KREIS)   DUESSELDORF

DUESSELDORF

BIBLIOGRAPHIE RAUMPLANUNG IM RUHRGEBIET. IRPUD-BIBLIOGRAPHIEN.1. UNIVERSITAET DORTMUND. BL. 14

---

100 0 0 03121 0 0

116-760886   BB 830/93

LANDESAMT FUER DATENVERARBEITUNG UND
STATISTIK NRW, DUESSELDORF
*ARBEITSSTAETTEN, BESCHAEFTIGTE SOWIE LOEHNE
UND GEHAELTER
- ERGEBNISSE DER NICHTLANDWIRTSCHAFTLICHEN
ARBEITSSTAETTENZAEHLUNG 1970 -
2: REG.-BEZ. DUESSELDORF, 3: REG.-BEZ. KOELN,
4: REG.-BEZ. AACHEN, 5: REG.-BEZ. MUENSTER,
6: REG.-BEZ. DETMOLD, 7: REG.-BEZ. ARNSBERG
STATIST. BERICHTE D ARBEITSSTAETTENZ. 1970
(KLEINSTE EINHEIT GEMEINDE)

---

100 0 0 031 0 0 0

117-760872   BB 830/20

LANDESAMT FUER DATENVERARBEITUNG UND
STATISTIK NRW
*DIE VERTRIEBENEN UND DIE DEUTSCHEN AUS DER
DDR IN NORDRHEIN-WESTFALEN NACH ALTER,
FAMILIENSTAND UND RELIGIONSZUGEHOERIGKEIT
AM 27. MAI 1970

DUESSELDORF
SONDERREIHE VOLKSZAEHLUNG 1970, HEFT 5

---

100 0 0 031 0 0 0

118-760878   BB 830/22

LANDESAMT FUER DATENVERARBEITUNG UND
STATISTIK NRW
*DIE VERTRIEBENEN, DIE DEUTSCHEN AUS DER DDR
UND DIE AUSLAENDER IN NORDRHEIN-WESTFALEN
NACH WIRTSCHAFTLICHER GLIEDERUNG
AM 27. MAI 1970

DUESSELDORF
SONDERREIHE VOLKSZAEHLUNG 1970

---

100 0 0 031 0 0 0

119-760871   BB 830/105

LANDESAMT FUER DATENVERARBEITUNG UND
STATISTIK NRW
*DIE WOHNBEVOELKERUNG IN NORDRHEIN-WESTFALEN
NACH ALTER, FAMILIENSTAND UND RELIGIONS-
ZUGEHOERIGKEIT AM 27. MAI 1970.
LANDESERGEBNISSE   /HEFT 4A
KREISERGEBNISSE   /HEFT 4B
GEMEINDEERGEBNISSE /HEFT 4C
SONDERREIHE VOLKSZAEHLUNG DUESSELDORF 1970
DUESSELDORF

---

100 0 0 0314 1 0 0

120-760880   BB 830/103

LANDESAMT FUER DATENVERARBEITUNG UND
STATISTIK NRW
*DIE PENDELWANDERER IN NORDRHEIN-WESTFALEN
REG.-BEZ. DUESSELDORF, KOELN, AACHEN /HEFT 11A
REG.-BEZ. MUENSTER, DETMOLD, ARNSBERG/HEFT 11B

DUESSELDORF

SONDERREIHE VOLKSZAEHLUNG 1970

---

100 0 0 031 0 0 0

121-760868   BB 830/27

LANDESAMT FUER DATENVERARBEITUNG UND
STATISTIK NRW
*GEMEINDESTATISTIK 1970,
BEVOELKERUNG UND ERWERBSTAETIGKEIT

DUESSELDORF

SONDERREIHE VOLKSZAEHLUNG 1970, HEFT 3B

---

100 0 0 03121 0 0

122-760885   BB 830/93

LANDESAMT FUER DATENVERARBEITUNG UND
STATISTIK NRW
*ARBEITSSTAETTEN, BESCHAEFTIGTE SOWIE LOEHNE
UND GEHAELTER
- ERGEBNISSE DER NICHTLANDWIRTSCHAFTLICHEN
ARBEITSSTAETTENZAEHLUNG 1970 -
LAND, REGIERUNGSBEZIRK, KREIS
DUESSELDORF
STATIST. BERICHT D. ARBEITSSTAETTENZAEHLUNG
1970 - 1

---

100 0 0 03145 0 0

123-760884   BB 830/96

LANDESAMT FUER DATENVERARBEITUNG UND
STATISTIK NRW
*DIE WOHNBEVOELKERUNG IN NORDRHEIN-WESTFALEN
NACH ABGESCHLOSSENER SCHULAUSBILDUNG
- SCHUELER UND STUDIERENDE - AM 27. MAI 1970.

DUESSELDORF

SONDERREIHE VOLKSZAEHLUNG 1970, HEFT 15

---

100 0 0 03121 0 0

124-760894

LANDESAMT FUER DATENVERARBEITUNG UND
STATISTIK NRW
*AUSGEWAEHLTE GEMEINDEERGEBNISSE IN
NORDRHEIN-WESTFALEN - GEBIETSSTAND 1.1.1975 -

DUESSELDORF

SONDERREIHE VOLKSZAEHLUNG 1970, HEFT 16

---

100 0 0 0314 1 0 0

125-760881   BB 830/98

LANDESAMT FUER DATENVERARBEITUNG UND
STATISTIK NRW
*VERKEHRSMITTEL UND ZEITAUFWAND DER PENDEL-
WANDERER IN NORDRHEIN-WESTFALEN AM 27. MAI 70
- LANDES- UND KREISERGEBNISSE - /HEFT 12A
- GEMEINDEERGEBNISSE -   /HEFT 12B

DUESSELDORF
SONDERREIHE VOLKSZAEHLUNG 1970

---

(1)BEARBEITER (2)MITARBEITER (3)HERAUSGEBER (4)REDAKTION (5)PROJEKTLEITUNG (6)AUFTRAGGEBER

BIBLIOGRAPHIE RAUMPLANUNG IM RUHRGEBIET. IRPUD-BIBLIOGRAPHIEN.1. UNIVERSITAET DORTMUND. BL. 15

---

100 0 0 031 0 0 0

126-760883   BB 830/106

LANDESAMT FUER DATENVERARBEITUNG UND
STATISTIK NRW

*DIE HAUSHALTE UND FAMILIEN NACH TYPEN, ZAHL
DER KINDER UND EINKOMMENSBEZIEHER IN
NORDRHEIN-WESTFALEN AM 27. MAI 1970.

DUESSELDORF

SONDERREIHE VOLKSZAEHLUNG 1970, HEFT 14

---

100 0 0 031 0 0 0

127-760865   BB 830/30

LANDESAMT FUER DATENVERARBEITUNG UND
STATISTIK NRW

*AMTLICHES VERZEICHNIS DER GEMEINDEN UND
WOHNPLAETZE IN NORDRHEIN-WESTFALEN 1970,
BEVOELKERUNG UND ERWERBSTAETIGKEIT.

DUESSELDORF

SONDERREIHE VOLKSZAEHLUNG 1970, HEFT 2A

---

100 0 0 03132 0 0

128-760877

LANDESAMT FUER DATENVERARBEITUNG UND
STATISTIK NRW

*DIE ERWERBSTAETIGEN IN NORDRHEIN-WESTFALEN
NACH DER BERUFLICHEN GLIEDERUNG AM 27. MAI 70

DUESSELDORF

SONDERREIHE VOLKSZAEHLUNG 1970, HEFT 9

---

100 0 0 03121 0 0

129-760888

LANDESAMT FUER DATENVERARBEITUNG UND
STATISTIK NRW

*DIE ARBEITSSTAETTEN IN NORDRHEIN-WESTFALEN
AM 27. MAI 1970,
ERGEBNISSE FUER BESCHAEFTIGTENGROESSEN-
KLASSEN, STELLUNG IM BETRIEB, RECHTSFORMEN,
UNTERNEHMEN.
DUESSELDORF 1970
SONDERREIHE VOLKSZAEHLUNG 1970, HEFT 17 B

---

100 0 0 03141 0 0

130-760879   BB 830/93

LANDESAMT FUER DATENVERARBEITUNG UND
STATISTIK NRW.

*AUSPENDLER NACH AUSGEWAEHLTEN ZIELGEMEINDEN
1: REGIERUNGSBEZ. DUESSELDORF, KOELN, AACHEN
2: REGIERUNGSBEZ. MUENSTER, DETMOLD, ARNSBERG
- ERGEBNISSE DER VOLKS- UND BERUFSZAEHLUNG -
STAT. BERICHT, A/VOLKSZAEHLUNG 1970

DUESSELDORF

---

100 0 0 03121 0 0

131-760870   BB 830/27

LANDESAMT FUER DATENVERARBEITUNG UND
STATISTIK NRW

*GEMEINDESTATISTIK 1970,
ENTWICKLUNG DER KREISFREIEN STAEDTE,
KREISE UND GEMEINDEN 1961-1975.

DUESSELDORF

SONDERREIHE VOLKSZAEHLUNG 1970, HEFT 3E

---

100 0 0 031 0 0 0

132-760864   BB 830/146

LANDESAMT FUER DATENVERARBEITUNG UND
STATISTIK NRW

*DIE WOHNBEVOELKERUNG IN DEN GEMEINDEN
NORDRHEIN-WESTFALENS 1970,

DUESSELDORF

SONDERREIHE VOLKSZAEHLUNG 1970, HEFT 1

---

100 0 0 031 0 0 0

133-760876   BB 830/24

LANDESAMT FUER DATENVERARBEITUNG UND
STATISTIK NRW
*DIE ERWERBSTAETIGEN IN NORDRHEIN-WESTFALEN
NACH DER WIRTSCHAFTLICHEN GLIEDERUNG
AM 27. MAI 1970.
LANDESERGEBNISSE   /HEFT 8A
KREISERGEBNISSE   /HEFT 8B
GEMEINDEERGEBNISSE /HEFT 8C
SONDERREIHE VOLKSZAEHLUNG 1970
DUESSELDORF

---

100 0 0 031 0 0 0

134-760873   BB 830/21

LANDESAMT FUER DATENVERARBEITUNG UND
STATISTIK NRW

*DIE AUSLAENDER IN NORDRHEIN-WESTFALEN NACH
STAATSANGEHOERIGKEIT, ALTER UND FAMILIENSTAND
AM 27. MAI 1970.

DUESSELDORF

SONDERREIHE VOLKSZAEHLUNG 1970, HEFT 6

---

100 0 0 031 0 0 0

135-760882   BB 830/99

LANDESAMT FUER DATENVERARBEITUNG UND
STATISTIK NRW

*DIE HAUSHALTE IN NORDRHEIN-WESTFALEN
AM 27. MAI 1970

DUESSELDORF

SONDERRHEIHE VOLKSZAEHLUNG 1970, HEFT 13

---

(1)BEARBEITER   (2)MITARBEITER   (3)HERAUSGEBER   (4)REDAKTION   (5)PROJEKTLEITUNG   (6)AUFTRAGGEBER

BIBLIOGRAPHIE RAUMPLANUNG IM RUHRGEBIET. IRPUD-BIBLIOGRAPHIEN.1. UNIVERSITAET DORTMUND. BL. 16

---

100 0 0 031 0 0 0

136-761479

SCHWARZ KARL

AKADEMIE FUER RAUMFORSCHUNG UND LANDESPLANUNG

*NEUERE ERSCHEINUNGEN DER BINNENWANDERUNG MIT BEISPIELEN
IN: BEITRAEGE ZUR FRAGE DER RAEUMLICHEN BEVOELKERUNGSBEWEGUNG
HANNOVER: JAENECKE 1970
VEROEFF.DER AKADEMIE F.RAUMFORSCHUNG UND LANDESPLANUNG, FORSCHUNGS- + SITZUNGSBERICHTE
BD.55, 1970, S.37-53

---

100 0 0 03117 0 0

137-760235   BB 690/40

BALDERMANN UDO

AKADEMIE FUER RAUMFORSCHUNG UND LANDESPLANUNG

*WANDERUNGSVERLAUF UND EINZUGSBEREICH WESTDEUTSCHER GROSSSTAEDTE

HANNOVER 1970 JAENECKE VERLAG

IN: BEITRAEGE Z.FRAGE D.RAEUML.BEVOELKERUNGS-
BEWEGUNG. FORSCHUNGS- UND SITZUNGSBERICHTE
BD. 55, S. 77-97

100620 0 031 0 0 0

138-760384

STADT DORTMUND, AMT FUER STATISTIK UND WAHLEN, (3)

*DAS EINKOMMENSNIVEAU IN DEN GROESSTEN STAEDTEN NORDRHEIN-WESTF. NACH DER ARBEITS-STAETTENZAEHLUNG 1970

DORTMUND 1972

BEILAGE NR. 19

10C 0 0 03121 0 0

139-761085   UB F 12483

STATISTISCHES BUNDESAMT WIESBADEN

*BEVOELKERUNG UND WIRTSCHAFT 1872-1972 (HRSG. ANLAESSLICH DES 100-JAEHRIGEN BESTEHENS DER ZENTRALEN AMTLICHEN STATISTIK)

STUTTGART , MAINZ 1972, VERLAG KOHLHAMMER

---

100 0 0 C31 0 0 0

140-760905   BB 830/35

LANDESAMT FUER DATENVERARBEITUNG UND STATISTIK NRW

*DIE BEVOELKERUNG IN NORDRHEIN-WESTFALEN, WANDERUNGSSTROEME IN DEN REGIERUNGSBEZIRKEN
1969:BEITRAG 267,268 /1970:BEITRAG 282,283
1971:BEITRAG 301,302 /1972:BEITRAG 311,312
1973:BEITRAG 324,325
(KLEINSTE EINHEIT KREIS)
DUESSELDORF

---

100 0 0 031 0 0 0

141-760635   BB Z 200/14

RUECKERT GERD RUEDIGER

*REGIONALE BEVOELKERUNGSENTWICKLUNG 1970-1985 IN DEN GEBIETSEINHEITEN DES BUNDESRAUM-ORDNUNGSPROGRAMMS

IN: STRUKTUR. JG. 1973, H. 8, S. 174-179,

---

100 0 0 031 0 0 0

142-760895   BB 830/93

LANDESAMT FUER DATENVERARBEITUNG UND STATISTIK NRW

*DIE NATUERLICHE BEVOELKERUNGSBEWEGUNG IN NORDRHEIN-WESTFALEN 1974
STATIST. BERICHT A II 1
(KLEINSTE EINHEIT KREIS)
(ERSCHEINT SEIT 1955 JAEHRLICH)

DUESSELDORF

---

100 0 0 03134 0 0

143-760860   BB 830/93

LANDESAMT FUER DATENVERARBEITUNG UND STATISTIK NRW

*EMPFAENGER VON SOZIALHILFE 1974
STATIST. BERICHT K I 1, TEIL 2
ERSCHEINT SEIT 1950 JAEHRLICH

DUESSELDORF 1950 - (JAEHRL.)

---

100 0 0 031 0 0 0

144-760902   BB 830/93

LANDESAMT FUER DATENVERARBEITUNG UND STATISTIK NRW

*DIE BEVOELKERUNG IN NORDRHEIN-WESTFALEN NACH ALTER UND GESCHLECHT AM 31.12.1974
STATIST. BERICHT A I 3, ERSCHEINT SEIT
1950 JAEHRLICH (KLEINSTE EINHEIT LAND)

DUESSELDORF

---

100 0 0 03121 0 0

145-760911   BB 830/93

LANDESAMT FUER DATENVERARBEITUNG UND STATISTIK NRW

*BEVOELKERUNG UND ERWERBSLEBEN IN NORDRHEIN-WESTFALEN 1974. ERGEBNISSE DES MIKROZENSUS
STATIST. BERICHT A/S 1, JAEHRLICH SEIT 1959

DUESSELDORF 1959- (JAEHRL.)

---

(1)BEARBEITER   (2)MITARBEITER   (3)HERAUSGEBER   (4)REDAKTION   (5)PROJEKTLEITUNG   (6)AUFTRAGGEBER

100 0 0 031 0 0 0

146-760906   BB 830/93

LANDESAMT FUER DATENVERARBEITUNG UND
STATISTIK NRW

*WANDERUNGEN IN NORDRHEIN-WESTFALEN 1974
STATIST. BERICHT A III 1, ERSCHEINT SEIT 1955
MONATLICH UND JAEHRLICH
(KLEINSTE EINHEIT KREIS)

DUESSELDORF

---

100 0 0 031 0 0 0

147-760893   BB 830/35

LANDESAMT FUER DATENVERARBEITUNG UND
STATISTIK NRW
*DIE BEVOELKERUNG IN NORDRHEIN-WESTFALEN,
TEIL 1:BEVOELKERUNGSSTAND, BEVOELKERUNGS-
BEWEGUNG
1969/BEITRAG 266, 1970/BEITRAG 281,
1971/BEITRAG 300, 1972/BEITRAG 310,
1973/BEITRAG 323, 1974/BEITRAG 3351
(KLEINSTE EINHEIT KREIS)
DUESSELDORF

---

100 0 0 031 0 0 0

148-760896   BB 830/93

LANDESAMT FUER DATENVERARBEITUNG UND
STATISTIK NRW

*EHESCHLIESSUNGEN, GEBURTEN UND STERBEFAELLE
IN NORDRHEIN-WESTFALEN (KLEINSTE EINH. KREIS)
STATIST. BERICHT A II 1, ERSCHEINT SEIT 1955
MONATLICH U. VIERTELJAEHRLICH
(KLEINSTE EINHEIT KREIS)

DUESSELDORF

---

100 0 0 031 0 0 0

149-760899   BB 830/93

LANDESAMT FUER DATENVERARBEITUNG UND
STATISTIK NRW
*DIE WOHNBEVOELKERUNG DER GEMEINDEN UND
KREISE IN NORDRHEIN-WESTFALEN
BEVOELKERUNGSSTAND: 30.6.1974
GEBIETSSTAND: 1.1.1975
KENNZIFFERN GUELTIG AB 1.1.1975
STATIST. BERICHT A I 2/S
(UNREGELMAESSIGES ERSCHEINEN)
DUESSELDORF

---

100 0 0 031 0 0 0

150-760899   BB 830/93

LANDESAMT FUER DATENVERARBEITUNG UND
STATISTIK NRW

*DIE BEVOELKERUNG DER GEMEINDEN NORDRHEIN-
WESTFALEN AM 30.6.1975
(KLEINSTE EINHEIT GEMEINDE)
STATIST. BERICHT A I 2, ERSCHEINT SEIT 1950
HALBJAEHRLICH

DUESSELDORF

---

100 0 0 031 0 0 0

151-760897   BB 830/93

LANDESAMT FUER DATENVERARBEITUNG UND
STATISTIK NRW

*BEVOELKERUNGSENTWICKLUNG UND BEVOELKERUNGS-
STAND IN NORDRHEIN-WESTFALEN
STATIST. BERICHT A I 1, ERSCHEINT SEIT 1950
MONATLICH (KLEINSTE EINHEIT KREIS)

DUESSELDORF

---

100 0 0 031 0 0 0

152-760900   BB 830/93

LANDESAMT FUER DATENVERARBEITUNG UND
STATISTIK NRW

*DIE WOHNBEVOELKERUNG DER GEMEINDEN NORDRHEIN-
WESTFALENS AM 1.1.1970
STATIST. BERICHT A I 2/S

DUESSELDORF

---

100 0 0 031 0 0 0

153-760909   BB 830/93

LANDESAMT FUER DATENVERARBEITUNG UND
STATISTIK NRW

*VORAUSBERECHNUNG DER WOHNBEVOELKERUNG IN DEN
KREISFREIEN STAEDTEN UND KREISEN NORDRHEIN-
WESTFALENS 1973 BIS 1985
STATIST. BERICHT A I 8 - JAEHRLICH

DUESSELDORF

---

100 0 0 031 0 0 0

154-760907   BB 830/93

LANDESAMT FUER DATENVERARBEITUNG UND
STATISTIK NRW

*VORAUSBERECHNUNG DER BEVOELKERUNG IN DEN
KREISFREIEN STAEDTEN UND LANDKREISEN
NORDRHEIN-WESTFALENS BIS 1985
STATIST. BERICHT A I 8

DUESSELDORF

---

100 0 0 031 0 0 0

155-760908   BB 830/93

LANDESAMT FUER DATENVERARBEITUNG UND
STATISTIK NRW

*VORAUSBERECHNUNG DER WOHNBEVOELKERUNG IN DEN
KREISFREIEN STAEDTEN UND KREISEN NORDRHEIN-
WESTFALEN BIS 1990
STATIST. BERICHT A I 8

DUESSELDORF

ALLGEMEINE PLANUNGSGRUNDLAGEN UND -DATEN ZUR
PLANUNG IM RUHRGEBIET

BEVOELKERUNG

 - BERUF,ARBEIT,SITUATION DER ARBEITER

---

100 0 0 032 01113

156-761431

OLLENBERG WILFRIED A.

WESTF.WILHELMSUNIVERSITAET MUENSTER,INSTITUT
FUER SIEDLUNGS- UND WOHNUNGSWESEN

*BESCHAEFTIGUNG UND WOHNUNGSBEDARF AUSLAENDI-
SCHER ARBEITNEHMER ALS PROBLEM DER LANDES-
PLANUNG UND LANDESENTWICKLUNG IN NRW.
VERSUCH EINER PROGNOSE BIS 1980
MUENSTER 1967
INSTITUT F. SIEDLUNGS- UND WOHNUNGSWESEN,
SONDERDRUCK NR.38

---

100 0 0 03231 0 0

157-760877

LANDESAMT FUER DATENVERARBEITUNG UND
STATISTIK NRW

*DIE ERWERBSTAETIGEN IN NORDRHEIN-WESTFALEN
NACH DER BERUFLICHEN GLIEDERUNG AM 27. MAI 70

DUESSELDORF

SONDERREIHE VOLKSZAEHLUNG 1970, HEFT 9

---

100 0 0 032 0 0 0

158-761105

NORDRHEIN-WESTFALEN, MINISTER F ARBEIT,
GESUNDHEIT UND SOZIALES

*ANALYSE UND PROGNOSE DER ARBEITSENTWICKLUNG
IN NW. TABELLENBAND UND TEXTBAND

KOELN 1970

ARBEIT UND BERUF, HEFT 2, 1970

---

100 0 0 032 0 0 0

159-761104

NORDRHEIN-WESTFALEN, MINISTER F ARBEIT,
GESUNDHEIT UND SOZIALES

*BERUFLICHE WEITERBILDUNG

DUESSELDORF 1971

ARBEIT UND BERUF, HEFT 1, 1971

---

100 0 0 032 0 0 0

160-760646

DEUTSCHES INSTITUT FUER WIRTSCHAFTSFORSCHUNG

*REGIONALE LOHN- UND GEHALTSUNTERSCHIEDE IN
DER BUNDESREPUBLIK DEUTSCHLAND

OHNE ORT 1973

IN: DT. INST. F. WIRTSCHAFTSFORSCH. WOCHEN-
BERICHT. JG. 31, 1973, H. 40. S. 275-280.

---

100 0 0 03244 0 0

161-760917   BB 830/93

LANDESAMT FUER DATENVERARBEITUNG UND
STATISTIK NRW

*BERUFE DES GESUNDHEITSWESEN IN NORDRHEIN-
WESTFALEN 1974
STATIST. BERICHT A IV 1, SEIT 1953 JAEHRLICH

DUESSELDORF

ALLGEMEINE PLANUNGSGRUNDLAGEN UND -DATEN ZUR
PLANUNG IM RUHRGEBIET

BEVOELKERUNG

 - SOZIALWESEN,SOZIALARBEIT,SOZIALPOLITIK

---

100 0 0 034 0 0 0

162-760854

LANDESAMT FUER DATENVERARBEITUNG UND
STATISTIK NRW

*DIE OEFFENTLICHE JUGENDHILFE IN
NORDRHEIN-WESTFALEN
1960/BEITRAG 146, 1961/BEITRAG 161,
1962/BEITRAG 174, 1963UND1964/BEITRAG 214

DUESSELDORF

---

100 0 0 034 0 0 0

163-760856

LANDESAMT FUER DATENVERARBEITUNG UND
STATISTIK NRW

*ALTENHEIME UND ALTENTAGESSTAETTEN
IN NORDRHEIN-WESTFALEN 1965

DUESSELDORF

---

(1)BEARBEITER (2)MITARBEITER (3)HERAUSGEBER (4)REDAKTION (5)PROJEKTLEITUNG (6)AUFTRAGGEBER

BIBLIOGRAPHIE RAUMPLANUNG IM RUHRGEBIET. IRPUD-BIBLIOGRAPHIEN.1. UNIVERSITAET DORTMUND.

---

100 0 0 034 0 0 0

164-760861   BB 830/93

LANDESAMT FUER DATENVERARBEITUNG UND
STATISTIK NRW

*DIE EINGLIEDERUNGSHILFE FUER BEHINDERTE
IN NORDRHEIN-WESTFALEN 1966
STATIST. BERICHT K I 2 - 5

DUESSELDORF

---

100 0 0 034 0 0 0

165-760858

LANDESAMT FUER DATENVERARBEITUNG UND
STATISTIK NRW

*EINRICHTUNGEN DER JUGENDHILFE 1968

DUESSELDORF

---

100 0 0 034 0 0 0

166-760863   BB 830/93

LANDESAMT FUER DATENVERARBEITUNG UND
STATISTIK NRW

*DIE LEISTUNGEN DER KRIEGSOPFERFUERSORGE NACH
PARAGRAPH 27 B BUNDESVERSORGUNGSGESETZ IN NRW
STATIST. BERICHT K I 6/S

DUESSELDORF 1969

---

100 0 0 034 0 0 0

167-760855   BB 830/93

LANDESAMT FUER DATENVERARBEITUNG UND
STATISTIK NRW

*DIE OEFFENTLICHE JUGENDHILFE IN
NORDTHEIN-WESTFALEN 1971 UND 1972
STAT. BERICHT K / 3, SEIT 1965 JAEHRLICH

DUESSELDORF

---

100 0 0 034 0 0 0

168-760857

LANDESAMT FUER DATENVERARBEITUNG UND
STATISTIK NRW

*EINRICHTUNGEN DER ALTENHILFE 1972.
HEIME UND TAGESSTAETTEN

DUESSELDORF

---

100 0 0 034 0 0 0

169-760862   BB 830/93

LANDESAMT FUER DATENVERARBEITUNG UND
STATISTIK NRW

*DIE KRIEGSOPFERFUERSORGE IN
NORDRHEIN-WESTFALEN 1974
STATIST. BERICHT K I 5,
ERSCHEINT SEIT 1965 JAEHRLICH

DUESSELDORF 1965 - (JAEHRL.)

---

100 0 0 034 0 0 0

170-760859   BB 830/93

LANDESAMT FUER DATENVERARBEITUNG UND
STATISTIK NRW

*DIE SOZIALHILFE IN NORDRHEIN-WESTFALEN.
AUSGABEN UND EINNAHMEN 1974
STATIST. BERICHT K / 1, TEIL 1
ERSCHEINT SEIT 1950 JAEHRLICH

DUESSELDORF

---

100 0 0 03431 0 0

171-760860   BB 830/93

LANDESAMT FUER DATENVERARBEITUNG UND
STATISTIK NRW

*EMPFAENGER VON SOZIALHILFE 1974
STATIST. BERICHT K I 1, TEIL 2
ERSCHEINT SEIT 1950 JAEHRLICH

DUESSELDORF 1950 - (JAEHRL.)

ALLGEMEINE PLANUNGSGRUNDLAGEN UND -DATEN ZUR
PLANUNG IM RUHRGEBIET

BEVOELKERUNG

  - ERHOLUNG,FREIZEIT,URLAUB,SPORT,SPIEL

---

100 0 0 036 0 0 0

172-761294

CZINKI LASZLO

*DIE NAHERHOLUNG UND DIE MOEGLICHKEITEN EINER
BEDARFSDECKUNG

IN: NATUR UND LANDSCHAFT 42(1967) HEFT 11
S.253-254

---

(1)BEARBEITER (2)MITARBEITER (3)HERAUSGEBER (4)REDAKTION (5)PROJEKTLEITUNG (6)AUFTRAGGEBER

BIBLIOGRAPHIE RAUMPLANUNG IM RUHRGEBIET. IRPUD-BIBLIOGRAPHIEN.1. UNIVERSITAET DORTMUND. BL. 20

---

100 C 0 036 0 0 0

173-761320

CZINKI LASZLO

*DIE NAHERHOLUNG UND DIE MOEGLICHKEIT ZU EINER BEDARFSDECKUNG

IN: BEITRAEGE ZUR NEUORDNUNG DES LAENDLICHEN RAUMES.BAD GODESBERG 1968 = SCHRIFTENREIHE F.LANDSCHAFTSPFLEGE + NATURSCH.H.3 S.143-151

---

100 0 0 036 0 0 0

174-761319

CZINKI LASZLO

*DIE MOBILE ZWEITWOHNUNG. EIN BERICHT UEBER DIE AUSSTELLUNG "CAMPING 1968" IN ESSEN

IN: GARTENAMT 17(1968) H.9,S.408-409

---

100 0 0 036 0 0 0

175-761343

MITTELBACH HEINZ ARNO

*FREIZEIT VERTUN IM PARK DER GRUENEN RITTER ?

IN: BAUWELT 60(1969) H.19, S.653-655

---

100 0 0 036 0 0 0

176-760295

CZINKI LASZLO

AGRAR- UND HYDROTECHNIK GMBH, (3)

*VORAUSSICHTLICHER BEDARF AN ERHOLUNGSFLAECHEN UND IHRE STANDORTE IN NORDRHEIN-WESTFALEN

ESSEN 1971

ALLGEMEINE PLANUNGSGRUNDLAGEN UND -DATEN ZUR PLANUNG IM RUHRGEBIET

INFRASTRUKTUR, VERSORGUNG

- STRASSENVERKEHR,EISENBAHN, SCHIFFAHRT,LUFTVERKEHR

---

100 0 0 041 0 0 0

177-761494

BUNDESMINISTERIUM FORSCHUNG U. TECHNOLOGIE(3)
WIRTSCHAFTSBERATUNG AG, DUESSELDORF (1)

*NUTZEN-KOSTEN-ANALYSE FUER DAS CABINENTAXI. FORTSCHRITT IM NAHVERKEHR. KURZFASSUNG

HAGEN 1975, 51 S.

---

100 0 0 04131 0 0

178-760844   BB 830/103

LANDESAMT FUER DATENVERARBEITUNG UND STATISTIK NRW

*DIE PENDELWANDERER IN NORDRHEIN-WESTFALEN
LANDESTEIL NORDRHEIN /HEFT 11A
LANDESTEIL WESTFALEN /HEFT 11B

DUESSELDORF

SONDERREIHE VOLKSZAEHLUNG 1961

---

100 0 0 04131 0 0

179-760845   BB 830/98

LANDESAMT FUER DATENVERARBEITUNG UND STATISTIK NRW

*VERKEHRSMITTEL UND ZEITAUFWAND DER PENDELWANDERER IN NORDRHEIN - WESTFALEN.

DUESSELDORF

SONDERREIHE VOLKSZAEHLUNG 1961, HEFT 12

---

100 0 0 04121 0 0

180-760851   BB 830/102

LANDESAMT FUER DATENVERARBEITUNG UND STATISTIK NRW, DUESSELDORF
*DIE ARBEITSSTAETTEN UND UNTERNEHMEN MIT GEWERBLICHEM VERKEHR UND WERKVERKEHR IN NORDRHEIN-WESTFALEN /HEFT 18
(KLEINSTE EINHEIT KREIS)
DIE UNTERNEHMEN MIT GEWERBLICHEM VERKEHR UND UND WERKVERKEHR IN NORDRHEIN-WESTF. /HEFT 19
(KLEINSTE EINHEIT LAND)
- ERGEBNISSE DES VERKEHRSZENSUS 1962 -
SONDERREIHE VOLKSZAEHLUNG 1961

---

100 0 0 041 0 0 0

181-761208

LINDEN WALTER

SIEDLUNGSVERBAND RUHRKOHLENBEZIRK

*DROSCHKEN UND MIETWAGEN IN DEN WESTDEUTSCHEN GROSS- UND MITTELSTAEDTEN

ESSEN 1963

---

(1)BEARBEITER   (2)MITARBEITER   (3)HERAUSGEBER   (4)REDAKTION   (5)PROJEKTLEITUNG   (6)AUFTRAGGEBER

BIBLIOGRAPHIE RAUMPLANUNG IM RUHRGEBIET. IRPUD-BIBLIOGRAPHIEN.1. UNIVERSITAET DORTMUND. BL. 21

---

100 0 0 041 0 0 0

182-760268

BREUER FRANZ-JOSEF, (1)

BUNDESMINISTER FUER VERKEHR, ABTEILUNG
STRASSENBAU (3), RWTH AACHEN

*ELEMENTE DES VERKEHRSABLAUFS AN KREUZUNGS-
FREIEN STRASSENKNOTEN

BONN 1969, 44 S., DISS.
STRASSENBAU UND -VERKEHRSTECHN., H.88,
FORSCHUNGSBERICHTE AUS DEM FORSCHUNGSPROGRAMM
DES BUNDESVERKEHRSMINISTERIUMS

---

100 0 0 04131 0 0

183-760879   BB 830/93

LANDESAMT FUER DATENVERARBEITUNG UND
STATISTIK NRW

*AUSPENDLER NACH AUSGEWAEHLTEN ZIELGEMEINDEN
1: REGIERUNGSBEZ. DUESSELDORF, KOELN, AACHEN
2: REGIERUNGSBEZ. MUENSTER, DETMOLD, ARNSBERG
- ERGEBNISSE DER VOLKS- UND BERUFSZAEHLUNG -
STAT. BERICHT, A/VOLKSZAEHLUNG 1970

DUESSELDORF

---

100 0 0 04131 0 0

184-760881   BB 830/98

LANDESAMT FUER DATENVERARBEITUNG UND
STATISTIK NRW

*VERKEHRSMITTEL UND ZEITAUFWAND DER PENDEL-
WANDERER IN NORDRHEIN-WESTFALEN AM 27. MAI 70
- LANDES- UND KREISERGEBNISSE - /HEFT 12A
- GEMEINDEERGEBNISSE -   /HEFT 12B

DUESSELDORF
SONDERREIHE VOLKSZAEHLUNG 1970

---

100 0 0 04131 0 0

185-760880   BB 830/103

LANDESAMT FUER DATENVERARBEITUNG UND
STATISTIK NRW

*DIE PENDELWANDERER IN NORDRHEIN-WESTFALEN
REG.-BEZ. DUESSELDORF, KOELN, AACHEN /HEFT11A
REG.-BEZ. MUENSTER, DETMOLD, ARNSBERG/HEFT11B

DUESSELDORF

SONDERREIHE VOLKSZAEHLUNG 1970

---

100 0 0 041 0 0 0

186-760723

JADEN ERHARD

TECHNISCHE UNIVERSITAET BERLIN

*DIE WIRTSCHAFTLICHE BEDEUTUNG VON
REGIONALFLUGHAEFEN.

BERLIN 1972, TECHN. DISS.

---

100 0 0 04180 0 0

187-761499   BB 015(550/20)

DEUTSCHE VERKEHRSWISS. GESELLSCHAFT E.V.
ZENTR.INFORMATIONSSTELLE FUER VERKEHR

*SCHRIFTTUM 1970 BIS 1974 ZU VERKEHR IN
BALLUNGSRAEUMEN

KOELN: DVWG 1974, 208 S.

SCHRIFTENREIHE DER DT. VERKEHRSWISSENSCHAFTL.
GESELLSCHAFT E.V. REIHE A NR.12

---

100 0 0 041 0 0 0

188-760523

HOHNS FRANZ, KETTENISS BERND

*HANDBUCH DER NAHVERKEHRSFOERDERUNG NRW.
KOMUNALER STRASSENBAU, OEFFENTLICHER
NAHVERKEHR

ESSEN: H.WINGEN 1975

GOLZ/LANGE: STRUKTURVERBESSERUNG IN NRW
TEILBAND

---

100 0 0 0419028 0

189-760804

LANDESAMT FUER DATENVERARBEITUNG UND
STATISTIK NRW

*DER VERKEHR NORDRHEIN-WESTFALENS
IN ZAHLEN
(SCHNELLBERICHT)

DUESSELDORF

ALLGEMEINE PLANUNGSGRUNDLAGEN UND -DATEN ZUR
PLANUNG IM RUHRGEBIET

INFRASTRUKTUR, VERSORGUNG

  - ENERGIEVERSORGUNG

---

100 0 0 042 0 0 0

190-761101

NORDRHEIN-WESTFALEN, MINISTER F WIRTSCHAFT,
MITTELSTAND UND VERKEHR

*ENERGIEWIRTSCHAFT IN NRW

MUENCHEN 1966, VERWALTUNGSVERLAG

---

(1)BEARBEITER (2)MITARBEITER (3)HERAUSGEBER (4)REDAKTION (5)PROJEKTLEITUNG (6)AUFTRAGGEBER

BIBLIOGRAPHIE RAUMPLANUNG IM RUHRGEBIET. IRPUD-BIBLIOGRAPHIEN.1. UNIVERSITAET DORTMUND. BL. 22

---

100 0 0 042 0 0 0

191-760243   BB 830/167

BENKER, HAAS U., (2)

LAND NORDRHEIN-WESTFALEN, LANDESAMT FUER
DATENVERARBEITUNG UND STATISTIK (3)

*ENERGIEWIRTSCHAFT IN NORDRHEIN-WESTFALEN

DUESSELDORF 1974, 137 S., TAB.

BEITRAEGE ZUR STATISTIK DES LANDES NORDRHEIN-
WESTFALEN, HEFT 321

ALLGEMEINE PLANUNGSGRUNDLAGEN UND -DATEN ZUR
PLANUNG IM RUHRGEBIET

INFRASTRUKTUR, VERSORGUNG
   - WASSERWIRTSCHAFT,ABFALL,UMWELTSCHUTZ

---

100 0 0 043 0 0 0

192-761358

HANSTEDT WALTER

*LUFTVERUNREINIGUNG - EIN PROBLEM DER STADT-
UND LANDESPLANUNG

IN: LUFTVERUNREINIGUNG 1960. DUESSELDORF 1960
S.54-57

---

100 0 0 04311 0 0

193-761484

LEY NORBERT

*WASSERWIRTSCHAFT UND RAUMORDNUNG DARGESTELLT
AM BEISPIEL DES LANDES NRW

BREMEN 1960

---

100 0 0 043 0 0 0

194-760684

KOESTER HANS

*DIE BEDEUTUNG DES RHEINS FUER DIE
WASSERWIRTSCHAFT NORDRHEIN - WESTFALENS

IN: WASSERWIRTSCHAFT, BD. 11, 1964, S.317-324

---

100 0 0 043 0 0 0

195-761751

LAND NW, LANDESANSTALT FUER IMMISSIONS- UND
BODENNUTZUNGSSCHUTZ DES LANDES NW, ESSEN

*SMOGWARNDIENST IM LANDE NORDRHEIN-WESTFALEN
(10.1963 BIS 9.1964). STAUBNIEDERSCHLAG-
MESSUNGEN IM LANDE NORDRHEIN-WESTFALEN
(11.1963 BIS 10.1964)
ESSEN 1966, 47 S.+ABB.+TAB.+ 20FARB-FALTKART.
SCHRIFTENREIHE D. LANDESANSTALT F.IMMISSIONS-
UND BODENNUTZUNGSSCHUTZ DES LANDES NW, ESSEN,
HEFT 2

---

100 0 0 043 0 0 0

196-760683

KOESTER HANS

*DIE ENTWICKLUNG DER SIEDLUNGSWASSERWIRTSCHAFT
IN NORDRHEIN - WESTFALEN.

IN: GAS- UND WASSERFACH JG. 113, 1972, S.1-5

---

100 0 0 043 0 0 0

197-760512

WOLF REINHARD

INSTITUT FUER RAUMORDNUNG (3)

*DIE BELASTUNG UND SICHERUNG REGIONALER
WASSERHAUSHALTE

IN: MITTEILUNGEN DES INSTITUTS F. RAUMORDNUNG
H.79, S.61-77 BONN-BAD GODESBERG 1973

---

100 0 0 043 0 0 0

198-761465

NIEDERRHEINISCHE INDUSTRIE- UND HANDELSKAMMER
DUISBURG-WESEL ZU DUISBURG

*REINHALTUNG DER LUFT. FINANZIELLE UND
TECHNISCHE LEISTUNGEN DER INDUSTRIE DES
LANDES NORDRHEIN-WESTFALEN

SONDERAUSGABE DER WIRTSCHAFTL.MITTEILUNGEN
DER NIEDERRHEIN. IHK DUISBURG-WESEL ZU
DUISBURG VOM 20.6.1973, 29 S.

---

100 0 0 043 0 0 0

199-760578

LANDESREGIERUNG NRW (3)

*UMWELTBERICHT NORDRHEIN - WESTFALEN

DUESSELDORF 1974

---

(1)BEARBEITER (2)MITARBEITER (3)HERAUSGEBER (4)REDAKTION (5)PROJEKTLEITUNG (6)AUFTRAGGEBER

```
100  0  0  043 0 0 0                          100  0  0  044 0 0 0

200-760023           BB530/33                 204-760914
```

LAND NORDRHEIN-WESTFALEN, MINISTER FUER ER-   LANDESAMT FUER DATENVERARBEITUNG UND
NAEHRUNG, LANDWIRTSCHAFT UND FORSTEN, (3)   STATISTIK NRW

*WASSER- UND ABFALLWIRTSCHAFT IN   *JAHRESGESUNDHEITSBERICHT NORDRHEIN-
NORDRHEIN-WESTFALEN   WESTFALEN 1973 (ERSCHEINT SEIT 1965)

MUENCHEN 1974, 208 S.   DUESSELDORF

```
                                              100  0  0  04432 0 0

ALLGEMEINE PLANUNGSGRUNDLAGEN UND -DATEN ZUR  205-760917           BB 830/93
PLANUNG IM RUHRGEBIET
```

                                              LANDESAMT FUER DATENVERARBEITUNG UND
                                              STATISTIK NRW

INFRASTRUKTUR, VERSORGUNG   *BERUFE DES GESUNDHEITSWESEN IN NORDRHEIN-
                                              WESTFALEN 1974
  - GESUNDHEITSWESEN, KRANKENANSTALTEN,   STATIST. BERICHT A IV 1, SEIT 1953 JAEHRLICH
    BESTATTUNGSWESEN
                                              DUESSELDORF

```
100  0  0  04431 0 0                          100  0  0  044 0 0 0

201-760889                                    206-760913
```

LANDESAMT FUER DATENVERARBEITUNG UND   LANDESAMT FUER DATENVERARBEITUNG UND
STATISTIK NRW   STATISTIK NRW

*DIE NATUERLICHE BEVOELKERUNGSBEWEGUNG UND DIE *DAS GESUNDHEITSWESEN IN NORDRHEIN-WESTFALEN
TODESURSACHEN IN NORDRHEIN-WESTFALEN SEIT   1965/BEITRAG 226, 1966/STAT. BERICHT A IV 0,
1946. 1961 UND 1962 = BEITRAG 181   1967 UND 1968/BEITRAG 254, 1969/BEITRAG 271,
1963 = BEITRAG 185 (KLEINSTE EINHEIT KREIS). 1970/BEITRAG 291, 1971/BEITRAG 303, 1972/BEI-
                                              TRAG 314, 1973/BEITRAG 328, 1974/BEITRAG 347
DUESSELDORF
                                              DUESSELDORF

```
100  0  0  044 0 0 0                          100  0  0  044 0 0 0

202-760912                                    207-760916           BB 830/93
```

LANDESAMT FUER DATENVERARBEITUNG UND   LANDESAMT FUER DATENVERARBEITUNG UND
STATISTIK NRW   STATISTIK NRW

*BEVOELKERUNG UND GESUNDHEIT IN NORDRHEIN-   *KRANKENHAEUSER IN NORDRHEIN-WESTFALEN 1974
WESTFALEN 1950 - 1964 (KLEINSTE EINH. KREIS) STATIST. BERICHT A IV 2, ERSCHEINT SEIT 1951
                                              JAEHRLICH (KLEINSTE EINHEIT KREIS)
DUESSELDORF
                                              DUESSELDORF

```
100  0  0  04464 0 0                          100  0  0  044 0 0 0

203-760922                                    208-760915           BB 070/14
```

LANDESAMT FUER DATENVERARBEITUNG UND   LANDESAMT FUER DATENVERARBEITUNG UND
STATISTIK NRW   STATISTIK NRW

*KRANKENHAUSATLAS NORDRHEIN-WESTFALEN 1969   *VERZEICHNIS DER KRANKENHAEUSER IN
                                              NORDRHEIN-WESTFALEN 1975
DUESSELDORF 1969   (ERSCHIENEN 1966, 1968, 1970, 1972, 1974)

                                              DUESSELDORF

---

(1)BEARBEITER (2)MITARBEITER (3)HERAUSGEBER (4)REDAKTION (5)PROJEKTLEITUNG (6)AUFTRAGGEBER

BIBLIOGRAPHIE RAUMPLANUNG IM RUHRGEBIET. IRPUD-BIBLIOGRAPHIEN.1. UNIVERSITAET DORTMUND. BL. 24

ALLGEMEINE PLANUNGSGRUNDLAGEN UND -DATEN ZUR
PLANUNG IM RUHRGEBIET

INFRASTRUKTUR, VERSORGUNG

- BILDUNGSWESEN, SCHULEN, HOCHSCHULEN, MEDIEN,
  KUNST, KULTUR

---

100 0 0 04531 0 0

209-760848   BB 830/96

LANDESAMT FUER DATENVERARBEITUNG UND
STATISTIK NRW

*DIE WOHNBEVOELKERUNG IN NORDRHEIN-WESTFALEN
NACH ABGESCHLOSSENER BERUFSFACHSCHUL-,
FACHSCHUL- UND HOCHSCHULAUSBILDUNG

DUESSELDORF

SONDERREIHE VOLKSZAEHLUNG 1961, HEFT 15

---

100 0 0 045 0 0 0

210-760979   BB 649/2

NORDRHEIN-WESTFALEN, MINISTER FUER WOHNUNGS-
BAU UND OEFFENTLICHE ARBEITEN

*RICHTLINIEN FUER DIE PLANUNG VON SCHUL- UND
HOCHSCHULBAUTEN FUER NRW VOM 23.3.1967

DUESSELDORF: WERNER 1967

---

100 0 0 04531 0 0

211-760884   BB 830/96

LANDESAMT FUER DATENVERARBEITUNG UND
STATISTIK NRW

*DIE WOHNBEVOELKERUNG IN NORDRHEIN-WESTFALEN
NACH ABGESCHLOSSENER SCHULAUSBILDUNG
- SCHUELER UND STUDIERENDE - AM 27. MAI 1970

DUESSELDORF

SONDERREIHE VOLKSZAEHLUNG 1970, HEFT 15

---

100 0 0 045 0 0 0

212-760649

RAU JOHANNES

*GESAMTHOCHSCHULEN FUER NRW. AUSFUEHRUNGEN
BEI EINBRINGUNG EINES GESETZES UEBER DIE
ERRICHTUNG UND ENTWICKLUNG VON GESAMTHOCH-
SCHULEN IN DER LANDTAGSSITZUNG VOM 23.2.1972.

DUESSELDORF 1972

---

100 0 0 045 0 0 0

213-760611

NORDRHEIN-WESTFALEN, KULTUSMINISTER (3)

*VORLAEUFIGE RICHTLINIEN ZUR SCHULENTWICK-
LUNGSPLANUNG. HINWEISE ZUM PLANUNGSABLAUF,
ZU DATEN UND VERFAHREN DER SCHULENTWICK-
LUNGSPLANUNG

DUESSELDORF 1973, 74 S., KT., ABB., TAB., LIT

SCHRIFTENREIHE DES KULTUSMINISTERIUMS H.23

---

100 0 0 045 0 0 0

214-760974   BB 075/167

BUND-LAENDER-KOMMISSION FUER BILDUNGSPLANUNG

*BILDUNGSGESAMTPLAN, BD. I,II

STUTTGART: KLETT 1974, (2.AUFL.)

---

100 0 0 045 0 0 0

215-761178   BB 075/172

RAU JOHANNES

*DIE NEUE FERNUNIVERSITAET. IHRE ZIELSETZUNG,
IHR AUFBAU UND IHRE GEPLANTE ARBEITSWEISE

DUESSELDORF/WIEN 1974, 132 S., VERLAG ECON

---

100 0 0 045 0 0 0

216-761175   BB 075/175

LANDESAMT FUER DATENVERARBEITUNG UND
STATISTIK NORDRHEIN-WESTFALEN

*VERZEICHNIS DER GYMNASIEN, GESAMTSCHULEN,
ABENDREALSCHULEN, ABENDGYMNASIEN, KOLLEGS.

DUESSELDORF 1975, 118S.,3 UNGEZ.

---

100 0 0 045 0 0 0

217-761172   BB 075/176

LANDESAMT FUER DATENVERARBEITUNG UND
STATISTIK NORDRHEIN-WESTFALEN

*VERZEICHNIS DER SONDERSCHULEN

DUESSELDORF 1975, 116S.,4 UNGEZ.BL.

---

(1)BEARBEITER (2)MITARBEITER (3)HERAUSGEBER (4)REDAKTION (5)PROJEKTLEITUNG (6)AUFTRAGGEBER

BIBLIOGRAPHIE RAUMPLANUNG IM RUHRGEBIET. IRPUD-BIBLIOGRAPHIEN.1. UNIVERSITAET DORTMUND. BL. 25

---

100 0 0 045 0 0 0

218-761177   BB 075/179

LANDESAMT FUER DATENVERARBEITUNG UND
STATISTIK NORDRHEIN-WESTFALEN

*VERZEICHNIS DER HAUPTSCHULEN UND DER NOCH
NICHT UMORGANISIERTEN VOLKSSCHULEN

DUESSELDORF 1975, 174S.,4 UNGEZ.

ALLGEMEINE PLANUNGSGRUNDLAGEN UND -DATEN ZUR
PLANUNG IM RUHRGEBIET

RECHT, VERWALTUNG, POLITIK

---

100 0 0 045 0 0 0

219-761176   BB 075/178

LANDESAMT FUER DATENVERARBEITUNG UND
STATISTIK NORDRHEIN-WESTFALEN

*VERZEICHNIS DER GRUNDSCHULEN UND DER NOCH
NICHT UMORGANISIERTEN VOLKSSCHULEN

DUESSELDORF 1975, 412S.,5 UNGEZ.BL.

100 0 0 050 0 0 0

223-761167

NORDRHEIN-WESTFALEN, LANDESREGIERUNG

*VERORDNUNG ZUR AENDERUNG DER DURCHFUEHRUNGS-
VERORDNUNG ZUM LANDESPLANUNGSGESETZ.

GESETZESVERORDNUNGEN NORDRHEIN-WESTFALEN
VOM 20.2.1973, S. 228

---

100 0 0 045 0 0 0

220-761174   BB 075/174

LANDESAMT FUER DATENVERARBEITUNG UND
STATISTIK NORDRHEIN-WESTFALEN

*VERZEICHNIS DER BERUFSBILDENDEN SCHULEN

DUESSELDORF 1975, 75 S.

ALLGEMEINE PLANUNGSGRUNDLAGEN UND -DATEN ZUR
PLANUNG IM RUHRGEBIET

RECHT, VERWALTUNG, POLITIK
    - PLANUNGSRECHT,BAURECHT,BODENRECHT

---

100 0 0 045 0 0 0

221-761173   BB 075/177

LANDESAMT FUER DATENVERARBEITUNG UND
STATISTIK NORDRHEIN-WESTFALEN

*VERZEICHNIS DER REALSCHULEN, GESAMTSCHULEN,
ABENDREALSCHULEN.

DUESSELDORF 1975, 94S.,4 UNGEZ.BL.

100 0 0 052 0 0 0

224-760575

LANDTAG NRW (3)

*LANDESPLANUNGSGESETZ FUER NORDRHEIN -
WESTFALEN VOM 7. 5. 1962.

DUESSELDORF 1962

IN: GESETZ- UND VERORDNUNGSBLATT FUER DAS
LAND NRW, JAHRG. 1962, S. 229FF

---

100 0 0 045 0 0 0

222-761708

DEUTSCHER STAEDTETAG (DST) (3)

*BILDUNGS- UND KULTURPOLITIK IN DER STADT.
EMPFEHLUNGEN UND STELLUNGNAHMEN DES DEUTSCHEN
STAEDTETAGES 1970-1974

KOELN 1975, 129 S., TAB.,LIT.

DST-BEITRAEGE ZUR BILDUNGSPOLITIK;
REIHE C, H.7

100 0 0 052 0 0 0

225-761210

NEUFANG HEINZ

*BAUWICH, ABSTANDSFLAECHEN UND GEBAEUDEAB-
STAENDE IM LANDE NORDRHEIN-WESTFALEN.

IN: BAUAMT UND GEMEINDEBAU 36(1963) HEFT 10
S. 414-418

---

(1)BEARBEITER   (2)MITARBEITER   (3)HERAUSGEBER   (4)REDAKTION   (5)PROJEKTLEITUNG   (6)AUFTRAGGEBER

100 0 0 052 0 0 0

226-760981   BB 601/4

ULLRICH WOLFGANG, LANGER HEINZ (3)

*LANDESPLANUNG UND RAUMORDNUNG.
SAMMLUNG DER RECHTSVORSCHRIFTEN VON BUND,
LAENDERN UND GEMEINDEN ALS TRAEGER DER
PLANUNGSHOHEIT, BD. 1-, LOSEBL.-AUSG.

NEUWIED, BERLIN: LUCHTERHAND 1963-

---

100 0 0 052 0 0 0

227-761231

BALDAUF GUENTHER

*DAS RAUMORDNUNGSGESETZ DES BUNDES - EIN BEI-
TRAG ZUR PRAKTISCHEN ANWENDUNG IN DEN VER-
DICHTUNGSRAEUMEN

IN: BAUAMT UND GEMEINDEBAU 35(1965), HEFT 9
S.161-166

---

100 0 0 052 0 0 0

228-760648

*RAUMORDNUNGSGESETZ DES BUNDES VOM 8.4.1965.

IN: BUNDESGESETZBLATT I., 1965. S. 306FF.

---

100 0 0 052 0 0 0

229-760962   BB 625/4

NIEMEIER HANS-GERHART(1), BENSBERG GERHARD(2)

*LANDESPLANUNGSRECHT IN NORDRHEIN-WESTFALEN

ESSEN 1967, WINGEN VERL., 188 S., 3 KT.

(NORDRHEIN-WESTFALEN PLANT. 23.)

---

100 0 0 052 0 0 0

230-760492

BUNDESMINISTER DER JUSTIZ (3)

*STAEDTEBAUFOERDERUNGSGESETZ VOM 27.7.1971

IN: BUNDESGESETZBLATT I, S.1125FF.

---

100 0 0 052 0 0 0

231-760574

• LANDTAG NRW (3)

*NORDRHEINWESTFAELISCHES LANDESPLANUNGSGESETZ
IN DER FASSUNG VOM 1.8.1972

DUESSELDORF 1972

IN: GESETZ- UND VERORDNUNGSBLATT FUER DAS
LAND NRW.

---

100 0 0 052 0 0 0

232-760577

LANDESREGIERUNG NRW (3)

*ENTWURF EINES GESETZES ZUR AENDERUNG DES
LANDESPLANUNGSGESETZES UND BEGRUENDUNG
ZUM ENTWURF

DUESSELDORF 1974

---

100 0 0 052 0 0 0

233-760573

LANDTAG NRW (3)

*GESETZ ZUR LANDESENTWICKLUNG
(LANDESENTWICKLUNGSPROGRAMM) VOM 19. 3. 1974

DUESSELDORF 1974

IN: GESETZ- UND VERORDNUNGSBLATT FUER DAS
LAND NRW, AUSG. A, 28.JAHRG., NR.15,
VOM 29. 3. 1974.

---

100 0 0 052 0 0 0

234-760572

LANDTAG NRW (3)

*ENTWURF EINES GESETZES ZUR AENDERUNG DER
GEMEINDEORDNUNG UND DER KREISORDNUNG FUER
DAS LAND NRW

DUESSELDORF 1974

LANDTAGS-DRUCKSACHE 7/3799.

---

100 0 0 052 0 0 0

235-760571

LANDTAG NRW (3)

*LANDESPLANUNGSGESETZ IN DER FASSUNG DER
BEKANNTMACHUNG VOM 3. JUNI 1975

DUESSELDORF 1975

IN: GESETZ- UND VERORDNUNGSBLATT FUER DAS
LAND NRW, JAHRG. 1975 (230), S. 450-454

---

(1)BEARBEITER (2)MITARBEITER (3)HERAUSGEBER (4)REDAKTION (5)PROJEKTLEITUNG (6)AUFTRAGGEBER

BIBLIOGRAPHIE RAUMPLANUNG IM RUHRGEBIET. IRPUD-BIBLIOGRAPHIEN.1. UNIVERSITAET DORTMUND. BL. 27

---

100 0 0 052 0 0 0

236-760570

LANDTAG NRW (3)

*GESETZ ZUR AENDERUNG DES LANDESPLANUNGS-
GESETZES VOM 8. APRIL 1975.

DUESSELDORF 1975

IN: GESETZ- UND VERORDNUNGSBLATT FUER
DAS LAND NRW, JAHRG. 1975 (230), S. 294-297

ALLGEMEINE PLANUNGSGRUNDLAGEN UND -DATEN ZUR
PLANUNG IM RUHRGEBIET

RECHT, VERWALTUNG, POLITIK

  - VERTRETUNGSKOERPERSCHAFTEN,WAHLEN

---

100 0 0 054 0 0 0

237-761207

KEGEL STURM

NIEDERRHEINISCHE INDUSTRIE UND HANDELSKAMMER
DUISBURG-WESEL ZU DUISBURG

*DAS GESETZ UEBER DEN SIEDLUNGSVERBAND RUHR-
KOHLENBEZIRK, EIN MEISTERWERK DES
VERWALTUNGSAUFBAUS.

IN: SELBSTVERWALTUNG DER WIRTSCHAFT. SCHRIF-
TENREIHE DER IHK DUISBURG-WESEL, HEFT 40,1963
S.84-88

ALLGEMEINE PLANUNGSGRUNDLAGEN UND -DATEN ZUR
PLANUNG IM RUHRGEBIET

RECHT, VERWALTUNG, POLITIK

  - OEFFENTLICHKEITSARBEIT,PARTIZIPATION,
    DEMOKRATISIERUNG

---

100 0 0 05530 0 0

238-761164

LENZ WILHELM VON

NORDRHEIN-WESTFALEN, LANDTAG

*MENSCH UND STAAT IN NRW. 25 JAHRE LANDTAG VON
NORDRHEIN-WESTFALEN

KOELN, BERLIN 1971

---

100 0 0 05512 0 0

239-760636

RONNEBERGER FRANZ

SIEDLUNGSVERBAND RUHRKOHLENBEZIRK (3)

*ENTWICKLUNG VON STRATEGIEN ZUR EINBEZIEHUNG
DER OEFFENTLICHKEIT IN DEN PLANUNGSPROZESS
FUER STANDORTPROGRAMME. GUTACHTEN FUER DEN
SIEDLUNGSVERBAND RUHRKOHLENBEZIRK

ESSEN 1972.

---

100 0 0 055 0 0 0

240-760819   BB 070/13

LANDESAMT FUER DATENVERARBEITUNG UND
STATISTIK NRW

*BEHOERDENVERZEICHNIS NORDRHEIN-WESTFALEN 1975
(ERSCHEINT SEIT 1951 IN UNREGELMAESSIGEN
ABSTAENDEN)

DUESSELDORF 1975

ALLGEMEINE PLANUNGSGRUNDLAGEN UND -DATEN ZUR
PLANUNG IM RUHRGEBIET

RECHT, VERWALTUNG, POLITIK

  - VERWALTUNGSORGANISATION,VERWALTUNGS-
    RATIONALISIERUNG,PLANUNGSORGANISATION

---

100 0 0 056 0 0 0

241-760491   BB 902 NOR 21

NAUNIN HELMUT

*ENTSTEHUNG UND SINN DER LANDSCHAFTSVERBANDS-
ORDNUNG IN NW. (MIT ANHANG VON DOKUMENTEN)

MUENSTER 1963 ASCHENDORFF VERLAG

ALLGEMEINE PLANUNGSGRUNDLAGEN UND -DATEN ZUR
PLANUNG IM RUHRGEBIET

RECHT, VERWALTUNG, POLITIK

  - TERRITORIALE VERWALTUNGSGLIEDERUNG,
    REGIONALE UND KOMMUNALE NEUGLIEDERUNG

---

(1)BEARBEITER (2)MITARBEITER (3)HERAUSGEBER (4)REDAKTION (5)PROJEKTLEITUNG (6)AUFTRAGGEBER

BIBLIOGRAPHIE RAUMPLANUNG IM RUHRGEBIET. IRPUD-BIBLIOGRAPHIEN.1. UNIVERSITAET DORTMUND. BL. 28

---

100 0 0 C57 0 0 0

242-760901   BB 830/93

LANDESAMT FUER DATENVERARBEITUNG UND
STATISTIK NRW

*KOMMUNALE NEUGLIEDERUNG IN
NORDRHEIN-WESTFALEN
STATIST. BERICHT A I 2/S1

DUESSELDORF, OHNE JAHR

ALLGEMEINE PLANUNGSGRUNDLAGEN UND -DATEN ZUR
PLANUNG IM RUHRGEBIET

FINANZWESEN, STATISTIK, KARTOGRAPHIE

---

100 0 0 057 0 0 0

243-761165   BB 050 600/9-4

STORBECK ANNA CHRISTINE

*DIE REGIERUNGEN DES BUNDES UND DER LAENDER
SEIT 1945

MUENCHEN-WIEN: OLZOG, OHNE JAHR

DEUTSCHES HANDBUCH DER POLITIK, BD. 4

---

100 0 0 060 0 0 0

247-761166

HESMERT, GEYER

KOMMUNALE GEMEINSCHAFTSSTELLE FUER VERWAL-
TUNGSVEREINFACHUNG

*SCHRIFTTUM ZUR PLANUNG, BERECHNUNG UND KON-
TROLLE VON INVESTITIONEN

KOELN 1975, 42S., 3.ERG.AUFL.

---

100 0 0 C5713 0 0

244-760832   BB 830/30

LANDESAMT FUER DATENVERARBEITUNG UND
STATISTIK NRW

*AMTLICHES VERZEICHNIS DER GEMEINDEN UND
WOHNPLAETZE (ORTSCHAFTEN) IN NRW.
GEBAEUDE, WOHNUNGEN UND WOHNBEVOELKERUNG

DUESSELDORF

SONDERREIHE VOLKSZAEHLUNG 1961, HEFT 2A

ALLGEMEINE PLANUNGSGRUNDLAGEN UND -DATEN ZUR
PLANUNG IM RUHRGEBIET

FINANZWESEN, STATISTIK, KARTOGRAPHIE
  - FINANZEN, FINANZPLANUNG, HAUSHALTSWESEN

---

100 0 0 05731 0 0

245-760833   BB 830/30

LANDESAMT FUER DATENVERARBEITUNG UND
STATISTIK NRW

*AMTLICHES VERZEICHNIS DER GEMEINDEN UND
WOHNPLAETZE (ORTSCHAFTEN) IN NRW.
WOHNBEVOELKERUNG, RELIGIONSZUGEHOERIGKEIT,
ERWERBSPERSONEN UND PENDELWANDERER

DUESSELDORF
SONDERREIHE VOLKSZAEHLUNG 1961, HEFT 2 B

---

100 0 0 06121 0 0

248-760835   BB 830/27

LANDESAMT FUER DATENVERARBEITUNG UND
STATISTIK NRW

*GEMEINDESTATISTIK NORDRHEIN-WESTFALEN.
ARBEITSSTAETTEN, BETRIEBSSTRUKTUR DER
LANDWIRTSCHAFT, GEMEINDEFINANZEN

DUESSELDORF

SONDERREIHE VOLKSZAEHLUNG 1961, HEFT 3 B

---

100 0 0 05764 0 0

246-760820

LANDESAMT FUER DATENVERARBEITUNG UND
STATISTIK NRW

*VERWALTUNGSATLAS NORDRHEIN-WESTFALEN

DUESSELDORF, 2. AUFLAGE, 1971

---

100 0 0 061 0 0 0

249-761163   UB F 8121

*FINANZPLANUNG DES LANDES NORDRHEIN-WESTFALEN
1971-1975. STAND JULI 1971

DUESSELDORF 1971, 275S.

---

(1)BEARBEITER (2)MITARBEITER (3)HERAUSGEBER (4)REDAKTION (5)PROJEKTLEITUNG (6)AUFTRAGGEBER

100 0 0 06165 0 0

250-761137

NORDRHEIN-WESTFALEN, INNENMINISTER (3) UND
LANDESAMT F DATENVERARBEITUNG U STATISTIK (2)

*ZWECKZUWENDUNGEN DES LANDES NORDRHEIN-WEST-
FALEN; ANLEITUNG FUER DATENABRUFE 1974

DUESSELDORF 1974, 39 S., 76 BL.

---

100 0 0 061 0 0 0

251-760699

KLEIN HANS-GUENTER

SOZIALDEMOKRATISCHE GEMEINSCHAFT
FUER KOMMUNALPOLITIK IN NRW (3)

*DIE KOMMUNALE HAUSHALTSWIRTSCHAFT.

DUESSELDORF 1975, 2.AUFL., 32 S., LIT

ALLGEMEINE PLANUNGSGRUNDLAGEN UND -DATEN ZUR
PLANUNG IM RUHRGEBIET

FINANZWESEN, STATISTIK, KARTOGRAPHIE

- STATISTIK
  (SOWEIT NICHT THEMATISCH EINGEORDNET)

---

100 0 0 063 0 0 0

252-760821

LANDESAMT FUER DATENVERARBEITUNG UND
STATISTIK NRW

*NORDRHEIN-WESTFALEN-LEXIKON

DUESSELDORF, OHNE JAHR

---

100 0 0 063 0 0 0

253-760827

LANDESAMT FUER DATENVERARBEITUNG UND
STATISTIK NRW

*STATISTISCHES KENNZIFFERNVERZEICHNIS

DUESSELDORF, OHNE JAHR

---

100 0 0 063 0 0 0

254-760824

LANDESAMT FUER DATENVERARBEITUNG UND
STATISTIK NRW

*ZAHLEN ZUR LANDESENTWICKLUNG

DUESSELDORF, OHNE JAHR

---

100 0 0 063 0 0 0

255-761630

GEMEINSAME STATISTISCHE STELLE DER NORDRHEIN-
WESTFAEL. INDUSTRIE- U. HANDELSKAMMERN

*STATISTISCHES JAHRBUCH D. NORDRHEIN-WESTFAEL.
INDUSTRIE- UND HANDELSKAMMERN

DORTMUND

---

100 0 0 06321 0 0

256-760759

WALTER FRIEDRICH

LAND NORDRHEIN-WESTFALEN

*REGIONALE WIRTSCHAFTSSTATISTIK NACH
BETRIEBEN, IHRE KARTOGRAPHISCHE AUSWERTUNG
UND DEREN BEDEUTUNG.

KOELN, OPLADEN 1965

FORSCHUNGSBERICHTE DES LANDES NRW NR.1250

---

100 0 0 063 0 0 0

257-760810

LANDESAMT FUER DATENVERARBEITUNG UND
STATISTIK NRW

*STATISTISCHE RUNDSCHAU FUER
KREISE (KREISBESCHREIBUNGEN), (SIEHE DORT)

DUESSELDORF 1966-

---

100 0 0 063 0 0 0

258-760826

LANDESAMT FUER DATENVERARBEITUNG UND
STATISTIK NRW

*MERKMALE DER AMTLICHEN STATISTIK.
ZUSAMMENFASSENDER KATALOG 1970

DUESSELDORF 1970

BIBLIOGRAPHIE RAUMPLANUNG IM RUHRGEBIET. IRPUD-BIBLIOGRAPHIEN.1. UNIVERSITAET DORTMUND. BL. 30

---

100 0 0 063 0 0 0

259-760801   BB 830/18

LANDESAMT FUER DATENVERARBEITUNG UND
STATISTIK NRW

*STATISTISCHES TASCHENBUCH NORDRHEIN-WESTFALEN
(SEIT 1955 ALLE ZWEI JAHRE ERSCHIENEN.
MIT DER AUSGABE 1971 EINGESTELLT)

DUESSELDORF, LETZTE AUSGABE 1971

100500 0 06390 0 0

260-760808

LANDESAMT FUER DATENVERARBEITUNG UND
STATISTIK NRW

*STATISTISCHE RUNDSCHAU FUER DEN
REGIERUNGSBEZIRK ARNSBERG.
(SEIT 1965 IN UNREGELMAESSIGER FOLGE)

DUESSELDORF, LETZTE AUSGABE 1971

---

100 0 0 063 0 0 0

261-760314

STATISTISCHES BUNDESAMT WIESBADEN, (3)

*DAS ARBEITSGEBIET DER BUNDESSTATISTIK
AUSGABE 1971

STUTTGART, MAINZ 1971, VERLAG KOHLHAMMER

100500 0 06390 0 0

262-760807   BB 830/6-MUE

LANDESAMT FUER DATENVERARBEITUNG UND
STATISTIK NRW

*STATISTISCHE RUNDSCHAU FUER DEN
REGIERUNGSBEZIRK MUENSTER
(SEIT 1965 IN UNREGELMAESSIGER FOLGE)

DUESSELDORF, LETZTE AUSGABE 1973

100400 0 06390 0 0

263-760806

LANDESAMT FUER DATENVERARBEITUNG UND
STATISTIK NRW

*STATISTISCHE RUNDSCHAU FUER DEN
REGIERUNGSBEZIRK DUESSELDORF
(SEIT 1965 IN UNREGELMAESSIGER FOLGE)

DUESSELDORF, LETZTE AUSGABE 1973

---

100 0 0 063 0 0 0

264-760415

LANDESAMT FUER DATENVERARBEITUNG UND
STATISTIK (3)

*ENTWICKLUNGEN IN NORDRHEIN-WESTFALEN IM JAHRE
1973

DUESSELDORF 1974, 34 SEITEN

---

100 0 0 063 0 0 0

265-761493

NORDRHEIN-WESTF.,MIN.F.LANDWIRTSCH. U.FORSTEN
LD-AUSSCHUSS F.LDW-FORSCH.,ERZIEH.,W-BERATUNG

*DIE SOZIALOEKONOMISCHE BETRIEBSERHEBUNG 1973
IN NORDRHEIN-WESTFALEN

DUESSELDORF 1974, 67S. MIT KT. UND TAB.

---

100 0 0 063 0 0 0

266-760829   BB 830/120

LANDESAMT FUER DATENVERARBEITUNG UND
STATISTIK NRW

*DATENBESTANDSKATALOG, KURZFASSUNG
STAND: 1.1.1975

DUESSELDORF 1975

---

100 0 0 063 0 0 0

267-760828

LANDESAMT FUER DATENVERARBEITUNG UND
STATISTIK NRW

*ANSCHRIFTEN DER KREISE UND GEMEINDEN
NORDRHEIN-WESTFALENS 1975

DUESSELDORF

---

100 0 0 063 0 0 0

268-760805   BB 830/5

LANDESAMT FUER DATENVERARBEITUNG UND
STATISTIK NRW

*KREISSTANDARDZAHLEN NORDRHEIN-WESTFALEN
(SEIT 1951 JAEHRLICH ERSCHIENEN)

DUESSELDORF , LETZTE AUSGABE 1975

---

(1)BEARBEITER (2)MITARBEITER (3)HERAUSGEBER (4)REDAKTION (5)PROJEKTLEITUNG (6)AUFTRAGGEBER

100 0 0 063 0 0 0

269-760800　　　　　BB 830/17

LANDESAMT FUER DATENVERARBEITUNG UND
STATISTIK NRW

*STATISTISCHES JAHRBUCH NORDRHEIN-WESTFALEN
(1949 BIS 1953 JAEHRLICH ERSCHIENEN;
SEIT 1954 IN JAEHRLICHEM WECHSEL MIT DEM
STATIST. TASCHENBUCH NRW. AB 1972
ERSCHEINEN WIEDER JAEHRLICH)

DUESSELDORF, LETZTE AUSGABE 1975

100 0 0 06390 0 0

270-760802　　　　　BB Z 600/8

LANDESAMT FUER DATENVERARBEITUNG UND
STATISTIK NRW

*STATISTISCHE RUNDSCHAU FUER DAS
LAND NORDRHEIN-WESTFALEN
(ERSCHEINT MONATLICH)

DUESSELDORF

ALLGEMEINE PLANUNGSGRUNDLAGEN UND -DATEN ZUR
PLANUNG IM RUHRGEBIET

FINANZWESEN, STATISTIK, KARTOGRAPHIE

 - KARTOGRAPHIE, KARTEN

---

100 0 0 06421 0 0

271-760823

LANDESAMT FUER DATENVERARBEITUNG UND
STATISTIK NRW

*INDUSTRIEATLAS NORDRHEIN-WESTFALEN

DUESSELDORF, OHNE JAHR

---

100 0 0 064 0 0 0

272-760852

LANDESAMT FUER DATENVERARBEITUNG UND
STATISTIK NRW

*SAMMELBAND GEMEINDEKARTEN DES
LANDES NORDRHEIN-WESTFALEN
SONDERREIHE VOLKSZAEHLUNG 1961, HEFT 20

DUESSELDORF

---

100 0 0 064 0 0 0

273-761631

LANDESVERMESSUNGSAMT NORDRHEIN-WESTFALEN (3)

*TOPOGRAPHISCHER ATLAS NORDRHEIN-WESTFALEN

BAD GODESBERG 1968

---

100 0 0 064 0 0 0

274-761632

MUUSS U., SCHUETTLER A.

*LUFTBILD-ATLAS NORDRHEIN-WESTFALEN

NEUMUENSTER 1969

---

100 0 0 06444 0 0

275-760822

LANDESAMT FUER DATENVERARBEITUNG UND
STATISTIK NRW

*KRANKENHAUSATLAS NORDRHEIN-WESTFALEN 1969

DUESSELDORF 1969

---

100 0 0 06457 0 0

276-760820

LANDESAMT FUER DATENVERARBEITUNG UND
STATISTIK NRW

*VERWALTUNGSATLAS NORDRHEIN-WESTFALEN

DUESSELDORF, 2. AUFLAGE, 1971

ALLGEMEINE PLANUNGSGRUNDLAGEN UND -DATEN ZUR
PLANUNG IM RUHRGEBIET

FINANZWESEN, STATISTIK, KARTOGRAPHIE

 - PLANUNGSMETHODEN

---

(1)BEARBEITER (2)MITARBEITER (3)HERAUSGEBER (4)REDAKTION (5)PROJEKTLEITUNG (6)AUFTRAGGEBER

BIBLIOGRAPHIE RAUMPLANUNG IM RUHRGEBIET. IRPUD-BIBLIOGRAPHIEN.1. UNIVERSITAET DORTMUND. BL. 32

---

100 0 0 C6561 0 0

277-761137

NORDRHEIN-WESTFALEN, INNENMINISTER (3) UND
LANDESAMT F DATENVERARBEITUNG U STATISTIK (2)

*ZWECKZUWENDUNGEN DES LANDES NORDRHEIN-WEST-
FALEN; ANLEITUNG FUER DATENABRUFE 1974

DUESSELDORF 1974, 39 S., 76 BL.

---

100 0 0 06511 0 0

278-761190   BB 760/50

BIERMANN HERBERT

MINISTER FUER BUNDESANGELEGENHEITEN/ CHEF D.
STAATSKANZLEI IN NW (6), ILS DORTMUND (4)

*MULTIREGIONALE INPUT-OUTPUT-ANALYSE VON NORD-
RHEIN-WESTFALEN AUS LANDESPLANERISCHER SICHT

DORTMUND 1975, 147 S.
SCHRIFTENREIHE LANDES-U.STADTENTWICKLUNGS-
FORSCHUNG DES LANDES NW., LANDESENTWICKLUNG
BD. 1.006

ALLGEMEINE PLANUNGSGRUNDLAGEN UND -DATEN ZUR
PLANUNG IM RUHRGEBIET

GESCHICHTE

- STADTGESCHICHTE,SIEDLUNGSGESCHICHTE,
  LANDESGESCHICHTE

---

100 0 0 071 0 0 0

279-760825

LANDESAMT FUER DATENVERARBEITUNG U. STATISTIK
STATISTIK NRW

*ROSS, RHEIN UND ROSE.
25 JAHRE NORDRHEIN-WESTFALEN

DUESSELDORF, OHNE JAHR

---

100 0 0 071 0 0 0

280-760583   BB 902 NOR 19

LANDESPLANUNGSBEHOERDE NRW (3)

*ENTWICKLUNG VON STADT UND LAND
IN NRW 1939 - 1959

DUESSELDORF 1962

ALLGEMEINE PLANUNGSGRUNDLAGEN UND -DATEN ZUR
PLANUNG IM RUHRGEBIET

GESCHICHTE

- SOZIALGESCHICHTE

---

100 0 0 07231 0 0

281-760836   BB 830/27

LANDESAMT FUER DATENVERARBEITUNG UND
STATISTIK NRW

*GEMEINDESTATISTIK NORDRHEIN-WESTFALEN
BEVOELKERUNGSENTWICKLUNG 1871 - 1961 /HEFT 3C
BEVOELKERUNGSENTWICKLUNG 1816 - 1871 /HEFT 3D

DUESSELDORF

SONDERREIHE VOLKSZAEHLUNG 1961

ALLGEMEINE PLANUNGSGRUNDLAGEN UND -DATEN ZUR
PLANUNG IM RUHRGEBIET

GESCHICHTE

- RECHTSGESCHICHTE,VERFASSUNGSGESCHICHTE,
  WISSENSCHAFTSGESCHICHTE

---

100 0 0 077 0 0 0

282-761146

HUETTENBERGER PETER

NORDRHEIN-WESTFALEN, STAATLICHE ARCHIVE

*NORDRHEIN-WESTFALEN UND DIE ENTSTEHUNG SEINER
PARLAMENTARISCHEN DEMOKRATIE

SIEGBURG: REPUBLICA 1973, 571 S.

VEROEFFENTLICHUNGEN D STAATL.ARCHIVE D LANDES
NW. QUELLEN UND FORSCHUNGEN, BD.1

ALLGEMEINE PLANUNGSGRUNDLAGEN UND -DATEN ZUR
PLANUNG IM RUHRGEBIET

BIBLIOGRAPHIEN

---

(1)BEARBEITER (2)MITARBEITER (3)HERAUSGEBER (4)REDAKTION (5)PROJEKTLEITUNG (6)AUFTRAGGEBER

100 0 0 080 0 0 0

283-760791

KOERBER JUERGEN

*DIE STAEDTE IN NORDRHEIN. BIBLIOGRAPHIE ZUR
STAEDTEKUNDE 1920-1961

BONN-BAD GODESBERG 1962

BERICHTE ZUR DEUTSCHEN LANDESKUNDE, SONDER-
HEFT 6

---

100 0 0 08012 0 0

284-760980   BB 015(200/11)

DEUTSCHER VERBAND FUER WOHNUNGSWESEN,
STAEDTEBAU UND RAUMPLANUNG E.V.

*LITERATURZUSAMMENSTELLUNG (LZ 4)
STADTERNEUERUNG - ALLGEMEINE FRAGEN -
(LIT. AB 1967, ERG. ZU LN 227 U. LZ 3)
STAND: 1.10.1969, 215 TITEL

KOELN 1969

---

100 0 0 08041 0 0

285-761499   BB 015(550/20)

DEUTSCHE VERKEHRSWISS. GESELLSCHAFT E.V.
ZENTR.INFORMATIONSSTELLE FUER VERKEHR

*SCHRIFTTUM 1970 BIS 1974 ZU VERKEHR IN
BALLUNGSRAEUMEN

KOELN: DVWG 1974, 203 S.

SCHRIFTENREIHE DER DT. VERKEHRSWISSENSCHAFTL.
GESELLSCHAFT E.V. REIHE A NR.12

---

100 0 0 080 0 0 0

286-760830

LANDESAMT FUER DATENVERARBEITUNG UND
STATISTIK NRW

*VEROEFFENTLICHUNGEN DES LANDESAMTES FUER
DATENVERARBEITUNG UND STATISTIK NRW,
STAND 1976

DUESSELDORF 1976

ALLGEMEINE PLANUNGSGRUNDLAGEN UND -DATEN ZUR
PLANUNG IM RUHRGEBIET

ZEITUNGEN,ZEITSCHRIFTEN,SCHRIFTENREIHEN

100500 0 090 0 063

287-760808

LANDESAMT FUER DATENVERARBEITUNG UND
STATISTIK NRW

*STATISTISCHE RUNDSCHAU FUER DEN
REGIERUNGSBEZIRK ARNSBERG.
(SEIT 1965 IN UNREGELMAESSIGER FOLGE)

DUESSELDORF, LETZTE AUSGABE 1971

100400 0 090 0 063

288-760806

LANDESAMT FUER DATENVERARBEITUNG UND
STATISTIK NRW

*STATISTISCHE RUNDSCHAU FUER DEN
REGIERUNGSBEZIRK DUESSELDORF
(SEIT 1965 IN UNREGELMAESSIGER FOLGE)

DUESSELDORF, LETZTE AUSGABE 1973

100500 0 090 0 063

289-760807   BB 830/6-MUE

LANDESAMT FUER DATENVERARBEITUNG UND
STATISTIK NRW

*STATISTISCHE RUNDSCHAU FUER DEN
REGIERUNGSBEZIRK MUENSTER
(SEIT 1965 IN UNREGELMAESSIGER FOLGE)

DUESSELDORF, LETZTE AUSGABE 1973

---

100 0 0 09063 0 0

290-760802   BB Z 600/8

LANDESAMT FUER DATENVERARBEITUNG UND
STATISTIK NRW

*STATISTISCHE RUNDSCHAU FUER DAS
LAND NORDRHEIN-WESTFALEN
(ERSCHEINT MONATLICH)

DUESSELDORF

---

100 0 0 09028 041

291-760804

LANDESAMT FUER DATENVERARBEITUNG UND
STATISTIK NRW

*DER VERKEHR NORDRHEIN-WESTFALENS
IN ZAHLEN
(SCHNELLBERICHT)

DUESSELDORF

BIBLIOGRAPHIE RAUMPLANUNG IM RUHRGEBIET. IRPUD-BIBLIOGRAPHIEN.1. UNIVERSITAET DORTMUND. BL. 34

---

100 0 0 09C21 0 0

292-760803   BB 830/94

LANDESAMT FUER DATENVERARBEITUNG UND
STATISTIK NRW

*DIE WIRTSCHAFT NORDRHEIN-WESTFALENS
IN ZAHLEN
(SCHNELLBERICHT, MONATLICH)

DUESSELDORF

STELLUNG DES RUHRGEBIETS IM BUNDESGEBIET,
IN NORDRHEIN-WESTFALEN U. ZU ANDEREN GEBIETEN

OHNE SACHGLIEDERUNG

---

200 0 0 00000

293-761283

*DAS REVIER IST IN EUROPA UNVERGLEICHLICH,
GESPRAECH MIT PROF.DR.FRIEDRICH HALSTENBERG

IN: ESSENER REVUE 7(1966) NR.3 S.7

STELLUNG DES RUHRGEBIETS IM BUNDESGEBIET,
IN NORDRHEIN-WESTFALEN U. ZU ANDEREN GEBIETEN

RAUMENTWICKLUNG, RAUMPLANUNG

- RAUMENTWICKLUNG,RAUMORDNUNG,
  LANDESPLANUNG,REGIONALPLANUNG

---

200 0 0 011 0 0 0

294-760417

ERNST WERNER

SIEDLUNGSVERBAND RUHRKOHLENBEZIRK

*STELLUNG DER VERDICHTUNGSRAEUME IN DER RAUM-
ORDNUNGSPOLITIK DER WESTEUROPAEISCHEN LAENDER

ESSEN 1971

SCHRIFTENREIHE DES SIEDLUNGSVERBANDES
RUHRKOHLENBEZIRK. 42.

STELLUNG DES RUHRGEBIETS IM BUNDESGEBIET,
IN NORDRHEIN-WESTFALEN U. ZU ANDEREN GEBIETEN

RAUMENTWICKLUNG, RAUMPLANUNG

- STADTENTWICKLUNG,STADTPLANUNG,
  STADTERNEUERUNG,SANIERUNG

---

200 0 0 012 0 0 0

295-761476   BB 201/274

SCHOELLER PETER

AKADEMIE FUER RAUMFORSCHUNG UND LANDESPLANUNG

*ENTWICKLUNGSUNTERSCHIEDE ZWISCHEN SAARLAND
UND RUHRGEBIET

HANNOVER 1974

IN: STADT UND STADTRAUM.VEROEFFENTLICHUNGEN
D.AKADEMIE F.RAUMFORSCHUNG UND LANDESPLANUNG
FORSCHUNGS- + SITZUNGSBERICHTE B.97 S.125-126

STELLUNG DES RUHRGEBIETS IM BUNDESGEBIET,
IN NORDRHEIN-WESTFALEN U. ZU ANDEREN GEBIETEN

RAUMENTWICKLUNG, RAUMPLANUNG

- WOHNUNGSWESEN,WOHNPLANUNG,BAUWESEN

200620 0 013 0 0 0

296-760371

STADT DORTMUND, AMT FUER STATISTIK UND
WAHLEN, (3)

*DIE WOHNUNGSSITUATION IN DORTMUND UND ANDEREN
GROSS-STAEDTEN NORDRHEIN-WESTFALENS IM
SEPTEMBER 1965

DORTMUND 1967

BEILAGE NR. 6

STELLUNG DES RUHRGEBIETS IM BUNDESGEBIET,
IN NORDRHEIN-WESTFALEN U. ZU ANDEREN GEBIETEN

RAUMENTWICKLUNG, RAUMPLANUNG

- SIEDLUNGSGEOGRAPHIE,STADTGEOGRAPHIE

---

(1)BEARBEITER (2)MITARBEITER (3)HERAUSGEBER (4)REDAKTION (5)PROJEKTLEITUNG (6)AUFTRAGGEBER

200300 0 017 0 0 0

297-760940   BB 902/NOR 29

HAHN HUGBERT W.

*DIE WANDLUNGEN DER RAUMFUNKTION DES
ZWISCHENSTAEDTISCHEN GEBIETES ZWISCHEN
RUHR UND WUPPER

BAD GODESBERG 1966, 87 S., 13 KT

FORSCHUNGEN Z. DEUTSCHEN LANDESKUNDE, BD.154

---

200 0 0 017 0 0 0

298-761430   BB 120/104

HOMMEL MANFRED

*ZENTRENAUSRICHTUNG IN MEHRKERNIGEN
VERDICHTUNGSRAEUMEN AN BEISPIELEN AUS DEM
RHEINISCH-WESTFAELISCHEN INDUSTRIEGEBIET

PADERBORN: SCHOENINGH 1974, 144 S.

BOCHUMER GEOGRAPHISCHE ARBEITEN, NR.17

STELLUNG DES RUHRGEBIETS IM BUNDESGEBIET,
IN NORDRHEIN-WESTFALEN U. ZU ANDEREN GEBIETEN

WIRTSCHAFT

---

200 0 0 020 0 0 0

299-761161   UB F 4124

ARNDT HELMUT

*DIE KONZENTRATION DER WESTDEUTSCHEN WIRT-
SCHAFT

PFULLINGEN 1966, 91S., VERLAG NESKE

200300 0 020 0 0 0

300-761152   UB F 7479

INDUSTRIE- UND HANDELSKAMMER ZU DORTMUND

*DAS OESTLICHE RUHRGEBIET 1960 BIS 1970. EIN
VERGLEICH DER WIRTSCHAFTLICHEN ENTWICKLUNG
MIT DEM GEBIET DER "RHEINSCHIENE", IM MITTLE-
REN RUHRGEBIET UND IN DEN UEBRIGEN GEBIETEN
DES LANDES NORDRHEIN-WESTFALEN

DORTMUND 1971, 51S., MASCH.VERVIELF.

STELLUNG DES RUHRGEBIETS IM BUNDESGEBIET,
IN NORDRHEIN-WESTFALEN U. ZU ANDEREN GEBIETEN

WIRTSCHAFT

   - WIRTSCHAFTSSTRUKTUR, STRUKTURWANDEL,
     STRUKTURKRISE, WIRTSCHAFTSGEOGRAPHIE

---

200 0 0 02141 0 0

301-761274

HESSING FRANZ-JOSEF

SIEDLUNGSVERBAND RUHRKOHLENBEZIRK (3)

*ROTTERDAM, ANTWERPEN UND DAS RUHRGEBIET

ESSEN 1966

SCHRIFTENREIHE DES SVR. 4.

200300 0 021 0 0 0

302-760972

WIEL PAUL

*AGGLOMERATIONS- UND DEZENTRALISATIONS-
TENDENZEN DER NORDRHEIN-WESTFAELISCHEN
WIRTSCHAFT SEIT DER VORKRIEGSZEIT

KOELN, OPLADEN: WESTDEUTSCHER 1962

FORSCHUNGSBERICHTE DES LANDES NORDRHEIN-
WESTFALEN. 1075

200300 0 021 0 0 0

303-761222

ISENBERG GERHARD

SIEDLUNGSVERBAND RUHRKOHLENBEZIRK(6)

*WACHTUMSPROZESS UND ENTWICKLUNGSAUSSICHTEN
DES RUHRGEBIETES IM GROESSEREN RAUM. NACH
EINEM VORTRAG VOR DER VERBANDSVERSAMMLUNG DES
SIEDLUNGSVERBANDES RUHRKOHLENBEZIRK 1963
(FORSCHUNGSAUFTRAG)

ESSEN 1964

---

200 0 0 021 0 0 0

304-760480

OTREMBA ERICH

*DIE STELLUNG DES RUHRGEBIETES IM WIRTSCHAFTS-
RAUM
IN: 35.DEUTSCHER GEOGRAPHENTAG BOCHUM 1965.
TAGUNGSBERICHT UND WISSENSCHAFTLICHE
ABHANDLUNGEN S.183-192

WIESBADEN 1966 STEINER VERLAG

---

(1)BEARBEITER (2)MITARBEITER (3)HERAUSGEBER (4)REDAKTION (5)PROJEKTLEITUNG (6)AUFTRAGGEBER

```
200  0  0  021 0 0 0

305-760657              BB 762/22

PRIGGE MANFRED

IFO-INSTITUT FUER WIRTSCHAFTSFORSCHUNG (3)

*BESCHREIBUNG DER SOZIALEN UND WIRTSCHAFT-
LICHEN ENTWICKLUNG AUSGEWAEHLTER AGGLOMERA-
TIONSRAEUME

MUENCHEN 1967
```

```
200  0  0  021 0 0 0

306-761143              UB X 1003

BREDE HELMUT, OSSARIO-CAPELLA CARLOS

IFO - INSTITUT FUER WIRTSCHAFTSFORSCHUNG

*DIE AGGLOMERATIONSRAEUME IN DER BRD. DEMOGRA-
PHISCHE UND OEKONOMISCHE ASPEKTE DES AGGLOME-
RATIONSPROZESSES

MUENCHEN  1967, 268S.,55BL.
```

```
200  0  0  021 0 0 0

307-761448

LINDEN WALTER

SIEDLUNGSVERBAND RUHRKOHLENBEZIRK ESSEN

*DIE VERFLECHTUNG DES RUHRGEBIETES MIT DEN
WESTEUROPAEISCHEN NACHBARRAEUMEN

ESSEN 1967

SCHRIFTENREIHE DES SIEDLUNGSVERBANDES
RUHRKOHLENBEZIRK. 16.
```

```
200690  0  021 0 0 0

308-760016

STADT WITTEN, AMT FUER STATISTIK U. WAHLEN(3)

*DAS WIRTSCHAFTLICHE WACHSTUM WITTENS
VON 1961-64 IM VERGLEICH ZUM BALLUNGSZENTRUM
DES RUHRGEBIETES, DEM LANDE NW UND DER BRD

WITTEN 1967 (VERGRIFFEN)
```

```
200690  0  021 0 0 0

309-760010

STADT WITTEN, AMT FUER STATISTIK U. WAHLEN(3)

*DIE WIRTSCHAFTLICHE ENTWICKLUNG WITTENS
VON 1957 - 1964. DIE GESAMTWIRTSCHAFTLICHE U.
INDUSTRIELLE ENTWICKLUNG WITTENS VON 57-64 IM
VERGLEICH ZU D. UEBRIGEN KREISFREIEN STAEDTEN
DES RUHRGEBIETES, DEM LAND NW UND DER BRD.

STATISTISCHER SONDERBERICHT 2 / 1967
```

```
200  0  0  021 0 0 0

310-760718

ISBARY GERD, HEIDE H.J.VON DER, MUELLER G.

*GEBIETE MIT GESUNDEN STRUKTUREN UND LEBENS-
BEDINGUNGEN - MERKMALE UND ABGRENZUNGEN

HANNOVER: GEBR. JAENICKE 1969,MIT KARTENBAND
```

```
200  0  0  021 0 0 0

311-760594

LASPEYRES RENATE

UNIVERSITAET MARBURG

*ROTTERDAMM UND DAS RUHRGEBIET

MARBURG 1969, DISS.

MARBURGER GEOGRAPHISCHE SCHRIFTEN, HEFT 41.
```

```
200300  0  021 0 0 0

312-761693



ARBEITSGEMEINSCHAFT DEUTSCHER WIRTSCHAFTS-
WISSENSCHAFTLICHER FORSCHUNGSINSTITUTE E.V.

*DIE LAGE DER WELTWIRTSCHAFT UND DER WEST-
DEUTSCHEN WIRTSCHAFT IM HERBST 1973
(ABGESCHLOSSEN IN ESSEN AM 19.10.1973)

OHNE ORT (1973), 14 S.
```

STELLUNG DES RUHRGEBIETS IM BUNDESGEBIET,
IN NORDRHEIN-WESTFALEN U. ZU ANDEREN GEBIETEN

WIRTSCHAFT

- BERGBAU

```
200  0  0  023 0 0 0

313-761227

SCHULTZE-RHONHOF FRIEDRICH-CARL

UNIVERSITAET TUEBINGEN

*DIE VERKEHRSSTROEME DER KOHLE IM RAUM DER BRD
ZWISCHEN 1913 UND 1957. EINE WIRTSCHAFTSGEO-
GRAPHISCHE UNTERSUCHUNG

BAD GODESBERG 1964, DISS.

FORSCHUNGEN ZUR DEUTSCHEN LANDESKUNDE BD.146
```

---

(1)BEARBEITER (2)MITARBEITER (3)HERAUSGEBER (4)REDAKTION (5)PROJEKTLEITUNG (6)AUFTRAGGEBER

200630 0 023 0 0 0

314-761672

KEMMER HEINZ-GUENTHER

*FUENF ZECHEN IN KENTUCKY. WARUM DIE RUHR-
KOHLE SICH IN DEN USA EINKAUFT

IN: ZEIT 29 (1974) NR. 47 V. 15.11., S. 38

200630 0 023 0 0 0

315-761674

*RUHRKOHLE AG ERWIRBT ZECHEN IN DEN USA

IN: HANDELSBLATT 29 (1974) NR. 213 V. 6.11,.
SEITE 6, MIT ABB.

STELLUNG DES RUHRGEBIETS IM BUNDESGEBIET,
IN NORDRHEIN-WESTFALEN U. ZU ANDEREN GEBIETEN

WIRTSCHAFT

- METALLINDUSTRIE (EINSCHL. MONTANUNION)

---

200 0 0 024 0 0 0

316-761571

GANSAEUER K. F.

*LAGERUNG UND VERFLECHTUNG DER EISENSCHAFFEN-
DEN INDUSTRIE DER MONTANUNIONSLAENDER IN
RAEUMLICHER SICHT

WIESBADEN 1964

KOELNER FORSCHUNGEN ZUR WIRTSCHAFTS- UND
SOZIALGEOGRAPHIE

---

200 0 0 024 0 0 0

317-761106

MIETH WALTER-HERIBERT

RWTH AACHEN

*DER WIRTSCHAFTLICHE STANDORTVORTEIL EINES
HUETTENWERKES AN D WESTHOLLAENDISCHEN NORD-
SEEKUESTE GEGENUEBER D STANDORT IM OESTLICHEN
RUHRGEBIET U D FOLGERUNGEN F D UNTERNEHMENS-
POLITIK D BINNENWERKES

AACHEN 1968, DISS.

STELLUNG DES RUHRGEBIETS IM BUNDESGEBIET,
IN NORDRHEIN-WESTFALEN U. ZU ANDEREN GEBIETEN

BEVOELKERUNG

- DEMOGRAPHIE, SOZIOGRAPHIE, STADTSOZIOLOGIE

---

200 0 0 031 0 0 0

318-761491   BB 755/24

BACKHAUS JUERGEN

INSTITUT FUER WIRTSCHAFTSFORSCHUNG (IFO)

*DAS SOCIAL-COST-PROBLEM UNTER BESONDERER
BERUECKSICHTIGUNG AUSGEWAEHLTER AGGLOMERA-
TIONSRAEUME IN DER BRD

MUENCHEN: IFO 1967

---

200 0 0 031 0 0 0

319-760627

RUPPERT H.-RASSO P.

WIRTSCH.- U. SOZ.-GEOGR. INST. D. UNIV.
NUERNBERG (3)

*BEVOELKERUNGSBALLUNGEN - ANALYSE UND VER-
GLEICH AM BEISPIEL DER RANDSTADT HOLLAND,
DER RHEIN-RUHR-BALLUNG UND DER RHEIN-MAIN
BALLUNG.
NUERNBERG 1973. 332 S.
NUERNBERGER WIRTSCHAFTS- UND SOZIALGEO-
GRAPHISCHE ARBEITEN, BD. 20.

STELLUNG DES RUHRGEBIETS IM BUNDESGEBIET,
IN NORDRHEIN-WESTFALEN U. ZU ANDEREN GEBIETEN

INFRASTRUKTUR, VERSORGUNG

- STRASSENVERKEHR, EISENBAHN,
  SCHIFFAHRT, LUFTVERKEHR

---

200 0 0 04121 0 0

320-761274

HESSING FRANZ-JOSEF

SIEDLUNGSVERBAND RUHRKOHLENBEZIRK (3)

*ROTTERDAM, ANTWERPEN UND DAS RUHRGEBIET

ESSEN 1966

SCHRIFTENREIHE DES SVR. 4.

200 0 0 041 0 0 0

321-761384

SCHOLZ GERHARD

SIEDLUNGSVERBAND RUHRKOHLENBEZIRK (6)

*ERMITTLUNG DER BEZIEHUNGEN DES KRAFTFAHRZEUG-
VERKEHRS ZWISCHEN DEM RUHRGEBIET UND DEM
UEBRIGEN BUNDESGEBIET. ZIEL- UND QUELLVERKEHR
DES RUHRGEBIETS, DURCHGANGSVERKEHR

ESSEN 1961

---

200 0 0 041 0 0 0

322-761307

LINDEN WALTER

SIEDLUNGSVERBAND RUHRKOHLENBEZIRK (SVR)

*DIE VERKEHRSVERFLECHTUNGEN DES RUHRGEBIETES
MIT DEN WESTEUROPAEISCHEN NACHBARRAEUMEN

ESSEN 1967

SCHRIFTENREIHE DES SVR. 16.

---

200 0 0 041 0 0 0

323-761331

SEIDENFUS HELMUTH STEFAN

SIEDLUNGSVERBAND RUHRKOHLENBEZIRK

*UNTERSUCHUNG DER NOTWENDIGKEIT EINER NEUEN
EISENBAHN- UND WASSERSTRASSENVERBINDUNG
ZWISCHEN DEN WIRTSCHAFTSZENTREN RUHRGEBIET
UND ANTWERPEN/ROTTERDAM

ESSEN 1968

SCHRIFTENREIHE DES SVR. 17.

---

200 0 0 041 0 0 0

324-761185   BB 570/19

JAEGER WOLFGANG

GESELLSCHAFT FUER WIRTSCHAFTS- UND VERKEHRS-
WISSENSCHAFTL. FORSCHUNG E.V.

*DIE STILLEGUNG VON EISENBAHNSTRECKEN UND IHRE
AUSWIRKUNG. DARGEST. AN EINIGEN BEISPIELEN
AUS DEM LANDE NORDRHEIN-WESTFALEN
KOENIGSWINTER 1975, GETR.PAG., MASCH.DR.
DISKUSSIONSPAPIERE DER GESELLSCHAFT DER
WIRTSCHAFTS- UND VERKEHRSWISSENSCHAFTLICHEN
FORSCHUNG. 16.

STELLUNG DES RUHRGEBIETS IM BUNDESGEBIET,
IN NORDRHEIN-WESTFALEN U. ZU ANDEREN GEBIETEN

INFRASTRUKTUR, VERSORGUNG

  - ENERGIEVERSORGUNG

---

200 0 0 042 0 0 0

325-761187   BB 830/167

NORDRHEIN-WESTFALEN, LANDESAMT FUER DATENVER-
ARBEITUNG UND STATISTIK

*ENERGIEWIRTSCHAFT IN NORDRHEIN-WESTFALEN

DUESSELDORF 1974, 137 S.

BEITRAEGE ZUR STATISTIK DES LANDES NORDRHEIN-
WESTFALEN.321.

STELLUNG DES RUHRGEBIETS IM BUNDESGEBIET,
IN NORDRHEIN-WESTFALEN U. ZU ANDEREN GEBIETEN

FINANZWESEN, STATISTIK, KARTOGRAPHIE

---

200 0 0 060 0 0 0

326-761155

BORRIES HANS-WILKIN VON

INSTITUT FUER RAUMFORSCHUNG

*GEMEINDLICHE WIRTSCHAFTSSTRUKTUR UND KOMMUNA-
LE FINANZKRAFT - DIE BERGBAUSTAEDTE NORD-
RHEIN-WESTFALEN IM FINANZSTATISTISCHEN VER-
GLEICH

IN: INFORMATIONEN AUS DEM INSTITUT FUER
RAUMFORSCHUNG 10(1961) HEFT 18, S. 435-446

R U H R G E B I E T

OHNE SACHGLIEDERUNG

---

300 0 0 00 0 0 0

327-761012

STEINHAUER GERHARD

*RUHRGEBIET

FRANKFURT/MAIN 1966, 146 S.

---

(1)BEARBEITER (2)MITARBEITER (3)HERAUSGEBER (4)REDAKTION (5)PROJEKTLEITUNG (6)AUFTRAGGEBER

300 0 0 00 0 0 0

328-760569

LANDWEHRMANN FRIEDRICH

*DAS RUHRGEBIET WIRD SCHLECHT VERKAUFT

IN: ARBEIT UND SOZIALPOLITIK, JAHRG. 24
1970, S. 326 - 328.

---

300 0 0 00 0 0 0

329-760918   BB 902/3,UB E 1687

DEGE WILHELM

*DAS RUHRGEBIET
(ERWEITERTE UND REVIDIERTE AUSGABE DES
DAENISCHEN WERKES DEGE/WEITZE: RUHRDISTRIKTET
KOPENHAGEN 1969)

BRAUNSCHWEIG 1972, VERL. VIEWEG, 144 S., ABB.

R U H R G E B I E T

RAUMENTWICKLUNG, RAUMPLANUNG

  - RAUMENTWICKLUNG,RAUMORDNUNG,
    LANDESPLANUNG,REGIONALPLANUNG

---

300 0 0 011 0 0 0

331-761279

MAYER-BRUEX HANS

*DAS VERBANDSGEBIET ALS ENTWICKLUNGS- UND
PLANUNGSREGION

IN: BAUWELT/STADTBAUWELT (1966) H.12 S.928
BIS 929

---

300 0 0 011 0 0 0

332-761266

HALSTENBERG FRIEDRICH

*BALLUNGSRAUM RUHRGEBIET, ASPEKTE - PERSPEK-
TIVEN

STUTTGART: KREUZ 1966

IN: KIRCHE UND RAUMORDNUNG = KIRCHE IM VOLK,
H. 32, S.88-97

---

300 0 0 01164 0 0

333-761362

SCHMITZ GOTTFRIED

*DAS RUHRGEBIET - AUFGABE UND ZUKUNFT. ZUM
ATLASWERK: SIEDLUNGSVERBAND RUHRKOHLENBEZIRK
- REGIONALPLANUNG

IN: RAUMFORSCHUNG UND RAUMORDNUNG 18(1960)
HEFT 2/3 S.144-151

---

300 0 0 011 0 0 0

334-761365

UMLAUF JOSEF

INSTITUT FUER RAUMFORSCHUNG

*DIE ENTWICKLUNG DER PLANUNGSARBEIT DES
SIEDLUNGSVERBANDES RUHRKOHLENBEZIRK

IN: INSTITUT FUER RAUMFORSCHUNG. INFORMATIO-
NEN 10(1960) NR.13 S.307-321

---

300 0 0 011 0 0 0

335-761361

LADENDORF HELMUT

SIEDLUNGSVERBAND RUHRKOHLENBEZIRK

*DIE ANSAETZE VON OERTLICHEN ZENTREN IN DEN
ZERSIEDELTEN GEBIETEN IM RUHRTAL UND AUF DEN
RUHRHOEHEN (FORSCHUNGSAUFTRAG DES SVR)

ESSEN 1960 UNVEROEFFENTLICHT

BIBLIOGRAPHIE RAUMPLANUNG IM RUHRGEBIET. IRPUD-BIBLIOGRAPHIEN.1. UNIVERSITAET DORTMUND. BL. 40

---

300 0 0 011 0 0 0

336-761364

TIETZSCH KARL HEINZ

DEUTSCHER VERBAND FUER WOHNUNGSWESEN, STAEDTEBAU UND RAUMPLANUNG

*REGIONALPLANUNG IM SIEDLUNGSVERBAND RUHR-KOHLENBEZIRK

IN: WOHNUNGSWESEN, STAEDTEBAU, RAUMPLANUNG IN DER BRD. KOELN 1960 = SCHRIFTEN DES HERAUSGEBERS HEFT 44 S.32-37

---

300 0 0 01116 0 0

337-761369

UNGEWITTER RUDOLF

*REGIONALPLANUNG UND LANDSCHAFTSPFLEGE IM RUHRGEBIET

IN: SCHWEIZERISCHE GAERTNERZEITUNG (1960) HEFT 14, S.113-114

---

300 0 0 01164 0 0

338-761371

*VIERZIG JAHRE SIEDLUNGSVERBAND RUHRKOHLEN-BEZIRK. GELEGENTLICH DES JUBILAEUMS WURDE EIN LANDESPLANUNGSATLAS HERAUSGEGEBEN

IN: KOMMUNALPOLITISCHE BLAETTER 12(1960) HEFT 10, S.376-378

---

300 0 0 011 0 0 0

339-761366

UMLAUF JOSEF

REGIONALPLANUNGSGRUPPE NORDWESTSCHWEIZ

*REGIONALPLAN IM RUHRGEBIET

IN: FRAGEN DER REGIONALPLANUNG. AACHEN 1960 S.21-28

---

300 0 0 01164 0 0

340-761359

SIEDLUNGSVERBAND RUHRKOHLENBEZIRK

*SIEDLUNGSVERBAND RUHRKOHLENBEZIRK - REGIONAL-PLANUNG. (PLANUNGSATLAS IN FORTSETZUNGEN.)

ESSEN 1960 FF.

---

300 0 0 011 0 0 0

341-761355

BERKOWITZ BERNHARD

*REGIONAL PLANNING IN GERMANY'S INDUSTRIAL RUHR

ESSEN 1960 UNVEROEFFENTLICHT

---

300 0 0 01164 0 0

342-761363

STEINBERG HEINZ GUENTHER

*DIE ZUKUNFT HAT SCHON BEGONNEN. DAS KARTEN-WERK DES SIEDLUNGSVERBANDES RUHRKOHLENBEZIRK. REGIONALPLANUNG 1960

IN: RUHRGEBIET, LANDSCHAFT, KULTUR, WIRT-SCHAFT(1960) HEFT 2 S.46-49

---

300 0 0 011 0 0 0

343-761367

UMLAUF JOSEF

*REGIONALPLANUNG IM RUHRGEBIET

SOLOTHURN 1960

IN: PLAN, H.1, JG. 17, 1963, S.1-8

---

300 0 0 011 0 0 0

344-761421

HERKER H.

*GEGENWART UND ZUKUNFT DES RUHRREVIERS

DUISBURG 1960

SCHRIFTEN DER VOLKS- UND BETRIEBSWIRTSCHAFTL. VEREINIGUNG IM RHEIN.-WESTF. INDUSTRIEGEBIET. 9.SONDERVEROEFFENTLICHUNG

---

300 0 0 011 0 0 0

345-761579

KRAUS T.

DEUTSCHER GEOGRAPHENTAG (3)

*DAS RHEINISCH-WESTFAELISCHE STAEDTESYSTEM. FESTSCHRIFT ZUM DT. GEOGRAPHENTAG

WIESBADEN 1961

---

(1)BEARBEITER (2)MITARBEITER (3)HERAUSGEBER (4)REDAKTION (5)PROJEKTLEITUNG (6)AUFTRAGGEBER

300 0 0 011 0 0 0

346-761487

MEIER F.

UNIVERSITAET BONN, INSTITUT F.AGRARPOLITIK
UND MARKTFORSCHUNG

*DIE AENDERUNG DER BODENNUTZUNG UND DES
GRUNDEIGENTUMS IM RUHRGEBIET VON 1820-1955
ARBEIT AUS DEM INSTITUT FUER AGRARPOLITIK
UND MARKTFORSCHUNG DER UNIVERSITAET BONN

BONN-BAD GODESBERG 1961
FORSCHUNGEN ZUR DEUTSCHEN LANDESKUNDE,BD.131

---

300 0 0 011 0 0 0

347-761587

TIETZSCH KARL HEINZ

*ENTWICKLUNGSPROGRAMM FUER DEN RUHRKOHLEN-
BEZIRK

ESSEN 1961, ALS MANUSKRIPT VERVIELF.

---

300 0 0 011 0 0 0

348-761382

SIEDLUNGSVERBAND RUHRKOHLENBEZIRK

*PLAN D'AMENAGEMET DU BASSIN HOUILLER DE LA
RUHR. AVANTPROJET PAR LE SERVICE "AMENAGEMENT
REGIONAL"DU SIEDLUNGSVERBAND RUHRKOHLENBEZIRK
(FRANZ.UEBERSETZUNG DES ENTWICKLUNGSPROGRAMMS
FUER DEN RUHRKOHLENBEZIRK. REFERENTENENTWURF)

ESSEN 1961

---

300 0 0 011 0 0 0

349-761390

UMLAUF JOSEF

*FRAGEN DER REGIONALEN PLANUNG IM RUHRGEBIET.

IN: INDUSTRIEKURIER DEZEMBER 1961 SONDERBEI-
LAGE: DAS RUHRGEBIET S.20

---

300 0 0 011 0 0 0

350-761389

UMLAUF JOSEF

SIEDLUNGSVERBAND RUHRKOHLENBEZIRK

*DIE ENTWICKLUNG DER PLANUNGSARBEIT DES
SIEDLUNGSVERBANDES RUHRKOHLENBEZIRK

IN: SIEDLUNGSVERBAND RUHRKOHLENBEZIRK.
TAETIGKEITSBERICHT 1958-1960. ESSEN 1961
S.15-24

---

300 0 0 011 0 0 0

351-761373

DIETRICH ERICH, ISENBERG GERHARD,
LANGE GERD C., WURZER RUDOLF

SIEDLUNGSVERBAND RUHRKOHLENBEZIRK (6)

*STELLUNGNAHME ZU DEM REFERENTENENTWURF
ENTWICKLUNGSPROGRAMM FUER DEN RUHRKOHLEN-
BEZIRK

ESSEN 1961

---

300 0 0 011 0 0 0

352-761375

TIETZSCH KARL HEINZ

SIEDLUNGSVERBAND RUHRKOHLENBEZIRK (SVR)

*ENTWICKLUNGSPROGRAMM FUER DEN RUHRKOHLEN-
BEZIRK. REFERENTENWURF. ALS GRUNDLAGE FUER
DIE ABSTIMMUNG INNERHALB DES SVR, MIT DEN
MITGLIEDERN DES SVR UND DEN ZUSTAENDIGEN
FACH- UND AUFSICHTSBEHOERDEN.

ESSEN 1961

---

300 0 0 011 0 0 0

353-761397

JAKOB JULIUS

*EINDRUECKE EINER STUDIENREISE. REGIONAL-
PLANUNG IM RUHRGEBIET.

IN: STRASSE UND VERKEHR 48 ZUERICH 1962
HEFT 4 S.154-159

300100 0 011 0 0 0

354-761393

FRORIEP SIEGFRIED

*LANDESPLANUNG IN BALLUNGSGEBIETEN

IN: ALLGEMEINE FORSTZEITSCHRIFT, JG. 17,
1962, H.4, S.63-66

---

300 0 0 011 0 0 0

355-761394

FRORIEP SIEGFRIED

*LANDESPLANUNG IN BALLUNGRAEUMEN AM BEISPIEL
DES RUHRGEBIETS.(VORTRAGSZUSAMMENFASSUNG)

IN: UNSER WALD (1962) HEFT 1 S.5-6

---

(1)BEARBEITER (2)MITARBEITER (3)HERAUSGEBER (4)REDAKTION (5)PROJEKTLEITUNG (6)AUFTRAGGEBER

300 0 0 011 0 0 0
356-760792
LADENDORF HELMUT
SIEDLUNGSVERBAND RUHRKOHLENBEZIRK (6)
*ERMITTLUNG DER ZENTRALOERTLICHEN VERHAELT-
NISSE DER STAEDTE UND GEMEINDEN IM RUHRGEBIET
ESSEN 1961/1962(UNVEROEFFTL.)

300 0 0 011 0 0 0
357-760716
JAKOB J.
*REGIGNALPLANUNG IM RUHRGEBIET
IN: STRASSE UND VERKEHR, ZUERICH 1962, S. 154

300 0 0 011 0 0 0
358-761213
TIETZSCH KARL HEINZ
INSTITUT F.STAEDTEBAU + LANDESPLAN.,BERLIN +
F.STAEDTEBAU,SIEDL.WESEN + KULTURT. UNI BONN
*GRUNDSATZFRAGEN DER REGIONALPLANUNG AM
BEISPIEL DES RUHRGEBIETES (VORTRAG).
BERLIN 1963

300 0 0 011 0 0 0
359-761215
UMLAUF JOSEF
*WAS IST DAS RUHRGEBIET ?
IN: STAEDTEBRIEF NORDRHEIN-WESTFALEN NR.7
VOM 17.6.1963

300 0 0 0112 2 0 0
360-761151   UB F 2495
JUERGENSEN HARALD
SIEDLUNGSVERBAND RUHRKOHLENBEZIRK
*EINFLUSSMOEGLICHKEITEN DER REGIONALEN PLANUNG
AUF DAS WIRTSCHAFTLICHE WACHSTUM DES RUHR-
GEBIETS. VORTRAG ANLAESSLICH DER EROEFFNUNG D
SITZUNGSSAALES IM GEBAEUDE DES SVR AM 26.6.64
ESSEN 1964, 24S., MASCH.SKRIPT, SELBSTVERL.

300 0 0 011 0 0 0
361-761221
FRORIEP SIEGFRIED
INDUSTRIE- UND HANDELSKAMMER KOELN
*REGIONALE PLANUNG IM RUHRGEBIET.AUS DER
ARBEIT DES SIEDLUNGSVERBANDES RUHRKOHLEN-
BEZIRK
IN: MITTEILUNGEN DER IHK KOELN NR. 14, KOELN,
S.363-366

300 0 0 011 0 0 0
362-760434
FRORIEP SIEGFRIED
INDUSTRIE- U. HANDELSKAMMER ZU KOELN
*REGIONALE PLANUNG IM RUHRGEBIET. AUS DER
ARBEIT DES SIEDLUNGSVERBANDES RUHRKOHLEN-
BEZIRK
IN: MITTEILUNGEN DER INDUSTRIE- UND
HANDELSKAMMER ZU KOELN NR.14/1964,S.363-366

300 0 0 011 0 0 0
363-761236
KUENECKE HELMUT
INDUSTRIE- UND HANDELSKAMMER DORTMUND
*AMPUTATION AM RUHRGEBIET. EIN "KLEINER"
REGIERUNGSBEZIRK RUHR EIN RUECKSCHRITT. DIE
ALTERNATIVE: ZWEI REGIERUNGSBEZIRKE
IN: RUHRWIRTSCHAFT HEFT 8(1965) S.317-320

300 0 0 011 0 0 0
364-761234
GADEGAST JOACHIM
*DER GEBIETSENTWICKLUNGSPLAN FUER DAS RUHR-
GEBIET
IN: PLAN(SOLOTHURN) 22(1965) HEFT 6 S.191-197

300605 0 011 0 0 0
365-761239
KOERBER JUERGEN
RUHRUNIVERSITAET BOCHUM,GEOGRAPHISCHES
INSTITUT
*PROBLEME UND AUFGABEN UND ZIELE DER LANDES-
PLANUNG IM MITTLEREN RUHRGEBIET.
PADERBORN 1965
IN: BOCHUM UND DAS MITTLERE RUHRGEBIET.
BOCHUMER GEOGRAPHISCHE ARBEITEN H.1 S.209-215

BIBLIOGRAPHIE RAUMPLANUNG IM RUHRGEBIET. IRPUD-BIBLIOGRAPHIEN.1. UNIVERSITAET DORTMUND. BL. 43

---

300 0 0 01122 0 0

366-760712   BB 762/1

JUERGENSEN HARALD (1), MARX DETLEF (2)

SIEDLUNGSVERBAND RUHRKOHLENBEZIRK (3,6)

*REGIONALPLANUNG UND WIRTSCHAFTLICHES WACHSTUM.

ESSEN 1965, 240 S. MASCH.SKRIPT

---

300 0 0 011 0 0 0

367-760755

WAFFENSCHMIDT

*MILLIARDEN FUER DAS RUHRGEBIET

IN: KOMMUNALPOLITISCHE BLAETTER 1966, HEFT 9, S.374-375

---

300 0 0 011 0 0 C

368-760687   UB ZE 29

KOERBER JUERGEN

*DIE REGIONALPLANUNG IM STRUKTURWANDEL DES RUHRGEBIETES.
IN: 35. DEUTSCHER GEOGRAPHENTAG BOCHUM 1965. TAGUNGSBERICHT UND WISSENSCHAFTLICHE ABHANDLUNGEN.

WIESBADEN: STEINER 1966, S.175-182

---

300 0 0 011 0 0 0

369-761256

FRORIEP SIEGFRIED

*REGIONALPLANUNG IM RUHRGEBIET

IN: KOMMUNALPOLITISCHE BLAETTER 18(1966) HEFT 13 S.81NW - 83NW

---

300 0 0 011 0 0 0

370-761285

SIEDLUNGSVERBAND RUHRKOHLENBEZIRK

*DER GEBIETSENTWICKLUNGSPLAN - ZEICHNERISCHE DARSTELLUNG - ERLAEUTERUNGSBERICHT - TEXTLICHE DARSTELLUNG.

ESSEN 1966

---

300 0 0 011 0 0 0

371-761265

*DER GEBIETSENTWICKLUNGSPLAN FUER DAS RUHRGEBIET.ERSTMALIGE GESAMTKONZEPTION FUER DIE RAEUMLICHE ENTWICKLUNG DES REVIERS.

IN: KOMMUNALPOLITISCHE BLAETTER 18(1966) HEFT 14 S.87NW - 88 NW

---

300 0 0 011 0 0 0

372-761277

KOERBER JUERGEN

*PLANNING RESEARCH IN THE FEDERAL REPUBLIC OF GERMANY, WITH SPECIAL REFERENCE TO THE RUHR AREA

IN: JOURNAL OF THE TOWN PLANNING INSTITUTE 52 (1966) VOL.4 S.131-133

---

300 0 0 011 0 0 0

373-761255

FRORIEP SIEGFRIED

*DER GEBIETSENTWICKLUNGSPLAN DES SIEDLUNGSVERBANDES RUHRKOHLENBEZIRK

IN: STAEDTETAG 19(1966) HEFT 9 S.458-460

---

300 0 0 011 0 0 0

374-761269

HALSTENBERG FRIEDRICH

INDUSTRIE- UND HANDELSKAMMER HAGEN

*RAUMORDNUNGSPROBLEME IM RUHRGEBIET

IN: SUEDWESTFAELISCHE WIRTSCHAFT 22(1966) NR.5 S.264-266

---

300 0 0 011 0 0 0

375-761258

FRORIEP SIEGFRIED

*REGIONALPLANUNG IM RUHRGEBIET

IN: KOMMUNALPOLITISCHE BLAETTER 18(1966) HEFT 15 S.104NW - 106NW

---

(1)BEARBEITER (2)MITARBEITER (3)HERAUSGEBER (4)REDAKTION (5)PROJEKTLEITUNG (6)AUFTRAGGEBER

300 0 0 01154 0 0

376-761268

HALSTENBERG FRIEDRICH

*PRAKTISCHE REGIONALPOLITIK IM RUHRGEBIET.
AUS DER TAETIGKEIT DES SVR

IN: EUROPAEISCHER GEMEINDETAG 9(1966)
HEFT 1 S.6-19

---

300 0 0 011 0 0 0

377-761257

FRORIEP SIEGFRIED

*REGIONALPLANUNG IM RUHRGEBIET

IN: KOMMUNALPOLITISCHE BLAETTER 18(1966)
HEFT 14 S.85NW - 86NW

---

300 0 0 011 0 0 0

378-761263

*DER GEBIETSENTWICKLUNGSPLAN FUER DAS RUHRGE-
BIET. ERSTMALIGE GESAMTKONZEPTION FUER DIE
RAEUMLICHE ENTWICKLUNG DAS REVIERS.

IN: INFORMATIONSDIENST RUHR VOM 1.7.1966
S.1-5

---

300 0 0 01136 0 0

379-761253

CZINKI LASZLO, ZUEHLKE WERNER

*ERHOLUNG UND REGIONALPLANUNG. ANALYSE DES
ERHOLUNGSWESENS UNTER BESONDERER BERUECK-
SICHTIGUNG DES RUHRGEBIETES.

IN: RAUMFORSCHUNG UND RAUMORDNUNG 24(1966)
HEFT4 S.155-164

---

300 0 0 01116 0 0

380-761264

SIEDLUNGSVERBAND RUHRKOHLENBEZIRK

*GRUENE ARBEIT IM RUHRGEBIET

ESSEN 1966

---

300 0 0 01121 0 0

381-761267

HALSTENBERG FRIEDRICH

INDUSTRIE- UND HANDELSKAMMER DORTMUND

*GEBIETSENTWICKLUNGSPLAN UND STRUKTURVERBESSE-
RUNG IM REVIER

IN: RUHRWIRTSCHAFT H.8(1966) S.299-301

---

300 0 0 011 0 0 0

382-761262

GADEGAST JOACHIM, HALSTENBERG FRIEDRICH

*DER GEBIETSENTWICKLUNGSPLAN DES RUHRGEBIETES.

IN: INDUSTRIEKURIER NR.81 VOM 26.5.1966

---

300 0 0 011 0 0 0

383-761261

GADEGAST JOACHIM, HALSTENBERG FRIEDRICH

INSTITUT FUER RAUMFORSCHUNG (3)

*DER GEBIETSENTWICKLUNGSPLAN FUER DAS RUHRGE-
BIET. INHALT UND ERARBEITUNGSVERFAHREN

IN: INFORMATION DES INSTITUTS FUER RAUMFOR-
SCHUNG 16(1966) NR.16 S.487-502

---

300 0 0 011 0 0 0

384-760245   BB Z300/3

BERVE RAGHILD, EDLER HORST

*DIE ZIELSETZUNGEN DES GEBIETSENTWICKLUNGS-
PLANES FUER DAS RUHRGEBIET

IN: STADTBAUWELT 12,1966 S.920-927

---

300 0 0 011 0 0 0

385-760941

HALSTENBERG FRIEDRICH

*PRAKTISCHE REGIONALPOLITIK IM RUHRGEBIET

IN: DER EUROPAEISCHE GEMEINDETAG, HEFT 1,
JG. 1966, S. 7-19

300 0 0 011 0 0 0

386-760942

HALSTENBERG FRIEDRICH

*GEBIETSENTWICKLUNGSPLAN UND STRUKTUR-
VERBESSERUNG IM REVIER

IN: RUHRWIRTSCHAFT, AUGUST 1966, S. 1-7

---

300 0 0 011 0 0 0

387-760944

HALSTENBERG FRIEDRICH

*BALLUNGSRAUM RUHRGEBIET,
ASPEKTE - PERSPEKTIVEN.

IN: KIRCHE UND RAUMORDNUNG.
STUTTGART 1966, S. 89-97 (KIRCHE U. VOLK.32.)

---

300 0 0 011 0 0 0

388-760943

HALSTENBERG FRIEDRICH

*DER REGIONALE RAUMORDNUNGSPLAN
FUER DAS RUHRGEBIET

IN: STADTBAUWELT 12, 1966, S. 914-919

---

300 0 0 0 1122 0 0

389-761498

CURDES GERHARD, MUELLER-TRUDUNG JUERGEN

INGESTA-INSTITUT GEWERBEBETRIEBE IM STAEDTE-
BAU

*UNTERSUCHUNG ZUR FOERDERUNG DER NEBENZENTREN
IM RUHRGEBIET (TEIL 1 BIS 4)

KOELN: INGESTA 1966

---

300 0 0 011 0 0 0

390-761434

HESSING FRANZ-JOSEF, KOERBER JUERGEN

NORDRHEIN-WESTFAELISCHER STAEDTEBUND

*DER ZENTRALE ORT IN DER RAUMORDNUNG UNTER
BESONDERER BERUECKSICHTIGUNG DER VERHAELT-
NISSE IM RUHRGEBIET

IN: MITTEILUNGEN DES NORDRHEIN-WESTFAELISCHEN
STAEDTEBUNDES BD.10, JG.19, 1966, S.105-109

---

300 0 0 011 0 0 0

391-761627

ZISCHKA A.

*DIE RUHR IM WANDEL. - RUINENFELD ODER RETTER
VON MORGEN ?

ESSEN 1966

---

300 0 0 011 0 0 0

392-761311

SCHMITZ GOTTFRIED

*DER GEBIETSENTWICKLUNGSPLAN FUER DAS RUHR-
GEBIET

IN: GARTENAMT 16(1967) HEFT 7 S.309-311

---

300 0 0 011 0 0 0

393-761299

FRORIEP SIEGFRIED

LIST GESELLSCHAFT

*REALISIERUNG DES GEBIETSENTWICKLUNGSPLANES
1966 FUER DAS RUHRGEBIET - EINIGE RECHTLICHE
UND FINANZIELLE ASPEKTE

IN: POLIS UND REGIO.VON DER STADT ZUR REGIO-
NALPLANUNG.BASEL,TUEBINGEN 1967.= VEROEFF.DER
LISTGESELLSCHAFT,BD.57 REIHE D, S.161-167

---

300 0 0 01143 0 0

394-761305

HESSING FRANZ-JOSEF

*LANDESPLANERISCHE ZIELSETZUNGEN FUER DIE
SIEDLUNGSWASSERWIRTSCHAFT IM RUHRGEBIET

IN: GAS- UND WASSERFACH. AUSGABE WASSER 108
(1967) HEFT 10 S.254-257

---

300 0 0 01112 0 0

395-761309

MITTELBACH HEINZ ARNO,GRUBENBECHER FRIEDRICH,
MEYER-HUEHNERFELD ANNELIESE

SIEDLUNGSVERBAND RUHRKOHLENBEZIRK

*UNTERSUCHUNG ZUR FOERDERUNG VON NEBENZENTREN.
TEIL 5: BESTANDSKARTIERUNG

ESSEN 1967

BIBLIOGRAPHIE RAUMPLANUNG IM RUHRGEBIET. IRPUD-BIBLIOGRAPHIEN.1. UNIVERSITAET DORTMUND. BL. 46

---

300 0 0 011 0 0 0

396-761289

FISCHER REINHOLD, MEYER-HUEHNERFELD ANNELIESE

SIEDLUNGSVERBAND RUHRKOHLENBEZIRK

*BERICHT UEBER INHALT UND ERGEBNIS DES GUTACH-
TENS "UNTERSUCHUNG ZUR FOERDERUNG VON NEBEN-
ZENTREN IM RUHRGEBIET"

ESSEN 1967

---

300 0 0 011 0 0 0

397-761296

FRORIEP SIEGFRIED

*EINIGE BEMERKUNGEN ZUR FRAGE DER ZENTRALEN
ORTE IM BEREICH DES SIEDLUNGSVERBANDES
RUHRKOHLENBEZIRK INNERHALB DES REGIERUNGS-
BEZIRKES DUESSELDORF.

BAD GODESBERG 1967

IN: GEMEINDE, H.4, JG.19, 1967
S.113-114

30C 0 0 01121 0 0

398-761310

*RAUMORDNUNG IM RUHRGEBIET. STRUKTURANPASSUNG
ODER STRUKTURGESTALTUNG.

IN: RAUM UND SIEDLUNG (1967) HEFT 5 S.103-105

---

300 0 0 011 0 0 0

399-761298

FRORIEP SIEGFRIED

*PLANEN IM RUHRGEBIET

IN: RHEINISCHE HEIMATPFLEGE HEFT 2(1967)
S.108-116

---

300 0 0 011 0 0 0

400-761301

GADEGAST JOACHIM

INDUSTRIE- UND HANDELSKAMMER DUISBURG-WESEL
ZU DUISBURG

*DER GEBIETSENTWICKLUNGSPLAN FUER DAS RUHRGE-
BIET IST GENEHMIGT

IN: WIRTSCHAFTLICHE MITTEILUNGEN DER IHK
ZU DUISBURG-WESEL, 1967, NR. 12, S. 329-331

---

300 0 0 011 0 0 0

401-761302

*GEBIETSENTWICKLUNGSPLAN FUER DAS RUHRGEBIET.

IN: RAUM UND SIEDLUNG HEFT 6(1967) S.114-116

---

300 0 0 011 0 0 0

402-761304

HALSTENBERG FRIEDRICH

*REGIONALPLANUNG IM RUHRGEBIET

IN: BLAETTER FUER GRUNDSTUECKS-, BAU- UND
WOHNUNGSRECHT 16(1967) HEFT 2 S.25-30

---

300 0 0 011 0 0 0

403-761312

SIEDLUNGSVERBAND RUHRKOHLENBEZIRK (SVR)

*SIEDLUNGSVERBAND RUHRKOHLENBEZIRK - GEBIETS-
ENTWICKLUNGSPLAN 1966

KOELN, STUTTGART: KOHLHAMMER 1967

SCHRIFTENREIHE DES SVR. 5.

---

300 0 0 011 0 0 0

404-761321

FRORIEP SIEGFRIED

*DAS RUHRGEBIET GESTERN, HEUTE UND MORGEN

IN: DUISBURGER FORSCHUNGEN BD.11(1968)

300900 0 01130 0 0

405-761329

SCHMITZ GOTTFRIED

*DER GEBIETSENTWICKLUNGSPLAN FUER DAS RUHR-
GEBIET ALS GRUNDLAGE FUER EIN MITTELFRISTIGES
INFRASTRUKTURPROGRAMM

IN: RAUM UND SIEDLUNG (1968) HEFT 7 S.161-170

---

(1)BEARBEITER (2)MITARBEITER (3)HERAUSGEBER (4)REDAKTION (5)PROJEKTLEITUNG (6)AUFTRAGGEBER

300 0 0 011 0 0 0

406-761118

MARX DETLEF

SIEDLUNGSVERBAND RUHRKOHLENBEZIRK

*INFRASTRUKTUREINRICHTUNGEN IM RUHRGEBIET.
GRUNDLAGEN Z ERMITTLUNG D ERFORDERLICHEN
MASSNAHMEN Z VERBESSERUNG D STANDORTQUALITAET
D RUHRGEBIETS

ESSEN, 1968
SCHRIFTENREIHE SIEDLUNGSVERBAND RUHRKOHLEN-
BEZIRK (SVR). 19.

---

300 0 0 011 0 0 0

407-761326

HOESSE HANS A.

*THE REGIONAL DEVELOPMENT PLAN (1966) FOR THE
RUHR DISTRICT (A SUMMARY), PRESENTED TO THE
ANNUAL CONFERENCE OF THE CANADIAN ASSOCIATION
OF GEOGRAPHERS 1968

LONDON, ONTARIO 1968

---

300 0 0 011 0 0 0

408-760948   BB Z 700/6

HALSTENBERG FRIEDRICH

*DAS ENTWICKLUNGSPROGRAMM RUHR

IN: DER VOLKSWIRT JG. 22, 1968, NR.16,S.31-33

---

300 0 0 011 0 0 0

409-760581

LANDESREGIERUNG NRW (3)

*ENTWICKLUNGSPROGRAMM RUHR 1968 - 1973

DUESSELDORF 1968, 71 S., 10 KARTEN.

---

300 0 0 011 0 0 0

410-760051

LEYH MANFRED, (1)

*POLYZENTRALE STADTREGIONALE ASPEKTE IM
SPANNUNGSFELD EINES UEBERLAPPUNGSRAUMES
(LOKALISIERTES VOTUM ZU DEN REGIONALEN
PLANUNGSSYSTEMEN FUER DAS RUHRGEBIET)

HERNE, JUNI 1968

---

300 0 0 011 0 0 0

411-760043

LEYH MANFRED, (1)

*DIE EMSCHERZONE ALS REGIONALFUNKTIONELLER
RAUM IN DEN PLANUNGS- UND NEUGLIEDERUNGS-
SYSTEMEN IM RUHRGEBIET

HERNE 1969

---

300 0 0 011 0 0 0

412-760487

NEUFANG HEINZ (1)

*ORDNUNG DER REGION RUHR.

IN: WOHNUNGSWIRTSCHAFT UND RAUMORDNUNG.
SCHRIFTEN ZUR SOZIALOEKOLOGIE 80.1, 1969
S.9-14

---

300 0 0 0112299 0

413-760621   BB 125/3

SCHMITZ GOTTFRIED

RHEINISCH WESTFAELISCHE TECHNISCHE HOCHSCHULE
AACHEN, INSTITUT F. STADTBAUWESEN

*LANDESPLANERISCHE UND STRUKTURPOLITISCHE
ZIELSETZUNGEN FUER DIE ENTWICKLUNG DES
RUHRGEBIETES
AACHEN 1969.
IN: STADT - REGION - LAND. SCHRIFTENREIHE
DES INSTITUTS FUER STADTBAUWESEN AN DER
TH AACHEN, HEFT 4. S. 19-32

---

300 0 0 011 0 0 0

414-760934   BB 910NOR2

SIEDLUNGSVERBAND RUHRKOHLENBEZIRK

*SIEDLUNGSSCHWERPUNKTE IM RUHRGEBIET.
GRUNDLAGEN EINES REGIONALEN PLANUNGSKONZEPTES

ESSEN 1969

SCHRIFTENREIHE DES SVR. 28.

---

300 0 0 01121 0 0

415-761354

SCHMITZ GOTTFRIED

RHEINISCH-WESTFAEL.TECHN.HOCHSCHULE AACHEN,
INSTITUT FUER STADTBAUWESEN

*LANDESPLANERISCHE UND STRUKTURPOLITISCHE
ZIELSETZUNGEN FUER DIE ENTWICKLUNG DES
RUHRGEBIETES.

IN: STADT, REGION, LAND. SCHRIFTENREIHE DES
INSTITUTS F.STADTBAUWESEN AN DER RHEINISCH-
WESTF. TECHN. HOCHSCH.AACHEN(1969) H.4 S. 19-

300 0 0 01116 0 0

416-761341

KOERBER JUERGEN

*RAUMORDNUNG UND LANDSCHAFTSGESTALTUNG IM
RUHRGEBIET

IN: GARTEN UND LANDSCHAFT 79(1969) HEFT 5
S.143-144

---

300 0 0 011 0 0 0

417-761340

KOERBER JUERGEN.

DEUTSCHER GEOGRAPHENTAG

*ANALYSE UND PLANUNG DES ZENTRALOERTLICHEN
SYSTEMS IM RUHRGEBIET

IN: DEUTSCHER GEOGRAPHENTAG BAD GODESBERG 2.-
5.10.1967. WIESBADEN 1969 = VERHANDLUNGEN DES
DT.GEOGRAPHENTAGES BD.36 S.214-219

---

300 0 0 01141 0 0

418-761338   BB 125/3

GADEGAST JOACHIM

RHEIN.-WESTFAELISCHE TECHN.HOCHSCHULE AACHEN,
INSTITUT FUER STADTBAUWESEN

*DIE NEUORDNUNG DES OEFFENTLICHEN NAHVERKEHRS
IM RUHRGEBIET

IN: STADT, REGION, LAND. SCHRIFTENREIHE DES
INSTITUTS FUER STADTBAUWESEN AN DER RHEIN.-
WESTF.TECHN.HOCHSCHULE AACHEN(1969)H.4 S.9-17

---

300 0 0 011 0 0 0

419-760296

DAEHNE EBERHARD, STEINHAUS KURT, (1)

INSTITUT FUER SOZIALWISSENSCHAFTLICHE
FORSCHUNG (3)

*PROBLEMSTUDIE: ZU AUSGEWAEHLTEN ENTWICKLUNGS-
PROBLEMEN DES RUHRGEBIETES, TEIL II
EINE UNTERSUCHUNG IN AUFTRAG DES RATIONALI-
SIERUNGS-KURATORIUMS DER DT. WIRTSCHAFT E.V.,
FRANKFURT

MARBURG/LAHN 1969,

---

300 0 0 011 0 0 0

420-760602

SIEDLUNGSVERBAND RUHRKOHLENBEZIRK(3)

*GEBIETSENTWICKLUNGSPLAN 1966

ESSEN 1966. 2. ERG. AUFL. KOELN 1970

SCHRIFTENREIHE DES SVR. 5.

---

300 0 0 011 0 0 0

421-761562

BARR J.

*PLANNING FOR THE RUHR

IN: GEOGR. MAGAZINE, LONDON 1970, VOL. 42
S. 280-289

---

300 0 0 011 0 0 0

422-761495

SIEDLUNGSVERBAND RUHRKOHLENBEZIRK

*SIEDLUNGSSCHWERPUNKTE IM RUHRGEBIET. UNTER-
SUCHUNGEN ZUM SCHNELLBAHNSYSTEM

ESSEN 1970

SCHRIFTENREIHE DES SIEDLUNGSVERBANDES
RUHRKOHLENBEZIRK. 37.

---

300 0 0 011 0 0 0

423-760761

WANGENHEIM HANS WILHELM FREIHERR VON

*SIEDLUNGSSCHWERPUNKTE - EIN MITTEL DER
ENTWICKLUNGSPLANUNG IM RUHRGEBIET

WIEN 1971

IN: DER AUFBAU NR.12

---

300 0 0 01122 0 0

424-760490

SIEDLUNGSVERBAND RUHRKOHLENBEZIRK (6)
NEDERLANDS ECONOMISCH INSTITUUT (NEI) (1)

*ZIELSETZUNG DER REGIONALPOLITIK IM RUHRGEBIET
ERSTES ZUSAMMENFASSENDES GUTACHTEN

ROTTERDAM 1971

---

300 0 0 011 0 0 0

425-760633

RUHL BARBARA

*PLANUNGSGRUNDLAGEN FUER DIE REGIONALE ENT-
WICKLUNGSPLANUNG IM RUHRGEBIET

IN: STRUCTUR, 1972, S. 241FF.

---

(1)BEARBEITER (2)MITARBEITER (3)HERAUSGEBER (4)REDAKTION (5)PROJEKTLEITUNG (6)AUFTRAGGEBER

```
300  0  0  011 0 0 0
426-760598

SIEDLUNGSVERBAND RUHRKOHLENBEZIRK(3)

*GEBIETSENTWICKLUNGSPLAN REGIONALE INFRA-
STRUKTUR (ENTWURF)

ESSEN 1972, (3.AUFL.)
```

```
300  0  0  01157 0 0
431-761692

HALSTENBERG FRIEDRICH

*DIE NEUORDNUNG DER REGIONALPLANUNG.
VORTRAG AUF DEM KOMMUNALPOLIT. ABEND D. SVR
AM 10.5.1974 IN ESSEN

ESSEN 1974. 25 U. 10 S.
```

```
300  0  0  011 0 0 0
427-761477              BB 110/80

SCHMITZ GOTTFRIED

AKADEMIE FUER RAUMFORSCHUNG UND LANDESPLANUNG

*ABGRENZUNG UND GLIEDERUNG DES PLANUNGSRAUMES
RUHRGEBIET
IN: THEORIE UND PRAXIS BEI DER ABGRENZUNG VON
PLANUNGSRAEUMEN - DARGESTELLT AM BEI BEISPIEL
HANNOVER 1972  JAENECKE-VERLAG
VEROEFFENTLICHUNGEN DER AKADEMIE F.RAUMFOR-
SCHUNG UND LANDESPLANUNG, FORSCHUNGS-
UND SITZUNGSBERICHTE BD.77,S.51-66
```

```
300  0  0  011 0 0 0
432-760659

SIEDLUNGSVERBAND RUHRKOHLENBEZIRK (3)

*GEBIETSENTWICKLUNGSPLAN REGIONALE INFRA-
STRUKTUR

ESSEN 1974, 77 S.,ABB. UND KARTEN
```

```
300  0  0  0112132 0
428-761536              BB 082/1

UNIVERSITAET DORTMUND, ABTEILUNG RAUMPLANUNG

*DIE ZUORDNUNG VON WOHN- UND ARBEITSPLAETZEN
-REGIONALPLANUNG RUHRGEBIET-
STUDIENPROJEKT P 14, STUDIENJAHR 1972/73

DORTMUND 1973
```

```
300  0  0  011 0 0 0
433-760989              BB 083/18

ZIEROLD HORST

UNIVERSITAET DORTMUND, ABTEILUNG RAUMPLANUNG

*DIE BEDEUTUNG EXTERNER EFFEKTE RAEUMLICHER
ALLOKATIONEN FUER DIE REGIONALE PLANUNG,
DARGESTELLT AM BEISP. VON PROBLEMEN DER
RAEUMLICHEN ORGANISATION DES RUHRGEBIETES

DORTMUND 1974, 154 BL., DIPLOMARBEIT
```

```
300  0  0  01157 0 0
429-761537

EVERS ADALBERT, FESTER MARC F., HARLANDER
TILMAN, HISS FRANZ

*VERWALTUNGSREFORM ALS BESTANDTEIL VON LANDES-
ENTWICKLUNGSPOLITIK. DAS BEISPIEL DES
RUHRGEBIETS

IN: STADTBAUWELT 39 (1973), S. 209-217
```

```
300  0  0  011 0 0 0
434-761585

LAUFFS HANS-WINFRIED, ZUEHLKE WERNER

KOMMISSION FUER WIRTSCHAFTLICHEN UND SOZIALEN
WANDEL

*POLITISCHE PLANUNG IM RUHRGEBIET
-ANALYSE D. STAATLICHEN PLANUNGEN UND
MASSNAHMEN ZUR STRUKTURVERBESSERUNG DES
RUHRGEBIETS-

GOETTINGEN 1976
KOMMISSION F. WIRTSCH. U. SOZ. WANDEL, 91
```

```
300  0  0  0112200
430-761545              BB 082/1

UNIVERSITAET DORTMUND, ABTEILUNG RAUMPLANUNG

*REGIONALPLANUNG EMSCHERZONE
-ZUR ANSIEDLUNG VON ARBEITSPLAETZEN-
STUDIENPROJEKT P 03, STUDIENJAHR 1973/74

DORTMUND 1974
```

R U H R G E B I E T

RAUMENTWICKLUNG, RAUMPLANUNG

- STADTENTWICKLUNG,STADTPLANUNG,
  STADTERNEUERUNG,SANIERUNG

BIBLIOGRAPHIE RAUMPLANUNG IM RUHRGEBIET. IRPUD-BIBLIOGRAPHIEN.1. UNIVERSITAET DORTMUND.

---

300 0 0 012 0 0 0

435-760676

KUEHNE-BUENING LINDWINA

*SANIERUNGSGEBIETE UND IHRE BEWOHNER IM RHEINISCH - WESTFAELISCHEN INDUSTRIEGEBIET

STUTTGART O.J.

SCHRIFTENREIHE DES BUNDESMINISTERIUMS FUER WOHNUNGSWESEN, STAEDTEBAU UND RAUMORDNUNG. NEUES BAUEN - NEUES WOHNEN BD. 3

---

300 C 0 01229 0 C

436-760960   BB 762/35

HEIMANN FRIEDRICH W. (5)
CURDES GERHARD, MUELLER-TRUDRUNG JUERGEN (1)
INSTITUT GEWERBEBETRIEBE IM STAEDTEBAU (INGESTA) (3), SVR (6)
*UNTERSUCHUNG ZUR FOERDERUNG VON NEBENZENTREN IM RUHRGEBIET. TEIL I: GRUNDLEGUNG, TEIL II: ANALYSE DER HANDELSSTRUKTUR, TEIL III A: STANDORTBEDINGUNGEN, STANDORTE U. GROESSEN- ORDNUNGEN, TEIL III B: BESATZ, ORGANISATION, TEIL III C: REALISIERUNGSVORSCHLAEGE, TEIL III D: ZUSAMMENFASSUNG, TEIL IV: ANHANG
KOELN 1966/67

---

300 0 0 01211 0 0

437-761309

MITTELBACH HEINZ ARNO, GRUBENBECHER FRIEDRICH, MEYER-HUEHNERFELD ANNELIESE

SIEDLUNGSVERBAND RUHRKOHLENBEZIRK

*UNTERSUCHUNG ZUR FOERDERUNG VON NEBENZENTREN. TEIL 5: BESTANDSKARTIERUNG

ESSEN 1967

---

300 0 0 012 0 0 0

438-761573   BB 201/13

HALL PETER

*RHINE-RUHR. IN: THE WORLD CITIES. S. 122-158

LONDON: WEIDENFELD U. NICOLSON 1968, 365 S.

---

300 0 0 012 0 0 0

439-760259   BB 420/7

BONCZEK WILLI

*STADTERNEUERUNG UND BODENORDNUNG IM REVIER

IN: RAUMORDNUNG U. BODENPOLITIK ALS GRUNDLAGE D. STRUKTURAENDERUNG D. RUHRGEBIETES. NORDRHEIN WESTFALEN BAUT BD.24, 1968 S.103-120

---

300 0 0 012 0 0 0

440-760407   BB 201/196

EINSELE MARTIN

RWTH AACHEN, INSTITUT FUER STADTBAUWESEN (3)

*GEDANKEN ZUR ZUKUENFTIGEN STAEDTEBAULICH - RAEUMLICHEN ENTWICKLUNG DES RUHRGEBIETS

IN: STADT, REGION, LAND. SCHRIFTENREIHE DES INSTITUTS F. STADTBAUWESEN. RHEINISCH-WESTF. TECHNISCHE HOCHSCH. AACHEN, H.7, 1969, S.1-11

---

300 0 0 01213 0 0

441-761055

HARTMANN HANS-GEORG

DEUTSCHER VERBAND FUER WOHNUNGSWESEN, STAEDTEBAU UND RAUMPLANUNG

*DER BEITRAG DES WOHNUNGS- UND STAEDTEBAUS ZUR UMSTRUKTURIERUNG DES RUHRGEBIETS

KOELN-MUEHLHEIM 1969

KLEINE SCHRIFTEN DES DEUTSCHEN VERBANDES FUER WOHNUNGSWESEN, STAEDTEBAU UND RAUMPLANUNG, 11

---

300 0 0 012 0 0 0

442-760517

ZLONICKY MARLENE, ZLONICKY PETER

*ZU PROBLEMEN DER SANIERUNG IN SIEDLUNGS- SCHWERPUNKTEN

IN: STADTBAUWELT 37, 1973

---

300 0 0 012 0 0 0

443-760409

EINSELE MARTIN

*ZUR LAGE. STRUKTUREN ALS RESSOURCEN SEHEN

IN: STADTBAUWELT 46, 1975, S.82-83

---

300 0 0 012 0 0 0

444-761516   BB 083/81

VENGHAUS CHRISTINE, BAUMHOFF VOLKER

UNIVERSITAET DORTMUND, ABTEILUNG RAUMPLANUNG

*VORAUSSETZUNG UND BEDINGUNG ZUR ANWENDUNG DES STBAUFG AUF POTENTIELLE SANIERUNGSGEBIETE IM RUHRGEBIET. KONSEQUENZEN F. D. BETEILIGTEN INTERESSEN IM UNTERSCHIED ZU ANDEREN ENTWICK- LUNGSMOEGLICHKEITEN

DORTMUND 1975, 320 S., 2 ANL., DIPLOMARBEIT

---

(1)BEARBEITER (2)MITARBEITER (3)HERAUSGEBER (4)REDAKTION (5)PROJEKTLEITUNG (6)AUFTRAGGEBER

BIBLIOGRAPHIE RAUMPLANUNG IM RUHRGEBIET. IRPUD-BIBLIOGRAPHIEN.1. UNIVERSITAET DORTMUND. BL. 51

R U H R G E B I E T

RAUMENTWICKLUNG, RAUMPLANUNG

- WOHNUNGSWESEN, WOHNPLANUNG, BAUWESEN

---

300 0 0 013172171

445-761136   BB 762/5

STEINBERG HEINZ GUENTHER

DEUTSCHER GEWERKSCHAFTSBUND, LANDESBEZIRK NW

*DIE ENTWICKLUNG DES RUHRGEBIETES. EINE WIRT-
SCHAFTS- UND SOZIALGEOGRAPHISCHE STUDIE

DUESSELDORF 1967, 72 S.

---

300 0 0 013 0 0 0

446-761419

HERBER G.

*DIE WOHNUNG UND IHR WERT IM REVIER.

IN: RAUMORDNUNG U.BODENPOLITIK ALS GRUNDLAGE
D.STRUKTURAENDERUNG DES RUHRGEBIETES.NRW BAUT
BD.24, 1968, S.50-60

---

300 0 0 013 0 0 0

447-760273   BB 777/21

BRUEGGEMANN JOSEF

*DER BEITRAG DER WOHNUNGSWIRTSCHAFT ZUR
STRUKTURVERBESSERUNG DES REVIERS
IN: WOHNUNGSWIRTSCHAFT UND RAUMORDNUNG.
BEITRAEGE ZUM STRUKTURWANDEL DES RHEIN.WESTF.
INDUSTRIEGEBIETES.

SCHRIFTEN FUER SOZIALOEKOLOGIE BD.1(1969)
S. 15-26

---

300 0 0 01312 0 0

448-761055

HARTMANN HANS-GEORG

DEUTSCHER VERBAND FUER WOHNUNGSWESEN,
STAEDTEBAU UND RAUMPLANUNG

*DER BEITRAG DES WOHNUNGS- UND STAEDTEBAUS ZUR
UMSTRUKTURIERUNG DES RUHRGEBIETS

KOELN-MUEHLHEIM, 1969

KLEINE SCHRIFTEN DES DEUTSCHEN VERBANDES FUER
WOHNUNGSWESEN, STAEDTEBAU UND RAUMPLANUNG, 11

---

300 0 0 0131475 0

449-761072

*TREUHANDSTELLE FUER BERGMANNSWOHNSTAETTEN IM
RHEINISCH-WESTFAELISCHEN STEINKOHLENBEZIRK
1920-1970 (ZUM 50-JAEHRIGEN BESTEHEN)

ESSEN 1970

---

300 0 0 013 0 0 0

450-760403

DUWENDAG DIETER, HARTZ LUDWIG, VIEREGGE R.

*DER KUENFTIGE BEDARF IM WOHNUNGS- U. STAEDTE-
BAU DES RUHRGEBIETES UND FOLGERUNGEN FUER
DIE UNTERNEHMERISCHE WOHNUNGSWIRTSCHAFT

ESSEN 1970

---

300 0 0 01331 0 0

451-760613

SCHUELER JOERG

RUHRUNIVERSITAET BOCHUM, ARBEITSGEMEINSCHAFT
F. WOHNUNGSWESEN, STAEDTEPLAN. U. RAUMORDNUNG

*DIE WOHNSIEDLUNG IM RUHRGEBIET. EIN BEI-
TRAG ZUR SOZIOLOGIE DES WOHNENS IM INDUSTRIE-
STAEDTISCHEN BALLUNGSRAUMS
BOCHUM 1971.
OEKOLOGISCHE FORSCHUNGEN. SCHRIFTENREIHE
DER ARBEITSGEMEINSCHAFT FUER WOHNUNGS-
WESEN, STAEDTEPL. U. RAUMORD. AN D. RUB, BD.1

---

300 0 0 013 0 0 0

452-760436

FUDERHOLZ GUENTER

*INFRASTRUKTUR IM RUHRGEBIET - WOHNEN

ESSEN 1974

300630 0 013 0 0 0

453-761683

WOHNUNGSGESELLSCHAFT RUHR-NIEDERRHEIN MBH

*GESCHAEFTSBERICHT UND ERLAEUTERUNGEN ZUM
JAHRESABSCHLUSS 1973

ESSEN: WEBELS 1974, 38 S.

---

(1)BEARBEITER (2)MITARBEITER (3)HERAUSGEBER (4)REDAKTION (5)PROJEKTLEITUNG (6)AUFTRAGGEBER

300630 0 013 0 0 0

454-761681

TREUHANDSTELLE F. BERGMANNSWOHNSTAETTEN IM
RHEIN.-WESTFAEL. STEINKOHLENBEZIRK GMBH,ESSEN

*BERICHT UEBER DAS GESCHAEFTSJAHR 1973

ESSEN 1974, 23 S., ABB.

R U H R G E B I E T

RAUMENTWICKLUNG, RAUMPLANUNG

- SIEDLUNGSBAU, ARBEITERSIEDLUNGEN

---

300 0 0 014 0 0 0

455-760298

DEGE WILHELM

*ZECHENKOLONIE UND BERGARBEITERSIEDLUNGEN IM
RUHRGEBIET

IN: NATURKUNDE IN WESTFALEN, JG. 4, 1968,
HEFT 4, S. 119-128

---

300 0 0 01475 013

456-761072

*TREUHANDSTELLE FUER BERGMANNSWOHNSTAETTEN IM
RHEINISCH-WESTFAELISCHEN STEINKOHLENBEZIRK
1920-1970 (ZUM 50-JAEHRIGEN BESTEHEN)

ESSEN 1970

---

300 0 0 014 1 0 0

457-760933

MAECKE PAUL ARTHUR, HOELSKEN DIETER

SIEDLUNGSVERBAND RUHRKOHLENBEZIRK (3)

*SIEDLUNGSSCHWERPUNKTE IM RUHRGEBIET -
UNTERSUCHUNGEN ZUM SCHNELLBAHNSYSTEM

ESSEN 1970

SCHRIFTENREIHE DES SVR. 37.

---

300 0 0 014 0 0 0

458-761712

BOLLEREY FRANZISKA, HARTMANN KRISTINA,
KLEIHUES JOSEF PAUL

UNIVERSITAET DORTMUND, ABTEILUNG BAUWESEN (3)

*WOHNEN UND ARBEITEN IM RUHRGEBIET.
EIN ARBEITSBERICHT

DORTMUND 1974, 19 S., ABB.

UNIVERSITAET DORTMUND, PRESSE- UND
INFORMATIONSSTELLE, SONDERNUMMER 6

---

300 0 0 014 0 0 0

459-760956

KLEIHUES JOSEF PAUL, WECH GEROLD

*WOHNEN UND ARBEITEN IM RUHRGEBIET,
ARBEITSSCHRITT III: PLANUNGSBEISPIELE,
INTENTIONEN UND ARBEITSPROGRAMM

DORTMUND 1975, 30 S., ABB.

---

300 0 0 014 0 0 0

460-760256   BB Z300/3

BOLLEREY FRANZISKA, HARTMANN KRISTIANA (1)

*WOHNEN IM REVIER. SIEDLUNGEN VOM BEGINN DER
INDUSTRIALISIERUNG BIS 1933. ANALYSE - BEWER-
TUNG - CHANCEN

IN: STADTBAUWELT 46,1975 S.85-100

R U H R G E B I E T

RAUMENTWICKLUNG, RAUMPLANUNG

- STADTGESTALTUNG, DENKMALPFLEGE

---

300 0 0 01516 0 0

461-761202

FRORIEP SIEGFRIED

VEREIN DEUTSCHER INGENIEURE (VDI)

*IM INDUSTRIEGEBIET SIND GRUENFLAECHEN NOT-
WENDIG

IN: VDI-NACHRICHTEN 17(1963) NR.22, S.27

---

(1)BEARBEITER (2)MITARBEITER (3)HERAUSGEBER (4)REDAKTION (5)PROJEKTLEITUNG (6)AUFTRAGGEBER

RUHRGEBIET

RAUMENTWICKLUNG, RAUMPLANUNG

- LANDSCHAFTSOEKOLOGIE, LANDSCHAFTSPLANUNG

---

300 0 0 016 0 0 0

462-761392

BUEKSCHMITT JUSTUS

*STADTLANDSCHAFT ZWISCHEN RUHR UND LIPPE. EIN KAPITEL DEUTSCHER GROSSRAUMPLANUNG.

IN: NEUE HEIMAT(1962) HEFT 4, S.1-10

---

300 0 0 01611 0 0

463-761369

UNGEWITTER RUDOLF

*REGIONALPLANUNG UND LANDSCHAFTSPFLEGE IM RUHRGEBIET

IN: SCHWEIZERISCHE GAERTNERZEITUNG (1960) HEFT 14, S.113-114

---

300 0 0 01641 0 0

464-761387

STAUDTE WERNER

*MENSCH UND RAUM. DER "GRUENE PLAN" FUER DAS RUHRGEBIET

IN: SCALA INTERNATIONAL(FRANKFURT/MAIN 1961) HEFT 8 S.20-25

---

300 0 0 016 0 0 0

465-761391

UNGEWITTER RUDOLF

*RUHR LANDSCAPES

LONDON 1961
IN: JOURNAL OF THE INSTITUTE OF LANDSCAPE ARCHITECTS, NOV.HEFT, S.13-15

---

300 0 0 01643 0 0

466-760794

MELLINGHOFF KLAUS

*DAS ZIEL: EIN GRUENES REVIER.
IN: DAS GRUENE BUCH VON NORDRHEIN-WESTFALEN.

HILTRUP/WESTF. 1962 S.407-412

---

300 0 0 01615 0 0

467-761202

FRORIEP SIEGFRIED

VEREIN DEUTSCHER INGENIEURE (VDI)

*IM INDUSTRIEGEBIET SIND GRUENFLAECHEN NOT-WENDIG

IN: VDI-NACHRICHTEN 17(1963) NR.22, S.27

---

300 0 0 016 0 0 0

468-761217

BORCKE WULF-DIETRICH VON

TECHNISCHE HOCHSCHULE HANNOVER

*LANDESPFLEGE IM RUHRGEBIET, AUS DER SICHT DER LANDESPLANUNG, INSBESONDERE DER REGIONAL-PLANUNG

HANNOVER 1964, DISS.

---

300 0 0 01690 0 0

469-761580

KUERTEN WILHELM VON (3)

BEZIRKSST. F. NATURSCHUTZ U. LANDSCHAFTS-PFLEGE I. BEREICH D. LANDESBAUBEHOERDE RUHR

*NATUR UND LANDSCHAFT IM RUHRGEBIET
HEFT 1, SEPT. 1964, HEFT 2, DEZ. 1965,
HEFT 3, DEZ. 1966, HEFT 4, JUNI 1968,
HEFT 5, DEZ. 1969, HEFT 6, 1970

RHEINHAUSEN 1964 -

---

300 0 0 016414364

470-761249

SIEDLUNGSVERBAND RUHRKOHLENBEZIRK

*UEBERSICHTSKARTE DER VERBANDSGRUENFLAECHEN (STAND JUNI 1965) UND DER VERBANDSSTRASSEN (STAND FEBRUAR 1965) IM MASSSTAB 1:25 000 BESTEHEND AUS 12 TEILBLAETTERN

ESSEN 1965

---

(1)BEARBEITER (2)MITARBEITER (3)HERAUSGEBER (4)REDAKTION (5)PROJEKTLEITUNG (6)AUFTRAGGEBER

BIBLIOGRAPHIE RAUMPLANUNG IM RUHRGEBIET. IRPUD-BIBLIOGRAPHIEN.1. UNIVERSITAET DORTMUND. BL. 54

---

300 0 0 016 0 0 0

471-761235

GRUENEKLEE HEINZ GUENTHER

*OEDLANDBEGRUENUNG IM GEBIET DES SVR

IN: FORST- UND HOLZWIRT 20(1965)
HEFT 22 S.504-510

---

300 0 0 016 0 0 0

472-761233

FRORIEP SIEGFRIED

*DIE GRUENFLAECHENPOLITIK DES SIEDLUNGSVER-
BANDES RUHRKOHLENBEZIRK

IN: NEUE-RUHR ZEITUNG VOM 3.11.1965

---

300 0 0 016 0 0 0

473-761232

BORCKE WULF DIETRICH VON

*REGIONALE GRUENPLANUNG IM RUHRGEBIET

IN: GARTENAMT 14(1965), S. 398-402

---

300 0 0 0164 3 0 0

474-761282

MELLINGHOFF KLAUS

*WALD, LANDESKULTUR UND INDUSTRIE

IN: ALLGEMEINE FORSTZEITSCHRIFT 21(1966)
HEFT 22/23 S.370-372

---

300 0 0 016 0 0 0

475-761276

HIRT FRITZ HELMUT

*DIE REGIONALEN GRUENZUEGE IM VERDICHTUNGSKERN
DES RUHRGEBIETES UND IHRE VERWIRKLICHUNG

IN: ALLGEMEINE VERMESSUNGS-NACHRICHTEN 73
1966 HEFT 9 S.348-354

300605690 01643 0 0

476-761280

KOLT WALTER, KLEIN J.

AVA-ARBEITSGEMEINSCHAFT ZUR VERBESSERUNG DER
AGRARSTRUKTUR IN HESSEN E.V.(3) SVR (6)

*DIE LANDWIRTSCHAFT IM OELBACHTAL. VORAUSSET-
ZUNGEN UND MOEGLICHKEITEN FUER DIE LANDWIRT-
SCHAFT ZUR ERHALTUNG UND PFLEGE STADTNAHER
FREIFLAECHEN IM REGIONALEN GRUENFLAECHEN-
SYSTEM DES RUHRGEBIETS.
WIESBADEN 1966
AVA-SONDERHEFT NR.25

---

300 0 0 01611 0 0

477-761264

SIEDLUNGSVERBAND RUHRKOHLENBEZIRK

*GRUENE ARBEIT IM RUHRGEBIET

ESSEN 1966

---

300 0 0 01643 0 0

478-761281

MELLINGHOFF KLAUS

*DIE ERHALTUNG DER WAELDER IM RUHRKOHLENBEZIRK

HILTRUP/MUENSTER 1966

IN: WALD UND INDUSTRIE. LANDWIRTSCHAFT -
ANGEWANDTE WISSENSCHAFT, BD. 128, S.61-70

---

300 0 0 01643 0 0

479-761278

MELLINGHOFF KLAUS

*DIE ERHALTUNG DER WAELDER IM RUHRGEBIET

IN: FORST- UND HOLZWIRT 21(1966)H.17 S.377-81

---

300 0 0 016 0 0 0

480-761317

CZINKI LASZLO

*FREIZONENPLANUNG IM RUHRGEBIET

IN: GARTENAMT 17(1968) HEFT 2 S.41-49

---

(1)BEARBEITER (2)MITARBEITER (3)HERAUSGEBER (4)REDAKTION (5)PROJEKTLEITUNG (6)AUFTRAGGEBER

300 0 0 016 0 0 0

481-761318

CZINKI LASZLO

*GEDANKEN ZUR FUNKTION UND ZUR KUENFTIGEN
ENTWICKLUNG DER FREIZONEN IM RUHRGEBIET.

IN: DEUTSCHE ARCHITEKTEN UND INGENIEURZEIT-
SCHRIFT 6(1968) HEFT 5 S.12-16

---

300 0 0 01611 0 0 0

482-761341

KOERBER JUERGEN

*RAUMORDNUNG UND LANDSCHAFTSGESTALTUNG IM
RUHRGEBIET

IN: GARTEN UND LANDSCHAFT 79(1969) HEFT 5
S.143-144

---

300 0 0 016 0 0 0

483-760949

HALSTENBERG FRIEDRICH

*GRUENFLAECHENPOLITIK IM SIEDLUNGSVERBAND
RUHRKOHLENBEZIRK
IN: STADT UND LANDSCHAFT. RAUM UND ZEIT.
FESTSCHRIFT FUER ERICH KUEHN

KOELN 1969, S. 281-290

---

300 0 0 01636 0 0

484-761099

MITTELBACH HEINZ ARNO

*REVIERPARKS: FREIZEITKOMBINATE.

IN: DAS GARTENAMT, AUG. 1969

---

300 0 0 016 0 0 0

485-760932

KNABE WILHELM, MELLINGHOFF KLAUS, MEYER F.,
SCHMIDT-LORENZ R.

SIEDLUNGSVERBAND RUHRKOHLENBEZIRK (3)

*HALDENBEGRUENUNG IM RUHRGEBIET

ESSEN 1969

SCHRIFTENREIHE DES SVR. 22.

---

300 0 0 016 0 0 0

486-761427

HIRT FRITZ HELMUT

SIEDLUNGSVERBAND RUHRKOHLENBEZIRK, ESSEN

*SANIERUNG IM REGIONALEN GRUENFLAECHENSYSTEM
DES RUHRGEBIETES.

ESSEN 1970

SCHRIFTENREIHE DES SIEDLUNGSVERBANDES
RUHRKOHLENBEZIRK. 30.

300093462562016 0 0 0

487-760107   BB 940/1

HIRT FRITZ-HELMUT, (1)

SIEDLUNGSVERBAND RUHRKOHLENBEZIRK, (3)

*SANIERUNGEN IM REGIONALEN GRUENFLAECHENSYSTEM
DES RUHRGEBIETES. (BEISPIELE DORTMUND, DUIS-
BURG, OBERHAUSEN, XANTEN)

ESSEN 1970

IN: SCHRIFTENREIHE DES SIEDLUNGSVERBANDES
RUHRKOHLENBEZIRK, 30

---

300 0 0 01636 0 0

488-761098

MITTELBACH HEINZ ARNO

SIEDLUNGSVERBAND RUHRKOHLENBEZIRK (SVR)

*UEBER DIE REVIERPLANUNG

ESSEN, 1972, 41 GEZ.BL., DTSCH., ENGL., FRZ..

---

300 0 0 016 0 0 0

489-760584

*LANDESPFLEGE IM RUHRGEBIET. STELLUNGNAHME DES
DEUTSCHEN RATES F. LANDESPFLEGE U. BERICHTE
V. SACHVERSTAENDIGEN UEBER LANDESPFLEGERISCHE
PROBLEME D. RUHRGEBIETS U. SEINER RANDZONEN

BONN 1972, 63 S.

SCHRIFTENREIHE D. DEUTSCHEN RATES FUER
LANDESPFLEGE. HEFT 19

---

300 0 0 01636 0 0

490-760675

KUERTEN WILHELM VON

*LANDSCHAFTSSTRUKTUR UND NAHERHOLUNGSRAEUME IM
RUHRGEBIET UND IN SEINEN RANDZONEN.

PADERBORN, SCHOENINGH 1973.

BOCHUMER GEOGRAPHISCHE ARBEITEN SONDERREIHE 1

300   0   0   016 0 0 0
491-761049

SIEDLUNGSVERBAND RUHRKOHLENBEZIRK

*GRUENE HALDEN IM RUHRGEBIET. INTERNATIONALE
FACHTAGUNG "HALDEN IM RUHRGEBIET UND IHRE
INTEGRIERUNG IN DIE LANDSCHAFT"

ESSEN 1974, 223 S., KART.

R U H R G E B I E T

RAUMENTWICKLUNG, RAUMPLANUNG
  - SIEDLUNGSGEOGRAPHIE, STADTGEOGRAPHIE

---

300   0   0   017 0 0 0
492-760618

SCHOELLER PETER

*STAEDTE ALS MOBILITAETSZENTREN WESTDEUTSCHER
LANDSCHAFTEN
IN: 31. DEUTSCHER GEOGRAPHENTAG BERLIN 1959.
TAGUNGSBERICHT UND WISSENSCHAFTLICHE
ABHANDLUNGEN, S. 158-167

WIESBADEN 1960

30066567082217 0 0 0
493-761599

MERTINS G.

*DIE KULTURLANDSCHAFT DES WESTLICHEN
RUHRGEBIETS (MUELHEIM-OBERHAUSEN-DINSLAKEN)

GIESSEN 1964

GIESSENER GEOGRAPHISCHE SCHRIFTEN, H. 4

---

300   0   0   01771 0 0
494-761488   BB 101/19

STEINBERG HEINZ GUENTHER

AKADEMIE FUER RAUMFORSCHUNG UND LANDESPLANUNG

*DIE ENTWICKLUNG DES RUHRGEBIETES VON 1840 BIS
1914 AUS DER SICHT DER RAUMFORSCHUNG

HANNOVER: JAENECKE 1965

IN: RAUMORDNUNG DES 19.JAHRHUNDERTS.
FORSCHUNGS- U.SITZUNGSBERICHTE D.AKADEMIE F.
RAUMFORSCHUNG U.LANDESPLANUNG,BD.30,S.175-244

---

300   0   0   017 0 0 0
495-760694

KNUEBEL HANS

*DIE RAEUMLICHE GLIEDERUNG DES RUHRGEBIETES

IN: GEOGRAPHISCHE RUNDSCHAU, 1965, S.180-190.

---

300   0   0   0172131 0
496-760964

STEINBERG HANS GUENTHER

*DIE SOZIALOEKONOMISCHE ENTWICKLUNG
DES RUHRGEBIETS SEIT 1945

IN: GEOGRAPHISCHE RUNDSCHAU, 17. JG., 1965,
SEITE 197-203

300605   0   017 0 0 0
497-760022

BUSCH PAUL, CROON HELMUT, HAHNE KARL

*BOCHUM UND DAS MITTLERE RUHRGEBIET
FESTSCHRIFT ZUM 35. DEUTSCHEN GEOGRAPHENTAG
VOM 8.-11.6.1965 IN BOCHUM

PADERBORN 1965, 215 S.

300200   0   017 0 0 0
498-760940   BB 902/NOR 29

HAHN HUGBERT W.

*DIE WANDLUNGEN DER RAUMFUNKTION DES
ZWISCHENSTAEDTISCHEN GEBIETES ZWISCHEN
RUHR UND WUPPER

BAD GODESBERG 1966, 87 S., 13 KT

FORSCHUNGEN Z. DEUTSCHEN LANDESKUNDE,BD.154

---

300   0   0   017 0 0 0
499-761589

KOERBER JUERGEN

*DER ZENTRALE ORT IN DER RAUMORDNUNG MIT
BESONDERER BERUECKSICHTIGUNG DER VERHAELT-
NISSE IM RUHRGEBIET

IN: NORDRHEIN-WESTF. STAEDTEBUND (1966)

```
300  0  0  0172152 0

500-761271

HALSTENBERG FRIEDRICH

*DAS REVIER MUSS LEBEN.UMSTRUKTURIERUNG, ABER
NICHT ERST UEBERMORGEN. RUHRGEBIET IMMER NOCH
AUFNAHMEFAEHIG F.INDUSTRIEANSIEDL. AN DER
GRUNDSTUECKSFRAGE KANN ES NICHT SCHEITERN.
INTERVIEW MIT DEM DIREKTOR DES SVR.

IN: ESSEN ZWISCHEN GESTERN UND MORGEN. SONDER
AUSGABE ESSENER WOCHE 16(1966) NR.48 S.8-11
```

```
300  0  0  01771 0 0

501-761466

STEINBERG HEINZ GUENTHER

35.DEUTSCHER GEOGRAPHENTAG BOCHUM

*GRUNDZUEGE D. ENTWICKLUNG D. RUHRGEBIETS. IN:
35.DEUTSCHER GEOGRAPHENTAG BOCHUM 1965.
TAGUNGSBERICHT UND WISSENSCHAFTLICHE ABHAND-
LUNGEN.

WIESBADEN: FRANZ STEINER 1966, S. 150-156
```

```
300  0  0  017217113

502-761136              BB 762/5

STEINBERG HEINZ GUENTHER

DEUTSCHER GEWERKSCHAFTSBUND, LANDESBEZIRK NW

*DIE ENTWICKLUNG DES RUHRGEBIETES. EINE WIRT-
SCHAFTS- UND SOZIALGEOGRAPHISCHE STUDIE

DUESSELDORF 1967, 72 S.
```

```
300  0  0  017 0 0 0

503-760685

KOERBER JUERGEN

SIEDLUNGSVERBAND RUHRKOHLENBEZIRK (3)

*GEMEINDEN MIT ZENTRALOERTLICHER BEDEUTUNG.
REFERENTENENTWURF.

ESSEN 1967, MASCH. SKRIPT
```

```
300  0  0  017 0 0 0

504-761565

BUCHHOLZ HANNS JUERGEN

*FORMEN STAEDTISCHEN LEBENS IM RUHRGEBIET,
UNTERSUCHT AN SECHS STADTGEOGRAPHISCHEN
BEISPIELEN

PADERBORN 1970

BOCHUMER GEOGRAPHISCHE ARBEITEN, HEFT 8
```

```
300  0  0  01721 0 0

505-760753

*IM VORFELD DES RUHRGEBIETS. RANDZONEN DES
BALLUNGSRAUMES RUHR

IN: WIRTSCHAFT UND STANDORT 1971, H.7, S.1-40
```

```
300  0  0  01731 0 0

506-760655

PROGNOS AG, ABT. REGIONALPLANUNG, WIRTSCHAFT
UND BEVOELKERUNG IM RUHRGEBIET (3), SVR (6)

*TEIL I DER UNTERSUCHUNG UEBER DIE BESCHAEFTI-
GUNGSENTWICKLUNG IM TERTIAEREN SEKTOR UND
DEREN VERTEILUNG NACH SIEDLUNGSSCHWERPUNKTEN,
AUFTRAGGEBER: SVR ESSEN.

BASEL 1972.
```

```
300  0  0  017 0 0 0

507-760405

ECKEY HANS-FRIEDRICH

RUHRUNIVERSITAET BOCHUM

*FUNKTIONEN VON STAEDTEN IN POLYZENTRISCHEN
VERDICHTUNGSRAEUMEN

BAMBERG: RODENBUSCH 1972, 325 S., KT.

(WIRTSCHAFTL. DISSERTATION BOCHUM 1973)
```

```
300635  0  017 0 021

508-760452

STADT GELSENKIRCHEN

*UNTERLAGEN ZUR RAEUMLICHEN UND FUNKTIONALEN
VERFLECHTUNG IM MITTLEREN NOERDLICHEN
RUHRGEBIET

GELSENKIRCHEN 1972 2. BER. AUFL.
```

```
300  0  0  01757 0 0

509-760963              BB 201/274

SCHOELLER PETER

AKADEMIE FUER RAUMFORSCHUNG UND LANDES
PLANUNG (3)

*PRINZIPIEN UND PROBLEME UNGEPLANTER STAEDTE-
BILDUNG IN INDUSTRIEBESTIMMTEN OFFENEN
URBANISATIONSFELDERN
HANNOVER 1974
IN: STADT UND STADTRAUM.
VEROEFFENTLICHUNGEN DES HRGS. FORSCHUNGS- UND
SITZUNGSBERICHTE, BD. 97, S. 75-80
```

(1)BEARBEITER (2)MITARBEITER (3)HERAUSGEBER (4)REDAKTION (5)PROJEKTLEITUNG (6)AUFTRAGGEBER

R U H R G E B I E T

RAUMENTWICKLUNG, RAUMPLANUNG

- GRUNDEIGENTUM, BODENNUTZUNG, BODENWERT, BODENORDNUNG

---

300 0 0 018 0 0 0

510-761598

MEIER F.

*DIE AENDERUNG DER BODENBENUTZUNG UND DES GRUNDEIGENTUMS IM RUHRGEBIET VON 1820 - 1955

BAD GODESBERG 1961

FORSCHUNGEN ZUR DT. LANDESKUNDE, BD. 131

---

300 0 0 01823 0 0

511-761073

TREPTOW O.

*BAULICHE NUTZUNG BERGSCHADENEMPFINDLICHER FLAECHEN. IN: RAUMORDNUNG UND BODENPOLITIK ALS GRUNDLAGE DER STRUKTURAENDERUNG DES RUHRGEBIETES

NORDRHEIN-WESTFALEN BAUT, BAND 24, 1968, S.25-39

---

300 0 0 018 0 0 0

512-761443

LOCHNER H.

*DER BODENMARKT IM REVIER

IN: RAUMORDNUNG U. BODENPOLITIK ALS GRUNDLAGE DER STRUKTURAENDERUNG IM RUHRGEBIET
NORDRHEIN-WESTFALEN BAUT, BD.24, 1968 S.20-24

R U H R G E B I E T

WIRTSCHAFT

300200 0 020 0 0 0

513-761152   UB F 7479

INDUSTRIE- UND HANDELSKAMMER ZU DORTMUND

*DAS OESTLICHE RUHRGEBIET 1960 BIS 1970. EIN VERGLEICH DER WIRTSCHAFTLICHEN ENTWICKLUNG MIT DEM GEBIET DER "RHEINSCHIENE", IM MITTLEREN RUHRGEBIET UND IN DEN UEBRIGEN GEBIETEN DES LANDES NORDRHEIN-WESTFALEN

DORTMUND, 1971, 51S., MASCH.VERVIELF.

R U H R G E B I E T

WIRTSCHAFT

- WIRTSCHAFTSSTRUKTUR, STRUKTURWANDEL, STRUKTURKRISE, WIRTSCHAFTSGEOGRAPHIE

---

300 0 0 021 0 0 0

514-760614

SCHROEDER JOSEF

UNIVERSITAET MUENSTER, FORSCHUNGSSTELLE F. SIEDLUNGS- UND WOHNUNGSWESEN (3)

*DIE MOEGLICHKEITEN DER NEBENERWERBSSIEDLUNG IM RHEINISCH-WESTFAELISCHEN INDUSTRIEBEZIRK

MUENSTER 1935, 106 S.

MATERIALIENSAMMLUNG H. 13.

---

300 0 0 021 0 0 0

515-760686

KOENIG R.

*STRUKTURWANDEL IN DER RUHRINDUSTRIE

IN: WESTFALENSPIEGEL, JG. 9, 1960, HEFT 5, S. 14 - 17.

---

300 0 0 021 0 0 0

516-760623

SCHMITZ GOTTFRIED

*DAS RUHRGEBIET - AUFGABE UND ZUKUNFT

IN: RAUMFORSCHUNG UND RAUMORDNUNG. JG. 18, 1960, 2/3, S. 144-151.

300 0 0 021 0 0 0
517-760704
KEYSER T.
*UMSTRUKTURIERUNG DES RUHRGEBIETES

IN: BERGBAU JG.11, 1960, S.236 - 239.

---

300 0 0 021 0 0 0
518-760632

*DIE RUHR - VERGANGENHEIT, GEGENWART, ZU-
KUNFT. EINE DARLEGUNG DER WIRTSCHAFTLICHEN
UND SOZIALEN TENDENZEN DES REVIERS.

SONDERBEILAGE DES INDUSTRIEKURIER, DEZ. 1961.

---

300 0 0 021 0 0 0
519-761062
UTERMANN WILHELM
*STRUKTURFRAGEN DES RUHRGEBIETES.

IN: MITTEILUNGEN DER INDUSTRIE- UND HANDELS-
KAMMER ZU DORTMUND NR. 2(1961), S. 53-62

---

300 0 0 021 0 0 0
520-761063

UNTERNEHMENSVERBAND RUHRBERGBAU
*ZUR STRUKTURDISKUSION IM RUHRGEBIET.

IN: ZECHENKURIER, JG.2, NR.7 ESSEN 1961

300200 0 021 0 0 0
521-760972
WIEL PAUL
*AGGLOMERATIONS- UND DEZENTRALISATIONS-
TENDENZEN DER NORDRHEIN-WESTFAELISCHEN
WIRTSCHAFT SEIT DER VORKRIEGSZEIT

KOELN, OPLADEN: WESTDEUTSCHER 1962

FORSCHUNGSBERICHTE DES LANDES NORDRHEIN-
WESTFALEN. 1075

---

300 0 0 02173 0 0
522-760970
WIEL PAUL
RHEINISCH-WESTFAELISCHES INSTITUT FUER
WIRTSCHAFTSFORSCHUNG ESSEN (3)

*REGIONALE STRUKTURWANDLUNGEN IM RUHRGEBIET
SEIT DER VORKRIEGSZEIT

ESSEN 1963

RHEIN.-WESTFAEL. INSTITUT F. WIRTSCHAFTS-
FORSCHUNG ESSEN. MITTEILUNGEN, H. 9

---

300 0 0 021 0 0 0
523-760099
SCHACKMANN H., (1)
*TIEFGREIFENDER STRUKTURWANDEL IM RUHRGEBIET.
VORDRINGEN "TERTIAERER" GEWERBEZWEIGE.

DUISBURG, 1963

IN: STADT UND HAFEN, JG.14, S.119-123

---

300 0 0 02123 0 0
524-760516
ZIRANKA JOSEF
LAND NORDRHEIN-WESTFALEN (3)

*DIE AUSWIRKUNGEN VON ZECHENSTILLEGUNGEN UND
RATIONALISIERUNG IM STEINKOHLENBERGBAU AUF
DIE WIRTSCHAFTSSTRUKTUR AUSGEWAEHLTER
GEMEINDEN IM NIEDERRHEINISCH-WESTFAELISCHEN
INDUSTRIEGEBIET.

KOELN OPLADEN 1964
FORSCHUNGSBERICHTE DES LANDES NW, NR.1311

300200 0 021 0 0 0
525-761222
ISENBERG GERHARD
SIEDLUNGSVERBAND RUHRKOHLENBEZIRK(6)

*WACHTUMSPROZESS UND ENTWICKLUNGSAUSSICHTEN
DES RUHRGEBIETES IM GROESSEREN RAUM. NACH
EINEM VORTRAG VOR DER VERBANDSVERSAMMLUNG DES
SIEDLUNGSVERBANDES RUHRKOHLENBEZIRK 1963
(FORSCHUNGSAUFTRAG)

ESSEN 1964

---

300 0 0 021 0 0 0
526-760239   BB 762/4
BAUER WILHELM
SIEDLUNGSVERBAND RUHRKOHLENBEZIRK, (3)
*STRUKTURWANDLUNGEN IM RUHRGEBIET
ESSEN 1964, MASCH.SKRIPT

---

(1)BEARBEITER (2)MITARBEITER (3)HERAUSGEBER (4)REDAKTION (5)PROJEKTLEITUNG (6)AUFTRAGGEBER

```
300  0  0  021 0 0 0              300  0  0  021 0 0 0
  527-761243                        532-760702
  SCHMITZ GOTTFRIED                 KIENBAUM GERHARD
  *STRUKTURWANDEL UND KUENFTIGE AUFGABEN IM    *DAS GROESSTE INDUSTRIELAND VERAENDERT SEIN
  RUHRGEBIET                        GESICHT

  IN: DER LANGFRISTIGE KREDIT 19(1965) HEFT 6    IN: DER VOLKSWIRT, JAHRG. 20, 1966,
  S.127-131                         BEIHEFT: NRW. EIN WIRTSCHAFTSRAUM IM WANDEL
                                    ZU NR. 23, S. 7 - 10.

300  0  0  021 0 0 0              300  0  0  02141 0 0
  528-760622                        533-760624
  SCHMITZ GOTTFRIED                 SCHMITZ ALBERT
                                    WESTFAELISCHE WILHELMS UNIVERSITAET MUENSTER,
                                    INSTITUT FUER VERKEHRSWISSENSCHAFT
  *STRUKTURWANDEL IM RUHRGEBIET
                                    *DER EINFLUSS DER NORDWANDERUNG DES RUHR-
                                    KOHLENBERGBAUS AUF DIE INDUSTRIELLE STAND-
  IN: DAS GAS- UND WASSERFACH. JG. 106, 1965,    ORTSTRUKTUR UND DEN WASSERSTRASSENVERKEHR.
  HEFT 20, S. 573-575               GOETTINGEN 1966
                                    BEITRAEGE AUS DEM INSTITUT FUER VERKEHRS-
                                    WISSENSCHAFT AN DER UNIVERSITAET MUENSTER,
                                    HEFT 40

300  0  0  021 0 0 0              300  0  0  02141 0 0
  529-760969                        534-760703
  WIEL PAUL                         KIENBAUM GERHARD.
  *DIE WIRTSCHAFTLICHE LOGIK DES RUHRGEBIETES    *AENDERUNG DER WIRTSCHAFTLICHEN STRUKTUR DES
                                    RUHRGEBIETES UND DEREN AUSWIRKUNG AUF DIE
                                    TRANSPORTSYSTEME
  IN: GEOGRAPHISCHE RUNDSCHAU, 17. JG., 1965,
  S. 190-196
                                    IN: FOERDERN UND HEBEN, 16. JAHRG., 1966,
                                    HEFT 5, S. 375 - 379.

300  0  0  02190 0 0              300  0  0  02152 017
  530-761058                        535-761271
  RHEINISCH-WESTFAELISCHES INSTITUT FUER WIRT-   HALSTENBERG FRIEDRICH
  SCHAFTSFORSCHUNG ESSEN
                                    *DAS REVIER MUSS LEBEN.UMSTRUKTURIERUNG, ABER
  *DIE WIRTSCHAFT IM RUHRGEBIET. DIE KONJUNKTU-  NICHT ERST UEBERMORGEN. RUHRGEBIET IMMER NOCH
  RELLE ENTWICKLUNG IM JAHRE ...., 1.JG.1965-    AUFNAHMEFAEHIG F.INDUSTRIEANSIEDL. AN DER
  6.JG.1970                         GRUNDSTUECKSFRAGE KANN ES NICHT SCHEITERN.
                                    INTERVIEW MIT DEM DIREKTOR DES SVR.
  ESSEN  1965-1970
                                    IN: ESSEN ZWISCHEN GESTERN UND MORGEN. SONDER
                                    AUSGABE ESSENER WOCHE 16(1966) NR.48 S.8-11

300  0  0  02131 017              300  0  0  02111 0 0
  531-760964                        536-761267
  STEINBERG HANS GUENTHER           HALSTENBERG FRIEDRICH
                                    INDUSTRIE- UND HANDELSKAMMER DORTMUND
  *DIE SOZIALOEKONOMISCHE ENTWICKLUNG
  DES RUHRGEBIETS SEIT 1945         *GEBIETSENTWICKLUNGSPLAN UND STRUKTURVERBESSE-
                                    RUNG IM REVIER

  IN: GEOGRAPHISCHE RUNDSCHAU, 17. JG., 1965,
  SEITE 197-203                     IN: RUHRWIRTSCHAFT H.8(1966) S.299-301
```

(1)BEARBEITER (2)MITARBEITER (3)HERAUSGEBER (4)REDAKTION (5)PROJEKTLEITUNG (6)AUFTRAGGEBER

BIBLIOGRAPHIE RAUMPLANUNG IM RUHRGEBIET. IRPUD-BIBLIOGRAPHIEN.1. UNIVERSITAET DORTMUND.

300 0 0 021711317

537-761136   BB 762/5

STEINBERG HEINZ GUENTHER

DEUTSCHER GEWERKSCHAFTSBUND, LANDESBEZIRK NW

*DIE ENTWICKLUNG DES RUHRGEBIETES. EINE WIRT-
SCHAFTS- UND SOZIALGEOGRAPHISCHE STUDIE

DUESSELDORF 1967, 72 S.

---

300 0 0 021 0 0 0

538-761300

FRORIEP SIEGFRIED

*VORSCHLAEGE DES SIEDLUNGSVERBANDES RUHR-
KOHLENBEZIRK ZUR STRUKTURVERBESSERUNG IM
RUHRGEBIET

IN: KCMMUNALPOLITISCHE BLAETTER 19(1967)
HEFT 8 S.351-352

---

300 0 0 021 0 0 0

539-761416

HOTTES KARLHEINZ

*DAS RUHRGEBIET IM STRUKTURWANDEL. EINE
WIRTSCHAFTSGEOGRAPHISCHE ZWISCHENBILANZ.

BERICHTE ZUR DEUTSCHEN LANDESKUNDE 2
JAHRGANG 38, 1967 S.251-274

---

300 0 0 02111 0 0

540-761310

*RAUMORDNUNG IM RUHRGEBIET. STRUKTURANPASSUNG
ODER STRUKTURGESTALTUNG.

IN: RAUM UND SIEDLUNG (1967) HEFT 5 S.103-105

---

300 0 0 021 0 0 0

541-760715

JARECKI CHRISTEL

*DER NEUZEITLICHE STRUKTURWANDEL AN DER RUHR.

MARBURG 1967

MARBURGER GEOGRAPHISCHE SCHRIFTEN, NR. 29

---

300 0 0 021 0 0 0

542-760781

WEIS DIETER

*DIE ENTWICKLUNG DES RUHRGEBIETES UND SEINE
HEUTIGE WIRTSCHAFTSGEOGRAPHISCHE BEDEUTUNG

IN: RAUMORDNUNG UND BODENPOLITIK ALS GRUND-
LAGE DER STRUKTURAENDERUNG DES RUHRGEBIETES.
NORDRHEIN-WESTFALEN BAUT, BD.24, 1968 S.14-19

---

300 0 0 021 0 0 0

543-760514

WOLTER HANS

*STELLUNG UND AUFGABE DER WIRTSCHAFT IN DER
SICH WANDELNDEN WIRTSCHAFTSSTRUKTUR DES
REVIERS.

IN: STAHL UND EISEN NR.86, 1966, S.1454-1457

---

300 0 0 021 0 0 0

544-760260   BB210/2

BORCHARD KG, (1)

SIEDLUNGSVERBAND RUHRKOHLENBEZIRK, (3)

*RICHT - UND VERGLEICHSZAHLEN ZUR BESCHAEFTI-
GUNGSDICHTE

ESSEN, 1968

SCHRIFTENREIHE DES SIEDLUNGSVERBANDES RUHR-
KOHLENBEZIRK NR. 21

---

300 0 0 021 0 0 0

545-760680

KOSITZKE K.

*DATEN FUER EINE REGIONALE STRUKTURPOLITIK.
DIE ENTWICKLUNG DER WIRTSCHAFTSGEBIETE
NORDRHEIN - WESTFALENS.

IN: RUHRWIRTSCHAFT, 1969, S. 411 - 413.

---

300 0 0 021 0 0 0

546-760600

LAUFFS HANS-WINFRIED, BROEKER WINFRIED

SIEDLUNGSVERBAND RUHRKOHLENBEZIRK

*INDUSTRIESTANDORT RUHR

ESSEN 1969 (1.AUFL.)

---

(1)BEARBEITER (2)MITARBEITER (3)HERAUSGEBER (4)REDAKTION (5)PROJEKTLEITUNG (6)AUFTRAGGEBER

300 0 0 021 0 0 0

547-760709

KASSMANN F

*STRUKTURVERBESSERUNG IN NORDRHEIN-WESTFALEN
UND IM MAERKISCHEN RAUM.

IN: SUEDWESTFAELISCHE WIRTSCHAFT,
JAHRG. 25, 1969, HEFT 12, S. 17 - 18.

---

300 0 0 021 0 0 0

548-760710

KASSMANN F.

*SIND AN DER RUHR NEUE STRUKTUREN SICHTBAR?

IN: DER VOLKSWIRT, JG.23, 1969, NR.20, S.27.

---

300 0 0 021 0 0 0

549-760778

WELS HANS-GEORG

RHEINISCH-WESTFAELISCHE INSTITUT FUER
WIRTSCHAFTSFORSCHUNG ESSEN

*DER STRUKTURWANDEL IM RUHRGEBIET SEIT 1960

IN: RHEINISCH-WESTFAELISCHES INSTITUT FUER
WIRTSCHAFTSFORSCHUNG. MITTEILUNGEN HEFT 3
20.JAHRG. 1969, S.197-216

---

300 0 0 0211 0 0

550-761354

SCHMITZ GOTTFRIED

RHEINISCH-WESTFAEL.TECHN.HOCHSCHULE AACHEN,
INSTITUT FUER STADTBAUWESEN

*LANDESPLANERISCHE UND STRUKTURPOLITISCHE
ZIELSETZUNGEN FUER DIE ENTWICKLUNG DES
RUHRGEBIETES

IN: STADT, REGION, LAND. SCHRIFTENREIHE DES
INSTITUTS F.STADTBAUWESEN AN DER RHEINISCH-
WESTF. TECHN. HOCHSCH.AACHEN(1969) H.4 S. 19-

---

300 0 0 0213 1 0 0

551-761415

HOTTES KARLHEINZ

INSTITUT FUER RAUMORDNUNG, BONN-BAD GODESBERG

*SOZIALOEKONOMISCHE VORAUSSETZUNGEN FUER EINE
WELTSTADT IN DER NORDWESTEUROPAEISCHEN
MEGALOPOLIS

IN: INFORMATIONEN AUS DEM INSTITUT FUER RAUM-
ORDNUNG, NR.24, 20.JG., 1970, S.757-768

---

300 0 0 021 0 0 0

552-761418

HEIDERMANN HORST

NORDRHEIN-WESTFALEN, LANDESAMT FUER FORSCHUNG

*WACHSTUMSPROBLEME DES RUHRGEBIETES.

IN: DER MINISTER FUER WISSENSCHAFT UND
FORSCHUNG DES LANDES NW. JAHRBUCH 1970,
S.185-215

---

300 0 0 021 0 0 0

553-760489

NEINHAUS TILLMANN

*DIE WIRTSCHAFTSSTRUKTUR DES RUHRGEBIETES UND
IHR WANDEL. MANUSKRIPT EINER REDE, GEHALTEN
AM 20.1.1970 IN DORTMUND

OHNE ORT 1970

---

300 0 0 021 0 0 0

554-760411

ELTING TH.

*AUF DEM WEGE ZU EINER BESSEREN WIRTSCHAFTS-
STRUKTUR

IN: KULTUR UND HEIMAT, JG. 22, 1970, S.2 - 6

---

300 0 0 021 0 0 0

555-761508

UNIVERSITAET DORTMUND, ABTEILUNG RAUMPLANUNG

*ASPEKTE DER STRUKTURKRISE IM RUHRGEBIET
- ANALYSE -
STUDIENPROJEKT P05, STUDIENJAHR 1969/70

DORTMUND 1970

---

300 0 0 021 0 0 0

556-760688

KOELMANN WOLFGANG (1)

INDUSTRIE UND HANDELSKAMMERN HAGEN, REMSCHEID
SOLINGEN UND WUPPERTAL (3)

*ERGEBNIS EINER UNTERSUCHUNG UEBER STRUKTUR
UND WACHSTUM DER WIRTSCHAFT DES BERGISCH-
MAERKISCHEN RAUMES 1955 - 1969

IN: CHANCEN UND RISIKEN DES BERGISCH-
MAERKISCHEN WIRTSCHAFTSRAUMES. S.20 - 45.

---

(1)BEARBEITER (2)MITARBEITER (3)HERAUSGEBER (4)REDAKTION (5)PROJEKTLEITUNG (6)AUFTRAGGEBER

300 0 0 021 0 0 0

557-760475

LAMBERTS WILLI

RHEINISCH-WESTFAELISCHES INSTITUT FUER
WIRTSCHAFTSFORSCHUNG, ESSEN (3)

*STRUKTURPROBLEME DES RUHRGEBIETES

IN: MITTELUNGEN DES RHEIN.-WESTFAELISCHEN
INSTITUTS FUER WIRTSCHAFTSFORSCHUNG NR.3.
22.JG.,1971 S.149-161

---

300 0 0 021 0 0 0

558-760628

INDUSTRIE- U. HANDELSKAMMER ZU BOCHUM

*DIE RUHRWIRTSCHAFT IM FRUEHJAHR 1971. GE-
MEINSAMER SITUATIONSBERICHT DER INDUSTRIE-
UND HANDELSKAMMERN IN BOCHUM, DORTMUND,
DUISBURG, ESSEN, KREFELD UND MUENSTER.

IN: MITTEILUNGEN DER INDUSTRIE- UND HAN-
DELSKAMMER ZU BOCHUM, JG. 27, 1971, S. 238-24

---

300 0 0 02117 0 0

559-760753

*IM VORFELD DES RUHRGEBIETS. RANDZONEN DES
BALLUNGSRAUMES RUHR

IN: WIRTSCHAFT UND STANDORT 1971, H.7, S.1-40

---

300 0 0 021 0 0 0

560-760782

WELS HANS-GEORG

RHEINISCH-WESTFAELISCHES INSTITUT FUER
WIRTSCHAFTSFORSCHUNG ESSEN

*DIE WIRTSCHAFT IM RUHRGEBIET. DIE KONJUNKTU-
RELLE ENTWICKLUNG IM JAHRE 1970.

ESSEN: 1971
IN: RHEINISCH-WESTFAELISCHES INSTITUT FUER
WIRTSCHAFTSFORSCHUNG. MITTEILUNGEN, JG.22
1971, S.31-52.

---

300 0 0 021 0 0 0

561-761456

INDUSTRIE- UND HANDELSKAMMER ZU DORTMUND

*DAS OESTLICHE RUHRGEBIET 1960 BIS 1970

DORTMUND 1971

---

300 0 0 021 0 0 0

562-761117

MAUL W.

IHK DORTMUND

*OESTLICHES RUHRGEBIET KONNTE NICHT SCHRITT
HALTEN. STRUKTURELLE EINSEITIGKEIT UND FEH-
LENDE WACHSTUMSINDUSTRIEN.

IN: RUHRWIRTSCHAFT, 1971, S.267-268

---

300 0 0 021 0 0 0

563-761053   BB 762/90

HASSELMANN WOLFRAM, SCHIERHOLZ JUERGEN

INSTITUT F SIEDLUNGS- U WOHNUNGSWESEN D WESTF
WILHELMS-UNIVERSITAET MUENSTER

*INTERREGIONALE INTERDEPENDENZEN. DAS RUHRGE-
BIET ALS ABSATZMARKT FUER DIE WIRTSCHAFT DER
RANDZONEN DARGESTELLT AM BEISPIEL WESTMUEN-
STERLAND UND REMSCHEID
MUENSTER, 1971
INST F SIEDLUNGS- U WOHNUNGSWESEN D WESTF
WILH-UNIVERSITAET MUENSTER, SONDERDRUCK 53

---

300 0 0 021 0 0 0

564-761458

INDUSTRIE- UND HANDELSKAMMER ZU BOCHUM

*DIE RUHRWIRTSCHAFT IM FRUEHJAHR 1972.
GEMEINSAMER SITUATIONSBERICHT DER INDUSTRIE-
UND HANDELSKAMMERN BOCHUM, DORTMUND, DUISBURG,
ESSEN, KREFELD UND MUENSTER

BOCHUM 1972

---

300 0 0 021 0 0 0

565-761459

INDUSTRIE- UND HANDELSKAMMER ZU BOCHUM

*DIE RUHRWIRTSCHAFT IM HERBST 1972.
GEMEINSAMER SITUATIONSBERICHT DER INDUSTRIE-
UND HANDELSKAMMERN BOCHUM, DORTMUND, DUISBURG
ESSEN, KREFELD UND MUENSTER

BOCHUM 1972

---

300 0 0 021 0 0 0

566-760494

SONNENSCHEIN ULRICH

*DAS RUHRGEBIET - STRUKTUR SEINER WIRTSCHAFT.
TEIL: INDUSTRIE

DUESSELDORF 1972

BIBLIOGRAPHIE RAUMPLANUNG IM RUHRGEBIET. IRPUD-BIBLIOGRAPHIEN.1. UNIVERSITAET DORTMUND.

---

300 0 0 021 0 0 0

567-760590

LAMBERTS WILLI

INDUSTRIE- U. HANDELSKAMMER DORTMUND

*DAS RUHRGEBIET IST NOCH NICHT UEBER DEN BERG

IN: RUHRWIRTSCHAFT, ZEITSCHRIFT DER INDUSTRIE UND HANDELSKAMMER ZU DORTMUND NR. 4.,1972

---

300 0 0 021 0 0 0

568-760705

KEUNECKE HELMUT

*DAS RUHRGEBIET IM WANDEL. FAKTEN UND PERSPEKTIVEN DER WIRTSCHAFTLICHEN ENTWICKLUNG VON 1945 - 1970

IN: BLAETTER FUER DEUTSCHE LANDESGESCHICHTE, BAND 108, 1972

---

300 0 0 021 0 0 0

569-760599

LAUFFS HANS-WINFRIED

SIEDLUNGSVERBAND RUHRKOHLENBEZIRK (3)

*INDUSTRIESTANDORT RUHR

ESSEN 1972, 170 S., (VERAEND.AUFL.)

---

300 0635 0 02117 0 0

570-760452

STADT GELSENKIRCHEN

*UNTERLAGEN ZUR RAEUMLICHEN UND FUNKTIONALEN VERFLECHTUNG IM MITTLEREN NOERDLICHEN RUHRGEBIET

GELSENKIRCHEN 1972 2. BER. AUFL.

---

300 0 0 021 0 0 0

571-760270

BRONNY HORST, (1)

WESTFAELISCHER HEIMATBUND, (3)

*TENDENZEN UND AUSWIRKUNGEN DES STRUKTURWANDELS IM RUHRGEBIET

IN: WESTFAELISCHER HEIMATKALENDER 1973, 27. JG., MUENSTER 1972, S. 1-5

---

300 0 0 02190 0 0

572-760275

BUCHHOLZ HANNS JUERGEN

*DARSTELLUNGEN UND ANALYSEN DES STRUKTURWANDELS AN DER RUHR

IN: WESTFAELISCHE FORSCHUNGEN, BD. 24, 1972 S. 195-211

---

300 0 0 021 0 0 0

573-760234

AHL GERHARD

*DIE SITUATION IM RUHRGEBIET - ANALYSE DER BESCHAEFTIGUNGSSTRUKTUR - REDE AUF DER TAGUNG DER EVANGELISCHEN AKADEMIE IN ISERLOHN, VOM 23. - 25. 11. 1972

OHNE ORT 1972 (UNV.SKRIPT)

---

300 0 0 021 0 0 0

574-760526

MOMMSEN ERNST WOLF

*STIRBT DAS RUHRGEBIET ?
INTERVIEW

IN: CAPITAL 5/1973 S. 14

---

300 0660 0 021 0 0 0

575-760548

RUST DORIS

*DER EINFLUSS DES WIRTSCHAFTLICHEN STRUKTURWANDELS IM RUHRGEBIET AUF DAS WIRTSCHAFTS- UND SOZIALGEFUEGE DER STADT LUENEN

OHNE ORT 1973, STAATSARBEIT

---

300 0 0 021 0 0 0

576-761435

HENNIES-RAUTENBERG HENNING, KRUCK ROSWITHA, LOEBBE KLAUS

RHEIN.-WESTF. INSTITUT FUER WIRTSCHAFTSFORSCHUNG ESSEN
*STANDORTE UND VERFLECHTUNGEN DER INDUSTRIEBETRIEBE IM RUHRGEBIET - KONZEPT EINES FORSCHUNGSVORHABEN

IN: MITTEILUNGEN DES RHEIN.-WESTF. INSTITUTS FUER WIRTSCHAFTSFORSCHUNG,ESSEN NR.24,JG. 4 (1973), S. 255-270

---

(1)BEARBEITER   (2)MITARBEITER   (3)HERAUSGEBER   (4)REDAKTION   (5)PROJEKTLEITUNG   (6)AUFTRAGGEBER

300 0 0 02132 011

577-761536   BB 082/1

UNIVERSITAET DORTMUND, ABTEILUNG RAUMPLANUNG

*DIE ZUORDNUNG VON WOHN- UND ARBEITSPLAETZEN
-REGIONALPLANUNG RUHRGEBIET-
STUDIENPROJEKT P 14, STUDIENJAHR 1972/73

DORTMUND 1973

300200 0 021 0 0 0

578-761693

ARBEITSGEMEINSCHAFT DEUTSCHER WIRTSCHAFTS-
WISSENSCHAFTLICHER FORSCHUNGSINSTITUTE E.V.

*DIE LAGE DER WELTWIRTSCHAFT UND DER WEST-
DEUTSCHEN WIRTSCHAFT IM HERBST 1973
(ABGESCHLOSSEN IN ESSEN AM 19.10.1973)

OHNE ORT (1973), 14 S.

---

300 0 0 02122 0 0

579-761189   BB 720/82

RHEIN.-WESTF.INST.F.WIRTSCHAFTSFORSCHUNG U.
NEDERL.ECONOM.INSTITUUT ROTTERDAM (1), SVR (4)

*WIRTSCHAFTLICHE ENTWICKLUNG IM RUHRGEBIET

ESSEN 1974, 136S.

SCHRIFTENREIHE SIEDLUNGSVERBAND RUHRKOHLEN-
BEZIRK.46.

---

300 0 0 02128 0 0

580-760976   BB 760/51

LIEBERT BERND

INSTITUT FUER GEBIETSPLANUNG UND
STADTENTWICKLUNG (INGESTA) (3), SVR (6)

*KAUFKRAFTSTROEME IM GEBIET DES SIEDLUNGSVER-
BANDES RUHRKOHLENBEZIRK

KOELN 1974, 356 S., KT., TAB.

---

300 0 0 C21 0 0 0

581-761188   BB 762/3

IHK ESSEN, MUELHEIM/RUHR UND OBERHAUSEN (4)

*DIE RUHRWIRTSCHAFT IM FRUEHJAHR 1975.
GEMEINSAMER BERICHT DER INDUSTRIE- U.HANDELS-
KAMMER BOCHUM, DORTMUND, DUISBURG, ESSEN,
KREFELD UND MUENSTER

ESSEN 1975, 14S., MASCH.DR.

---

300 0 0 021 0 0 0

582-760717

JABLONOWSKI HARRY W., OFFERMANN JOHANNA

.*TEILKRISE OHNE ENDE. EINE UNTERSUCHUNG UEBER
DEN INDUSTRIELLEN STRUKTURWANDEL IM
RUHRGEBIET.

GAIGANZ 1975

---

300 0 0 021 0 0 0

583-761582

LOEBBE KLAUS, KRUCK ROSWITHA

RHEINISCH-WESTFAELISCHES INSTITUT FUER
WIRTSCHAFTSFORSCHUNG ESSEN (3)

*WIRTSCHAFTSSTRUKTURELLE BESTANDSAUFNAHME FUER
DAS RUHRGEBIET

BERLIN 1976, DUNCKER U. HUMBLOT
SCHRIFTENREIHE DES RHEIN.-WESTF. INSTITUTS
F. WIRTSCHAFTSFORSCHUNG ESSEN, NEUE FOLGE
HEFT 37

R U H R G E B I E T

WIRTSCHAFT

   - WIRTSCHAFTSPLANUNG, WIRTSCHAFTSPOLITIK,
     WIRTSCHAFTSFOERDERUNG

---

300 0 0 02223 0 0

584-761109

MEYER K.J.

*INDUSTRIELLE UMSTELLUNG IN DEN VON ZECHEN-
STILLEGUNGEN BETROFFENEN GEBIETEN.

IN: BUNDESARBEITSBLATT, JG.11, 1960, S.785-78

---

300 0 0 022 0 0 0

585-761090

GUENNICKER F.

INDUSTRIE- UND HANDELSKAMMER ZU BOCHUM

*DISKUSSION UM DIE REGIONALE WIRTSCHAFTS-
POLITIK

MITTEILUNGEN DER INDUSTRIE- UND HANDELSKAMMER
ZU BOCHUM, JG.17, 1961, S.173-175

---

(1)BEARBEITER (2)MITARBEITER (3)HERAUSGEBER (4)REDAKTION (5)PROJEKTLEITUNG (6)AUFTRAGGEBER

300 0 0 022 0 0 0

586-760719

ISBARY GERD

*UMSTRUKTURIERUNG STAAT WEITEREN WACHSTUMS -
EINIGE BEMERKUNGEN ZU DEN STRUKTURFRAGEN DES
RUHRGEBIETES

IN: INFORMATIONEN AUS DEM INSTITUT FUER RAUM-
FORSCHUNG, 11. JG. 1961, NR.11, S. 282-287.

---

300 0 0 022 0 0 0

587-760497

INDUSTRIE UND HANDELSKAMMERN DES RUHRGEBIETES

*VERBESSERUNG DER WIRTSCHAFTSSTRUKTUR IM
RUHRGEBIET. UEBERLEGUNGEN DER INDUSTRIE- UND
HANDELSKAMMERN DES RUHRGEBIETES ZUR
WIRTSCHAFTSPOLITIK DES LANDES NW

ESSEN 1961

---

300 0 0 022 0 0 0

588-760619

SCHNAAS HERMANN

*ZUR DISKUSSION UM DIE STRUKTURVERBESSERUNG
IM RUHRGEBIET.

IN: BUNDESARBEITSBLATT, JG.12, 1961,
S.139-142

---

300 0 0 022 0 0 0

589-760708

KEUNECKE HELMUT

INDUSTRIE- UND HANDELSKAMMER DORTMUND

*PLAENE FUER DAS RUHRGEBIET

IN: RUHRWIRTSCHAFT, 1964, S. 577 - 579.

---

300 0 0 0221 0 0

590-761151   UB F 2495

JUERGENSEN HARALD

SIEDLUNGSVERBAND RUHRKOHLENBEZIRK

*EINFLUSSMOEGLICHKEITEN DER REGIONALEN PLANUNG
AUF DAS WIRTSCHAFTLICHE WACHSTUM DES RUHR-
GEBIETS. VORTRAG ANLAESSLICH DER EROEFFNUNG D
SITZUNGSSAALES IM GEBAEUDE DES SVR AM 26.6.64

ESSEN 1964, 24S., MASCH.SKRIPT, SELBSTVERL.

---

300 0 0 0221 0 0

591-760712   BB 762/1

JUERGENSEN HARALD (1), MARX DETLEF (2)

SIEDLUNGSVERBAND RUHRKOHLENBEZIRK (3,6)

*REGIONALPLANUNG UND WIRTSCHAFTLICHES
WACHSTUM.

ESSEN 1965, 240 S. MASCH.SKRIPT

---

300 0 0 022 0 0 0

592-760701

KIENBAUM GERHARD

*MOEGLICHKEITEN UND GRENZEN STAATLICHER
STRUKTURPOLITIK IM REVIER. (VORTRAG WAEHREND
DER TAGUNG DER EV. AKADEMIE RHEINLAND-
WESTFALEN AM 21. 9. 1966 IN MUELHEIM/RUHR)

DUESSELDORF 1966, MASCH. SKRIPT

---

300 0 0 022 0 0 0

593-761426

INDUSTRIE UND HANDELSKAMMER F.DIE STADTKREISE
ESSEN,MUELHEIM(RUHR) UND OBERHAUSEN ZU ESSEN

*HILFE FUER DAS RUHRGEBIET. PROBLEME DER
WIRTSCHAFTSPOLITIK UND STRUKTURVERBESSERUNG
AN RHEIN UND RUHR

IN: WIRTSCHAFTLICHE NACHRICHTEN DER IHK FUER
DIE STADTKREISE ESSEN,MUELHEIM(RUHR),OBERHSN
ZU ESSEN,JG.20, 1966 S.748-750

---

300 0 0 0221 0 0

594-761498

CURDES GERHARD,MUELLER-TRUDUNG JUERGEN

INGESTA-INSTITUT GEWERBEBETRIEBE IM STAEDTE-
BAU

*UNTERSUCHUNG ZUR FOERDERUNG DER NEBENZENTREN
IM RUHRGEBIET (TEIL 1 BIS 4)

KOELN: INGESTA 1966

---

300 0 0 022 0 0 0

595-761460

*INDUSTRIEANSIEDLUNG IM RUHRGEBIET

IN: RAUM UND SIEDLUNG HEFT 5, 1967, S.117

---

(1)BEARBEITER (2)MITARBEITER (3)HERAUSGEBER (4)REDAKTION (5)PROJEKTLEITUNG (6)AUFTRAGGEBER

300 0 0 022 0 0

596-760495

*SORGENKIND RUHRGEBIET - MOEGLICHKEITEN UND
GRENZEN DER STRUKTURVERBESSERUNG.

IN: BAU-MARKT 66, 1967, HEFT 5 S.181-184

---

300 0 0 022 0 0

597-760947

HALSTENBERG FRIEDRICH

*DER STRUKTURWANDEL IM REVIER IN DER
LANDESPOLITIK

IN: TECHNISCHE MITTEILUNGEN, HEFT 11,
NOVEMBER 1967, S. 453-457
(JUBILAEUMSAUSGABE 40 JAHRE HAUS DER TECHNIK)

---

300 0 0 022 0 0

598-760258

BONCZEK WILLI, ERASMUS FRIEDRICH KARL,
NEUFANG HEINZ

*ZUM BEISPIEL: GEFAEHRDEN ZU HOHE
GRUNDSTUECKSPREISE DIE ANSIEDLUNG ODER DIE
ERWEITERUNG BESTEHENDER INDUSTRIEBETRIEBE
IM RUHRGEBIET ?

IN: RAUM UND SIEDLUNG, HEFT 4, 1967, S.79-80

---

300 0 0 022 0 0

599-760286

BURKHARD W.

NIEDERRHEIN. IHK DUISBURG-WESEL ZU DUISB.

*HABEN WIR EINE "STRUKTURPOLITIK"? NOTWENDIGE
VORAUSSETZUNGEN FUER EINE DURCHGREIFENDE
FOERDERUNG DES WIRTSCHAFTSRAUMES AN RHEIN UND
RUHR.
IN: WIRTSCHAFTLICHE MITTEILUNGEN DER NIEDER-
RHEINISCHEN INDUSTRIE- U.HANDELSKAMMER
DUISBURG-WESEL,DUISBURG 1968,JG.24, S.99-100

---

300 0 0 022 0 0

600-760985

BUNDESANSTALT F. ARBEITSVERMITTLUNG UND
ARBEITSLOSENVERSICHERUNG (2)

*PROGRAMM FUER DIE STRUKTURGEBIETE RUHR, SAAR,
ZONENRANDGEBIET, BUNDESAUSBAUGEBIETE U. -ORTE
-BETEILIGUNG D. BUNDES UND DER BUNDESANSTALT
FUER ARBEITSVERMITTLUNG UND ARBEITSLOSENVER-
SICHERUNG (BAUVA) AN STRUKTURPROGRAMMEN DER
LAENDER - (GEMEINSAMMES STRUKTURPROGRAMM
VOM 1.8.1968)

---

300 0 0 022 0 0

601-761079

TERBOVEN TH.

*UMSETZUNG UND NEUANSIEDLUNG VON GEWERBE UND
INDUSTRIE. IN: RAUMORDNUNG UND BODENPOLITIK
ALS GRUNDLAGE DER STRUKTURAENDERUNG DES RUHR-
GEBIETES

NORDRHEIN-WESTFALEN BAUT, BD.24, 1968,
S.40-49

---

300 0 0 022 0 0

602-761409

HUFFSCHMID B.

*RUHRGEBIET UNTER DEM HAMMER ? 25 MILLIARDEN
FUER DIE GESUNDUNG DES REVIERS.

IN: DER VOLKSWIRT, JG.22, 1968, NR.12,S.18-20

---

300 0 0 022 0 0

603-761457

INDUSTRIE- UND HANDELSKAMMER RUHRGEBIET

*ZUVERSICHT IM RUHRGEBIET. ERSTER GEMEINSAMER
JAHRESBERICHT DER SECHS REVIERKAMMERN MACHT
WIRTSCHAFTLICHE ANSTRENGUNGEN UND NOETE
SICHTBAR

IN: INFORMATIONSDIENST RUHR NR.8,1969 S.4-5

---

300 0 0 022 0 0

604-760986   BB 620/1

*KOMMENTAR ZUM "PROGRAMM FUER DIE STRUKTUR-
GEBIETE RUHR, SAAR,... (GEMEINSAMES
STRUKTURPROGRAMM VOM 1.8.1968)"
IN: H.BRUEGELMANN, G.ASMUS, E.W. CHOLEWA,
H. V.D.HEIDE: RAUMORDNUNGSGESETZ VOM 8.4.1965

KOHLHAMMER KOMMENTARE,4.AUFLG. JAN. 1969,

ANHANG ZU PARAGRAPH I.

---

300 0 0 02299 011

605-760621   BB 125/3

SCHMITZ GOTTFRIED

RHEINISCH WESTFAELISCHE TECHNISCHE HOCHSCHULE
AACHEN, INSTITUT F. STADTBAUWESEN

*LANDESPLANERISCHE UND STRUKTURPOLITISCHE
ZIELSETZUNGEN FUER DIE ENTWICKLUNG DES
RUHRGEBIETES
AACHEN 1969.
IN: STADT - REGION - LAND. SCHRIFTENREIHE
DES INSTITUTS FUER STADTBAUWESEN AN DER
TH AACHEN, HEFT 4. S. 19-32

300 0 0 022 0 0 0

606-761496   BB 625/13

KUEPPERS HANNS, MUELLER GERD (1),
GOLZ GERHARD, LANGE HANS-GEORG (3)

*STRUKTURVERBESSERUNG IN NORDRHEIN-WESTFALEN
BAND 1 UND 2

ESSEN: H.WINGEN 1969 + 1973

---

300 0 0 022 0 0 0

607-760706

KEUNECKE HELMUT

*DAS RUHRGEBIET ALS AUFGABE

IN: HIER, 1970, HEFT 21, S. 7 - 9.

---

300 0 0 022 0 0 0

608-760496

SONNENSCHEIN ULRICH

RUHRUNIVERSITAET BOCHUM (3)

*DIE INDUSTRIE DES RUHRGEBIETES ALS OBJEKT DER
STRUKTURPOLITIK

MUENCHEN 1970, 212 S., DISS., MASCH.SKRIPT

---

300 0 0 02211 0 0

609-760490

SIEDLUNGSVERBAND RUHRKOHLENBEZIRK (6)
NEDERLANDS ECONOMISCH INSTITUUT (NEI) (1)

*ZIELSETZUNG DER REGIONALPOLITIK IM RUHRGEBIET
ERSTES ZUSAMMENFASSENDES GUTACHTEN.

ROTTERDAM 1971

---

300 0 0 02223 0 0

610-760485

NUEDERHAFER

INDUSTRIE UND HANDELSKAMMER FUER DIE STADT-
KREISE ESSEN, MUELHEIM UND OBERHAUSEN ZU ESSEN
*INDUSTRIEANSIEDLUNG IN DEN STEINKOHLEN-
BERGBAUGEBIETEN. VERMITTLUNG VON
GRUNDSTUECKEN AUS BERGBAUBESITZ IM KAMMER-
BEZIRK

IN: WIRTSCHAFTLICHE NACHRICHTEN DER IHK FUER
DIE STADTKREISE ESSEN, MUELHEIM + OBERHAUSEN
ZU ESSEN JG.25, 1971 S.577-579

---

300 0 0 022 0 0 0

611-760591

LAUFFS HANS-WINFRIED

*AUSWIRKUNGEN DER REGIONALWIRTSCHAFTLICHEN UND
REGIONALPLANERISCHEN ENTWICKLUNGSMASSNAHMEN
AUF DEN STRUKTURWANDEL IM RUHRGEBIET

IN: GFM - MITTEILUNGEN ZUR MARKT- UND ABSATZ-
FORSCHUNG, 17. JG., 1971, NR. 3, S. 86 - 90.

---

300 0 0 022 0 0 0

612-760919   BB 715/68

HAASE WILHELM

WESTFAELISCHE WILHELMS UNIVERSITAET,
MUENSTER

*FORMEN REGIONALER WIRTSCHAFTSFOERDERUNG IM
ZUSAMMENHANG MIT DER GRUENDUNG DER
RUHRKOHLE AG

KOELN: C.HEIMANNS 1972, 126 S., LIT.
SCHRIFTEN ZUM WIRTSCHAFTS-, HANDELS-,
INDUSTRIERECHT, BD. 5

---

300 0 0 022 0 0 0

613-760473

LAMBERTS WILLI

RHEINISCH-WESTFAELISCHES INSTITUT FUER
WIRTSCHAFTSFORSCHUNG, ESSEN (3)

*DER STRUKTURWANDEL IM RUHRGEBIET- EINE
ZWISCHENBILANZ. 2.FOLGE: BEURTEILUNG DER
ENTWICKLUNG UND REGIONALPOLITISCHE
FOLGERUNGEN FUER DAS RUHRGEBIET

IN: MITTEILUNGEN DES HRGS. NR.1, 24 JG., 1973

---

300 0 0 022 0 0 0

614-760714

JOEHRENS EGBERT, LANGKAU JOCHEN,
LANGKAU-HERRMANN, WALTHER HORST DIETER

*WACHSTUMSPROBLEME DES RUHRGEBIETES.

OPLADEN 1973, 316 S.

FORSCHUNGSBERICHTE DES LANDES NRW, NR. 2234.

---

300 0 0 022 0 0 0

615-761497   BB 625/13

KUEPPERS HANNS, MUELLER GERD (1),
GOLZ GERHARD, LANGE HANS-GEORG (3)

*STRUKTURVERBESSERUNG IN NORDRHEIN-WESTFALEN
ANLAGENBAND: HANDBUCH DER STAEDTEBAUFOERDE-
RUNG NORDRHEIN-WESTFALEN

ESSEN: H.WINGEN 1973

---

(1)BEARBEITER (2)MITARBEITER (3)HERAUSGEBER (4)REDAKTION (5)PROJEKTLEITUNG (6)AUFTRAGGEBER

BIBLIOGRAPHIE RAUMPLANUNG IM RUHRGEBIET. IRPUD-BIBLIOGRAPHIEN.1. UNIVERSITAET DORTMUND. BL. 69

---

300 0 0 02211 0 0

616-761545   BB 082/1

UNIVERSITAET DORTMUND, ABTEILUNG RAUMPLANUNG

*REGIONALPLANUNG EMSCHERZONE
-ZUR ANSIEDLUNG VON ARBEITSPLAETZEN-
STUDIENPROJEKT P 03, STUDIENJAHR 1973/74

DORTMUND 1974

---

300 0 0 02221 0 0

617-761189   BB 720/82

RHEIN.-WESTF.INST.F.WIRTSCHAFTSFORSCHUNG U.
NEDERL.ECONOM.INSTITUUT ROTTERDAM (1),SVR (4)

*WIRTSCHAFTLICHE ENTWICKLUNG IM RUHRGEBIET

ESSEN 1974, 136S.

SCHRIFTENREIHE SIEDLUNGSVERBAND RUHRKOHLEN-
BEZIRK.46.

R U H R G E B I E T

WIRTSCHAFT
    - BERGBAU

---

300 0 0 023 0 0 0

618-760290

CORDES GERHARD

RUHRUNIVERSITAET BOCHUM

*UMFANG UND VERWERTUNG DER GRUNDSTUECKE STILL-
GELEGTER ZECHEN IM RHEINISCH - WESTFAELISCHEN
INDUSTRIEGEBIET

BOCHUM OHNE JAHR, DISS.

---

300 0 0 02331 0 0

619-760429

FILUSCH BERNHARD

RHEINISCH WESTFAELISCHES INSTITUT FUER
WIRTSCHAFTSFORSCHUNG, ESSEN

*DIE WIRKUNGEN DES BESCHAEFTIGUNGSRUECKGANGES
IM STEINKOHLENBERGBAU AUF EINKOMMEN UND
BESCHAEFTIGUNG IM RUHRGEBIET

IN: MITTEILUNGEN DES HRGS, 1.JG.,1959, BD. 10
S. 195-206

---

300 0 0 02332 0 0

620-760638

*RICHTLINIEN DES BUNDESMINISTERS FUER ARBEIT
UND SOZIALORDNUNG UEBER DIE GEWAEHRUNG VON
BESONDEREN ANPASSUNGSHILFEN FUER ARBEIT-
NEHMER DES KOHLEBERGBAUS VOM 11.12.1959.

IN: BUNDESANZEIGER, NR. 241 VOM 16.12.1959.

---

300 0 0 023 0 0 0

621-760300

DEUTSCHER KOHLENVERKAUF ESSEN, (3)

*DIE STEINKOHLENZECHEN DES RUHRGEBIETES

ESSEN, OHNE JAHR

---

300 0 0 02322 0 0

622-761109

MEYER K.J.

*INDUSTRIELLE UMSTELLUNG IN DEN VON ZECHEN-
STILLEGUNGEN BETROFFENEN GEBIETEN.

IN: BUNDESARBEITSBLATT, JG.11, 1960, S.785-78

---

300 0 0 023 0 0 0

623-761074

TIPPELSKIRCH U. VON

*BELEGSCHAFTSENTWICKLUNG UND BERUFSMOEGLICH-
KEITEN IM STEINKOHLENBERGBAU

IN: ARBEIT UND SOZIALPOLITIK, JG.16, 1962,
S.112-116

---

300 0 0 02372 0 0

624-760935   UB F 12

ADELMANN GERHARD

*DIE SOZIALE BETRIEBSVERFASSUNG DES RUHR-
BERGBAUS VOM ANFANG DES 19. JAHRHUNDERTS BIS
ZUM 1. WELTKRIEG UNTER BESONDERER BERUECK-
SICHTIGUNG DES INDUSTRIE- UND HANDELSKAMMER-
BEZIRKS ESSEN

BONN: ROEHRSCHEID 1962, 208 S.

RHEINISCHES ARCHIV, BD. 56

---

(1)BEARBEITER (2)MITARBEITER (3)HERAUSGEBER (4)REDAKTION (5)PROJEKTLEITUNG (6)AUFTRAGGEBER

300 0 0 023 0 0 0

625-760670

KUKUK PAUL, HAHNE CARL.

*DIE GEOLOGIE DES NIEDERRHEIN.-WESTFAELISCHEN
STEINKOHLENGEBIETES IN KURZGEFASSTER UND
VERSTAENDLICHER FORM

HERNE: C.TH. KARTENBERG 1962

---

300 0 0 023 0 0 0

626-760532

BANDEMER JENS DITHER VON, ILGEN AUGUST PETER

LIST GESELLSCHAFT (3)

*PROBLEME DES STEINKOHLENBERGBAUS.
DIE ARBEITER- UND FOERDERVERLAGERUNG IN DEN
REVIEREN DER BORINAGE UND DER RUHR

BASEL, TUEBINGEN 1963

VEROEFFENTLICHUNGEN DER LIST GESELLSCHAFT,
BD.30

---

300 0 0 023 0 0 0

627-760478

PELZER ARNOLD

STEINKOHLENBERGBAUVEREIN (3)

*EIN HALBES JAHRHUNDERT ABBAUTECHNIK IM
WESTDEUTSCHEN STEINKOHLENBERGBAU.
(MIT ZAHLREICHEN LITERATURANGABEN)

OHNE ORT 1963

---

300 0 0 023 0 0 0

628-761597

HAHNE CARL, KUKUK PAUL (U.A.)

*GEOLOGIE DES RHEINISCH-WESTFAELISCHEN STEIN-
KOHLENGEBIETES

HERNE 1963

300680 0 023 0 0 0

629-760021

SCHMITZ GERHARD, (1)

*ENTWICKLUNG DES RUHRBERGBAUS - DARGESTELLT AM
BEISPIEL DER ZECHE "KOENIGSGRUBE" IN WANNE-
EICKEL

WANNE-EICKEL

---

300 0 0 02321 0 0

630-760516

ZIRANKA JOSEF

LAND NORDRHEIN-WESTFALEN (3)

*DIE AUSWIRKUNGEN VON ZECHENSTILLEGUNGEN UND
RATIONALISIERUNG IM STEINKOHLENBERGBAU AUF
DIE WIRTSCHAFTSSTRUKTUR AUSGEWAEHLTER
GEMEINDEN IM NIEDERRHEINISCH-WESTFAELISCHEN
INDUSTRIEGEBIET

KOELN OPLADEN 1964
FORSCHUNGSBERICHTE DES LANDES NW, NR.1311

---

300 0 0 023 0 0 0

631-761103

NORDRHEIN-WESTFALEN, MINISTER F LANDESPLANUNG
WOHNUNGSBAU UND OEFFENTLICHE ARBEITEN
*GRUNDLAGEN ZUR STRUKTURVERBESSERUNG DER
STEINKOHLENBERGBAUGEBIETE IN NORDRHEIN-
WESTFALEN. 1.TEIL: RUHRGEBIET. DENKSCHRIFT
DES DURCH KABINETTSBESCHLUSS VOM 4.10.1960
BEAUFTRAGTEN INTERMINISTERIELLEN AUSSCHUSS.
DUESSELDORF   1964
SCHRIFTENREIHE DES MINISTERS F LANDESPLANUNG,
WOHNUNGSBAU U OEFFTL. ARB. D LANDES NW, H.19

---

300 0 0 023 0 0 0

632-760671

KUNDEL HEINZ.

*DER NEUSTE STAND DER VOLLMECHANISCHEN KOHLE-
GEWINNUNG IM WESTDEUTSCHEN STEINKOHLENBERGBAU

IN: TECHNISCHE MITTEILUNGEN "HAUS DER
TECHNIK" 58(1965) S. 557-563

---

300 0 0 023 0 0 0

633-761433

HOBRECKER HERMANN

*DER BERGBAU IM MITTLEREN RUHRGEBIET

PADERBORN: SCHOENINGH 1965

---

300 0 0 023 0 0 0

634-760760   UB ZE 29

WALTER FRIEDRICH

*WANDLUNGEN IM STEINKOHLENBERGBAU
DES RUHRGEBIETES
IN: 35. DEUTSCHER GEOGRAPHENTAG BOCHUM 1965.
TAGUNGSBERICHT UND WISSENSCHAFTLICHE
ABHANDLUNGEN

WIESBADEN 1966, S. 156 - 166

---

(1)BEARBEITER (2)MITARBEITER (3)HERAUSGEBER (4)REDAKTION (5)PROJEKTLEITUNG (6)AUFTRAGGEBER

300 0 0 023 0 0 0
635-760558

*GESETZ ZUR ANPASSUNG DES DEUTSCHEN STEIN-
KOHLENBERGBAUS UND DER DEUTSCHEN
STEINKOHLENBERGBAUGEBIETE VOM 15. 5. 1968

BUNDESGESETZBLATT 1 BONN 1968

---

300 0 0 02318 0 0
636-761073

TREPTOW O.

*BAULICHE NUTZUNG BERGSCHADENEMPFINDLICHER
FLAECHEN. IN: RAUMORDNUNG UND BODENPOLITIK
ALS GRUNDLAGE DER STRUKTURAENDERUNG DES RUHR-
GEBIETES

NORDRHEIN-WESTFALEN BAUT, BAND 24, 1968,
S.25-39

---

300 0 0 023 0 0 0
637-760674

KUHNKE HANS - HELMUT

*DIE RUHRKOHLE AG IM RAHMEN DER NEUORDNUNG
DES STEINKOHLENBERGBAUS.

IN: JAHRBUCH FUER BERGBAU, ENERGIE,
MINERALOEL UND CHEMIE, 62. JG., 1969, S.13-55

300630 0 023 0 0 0
638-761673

KUHNKE HANS - HELMUT

*DIE RUHRKOHLE AG IM RAHMEN DER NEUORDNUNG DES
STEINKOHLENBERGBAUS

ESSEN: GLUECKAUF 1969, 67 S.

---

300 0 0 023 0 0 0
639-760673

KUHNKE HANS - HELMUT

*RUHRKOHLE IN DER MARKTWIRTSCHAFT.

IN: GLUECKAUF, JG. 106, 1970, S. 799 - 805.

---

300 0 0 023 0 0 0
640-760672

KUHNKE HANS - HELMUT

*ZIELE UND WEGE DER RATIONALISIERUNG
IM RUHRBERGBAU.

IN: ARBEITSGEMEINSCHAFT FUER RATIONALISIERUNG
IM RUHRBERGBAU DES LANDES NRW, H. 111, 1970.

---

300 0 0 02322 0 0
641-760485

NUEDERHAFER

INDUSTRIE UND HANDELSKAMMER FUER DIE STADT-
KREISE ESSEN, MUELHEIM UND OBERHAUSEN ZU ESSEN
*INDUSTRIEANSIEDLUNG IN DEN STEINKOHLEN-
BERGBAUGEBIETEN. VERMITTLUNG VON
GRUNDSTUECKEN AUS BERGBAUBESITZ IM KAMMER-
BEZIRK

IN: WIRTSCHAFTLICHE NACHRICHTEN DER IHK FUER
DIE STADTKREISE ESSEN, MUELHEIM + OBERHAUSEN
ZU ESSEN JG.25, 1971 S.577-579

300630 0 02342 0 0
642-761678

WILD HEINZ WALTER

*ZIELE UND AUFGABEN DER FORSCHUNGS- UND
ENTWICKLUNGSTAETIGKEIT IM STEINKOHLENBERGBAU
AUS DER SICHT DER RUHRKOHLE AG

IN: GLUECKAUF 107 (1971), S. 289-298

---

300 0 0 023 0 0 0
643-761628

STATISTIK DER KOHLENWIRTSCHAFT E.V. (3)

*DER KOHLENBERGBAU IN DER ENERGIEWIRTSCHAFT
DER BUNDESREPUBLIK
(ERSCHEINT JAEHRLICH)

ESSEN

---

300 0 0 023 0 0 0
644-761097

MOEBITZ HARTMUT

UNIVERSITAET MUENSTER

*DIE RECHTLICHE STELLUNG DES BUNDES IM VER-
TRAGSWERK ZUR NEUORDNUNG DES RUHRBERGBAUS

KOELN, 1972, 168 S., VERLAG HEYMANNS (DISS.)

SCHRIFTEN ZUM WIRTSCHAFTS-, HANDELS-,
INDUSTRIERECHT 4

BIBLIOGRAPHIE RAUMPLANUNG IM RUHRGEBIET. IRPUD-BIBLIOGRAPHIEN.1. UNIVERSITAET DORTMUND.

---

300 0 0 02390 0 0

645-760953

STATISTIK DER KOHLENWIRTSCHAFT E.V. (3)

*ZAHLEN ZUR KOHLENWIRTSCHAFT
(ERSCHEINT VIERTELJAEHRLICH)

ESSEN

---

300 0 0 023 0 0 0

646-760291   BB 715/35

CORDES GERHARD

SIEDLUNGSVERBAND RUHRKOHLENBEZIRK (3)

*ZECHENSTILLEGUNGEN IM RUHRGEBIET (1900-1968).
DIE FOLGENUTZUNG AUF EHEMALIGEN BERGBAU-
BETRIEBSFLAECHEN

ESSEN 1972
SCHRIFTENREIHE DES SIEDLUNGSVERBANDES
RUHRKOHLENBEZIRK NR.34

---

300 0 0 02373 0 0

647-761700   UB F 16914

HOLTFRERICH CARL-LUDWIG

GESELLSCHAFT F. WESTFAELISCHE WIRTSCHAFTS-
GESCHICHTE E.V. (3)

*QUANTITATIVE WIRTSCHAFTSGESCHICHTE D. RUHR-
KOHLENBERGBAUS IM 19. JAHRHUNDERT. EINE
FUEHRUNGSSEKTORANALYSE

DORTMUND 1973, 197 S., TAB. U. SCHAUB., ARDEY
UNTERSUCHUNGEN Z. WIRTSCHAFTS-, SOZIAL- UND
TECHNIKGESCH. 1. (ZUGL. UEBERARB. DISS.)

---

300 0 0 023 0 0 0

648-760653

PROJEKTGRUPPE VERWALTUNG UND AUSBILDUNG (3)

*ZUR ENTWICKLUNG DER KOHLENKRISE UND DEM
VERSUCH IHRER KOMPENSATION DURCH DEN STAAT
(DRITTER ZWISCHENBERICHT DES DFG-FORSCHUNGS-
PROJEKTES VERWALTUNGSREFORM UND AUSBILDUNGS-
REFORM)

BERLIN 1973

---

300 0 0 023 0 0 0

649-761584

KONZE HEINZ

SIEDLUNGSVERBAND RUHRKOHLENBEZIRK (3)

*ENTWICKLUNG DES STEINKOHLENBERGBAUS IM
RUHRGEBIET (1957-1974) - GRUNDLAGEN UND
STRUKTURDATEN FUER DIE STADT- UND REGIONAL-
PLANUNG

ESSEN 1975
SCHRIFTENREIHE DES SIEDLUNGSVERBANDES
RUHRKOHLENBEZIRK. 56.

R U H R G E B I E T

WIRTSCHAFT

   - METALLINDUSTRIE (EINSCHL. MONTANUNION)

---

300 0 0 024 0 0 0

650-761425

HERRMANN W.

INDUSTRIE UND HANDELSKAMMER F.DIE STADTKREISE
ESSEN, MUELHEIM(RUHR), OBERHAUSEN ZU ESSEN

*KOHLE UND EISEN - BASIS DER RUHRWIRTSCHAFT

IN: WIRTSCHAFTLICHE NACHRICHTEN DER IHK FUER
DIE STADTKREISE ESSEN,MUELHEIM(RUHR),OBERHSN.
ZU ESSEN, JG.14, 1960 S.585-590

---

300 0 0 024 0 0 0

651-761621

POUNDS N.J.G.

*THE LOCALISATION OF THE IRON AND STEEL
INDUSTRY IN NORTHWEST GERMANY

IN: TIJDSCHR. V. ECON. EN SOC. GEOGR.,
BD. 42, S.174-181, S'GRAVENHAGE 1961

---

300 0 0 024 0 0 0

652-761561

AHRENS T.

*STANDORTPROBLEME DER EISEN- UND STAHL-
INDUSTRIE IM RUHRGEBIET

IN: RUHRWIRTSCHAFT 1962, S. 242-249

---

300 0 0 024 0 0 0

653-761410

HUFFSCHMID B.

*DAS REVIER WANDELT SEIN GESICHT. DIE SCHWER-
INDUSTRIE HAT AN GEWICHT VERLOREN

IN: DER VOLKSWIRT, NR.19, JG.18,1964,S.841-84

---

(1)BEARBEITER   (2)MITARBEITER   (3)HERAUSGEBER   (4)REDAKTION   (5)PROJEKTLEITUNG   (6)AUFTRAGGEBER

300 0 0 024 0 0 0

654-761577

KNUEBEL HANS

*DIE EISENHUETTENINDUSTRIE DES RUHRGEBIETS

IN: GEOGRAPHISCHE RUNDSCHAU, BRAUNSCHWEIG
1965, S. 193-203

---

300 0 0 024 0 0 0

655-760644

RESCH W.

INDUSTRIE- UND HANDELSKAMMER DORTMUND

*DIE WANDLUNGEN IN DER ERZVERSORGUNG DER
HUETTENINDUSTRIE.

IN: RUHRWIRTSCHAFT. JG. 1965. S. 187-190

---

300 0 0 0244 1 0 0

656-761420

HELMICH KURT

WESTFAELISCHE WILHELMS UNIVERSITAET, INSTITUT
FUER VERKEHRSWISSENSCHAFT, MUENSTER (3)

*STRUKTURWANDLUNGEN IN DER EISEN-UND STAHL-
INDUSTRIE UND IHR EINFLUSS AUF DEN VERKEHRS-
SEKTOR
GOETTINGEN 1970
BEITRAEGE AUS DEM INSTITUT FUER VERKEHRS-
WISSENSCHAFT AN DER UNIVERSITAET MUENSTER
HEFT 59

---

300 0 0 024 0 0 0

657-761575

HARDERS F.

*DIE HUETTE DER ZUKUNFT. - RATIONALISIERUNGS-
MOEGLICHKEITEN IN DER STAHLINDUSTRIE UNTER
GROSSWIRTSCHAFTLICHEN GESICHTSPUNKTEN UND DEM
ASPEKT DER KOMMENDEN ZEHN BIS ZWANZIG JAHRE

IN: WERK UND WIR, 1971, H. 3, S. 66-69

---

300 0 06202474 0 0

658-761094

MOENNICH HORST

HOESCH AG

*AUFBRUCH INS REVIER - AUFBRUCH NACH EUROPA.
HOESCH 1871-1971. (JUBILAEUMSSCHRIFT DER
HOESCH-AG DORTMUND)

DORTMUND 1971, 444 S., VERLAG BRUCKMANN

---

300 0 0 024 0 0 0

659-761629

WIRTSCHAFTSVEREINIGUNG EISEN- UND
STAHLINDUSTRIE (3)

*STATISTISCHES JAHRBUCH DER EISEN- UND
STAHLINDUSTRIE

DUESSELDORF

---

300 0 0 024 0 0 0

660-760474

LAMBERTS WILLI

RHEINISCH-WESTFAELISCHES INSTITUT FUER
WIRTSCHAFTSFORSCHUNG, ESSEN (3)

*DER STRUKTURWANDEL IM RUHRGEBIET - EINE
ZWISCHENBILANZ. 1.FOLGE: DIE BEDEUTUNG DES
MONTANKOMPLEXES FUER DIE RUHRWIRTSCHAFT

IN: MITTEILUNGEN NR.3, 23 JG, 1972

---

300 0 0 024 0 0 0

661-760024

SCHENK HERMANN

VEREIN DEUTSCHER EISENHUETTENLEUTE,(3)

*DIE STAHLINDUSTRIE AN RHEIN UND RUHR IM
INTERNATIONALEN KONKURRENZKAMPF.BESTEHT DIE
GEFAHR DES ABWANDERNS?

DUESSELDORF 1972

IN:STAHL UND EISEN, ZEITSCHRIFT FUER DAS
EISENHUETTENWESEN, H.1, JG. 92, 1972

---

300 0 0 024 0 0 0

662-761061

VEREIN DEUTSCHER INGENIEURE

*RUHR-STAHLINDUSTRIE SETZT AUF WERKE IM AUS-
LAND.

IN: VDI-NACHRICHTEN NR.7 VOM 14.2.1973

---

300 0 0 024 0 0 0

663-760513

WOLTER FRANK

*STRUKTURELLE ANPASSUNGSPROBLEME DER WESTDT.
STAHLINDUSTRIE. ZUR STANDORTFRAGE D. STAHL-
INDUSTRIE IN HOCHINDUSTRIALISIERTEN LAENDERN.

TUEBINGEN: MOHR VERLAG 1974, 182 S.

R U H R G E B I E T

WIRTSCHAFT

  - ANDERE INDUSTRIEN

---

300 0 0 026 0 0 0

664-761564

BROICH F.

*DIE PETROCHEMIE DES RUHRGEBIETS

ESSEN 1968

R U H R G E B I E T

WIRTSCHAFT

  - UEBRIGE WIRTSCHAFTSZWEIGE

---

300 0 0 02812 0 0

665-760960   BB 762/35

HEIMANN FRIEDRICH W. (5)
CURDES GERHARD, MUELLER-TRUDRUNG JUERGEN (1)
INSTITUT GEWERBEBETRIEBE IM STAEDTEBAU
(INGESTA) (3), SVR (6)
*UNTERSUCHUNG ZUR FOERDERUNG VON NEBENZENTREN
IM RUHRGEBIET. TEIL I: GRUNDLEGUNG, TEIL II:
ANALYSE DER HANDELSSTRUKTUR, TEIL III A:
STANDORTBEDINGUNGEN, STANDORTE U. GROESSEN-
ORDNUNGEN, TEIL III B: BESATZ, ORGANISATION,
TEIL III C: REALISIERUNGSVORSCHLAEGE,
TEIL III D: ZUSAMMENFASSUNG, TEIL IV: ANHANG
KOELN 1966/67

---

300 0 0 02821 0 0

666-760976   BB 760/51

LIEBERT BERND

INSTITUT FUER GEBIETSPLANUNG UND
STADTENTWICKLUNG (INGESTA) (3), SVR (6)

*KAUFKRAFTSTROEME IM GEBIET DES SIEDLUNGSVER-
BANDES RUHRKOHLENBEZIRK

KOELN 1974, 356 S., KT., TAB.

---

300   065567528 0 0 0

667-761016

WIGGEN JOACHIM, ZURWEHN ULRICH, (1)

*VERGLEICH DER STRUKTUR UND PROBLEME DER
AGRARWIRTSCHAFT IN DER EMSCHERZONE UND VESTI-
SCHEN ZONE ANHAND VON BEISPIELBETRIEBEN IN
HERNE UND RECKLINGHAUSEN

OHNE ORT 1974

R U H R G E B I E T

WIRTSCHAFT

---

300 0 0 029 0 0 0

668-761273

HESSING FRANZ-JOSEF

*LAND- UND FORSTWIRTSCHAFT IM GEBIETSENTWICK-
LUNGSPLAN FUER DAS RUHRGEBIET

IN: INNERE KOLONISATION 15(1966) HEFT 12
S.306-310

---

300 0 0 029 0 0 0

669-761334

WIERLING LUDGER

*LANDWIRTSCHAFT IM STAEDTISCH-INDUSTRIELLEN
BALLUNGSRAUM. UNTERSUCHT AM BEISPIEL DES
RHEINISCH-WESTFAELISCHEN INDUSTRIEGEBIETES.

KOELN: WESTDEUTSCHER VERLAG 1968

FORSCHUNGSBERICHTE DES LANDES NW NR.1956

300625 0 029 0 0 0

670-760529

WALITZKA KARLHEINZ

GESAMTHOCHSCHULE DUISBURG (3)

*DIE LANDWIRTSCHAFT IM BEREICH DES BALLUNGS-
RAUMES RUHRGEBIET UNTER BESONDERER
BERUECKSICHTIGUNG DER VERHAELTNISSE IN
DUISBURG

DUISBURG 1973, EXAMENSARBEIT MASCH.SKRIPT

---

(1)BEARBEITER (2)MITARBEITER (3)HERAUSGEBER (4)REDAKTION (5)PROJEKTLEITUNG (6)AUFTRAGGEBER

BIBLIOGRAPHIE RAUMPLANUNG IM RUHRGEBIET. IRPUD-BIBLIOGRAPHIEN.1. UNIVERSITAET DORTMUND. BL. 75

300 0 0 031 01721

674-760964

STEINBERG HANS GUENTHER

*DIE SOZIALOEKONOMISCHE ENTWICKLUNG
DES RUHRGEBIETS SEIT 1945

IN: GEOGRAPHISCHE RUNDSCHAU, 17. JG., 1965,
SEITE 197-203

---

300 0 0 031 0 0 0

675-760076

KIRRINIS H., (1)

*ZUR BEVOELKERUNGSSTRUKTUR DER EMSCHERZONE

IN: GEOGRAPHISCHE RUNDSCHAU, JG. 17,1965
HEFT 5, S.206-209

R U H R G E B I E T

300 0 0 031 0 0 0

676-761313

STATISTISCHES LANDESAMT NW

*STATISTISCHE RUNDSCHAU FUER DAS RUHRGEBIET -
SIEDLUNGSVERBAND RUHRKOHLENBEZIRK

BEVOELKERUNG

DUESSELDORF 1967

  - DEMOGRAPHIE,SOZIOGRAPHIE,STADTSOZIOLOGIE

---

300 0 0 03123 0 0

672-760429

FILUSCH BERNHARD

RHEINISCH WESTFAELISCHES INSTITUT FUER
WIRTSCHAFTSFORSCHUNG, ESSEN

*DIE WIRKUNGEN DES BESCHAEFTIGUNGSRUECKGANGES
IM STEINKOHLENBERGBAU AUF EINKOMMEN UND
BESCHAEFTIGUNG IM RUHRGEBIET

IN: MITTEILUNGEN DES HRGS, 1.JG.,1959, BD. 10
S. 195-206

300 0 0 031 0 0 0

677-760520

ZUEHLKE WERNER

SIEDLUNGSVERBAND RUHRKOHLENBEZIRK (3)

*ZU- UND ABWANDERUNG IM RUHRGEBIET 1966.
ERGEBNISSE EINER UMFRAGE.

ESSEN 1967

SCHRIFTENREIHE DES SIEDLUNGSVERBANDES
RUHRKOHLENBEZIRK NR.13, 61 S.

---

300 0 0 031 0 0 0

673-761625

WALTER H.

*UNTERSUCHUNGEN ZUR SOZIALANTHROPOLOGIE DER
RUHRBEVOELKERUNG

MUENSTER 1962

VEROEFFENTL. D. PROVINZIALINSTITUTS FUER
WESTFAELISCHE LANDES- UND VOLKSKUNDE,
REIHE 1, BD.12

300 0 0 031 0 0 0

678-760519

ZUEHLKE WERNER

SIEDLUNGSVERBAND RUHRKOHLENBEZIRK,ESSEN (3)

*ZU- UND ABWANDERUNG IM RUHRGEBIET 1967.
ERGEBNISSE EINER UMFRAGE

ESSEN 1968

SCHRIFTENREIHE DES SIEDLUNGSVERBANDES RUHR-
KOHLENBEZIRK NR.20 , 39 S.

---

(1)BEARBEITER (2)MITARBEITER (3)HERAUSGEBER (4)REDAKTION (5)PROJEKTLEITUNG (6)AUFTRAGGEBER

300 0 0 031 0 0 0
679-760967   BB 902/NOR31
WIERLING LUDGER, ZUEHLKE WERNER
SIEDLUNGSVERBAND RUHRKOHLENBEZIRK (3)
*ALTERSSTRUKTUR IM RUHRGEBIET
ESSEN 1969, 12 S., 1 KT., 11 TAB.
SCHRIFTENREIHE DES SVR. 25.

---

300 0 0 031 0 0 0
680-760568
LANDWEHRMANN FRIEDRICH
SIEDLUNGSVERBAND RUHRKOHLENBEZIRK
*DAS RUHRREVIER - SEIN SOZIALER HINTERGRUND
BAND 1
ESSEN 1970
SCHRIFTENREIHE DES SVR HEFT 32

---

300 0 0 031 0 0 0
681-760567
LANDWEHRMANN FRIEDRICH (1),   FUDERHOLZ
GUENTER, MARQUARDT UWE, RUHL BARBARA (2)
SIEDLUNGSVERBAND RUHRKOHLENBEZIRK
*DAS RUHRREVIER - SEIN SOZIALER HINTERGRUND
BAND 1: TEXTBAND
ESSEN 1970, 150 S.
SCHRIFTENREIHE DES SVR. 31.

---

300 0 0 03121 0 0
682-761415
HOTTES KARLHEINZ
INSTITUT FUER RAUMORDNUNG, BONN-BAD GODESBERG
*SOZIALOEKONOMISCHE VORAUSSETZUNGEN FUER EINE
WELTSTADT IN DER NORDWESTEUROPAEISCHEN
MEGALOPOLIS

IN: INFORMATIONEN AUS DEM INSTITUT FUER RAUM-
ORDNUNG, NR.24, 20.JG., 1970, S.757-768

---

300 0 0 03113 0 0
683-760613
SCHUELER JOERG
RUHRUNIVERSITAET BOCHUM, ARBEITSGEMEINSCHAFT
F. WOHNUNGSWESEN, STAEDTEPLAN. U. RAUMORDNUNG
*DIE WOHNSIEDLUNG IM RUHRGEBIET. EIN BEI-
TRAG ZUR SOZIOLOGIE DES WOHNENS IM INDUSTRIE-
STAEDTISCHEN BALLUNGSRAUMS
BOCHUM 1971
OEKOLOGISCHE FORSCHUNGEN. SCHRIFTENREIHE
DER ARBEITSGEMEINSCHAFT FUER WOHNUNGS-
WESEN, STAEDTEPL. U. RAUMORD. AN D. RUB, BD.1

---

300 0 0 03117 0 0
684-760655
PROGNOS AG, ABT. REGIONALPLANUNG, WIRTSCHAFT
UND BEVOELKERUNG IM RUHRGEBIET (3), SVR (6)
*TEIL I DER UNTERSUCHUNG UEBER DIE BESCHAEFTI-
GUNGSENTWICKLUNG IM TERTIAEREN SEKTOR UND
DEREN VERTEILUNG NACH SIEDLUNGSSCHWERPUNKTEN,
AUFTRAGGEBER: SVR ESSEN
BASEL 1972

---

300 0 0 031 0 0 0
685-760652
RADZIO HEINER
*ALTERSHEIM RUHRGEBIET?

IN: HANDELSBLATT NR. 10, JG. 27, 14./15.1.
1972.

---

300 0 0 031 0 0 0
686-761504
DREWE PAUL, KELLNER GUENTER, RECHMANN BERN-
HARD (1), LANG FRITZ, MUTZENBACH HEINZ,
PROLL HELGA, ROSENKRANZ BRUNO (2)
SIEDLUNGSVERBAND RUHRKOHLENBEZIRK (3)
*PROGNOSE DER BEVOELKERUNG UND DER
ERWERBSTAETIGEN IM RUHRGEBIET 1971-1985
ESSEN 1975, 142 S., KT., TAB.

R U H R G E B I E T

BEVOELKERUNG

   - BERUF, ARBEIT, SITUATION DER ARBEITER

---

300 0 0 03223 0 0
687-760638

*RICHTLINIEN DES BUNDESMINISTERS FUER ARBEIT
UND SOZIALORDNUNG UEBER DIE GEWAEHRUNG VON
BESONDEREN ANPASSUNGSHILFEN FUER ARBEIT-
NEHMER DES KOHLEBERGBAUS VOM 11.12.1959.

IN: BUNDESANZEIGER, NR. 241 VOM 16.12.1959.

BIBLIOGRAPHIE RAUMPLANUNG IM RUHRGEBIET. IRPUD-BIBLIOGRAPHIEN.1. UNIVERSITAET DORTMUND. BL. 77

---

300 0 0 032 0 0 0

688-760711

KASER P.

LAND NORDRHEIN-WESTFALEN

*AELTERE ARBEITNEHMER IN DER INDUSTRIE NORDRHEIN - WESTFALENS.

KOELN, WESTDT.VERLAG OPLADEN: 1966

FORSCHUNGSBERICHTE DES LANDES NRW, NR. 1608.

R U H R G E B I E T

BEVOELKERUNG

- SOZIALWESEN,SOZIALARBEIT,SOZIALPOLITIK

---

300 0 0 032 01121

689-761536   BB 082/1

UNIVERSITAET DORTMUND, ABTEILUNG RAUMPLANUNG

*DIE ZUORDNUNG VON WOHN- UND ARBEITSPLAETZEN -REGIONALPLANUNG RUHRGEBIET-
STUDIENPROJEKT P 14, STUDIENJAHR 1972/73

DORTMUND 1973

300 0 0 034 0 0 0

692-760565

LANDWEHRMANN FRIEDRICH, ALBRING RAINER (1)
HERINGHAUS PETER,WALLNER MANFRED (2)

NORDRHEIN-WESTFALEN,MINISTER FUER ARBEIT,
INST. FUER STADT- U. REGIONALENTWICKLUNG (3)

*DER AELTERE IN DER INDUSTRIELLEN ARBEITSWELT,
FORSCHUNGSBERICHT.

ESSEN 1974 182 S. KT., TAB. VERLAG H.WINGEN

---

300 0 0 032 0 0 0

690-760677

KROMBACH UWE

*ZUR LAGE DER ARBEITENDEN BEVOELKERUNG
IM RUHRGEBIET.

FRANKFURT MAIN: ROTER STERN 1974.

R U H R G E B I E T

BEVOELKERUNG

- PARTEIEN,VERBAENDE,VEREINE,KIRCHEN

---

300 0 0 03557 0 0

693-761638

INITIATIVE FUER EINE GESELLSCHAFT ZUR UNTER-
STUETZUNG D. VOLKSKAEMPFE DORTMUND (3)

*DIE GEBIETS- UND VERWALTUNGSREFORM IM
RUHRGEBIET. NACHTEILE FUER DAS VOLK:
AUFBLAEHUNG D. BUEROKRATIE, MEHR VERWALTUNGS-
KOSTEN, HOEHERE STEUERN U. GEBUEHREN

DORTMUND 1975, 33 S.

R U H R G E B I E T

BEVOELKERUNG

- ARBEITERBEWEGUNG,GEWERKSCHAFTEN

---

300 0 0 033 0 0 0

691-760643

REULECKE JUERGEN (3)

*ARBEITERBEWEGUNG AN RHEIN UND RUHR

WUPPERTAL 1974.

R U H R G E B I E T

BEVOELKERUNG

- ERHOLUNG,FREIZEIT,URLAUB,SPORT,SPIEL

---

(1)BEARBEITER (2)MITARBEITER (3)HERAUSGEBER (4)REDAKTION (5)PROJEKTLEITUNG (6)AUFTRAGGEBER

300 0 0 03643 0 0

694-760796

UNGEWITTER RUDOLF

*ERHOLUNG UND WASSER IM BALLUNGSRAUM RUHRGE-
BIET

IN: ERHOLUNG UND WASSER. BONN 1962 =
SCHRIFTENREIHE HILFE DURCH GRUEN HEFT 10
S.21-24

---

300 0 0 036 0 0 0

695-760057

FRIEDRICH JULIUS, (1)

*GASTLICHES REVIER - RAST- UND SCHLEMMER-
STAETTEN IM RUHRGEBIET

HATTINGEN 1965, 192 S.

---

300 0 0 03611 0 0

696-761253

CZINKI LASZLO, ZUEHLKE WERNER

*ERHOLUNG UND REGIONALPLANUNG. ANALYSE DES
ERHOLUNGSWESENS UNTER BESONDERER BERUECK-
SICHTIGUNG DES RUHRGEBIETES.

IN: RAUMFORSCHUNG UND RAUMORDNUNG 24(1966)
HEFT4 S.155-164

---

300 0 0 036 0 0 0

697-760435

FRORIEP SIEGFRIED

*DER FREIZEITWERT DES RUHRGEBIETES. IN
RAUMORDNUNG BODENPOLITIK ALS GRUNDLAGE
DER STRUKTURVERAENDERUNG DES RUHRGEBIETES

IN: NORDRHEIN-WESTFALEN BAUT, BAND 24, 1968,
SEITE 61 - 69

---

300 0 0 036 0 0 0

698-761337

BLACKSELL MARK

*OUTDOOR RECREATION IN THE RUHR

IN: TOWN AND COUNTRY PLANNING (LONDON) 37
(1969) HEFT 3 S.129-133

---

300 0 0 036 0 0 0

699-761346

MITTELBACH HEINZ ARNO, SCHOENFELD HANSKARL

*FREIZEITANLAGEN FUER DAS RUHRREVIER

IN: BAUWELT 60(1969) HEFT 30 S.1013-1017

---

300 0 0 036 0 0 0

700-761342

MELLINGHOFF KLAUS, STOLZENWALD RALF

SIEDLUNGSVERBAND RUHRKOHLENBEZIRK (SVR)

*DIE NAHERHOLUNGSWAELDER DES RUHRGEBIETES.

ESSEN 1969

SCHRIFTENREIHE DES SVR. 26.

---

300 0 0 036 0 0 0

701-761344

MITTELBACH HEINZ ARNO, SCHOENFELD HANSKARL

*FREIZEITANLAGEN FUER DAS RUHRREVIER

IN: DEUTSCHE BAUZEITSCHRIFT 17(1969) HEFT 2
S.238-242

---

300 0 0 036 0 0 0

702-761349

SCHULZKE HENNING

*FREIZEITPARKS IM RUHRGEBIET

IN: DER LANDKREIS 39(1969) HEFT 819 S.280-281

---

300 0 0 036 0 0 0

703-761345

MITTELBACH HEINZ ARNO, SCHOENFELD HANSKARL

*FREIZEITPARKS IM RUHRGEBIET

IN: BAUMEISTER 66(1969) HEFT 11

---

(1)BEARBEITER (2)MITARBEITER (3)HERAUSGEBER (4)REDAKTION (5)PROJEKTLEITUNG (6)AUFTRAGGEBER

300 0 0 03616 0 0

704-761099

MITTELBACH HEINZ ARNO

*REVIERPARKS: FREIZEITKOMBINATE.

IN: DAS GARTENAMT, AUG. 1969

---

300 0 0 036 0 0 0

705-760412

EMNID - INSTITUT UND SIEDLUNGSVERBAND RUHR-
KOHLENBEZIRK, (3)

*FREIZEIT IM RUHRGEBIET

BIELEFELD/ESSEN 1971

---

300 0 0 036 0 0 0

706-761522   BB 082/1

UNIVERSITAET DORTMUND, ABTEILUNG RAUMPLANUNG

*FREIZEIT UND ERHOLUNG (ZUM FREIZEITPARK-
KONZEPT D. SIEDLUNGSVERBAND RURUHRKOHLENBEZ.)
STUDIENPROJEKT P08, STUDIENJAHR 1970/71

DORTMUND 1971

---

300 0 0 03616 0 0

707-761098

MITTELBACH HEINZ ARNO

SIEDLUNGSVERBAND RUHRKOHLENBEZIRK (SVR)

*UEBER DIE REVIERPLANUNG

ESSEN, 1972, 41 GEZ.BL., DTSCH., ENGL., FRZ..

---

300 0 0 03616 0 0

708-760675

KUERTEN WILHELM VON

*LANDSCHAFTSSTRUKTUR UND NAHERHOLUNGSRAEUME IM
RUHRGEBIET UND IN SEINEN RANDZONEN.

PADERBORN, SCHOENINGH 1973.

BOCHUMER GEOGRAPHISCHE ARBEITEN SONDERREIHE 1

---

300 0 0 036 0 0 0

709-760999   BB 083/34

DROBNIEWSKI MANFRED F.

UNIVERSITAET DORTMUND, ABTEILUNG RAUMPLANUNG

*NAHERHOLUNGSPLANUNG IN FREIRAEUMEN AM RANDE
VON BALLUNGSGEBIETEN, GEZEIGT AM BEISPIEL DES
NORD-WESTLICHEN RUHRGEBIETES

DORTMUND 1975, DIPLOMARBEIT

---

300 0 0 036 0 0 0

710-760998   BB 083/40

LIEBING KLAUS JUERGEN, MEISTER MANFRED

UNIVERSITAET DORTMUND, ABTEILUNG RAUMPLANUNG

*PROBLEME EINER RAUMBEZOGENEN FREIZEITPLANUNG
IM BEREICH REGIONALER UND KOMMUNALER PLANUNG.
DARGEST. AN DER FREIZEITPLANUNG IM RUHRGEBIET

DORTMUND 1975, 173 BL., DIPLOMARBEIT

---

300 0 0 03665 0 0

711-761184   BB 160/66

BECKMANN THEODOR

UNIVERSITAET BONN, LANDWIRTSCHAFTLICHE
FAKULTAET

*MODELL ZUR SCHAETZUNG DES NAHERHOLUNGS-
FLAECHENBEDARFS IN VERDICHTUNGSRAEUMEN,
DARGESTELLT AM BEISPIEL DES RUHRGEBIETES

BONN 1975, IV,185S., DISS.

300655 0 036 0 0 0

712-760059

KALENDER RIA, (1)

*DIE REVIERPARKE IM INNERN DES RUHRGEBIETES
UNTER BESONDERER BERUECKSICHTIGUNG DES
REVIERPARKS GYSENBERG BEI HERNE

OHNE ORT 1975

R U H R G E B I E T

INFRASTRUKTUR, VERSORGUNG

- STRASSENVERKEHR,EISENBAHN,
  SCHIFFAHRT,LUFTVERKEHR

---

(1)BEARBEITER (2)MITARBEITER (3)HERAUSGEBER (4)REDAKTION (5)PROJEKTLEITUNG (6)AUFTRAGGEBER

BIBLIOGRAPHIE RAUMPLANUNG IM RUHRGEBIET. IRPUD-BIBLIOGRAPHIEN.1. UNIVERSITAET DORTMUND. BL. 80

---

300 0 0 041 0 0 0

713-761203

GADEGAST JOACHIM

*ARBEITEN AM GENERALVERKEHRSPLAN FUER DAS
RUHRGEBIET. IN: STRASSENBAU UND VERKEHRS-
INGENIEURE BERICHTEN. FESTSCHRIFT FUER
JOHANNES SCHLUMS

STUTTGART 1963, S.77-79

---

300 0 0 041 0 0 0

714-761637

WASSER- UND SCHIFFAHRTSDIREKTION MUENSTER

*ZUR INFORMATION, DAS WESTDEUTSCHE KANALNETZ

MUENSTER

---

300 0 0 041 0 0 0

715-761370

ZAHN ERICH

*STRASSENPLANUNG IM RUHRGEBIET

IN: BAUMARKT 59(1960) S.1754-1755

---

300 0 0 041 0 0 0

716-761356

GADEGAST JOACHIM

*STRASSENDICHTE UND AUSBAUPLAENE IM RUHRGEBIET

IN: STRASSEN- UND TIEFBAU 14(1960) HEFT 1
S.34-36

---

300 0 0 041 0 0 0

717-761372

ZAHN ERICH

INDUSTRIE- UND HANDELSKAMMER (IHK) ESSEN

*STRASSENPLANUNG IM RUHRGEBIET

IN: WIRTSCHAFTLICHE NACHRICHTEN DER IHK
ESSEN 14(1960) NR.17 S.485-487

---

300 0 0 04116 0 0

718-761387

STAUDTE WERNER

*MENSCH UND RAUM. DER "GRUENE PLAN" FUER DAS
RUHRGEBIET

IN: SCALA INTERNATIONAL(FRANKFURT/MAIN 1961),
HEFT 8, S.20-25

---

300 0 0 041 0 0 0

719-761376

INTERTRAFFIC GMBH (1), SIEDLUNGSVERBAND
RUHRKOHLENBEZIRK (3)

*ERMITTLUNG DER ZWECKMAESSIGEN LUFTVERKEHRS-
EINRICHTUNGEN IM GEBIET DES SIEDLUNGSVER-
BANDES RUHRKOHLENBEZIRK UNTER BERUECKSICHTI-
GUNG MOEGLICHER TECHNISCHER ENTWICKLUNGEN

ESSEN 1961

---

300 0 0 041 0 0 0

720-761379

LABS WALTER, LINDEN WALTER

SIEDLUNGSVERBAND RUHRKOHLENBEZIRK

*AKTUELLE PROBLEME DES NAHVERKEHRS

ESSEN 1961

---

300 0 0 041 0 0 0

721-761377

GADEGAST JOACHIM

INDUSTRIE- UND HANDELSKAMMER ESSEN

*STRASSENPLANUNG IM WESTLICHEN RUHRGEBIET

IN: WIRTSCHAFTLICHE NACHRICHTEN DER IHK
ESSEN 15(1961) NR.3 S.64-67

---

300 0 0 041 0 0 0

722-761374

FRORIEP SIEGFRIED

*PROBLEME DES STRASSENVERKEHRS IM RUHRGEBIET

IN: STAEDTETAG 14(1961) HEFT 4 S.197

---

(1)BEARBEITER (2)MITARBEITER (3)HERAUSGEBER (4)REDAKTION (5)PROJEKTLEITUNG (6)AUFTRAGGEBER

300 0 0 041 0 0 0

723-761378

KOENIG GUENTHER

*ANALYSE DES AUTOBAHNVERKEHRS IM RHEINISCH-
WESTFAELISCHEN INDUSTRIEGEBIET ZWISCHEN DEN
ANSCHLUSSSTELLEN DUISBURG-WEDAU UND LUENEN-
KAMEN

IN: STRASSE UND AUTOBAHN 12(1961) H.4,S.148
BIS 152 (SIEHE AUCH BEILAGE: STRASSENVERKEHRS
TECHNIK HEFT 4, S.33-36)

---

300 0 0 041 0 0 0

724-760630

*DER RUHRSCHNELLWEG - VERKEHRSSCHLAGADER
UND SORGENKIND DES REVIERS.

IN: BAUMARKT. JG. 33, 1961. S. 1833, 1834,
1839-1841.

---

300 0 0 041 0 0 0

725-760530

MUEGGE

*DIE RUHRTANGENTE FREI FUER DEN VERKEHR.

IN: DIE BAUVERWALTUNG HEFT 10, 1961

---

300 0 0 041 0 0 0

726-760629

BUNDESMIN. F. VERKEHR U. MIN. F. LANDESPL.
WOHNUNGSB. U. OEFFENT. ARB. D. LANDES NW (3)

*RUHRTANGENTE. BUNDESAUTOBAHN LEVERKUSEN -
KAMEN.

REMSCHEID 1961.

---

300 0 0 041 0 0 0

727-760793

LINDEN WALTER

SIEDLUNGSVERBAND RUHRKOHLENBEZIRK

*DIE NAHZONE IM GUETERKRAFTVERKEHR MIT BESON-
DERER BERUECKSICHTIGUNG DES RUHRGEBIETES.

ESSEN 1962

---

300 0 0 041 0 0 0

728-761398

JUERGENSEN HARALD, VOIGT GERHARD

SIEDLUNGSVERBAND RUHRKOHLENBEZIRK (6)

*DIE LANGFRISTIGE VERKEHRSENTWICKLUNG AUF DEN
WASSERSTRASSEN IM RUHRGEBIET.

ESSEN 1962

---

300 0 0 041 0 0 0

729-761395

GADEGAST JOACHIM

*DER GENERALVERKEHRSPLAN FUER DAS RUHRGEBIET.
PROBLEME UND BISHERIGE ARBEITSERGEBNISSE.

IN: RAUMORDNUNG UND RAUMFORSCHUNG 20(1962)
HEFT 4 S.207-216

---

300 0 0 04164 0 0

730-761388

SIEDLUNGSVERBAND RUHRKOHLENBEZIRK

*KARTENWERK DES OEFFENTLICHEN NAHVERKEHRS,
1:50 000 (15 TEILBLAETTER, 1 ERLAEUTERUNGS-
BLATT)

ESSEN 1948-1962

---

300 0 0 041 0 0 0

731-760928

*DER RUHRSCHNELLWEG - VERKEHRSSCHLAGADER
UND SORGENKIND DES REVIERS

IN: DER BAUMARKT 33, 1962, S. 1833/34,39-41

---

300 0 0 041 0 0 0

732-760437

GADEGAST JOACHIM

*DER GENERALVERKEHRSPLAN FUER DAS RUHRGEBIET

IN: RAUMFORSCHUNG UND RAUMORDNUNG 20, KOELN
1962, SEITE 207-216

---

(1)BEARBEITER (2)MITARBEITER (3)HERAUSGEBER (4)REDAKTION (5)PROJEKTLEITUNG (6)AUFTRAGGEBER

300 0 0 041 0 0 0

733-761204

GADEGAST JOACHIM

VEREIN DEUTSCHER INGENIEURE (VDI)

*DAS RUHRGEBIET ERHAELT GENERALVERKEHRSPLAN

IN: VDI-NACHRICHTEN 17(1963) NR. 2 S.7

---

300 0 0 041436416

734-761249

SIEDLUNGSVERBAND RUHRKOHLENBEZIRK

*UEBERSICHTSKARTE DER VERBANDSGRUENFLAECHEN (STAND JUNI 1965) UND DER VERBANDSSTRASSEN (STAND FEBRUAR 1965) IM MASSSTAB 1:25 000 BESTEHEND AUS 12 TEILBLAETTERN

ESSEN 1965

---

300 0 0 041 0 0 0

735-761250

SIEDLUNGSVERBAND RUHRKOHLENBEZIRK

*DIE VERBESSERUNG DER VERKEHRSVERHAELTNISSE IM RUHRGEBIET. FOLGERUNGEN AUS DEM GUTACHTEN DER SACHVERSTAENDIGENKOMMISSION ZUR VERBESSERUNG DER VERKEHRSVERHAELTNISSE IN DEN GEMEINDEN

ESSEN 1965

---

300 0 0 04164 0 0

736-761757

SIEDLUNGSVERBAND RUHRKOHLENBEZIRK

*UEBERSICHTSKARTE DES VERBANDSSTRASSENNETZES IM MASSSTAB 1:100 000 (STAND FEBRUAR 1965)

ESSEN 1965

---

300 0 0 041 0 0 0

737-761254

EDLER HORST, KOENIG GUENTHER

*DIE VERKEHRSAUFGABEN DES RUHRGEBIETES AUS DER SICHT DES SIEDLUNGSVERBANDES RUHRKOHLENBEZIRK

IN: SCHIENE UND STRASSE 16(1966)S.208-220

---

300 0 0 041 0 0 0

738-761259

FRORIEP SIEGFRIED

WISSENSCHAFTLICHER VEREIN FUER DAS VERKEHRSWESEN

*DAS RUHRGEBIET ALS VERKEHRSREGION. VORTRAG 1965 IM HAUS DER TECHNIK

ESSEN 1966

SCHRIFTENREIHE DES WISSENSCHAFTLICHEN VEREINS FUER DAS VERKEHRSWESEN 80.82

---

300 0 0 041 0 0 0

739-760406

EDLER HORST

*DIE VERKEHRSAUFGABEN DES RUHRGEBIETS AUS DER SICHT DES SIEDLUNGSVERBANDES RUHRKOHLENBEZIRK

IN: SCHIENE UND STRASSE, 1966, S. 208 - 220

---

300 0 0 041 0 0 0

740-761075

THIEMER ERICH

SIEDLUNGSVERBAND RUHRKOHLENBEZIRK

*DIE ZUKUNFT DES OEFFENTLICHEN PERSONENNAHVERKEHRS IM RUHRGEBIET

ESSEN 1966

SCHRIFTENREIHE DES SIEDLUNGSVERBANDES RUHRKOHLENBEZIRK.2

---

300 0 0 04121 0 0

741-760624

SCHMITZ ALBERT

WESTFAELISCHE WILHELMS UNIVERSITAET MUENSTER, INSTITUT FUER VERKEHRSWISSENSCHAFT

*DER EINFLUSS DER NORDWANDERUNG DES RUHRKOHLENBERGBAUS AUF DIE INDUSTRIELLE STANDORTSTRUKTUR UND DEN WASSERSTRASSENVERKEHR.
GOETTINGEN 1966
BEITRAEGE AUS DEM INSTITUT FUER VERKEHRSWISSENSCHAFT AN DER UNIVERSITAET MUENSTER, HEFT 40

---

300 0 0 04121 0 0

742-760703

KIENBAUM GERHARD

*AENDERUNG DER WIRTSCHAFTLICHEN STRUKTUR DES RUHRGEBIETES UND DEREN AUSWIRKUNG AUF DIE TRANSPORTSYSTEME

IN: FOERDERN UND HEBEN, 16. JAHRG., 1966, HEFT 5, S. 375 - 379.

---

(1)BEARBEITER (2)MITARBEITER (3)HERAUSGEBER (4)REDAKTION (5)PROJEKTLEITUNG (6)AUFTRAGGEBER

```
300  0  0  0419 0 0                          300  0  0  0419 0 0

743-760696                                   748-760931

WEHNER BRUNO                                 WEHNER BRUNO

SIEDLUNGSVERBAND RUHRKOHLENBEZIRK            SIEDLUNGSVERBAND RUHRKOHLENBEZIRK

*GENERALVERKEHRSPLAN RUHRGEBIET              *GENERALVERKEHRSPLAN RUHRGEBIET
OEFFENTLICHER PERSONENVERKEHR - ANALYSE      OEFFENTLICHER PERSONENVERKEHR - ANALYSE
(TABELLEN)                                   (ABBILDUNGEN II )

ESSEN 1967                                   ESSEN 1967

SCHRIFTENREIHE DES SIEDLUNGSVERBANDES RUHR-  SCHRIFTENREIHE DES SIEDLUNGSVERBANDES RUHR-
KOHLENBEZIRK. 10.                            KOHLENBEZIRK. 9.

300  0  0  041 0 0 0                         300  0  0  041 0 0 0

744-760754                                   749-760930

WAELTER ERICH                                THIEMER ERICH

HOESCH AG DORTMUND

*DIE RUHR - LEBENSADER DES REVIERS.          *DIE ZUKUNFT DES OEFFENTLICHEN PERSONENNAH-
                                             VERKEHRS IM RUHRGEBIET


IN: WERK UND WIR. JAHRG. 19, 1967, S.43-47   IN: RAUM UND SIEDLUNG 6, 1967, S. 134-139


300  0  0  0419 0 0                          300  0  0  041 0 0 0

745-760556                                   750-761138

MAECKE PAUL ARTHUR, HOELSKEN DIETER          HOELSKEN DIETER

SIEDLUNGSVERBAND RUHRKOHLENBEZIRK            RHEINISCH-WESTFAELISCHE TECHNISCHE HOCHSCHULE
                                             AACHEN, INSTITUT FUER STADTBAUWESEN
*GENERALVERKEHRSPLAN RUHRGEBIET              *STADTVERKEHRSPLANUNGEN IM RHEIN-/RUHRGEBIET
INDIVIDUALVERKEHR - ANALYSE (ABBILDUNGEN)    (VORTRAG IM RAHMEN DER 4.TAGUNG: STADTVERKEHR
                                             GESTERN, HEUTE, MORGEN. HAUS D TECHNIK, ESSEN
ESSEN 1967                                   AM 9.5.1967)
                                             AACHEN, 1969
SCHRIFTENREIHE DES SIEDLUNGSVERBANDES RUHR-  IN: STADT-REGION-LANDES SCHRIFTENREIHE DES
KOHLENBEZIRK. 12.                            INSTITUTS F. STADTBAUWESEN AN DER
                                             TECHNISCHEN HOCHSCHULE  AACHEN. H.3, S.23-48

300  0  0  0419 0 0                          300  0  0  0419 0 0

746-760561                                   751-761047

WEHNER BRUNO                                 MAECKE PAUL ARTHUR, HOELSKEN DIETER

SIEDLUNGSVERBAND RUHRKOHLENBEZIRK            SIEDLUNGSVERBAND RUHRKOHLENBEZIRK

*GENERALVERKEHRSPLAN RUHRGEBIET              *GENERALVERKEHRSPLAN RUHRGEBIET
OEFFENTLICHER PERSONENVERKEHR - ANALYSE      INDIVIDUALVERKEHR - ANALYSE (TEXT)
(ABBILDUNGEN I )

ESSEN 1967                                   ESSEN 1967

SCHRIFTENREIHE DES SIEDLUNGSVERBANDES RUHR-  SCHRIFTENREIHE DES SIEDLUNGSVERBANDES RUHR-
KOHLENBEZIRK. 8.                             KOHLENBEZIRK. 11.

300  0  0  0419 0 0                          300  0  0  041 0 0 0

747-760875                                   752-760299

WEHNER BRUNO

SIEDLUNGSVERBAND RUHRKOHLENBEZIRK            *DEUTSCHE BUNDESBAHN UNTERSTUETZT UMSTRUKTU-
                                             RIERUNG. - BEISPIEL: RUHRGEBIET - INGOLSTADT
*GENERALVERKEHRSPLAN RUHRGEBIET
OEFFENTLICHER PERSONENVERKEHR - ANALYSE(TEXT)

ESSEN 1967                                   IN: BAU - MARKT 66, 1967 ,HEFT 16, S. 768-770

SCHRIFTENREIHE DES SIEDLUNGSVERBANDES RUHR-
KOHLENBEZIRK. 7.
```

300 0 0 041 0 0 0

753-761440

GADEGAST JOACHIM

*DER GENERALVERKEHRSPLAN FUER DAS RUHRGEBIET

IN: RAUMFORSCHUNG UND RAUMORDNUNG BD.4, 1967
S. 207-216.

---

300 0 0 041 0 0 0

754-761308

MROSZ MAX

SIEDLUNGSVERBAND RUHRKOHLENBEZIRK (SVR)

*VERKEHRSVERBAND - EINE VERKEHRSPOLITISCHE
NOTWENDIGKEIT

ESSEN 1967

SCHRIFTENREIHE DES SVR. 14.

---

300 0 0 041 0 0 0

755-761560

ACHILLES F. W.

*HAFENSTANDORTE UND HAFENFUNKTIONEN IM
RHEIN-RUHRGEBIET

PADERBORN 1967

---

300 0 0 04190 0 0

756-761076

WEHNER BRUNO

SIEDLUNGSVERBAND RUHRKOHLENBEZIRK

*GENERALVERKEHRSPLAN RUHRGEBIET
OEFFENTLICHER PERSONENVERKEHR - ANALYSE
ABHAENGIGKEIT VON STRUKTURDATEN

ESSEN 1968

SCHRIFTENREIHE DES SIEDLUNGSVERBANDES RUHR-
KOHLENBEZIRK. 23.

---

300 0 0 041 0 0 0

757-761084

STEFFENS BERTRAM

*DER STRUKTUREFEKT DER S-BAHN RUHR. IN: VER-
KEHRSWIRTSCHAFT IN NORDRHEIN-WESTFALEN

MUENCHEN 1968, S.39-42

---

300 0 0 041 0 0 0

758-760484

OEHM ELMAR

*DER AUSBAU DES REGIONALEN VERKEHRSNETZES FUER
DEN INDIVIDUAL- UND MASSENVERKEHR

IN: RAUMORDNUNG U. BODENPOLITIK ALS GRUNDLAGE
DER STRUKTURAENDERUNG DES RUHRGEBIETES.
NORDRHEIN-WESTFALEN BAUT BD.24, 1968 S.70-102

---

300 0 0 041 0 0 0

759-761727

KUCKUCK KARL HEINZ, HERBERT WILHELM

*DER S-BAHNAUSBAU DUISBURG-ESSEN-DORTMUND

IN: EISENBAHN-INGENIEUR 20 (1969), S. 169-176

---

300 0 0 04111 0 0

760-761338   BB 125/3

GADEGAST JOACHIM

RHEIN.-WESTFAELISCHE TECHN.HOCHSCHULE AACHEN,
INSTITUT FUER STADTBAUWESEN

*DIE NEUORDNUNG DES OEFFENTLICHEN NAHVERKEHRS
IM RUHRGEBIET

IN: STADT, REGION, LAND. SCHRIFTENREIHE DES
INSTITUTS FUER STADTBAUWESEN AN DER RHEIN.-
WESTF.TECHN.HOCHSCHULE AACHEN(1969)H.4 S.9-17

---

300 0 0 04124 0 0

761-761420

HELMICH KURT

WESTFAELISCHE WILHELMS UNIVERSITAET, INSTITUT
FUER VERKEHRSWISSENSCHAFT, MUENSTER (3)

*STRUKTURWANDLUNGEN IN DER EISEN-UND STAHL-
INDUSTRIE UND IHR EINFLUSS AUF DEN VERKEHRS-
SEKTOR
GOETTINGEN 1970
BEITRAEGE AUS DEM INSTITUT FUER VERKEHRS-
WISSENSCHAFT AN DER UNIVERSITAET MUENSTER
HEFT 59

---

300 0 0 041 0 0 0

762-760206

BARENBERG MECHTHILD, (1)

WESTFAELISCHE WILHELM UNIVERSITAET MUENSTER

*STRASSEN- UND KLEINEISENBAHNBAU IM RUHRGEBIET

MUENSTER 1970, 60 S., DIPL. ARB.

300 0 0 041 0 0 0

763-760483

OEHM ELMAR

*STADTBAHN UND S-BAHN-PLANUNG IM RUHRGEBIET

WIEN 1971

IN: DER AUFBAU NR.12, 1971, S.21-24

---

300 0 0 041 0 0 0

764-761412

HOTTES KALRHEINZ

*VERKEHRSGEOGRAPHISCHER STRUKTURWANDEL IM
RHEIN-RUHRGEBIET.

IN: GEOGRAPHISCHES TASCHENBUCH 1970-1972
WIESBADEN 1972, S.102-114

---

300 0 0 041 0 0 0

765-760597

SIEDLUNGSVERBAND RUHRKOHLENBEZIRK (3)

*UNTERSUCHUNG DES PARK- AND RIDE-VERKEHRS IM
RUHRGEBIET

ESSEN 1974

SCHRIFTENREIHE DES SVR. 47.

---

300 0 0 041 0 0 0

766-761738

BENGER HERMANN

WISSENSCHAFTLICHER VEREIN F. VERKEHRSWESEN,
ESSEN, UNIV. DORTMUND, ABT. RAUMPLANUNG (3)

*ENTLASTUNGSWIRKUNG VON SCHNELLBAHNEN AUF
PARALLEL GEFUEHRTE STRASSEN. BEITRAG Z.
VORTRAGSVERANSTALTUNG: PROBLEME D. VERKEHRS-
ERSCHLIESSUNG IM BALLUNGSRAUM RHEIN-RUHR

ESSEN 1974

---

300 0 0 041 0 0 0

767-761735

SPIEGEL ERIKA

WISSENSCHAFTLICHER VEREIN F. VERKEHRSWESEN,
ESSEN, UNIV. DORTMUND, ABT. RAUMPLANUNG (3)

*GESELLSCHAFTLICHE ENTWICKLUNG UND PERSONEN-
VERKEHR. BEITRAG Z. VORTRAGSVERANSTALTUNG:
PROBLEME D. VERKEHRSERSCHLIESSUNG IM
BALLUNGSRAUM RHEIN-RUHR

ESSEN 1974, 11 S.

---

300 0 0 041 0 0 0

768-761739

GREUTER BEAT

WISSENSCHAFTLICHER VEREIN FUER VERKEHRSWESEN,
ESSEN, UNIV. DORTMUND, ABT. RAUMPLANUNG (3)

*VERKEHRSPOLITISCHE KONZEPTE IM RUHRGEBIET.
BEITRAG Z. VORTRAGSVERANSTALTUNG: PROBLEME D.
VERKEHRSERSCHLIESSUNG IM BALLUNGSRAUM
RHEIN-RUHR

ESSEN 1974

300630 0 041 0 0 0

769-761685

KUCKUCK KARL HEINZ

*BESONDERE PLANERISCHE U. BAUTECHNISCHE
PROBLEM BEI D. VERKNUEPFUNG ZWISCHEN STADT-
BAHN U. S-BAHN, DARGELEGT AN BEISPIELEN AUS
DEM RHEIN-RUHR-GEBIET (U.A. ESSEN)

IN: BAU U. BETRIEB VON VERKEHRSTUNNELN.
VORTRAEGE EINER FACHTAGUNG VOM 24.-26.10.1974
IN ESSEN. DUESSELDORF 1974, ALBA, S. 58-72

---

300 0 0 041 0 0 0

770-761737

WUESTER GERHARD

WISSENSCHAFTLICHER VEREIN F. VERKEHRSWESEN,
ESSEN, UNIV. DORTMUND, ABT. RAUMPLANUNG (3)

*ANALYSE DES MODAL SPLIT BEIM LANDSEITIGEN
TRANSPORT VON UND ZU BINNENHAEFEN. BEITRAG
Z. VORTRAGSVERANSTALTUNG: PROBLEME DER
VERKEHRSERSCHLIESSUNG IM BALLUNGSRAUM
RHEIN-RUHR

ESSEN 1974

---

300 0 0 041 0 0 0

771-761736

BARON PAUL

WISSENSCHAFTLICHER VEREIN F. VERKEHRSWESEN,
ESSEN, UNIV. DORTMUND, ABT. RAUMPLANUNG (3)

*ZUR PROBLEMATIK EINES DRITTEN VERKEHRSFLUG-
HAFENS IN NRW. BEITRAG Z. VORTRAGSVERANSTAL-
TUNG: PROBLEME DER VERKEHRSERSCHLIESSUNG IM
BALLUNGSRAUM RHEIN-RUHR

ESSEN 1974

---

300 0 0 041 0 0 0

772-761741

BARON HANNELORE

*PROBLEME D. VERKEHRSERSCHLIESSUNG IM
BALLUNGSRAUM RHEIN-RUHR. BERICHT UEBER EINE
GEMEINSAME VORTRAGSVERANSTALTUNG DES WISS.
VEREINS F. VERKEHRSWESEN U. D. FACHGEBIETS
VERKEHRSWESEN U. VERKEHRSPLANUNG DER
UNIVERSITAET DORTMUND AM 29.3.1974 IN DO.

IN: NAHVERKEHRS-PRAXIS NR. 4/1974, S.148-150

BIBLIOGRAPHIE RAUMPLANUNG IM RUHRGEBIET. IRPUD-BIBLIOGRAPHIEN.1. UNIVERSITAET DORTMUND. BL. 86

---

300 0 0 0415 0 0

773-761555   BB 082/1

UNIVERSITAET DORTMUND, ABTEILUNG RAUMPLANUNG

*STADTENTWICKLUNGSPLANUNG UND REGIONALE
VERKEHRSPLANUNG IM WESTLICHEN RUHRGEBIET
STUDIENPROJEKT A 10, STUDIENJAHR 1974/75

DORTMUND 1975

---

300 0 0 041 0 0 0

774-760996   BB 083/99

SCHMIEDGEN JENS-UWE

UNIVERSITAET DORTMUND, ABTEILUNG RAUMPLANUNG

*DIENT DER VERKEHRSVERBUND IM POLYZENTRISCHEN
GEBILDE DES BALLUNGSRAUMES RHEIN-RUHR ZUR
VERBESSERUNG DER LAGE IM OEFFENTLICHEN
PERSONENNAHVERKEHR ?

DORTMUND 1976, DIPLOMARBEIT

R U H R G E B I E T

INFRASTRUKTUR, VERSORGUNG

  - ENERGIEVERSORGUNG

---

300 0 0 042 0 0 0

775-760285

BURCKHARD H.

IHK FUER DIE STADTKREISE ESSEN, MUELHEIM
UND OBERHAUSEN ZU ESSEN

*DIE ENERGIEWIRTSCHAFTSLAGE UND IHRE AUSWIR-
KUNGEN AUF DIE KOHLEN

IN: WIRTSCHAFTLICHE NACHRICHTEN DER INDUSTRIE
U.HANDELSKAMMER F.D.STADTKREISE ESSEN,
MUELHEIM + OBERHAUSEN JG.13,1959, S. 525-530

300630 0 042 0 023

776-761678

WILD HEINZ WALTER

*ZIELE UND AUFGABEN DER FORSCHUNGS- UND
ENTWICKLUNGSTAETIGKEIT IM STEINKOHLENBERGBAU
AUS DER SICHT DER RUHRKOHLE AG

IN: GLUECKAUF 107 (1971), S. 289-298

300630 0 042 0 0 0

777-761679

*STEAG BAUT KRAFTWERK NACH DER KOHLEDRUCKVER-
GASUNGSTECHNIK

IN: HANDELSBLATT 29 (1974) NR. 23 V. 1./2.2.
SEITE 8

300820922 042 0 0 0

778-760775

WEINZIRL KLAUS

*TECHNOLOGIEN ZUR KOHLEVERGASUNG ZUM EINSATZ
AM STANDORT DATTELN/WALTROP. VORTRAG GEHALTEN
IN DER ABTEILUNG RAUMPLANUNG, UNI. DORTMUND
AM 18.11.1975

DORTMUND 1975,MASCH.SKRIPT.

R U H R G E B I E T

INFRASTRUKTUR, VERSORGUNG

  - WASSERWIRTSCHAFT,ABFALL,UMWELTSCHUTZ

---

300 0 0 043 0 0 0

779-761634

EMSCHERGENOSSENSCHAFT

*JAHRESBERICHTE

ESSEN

---

300 0 0 043 0 0 0

780-761636

RUHRVERBAND, RUHRTALSPERRENVEREIN

*JAHRESBERICHTE

ESSEN

---

(1)BEARBEITER (2)MITARBEITER (3)HERAUSGEBER (4)REDAKTION (5)PROJEKTLEITUNG (6)AUFTRAGGEBER

300 0 0 043 0 0 0
781-761635

LIPPEVERBAND

*JAHRESBERICHTE

ESSEN

---

300 0 0 043 0 0 0
782-761071

UEBBING HELMUT, (1)

*WIR ALLE LEBEN VOM RUHRWASSER. PORTRAET EINER BRANCHE.

OHNE ORT, 1961

IN: RUHRGEBIET 1961, HEFT 6, S.38-43

---

300 0 0 043 0 0 0
783-761383

SCHOELER FRIEDRICH WILHELM

SIEDLUNGSVERBAND RUHRKOHLENBEZIRK (6)

*ABWASSERTECHNISCHE BEURTEILUNG VON INDUSTRIE- UND SIEDLUNGSFLAECHEN IM ZUSAMMENHANG MIT DER AUFSTELLUNG DES ENTWICKLUNGSPROGRAMMES

OHNE ORT 1961 (UNVEROEFFENTLICHT)

---

300 0 0 043 0 0 0
784-761396

HANSTEDT WALTER

*MUELLPROBLEME DES RUHRGEBIETS. BESTREBUNGEN EINER LOESUNG AUF REGIONALER BASIS.

IN: STAEDTETAG 15(1962) HEFT 5 S.273-275

---

300 0 0 043 0 0 0
785-761206

HANSTEDT WALTER

NIEDERRHEINISCHE INDUSTRIE- UND HANDELSKAMMER DUISBURG-WESEL ZU DUISBURG

*PLANUNG VON BESEITIGUNGS- UND VERWERTUNGS-ANLAGEN FUER MUELL IM RUHRGEBIET.

IN: WIRTSCHAFTLICHE MITTEILUNGEN DER IHK DUISBURG-WESEL ZU DUISBURG 18(1962) S.533-534

---

300 0 0 043160 0
786-760794

MELLINGHOFF KLAUS

*DAS ZIEL: EIN GRUENES REVIER.
IN: DAS GRUENE BUCH VON NORDRHEIN-WESTFALEN.

HILTRUP/WESTF. 1962 S.407-412

---

300 0 0 043360 0
787-760796

UNGEWITTER RUDOLF

*ERHOLUNG UND WASSER IM BALLUNGSRAUM RUHRGEBIET.

IN: ERHOLUNG UND WASSER. BONN 1962 = SCHRIFTENREIHE HILFE DURCH GRUEN HEFT 10 S.21-24

---

300 0 0 043 0 0 0
788-761205

HANSTEDT WALTER

*PLANUNG VON BESEITIGUNGS- UND VERWERTUNGSANLAGEN FUER MUELL IM RUHRGEBIET.

IN: STAUB 23(1963) S.218-225

---

300 0 0 043 0 0 0
789-761226

SIEDLUNGSVERBAND RUHRKOHLENBEZIRK

*DIE SCHADLOSE BESEITIGUNG VON ABFAELLEN. BERICHT DES ARBEITSKREISES ZUR SAMMLUNG, BESEITIGUNG UND VERWERTUNG VON MUELL UND STADTKEHRICHT UEBER DIE VON IHM VERANLASSTEN UND DURCHGEFUEHRTEN ARBEITEN.

ESSEN 1964

---

300 0 0 043 0 0 0
790-761224

KUEHNEL WALTER

*DAS RUHRGEBIET - EINE LANDSCHAFT DER GEGENSAETZE. WARUM SIEDLUNGSVERBAND RUHRKOHLENBEZIRK ?

IN: TEST 5(1964), HEFT 1, S.22-25

---

(1)BEARBEITER (2)MITARBEITER (3)HERAUSGEBER (4)REDAKTION (5)PROJEKTLEITUNG (6)AUFTRAGGEBER

BIBLIOGRAPHIE RAUMPLANUNG IM RUHRGEBIET. IRPUD-BIBLIOGRAPHIEN.1. UNIVERSITAET DORTMUND.

---

300 0 0 043 0 0 0

791-761241

MELLINGHOFF KLAUS

*GRUENPOLITIK IM RUHRGEBIET. AUS DER ARBEIT
DES SIEDLUNGSVERBANDES RUHRKOHLENBEZIRK

IN: GARTEN UND LANDSCHAFT 75(1965) HEFT 6
S.195-199

---

300 0 0 043641641

792-761249

SIEDLUNGSVERBAND RUHRKOHLENBEZIRK

*UEBERSICHTSKARTE DER VERBANDSGRUENFLAECHEN
(STAND JUNI 1965) UND DER VERBANDSSTRASSEN
(STAND FEBRUAR 1965) IM MASSSTAB 1:25 000
BESTEHEND AUS 12 TEILBLAETTERN

ESSEN 1965

---

300 0 0 043 0 0 0

793-761240

MELLINGHOFF KLAUS

*AUS GRAUEN HALDEN WERDEN GRUENE HUEGEL. UEBER
AUFGABE,PROBLEMATIK UND ERGEBNISSE DER
HALDENBERGRUENUNG IM RUHRGEBIET

IN: UNSER WALD (1965) H.7, S.171-172

---

300 0 0 043 0 0 0

794-761622

RAU JOHANNES

*DIE WASSERVERSORGUNG DES RUHRGEBIETES IN
ABHAENGIGKEIT VON DEN NATURVERHAELTNISSEN

IN: GEOGRAPHISCHE RUNDSCHAU 1965, S.147-155
BRAUNSCHWEIG

300062 5 0 043 0 0 0

795-761750

LAND NW, LANDESANSTALT F.IMMISSIONS- U.BODEN-
NUTZUNGSSCHUTZ, ESSEN
*JAHRESBERICHT 1964. UNTERSUCHUNGEN UEBER DIE
SO'2-IMMISSIONEN IM STADTGEBIET DUISBURG (3.
1961 BIS 2.1962). UNTERSUCHUNGEN UEBER DIE
ZEITLICHE VERAENDERUNGEN D.GRUNDBELASTUNG VON
SO'2-IMMISSIONEN (10.'62-9.'64).U.A.
ESSEN 1965, 68S.+ABB.+TAB.+ 4 FARB-FALTKARTEN
SCHRIFTENREIHE D.LANDESANSTALT F.IMMISSIONS-
UND BODENNUTZUNGSSCHUTZ DES LANDES NW, ESSEN
HEFT 1

---

300 0 0 043 0 0 0

796-761752

LAND NW, LANDESANSTALT F.IMMISSIONS- UND
BODENNUTZUNGSSCHUTZ, ESSEN

*SCHWEFELDIOXYD-IMMISSIONSMESSUNGEN IM LANDE
NORDRHEIN-WESTFALEN (NOV.1964 BIS OKT.1965)

ESSEN 1966, 53S.+ABB.+TAB.+ 17FARB-FALTKART.
SCHRIFTENREIHE D.LANDESANSTALT F. IMMISSION-
UND BODENNUTZUNGSSCHUTZ DES LANDES NW, ESSEN
HEFT 3

---

300 0 0 043 0 0 0

797-761272

HESSING FRANZ-JOSEF

*GROSSRAEUMIGE WASSERWIRTSCHAFT IM NORDRHEIN-
WESTFAELISCHEN INDUSTRIEGEBIET

IN: LANDKREIS 36(1966) HEFT 3 S.86-88

300605690 043 0 016

798-761280

KOLT WALTER, KLEIN J.

AVA-ARBEITSGEMEINSCHAFT ZUR VERBESSERUNG DER
AGRARSTRUKTUR IN HESSEN E.V.(3) SVR (6)

*DIE LANDWIRTSCHAFT IM OELBACHTAL. VORAUSSET-
ZUNGEN UND MOEGLICHKEITEN FUER DIE LANDWIRT-
SCHAFT ZUR ERHALTUNG UND PFLEGE STADTNAHER
FREIFLAECHEN IM REGIONALEN GRUENFLAECHEN-
SYSTEM DES RUHRGEBIETS.
WIESBADEN 1966
AVA-SONDERHEFT NR.25

---

300 0 0 04316 0 0

799-761278

MELLINGHOFF KLAUS

*DIE ERHALTUNG DER WAELDER IM RUHRGEBIET

IN: FORST- UND HOLZWIRT 21(1966)H.17 S.377-81

---

300 0 0 04316 0 0

800-761282

MELLINGHOFF KLAUS

*WALD, LANDESKULTUR UND INDUSTRIE

IN: ALLGEMEINE FORSTZEITSCHRIFT 21(1966)
HEFT 22/23 S.370-372

---

(1)BEARBEITER (2)MITARBEITER (3)HERAUSGEBER (4)REDAKTION (5)PROJEKTLEITUNG (6)AUFTRAGGEBER

300 0 0 04316 0 0

801-761281

MELLINGHOFF KLAUS

*DIE ERHALTUNG DER WAELDER IM RUHRKOHLENBEZIRK

HILTRUP/MUENSTER 1966

IN: WALD UND INDUSTRIE. LANDWIRTSCHAFT - ANGEWANDTE WISSENSCHAFT, BD. 128, S.61-70

---

300 0 0 043 0 0 0

802-760100   BB 536/111

DOMROES MANFRED, (1)

*LUFTVERUNREINIGUNG UND STADTKLIMA IM RHEINISCH-WESTFAELISCHEN INDUSTRIEGEBIET UND IHRE AUSWIRKUNG AUF DEN FLECHTENBEWUCHS DER BAEUME

BONN 1966, 132 S., 17 ABB.+ TAB., DISS.

IN: ARBEITEN ZUR RHEINISCHEN LANDESKUNDE. 23. DUEMMLERBUCH. 7483.

---

300 0 0 04311 0 0

803-761305

HESSING FRANZ-JOSEF

*LANDESPLANERISCHE ZIELSETZUNGEN FUER DIE SIEDLUNGSWASSERWIRTSCHAFT IM RUHRGEBIET

IN: GAS- UND WASSERFACH. AUSGABE WASSER 108 (1967) HEFT 10 S.254-257

---

300 0 0 043 0 0 0

804-761288

BEYER WOLFGANG

*BERICHT UEBER DIE VERSUCHSPFLANZUNG AUF EINER ABRAUMHALDE DER CHEMISCHEN INDUSTRIE.

IN: NATUR UND LANDSCHAFT 42(1967)H.12,S.272 BIS 274

---

300 0 0 043 0 0 0

805-760695

KNOP ERICH

*DER BAU DER BIOLOGISCHEN KLAERANLAGEN AN DER MUENDUNG DER EMSCHER

IN: GAS UND WASSERFACH. WASSER. H.36, JG. 108, 1967, S.1015 - 1017.

---

300 0 0 043 0 0 0

806-761119

MARKHOFF HEINZ

INDUSTRIE- UND HANDELSKAMMER F D STADTKREISE ESSEN, MUEHLHEIM U OBERHAUSEN ZU ESSEN

*ENTWICKLUNG UND PROBLEME DER WASSERWIRTSCHAFT IM WESTFAELISCHEN RUHRGEBIET.

IN: WIRTSCHAFTL NACHRICHTEN D IHK F D STADTKR ESSEN... JG.21, 1967, S.84-86

---

300 0 0 043 0 0 0

807-761316

BERVE RAGHILT

*LUFTREINHALTUNG

IN: BAUAMT UND GEMEINDEBAU 41(1968) HEFT 1 S.21-24

---

300 0 0 043 0 0 0

808-761325

GRUENEKLEE HEINZ GUENTHER

*ZUR PRAXIS DER BEPFLANZUNG VON ABFALLAGERPLAETZEN - ERFAHRUNGEN AUS DEM RUHRGEBIET.

IN: FORST- UND HOLZWIRT 23(1968) H.23 S.1-4

---

300 0 0 043 0 0 0

809-761336

*DIE AUSKUNFTS- UND BERATUNGSSTELLE BEIM SIEDLUNGSVERBAND RUHRKOHLENBEZIRK.

IN: STAEDTEBAU 22(1969) HEFT 2, S.91-93

---

300 0 0 043 0 0 0

810-760700

KIRWALD

*WASSERHAUSHALT UND EINZUGSGEBIET. FORSCHUNGSBERICHT DES RUHRTALSPERRENVEREINS.

IN: GAS- UND WASSERFACH, WASSER, JAHRG. 110, 1969, S. 749 - 754.

---

(1)BEARBEITER (2)MITARBEITER (3)HERAUSGEBER (4)REDAKTION (5)PROJEKTLEITUNG (6)AUFTRAGGEBER

BIBLIOGRAPHIE RAUMPLANUNG IM RUHRGEBIET. IRPUD-BIBLIOGRAPHIEN.1. UNIVERSITAET DORTMUND.

300 0 0 043 0 0 0

811-760098

SIEDLUNGSVERBAND RUHRKOHLENBEZIRK, (3)

*ABFALLBESEITIGUNG IM RUHRGEBIET 1971 BIS 1973
BERICHT DER AUSKUNFTS- UND BERATUNGSSTELLE
MUELL DES SIEDLUNGSVERBANDES RUHRKOHLENBEZIRK

ESSEN 1974, 145 S.

IN: SCHRIFTENREIHE SIEDLUNGSVERBAND RUHR-
KOHLENBEZIRK, 45

---

300 0 0 043 0 0 0

812-761549   BB 082/1

UNIVERSITAET DORTMUND, ABTEILUNG RAUMPLANUNG

*NUTZUNGSANALYSE RUHRTAL
STUDIENPROJEKT P 15, STUDIENJAHR 1973/74

DORTMUND 1974

R U H R G E B I E T

INFRASTRUKTUR, VERSORGUNG

  - BILDUNGSWESEN,SCHULEN,HOCHSCHULEN,MEDIEN,
    KUNST,KULTUR

---

300 0 0 045 0 0 0

813-760428

FABRICIUS FRITZ

*DIE VERWALTUNGS- UND WIRTSCHAFTSAKADEMIEN ALS
FAKTOREN DER BILDUNGSINTEGRATION IM
RHEINISCH-WESTFAELISCHEN INDUSTRIEREVIER
IN: KLEIN F., FABRICIUS: DAS RECHT A. BILDUNG
UND SEINE VERWIRKLICHUNG IM BALLUNGSRAUM

STUTTGART: KOHLHAMMER 1969

---

300 0 0 045 0 0 0

814-760264   BB Z300/16

BOSSHARD ROBERT, EINSELE MARTIN, GRUENEKE
DETLEF, STIERAND RAINER

*NEUE UNIVERSITAETEN IM RUHRGEBIET

IN: BAUMEISTER, 68. JAHRGANG, 1971, S.927-935

---

300 0 0 045 0 0 0

815-761156

WAGNER MEINHARD, SCHROETER BERTRAM

*HOCHSCHULEN IM RUHRGEBIET

WIEN 1971

IN: DER AUFBAU, NR. 12

---

300 0 0 045 0 0 0

816-760249   BB 075/168

SIEDLUNGSVERBAND RUHRKOHLENBEZIRK, (3)

*BILDUNGSCHANCEN AN DER RUHR
SCHULFUEHRER RUHRGEBIET

ESSEN 1973, 2. AUFLAGE

---

300 0 0 045 0 0 0

817-761682

*GROSSER KUMPEL. REGIONAL-MONOPOL IM RUHR-
REVIER. (FUSION ZWISCHEN DER WESTDEUTSCHEN
ALLGEMEINEN ZEITUNG U. D. WESTFAELISCHEN
RUNDSCHAU)

IN: SPIEGEL 28 (1974) NR. 40, S. 78-81

---

300 0 0 045 0 0 0

818-761740

MARQUARDT UWE, LANDWEHRMANN FRIEDRICH (5)

UNIVERSITAET BOCHUM, INSTITUT F. ARBEITS-
SOZIOLOGIE U. ARBEITSPOLITIK, SVR (3)

*INFRASTRUKTUR IM RUHRGEBIET. BILDUNG

ESSEN 1975, 88 S., KT., ABB., TAB.

SCHRIFTENREIHE SIEDLUNGSVERBAND RUHRKOHLEN-
BEZIRK. 50.

R U H R G E B I E T

RECHT, VERWALTUNG, POLITIK

  - PLANUNGSRECHT,BAURECHT,BODENRECHT

---

(1)BEARBEITER (2)MITARBEITER (3)HERAUSGEBER (4)REDAKTION (5)PROJEKTLEITUNG (6)AUFTRAGGEBER

300 0 0 052 01721

819-761271

HALSTENBERG FRIEDRICH

*DAS REVIER MUSS LEBEN.UMSTRUKTURIERUNG, ABER
NICHT ERST UEBERMORGEN. RUHRGEBIET IMMER NOCH
AUFNAHMEFAEHIG F.INDUSTRIEANSIEDL. AN DER
GRUNDSTUECKSFRAGE KANN ES NICHT SCHEITERN.
INTERVIEW MIT DEM DIREKTOR DES SVR.

IN: ESSEN ZWISCHEN GESTERN UND MORGEN. SONDER
AUSGABE ESSENER WOCHE 16(1966) NR.48 S.8-11

R U H R G E B I E T

RECHT, VERWALTUNG, POLITIK

- VERTRETUNGSKOERPERSCHAFTEN, WAHLEN

---

300 0 0 054 0 0 0

820-761368

UMLAUF JOSEF

SIEDLUNGSVERBAND RUHRKOHLENBEZIRK

*DER SIEDLUNGSVERBAND RUHRKOHLENBEZIRK.
ORGANISATION UND ARBEITSWEISE

ESSEN 1960

---

300 0 0 054 0 0 0

821-761357

GOTTHARDT R.

*DER SIEDLUNGSVERBAND RUHRKOHLENBEZIRK - SEINE
BEDEUTUNG UND AUFGABEN.

IN: STAATS- UND KOMMUNALVERWALTUNG 13(1960)
S.206-208

---

300 0 0 054 0 0 0

822-761360

*IDEE UND WIRKLICHKEIT DER REGIONALPLANUNG.
ZUM 40-JAEHRIGEN BESTEHEN DES SIEDLUNGS-
VERBANDES RUHRKOHLENBEZIRK.

IN: BAUAMT UND GEMEINDEBAU 33(1960) HEFT 7
S.287-289

---

300 0 0 054 0 0 0

823-761381

NAUNIN HELMUT

*DIE EIGENGESTALT DER KOMMUNALEN SELBSTVER-
WALTUNG IN NORDRHEIN-WESTFALEN. (S.121-122
DER SIEDLUNGSVERBAND RUHRKOHLENBEZIRK ALS
KOMMUNALER ZWECKVERBAND UND ALS LANDES-
PLANUNGSGEMEINSCHAFT)

IN: OEFFENTLICHE WIRTSCHAFT 10(1961) HEFT 3
S.114-124

---

300 0 0 054 0 0 0

824-761385

SIEDLUNGSVERBAND RUHRKOHLENBEZIRK

*SIEDLUNGSVERBAND RUHRKOHLENBEZIRK - TAETIG-
KEITSBERICHT 1958-1960

ESSEN 1961

---

300 0 0 054 0 0 0

825-761399

KEGEL STURM

*DER SIEDLUNGSVERBAND RUHRKOHLENBEZIRK.

IN: LICHTBOGEN 11(1962) HEFT 3 S.38-40

---

300 0 0 054 0 0 0

826-760795

MONZ HEINZ

*DER SIEDLUNGSVERBAND.
IN: KOMMUNALE NEUORDNUNG STAEDTISCHER
BALLUNGSRAEUME.

SAARBRUECKEN 1962, S. 28-29

---

300 0 0 054 0 0 0

827-761245

SIEDLUNGSVERBAND RUHRKOHLENBEZIRK

*DER SIEDLUNGSVERBAND RUHRKOHLENBEZIRK - EINE
KLARSTELLUNG LAUT EINSTIMMIGEM BESCHLUSS DER
VERBANDSVERSAMMLUNG VOM 1.JUNI 1965

ESSEN 1965

300 0 0 054 0 0 0

828-761242

*DER RUHRSIEDLUNGSVERBAND HAT ZUKUNFT. GE-
SPRAECH MIT MINISTERIALDIRIGENT DR.FRIEDRICH
HALSTENBERG

IN: INFORMATIONSDIENST RUHR NR.80(1965) S.1-4

---

300 0 0 054 0 0 0

829-761247

*"DER SIEDLUNGSVERBAND RUHRKOHLENBEZIRK MUSS
BLEIBEN." FORDERUNG DER CDU-FRAKTION IN DER
VERBANDSVERSAMMLUNG

IN: KOMMUNALPOLITISCHE BLAETTER 17(1965)
HEFT 15 S.740-741

---

300 0 0 054 0 0 0

830-761248

SIEDLUNGSVERBAND RUHRKOHLENBEZIRK

*SIEDLUNGSVERBAND RUHRKOHLENBEZIRK. TAETIG-
KEITSBERICHT 1961 BIS 1964

ESSEN 1965

---

300 0 0 054 0 0 0

831-761246

*DER SIEDLUNGSVERBAND RUHRKOHLENBEZIRK IST IN
ERSTER LINIE KOMMUNALVERBAND. SEINE HAUPT-
TAETIGKEIT LIEGT BEI KOMMUNALEN AUFGABEN, DIE
AUF KEINE ANDERE INSTITUTION UEBERTRAGEN
WERDEN KOENNEN

IN: INFORMATIONSDIENST RUHR VOM 18.5.1965
S.1-4

---

300 0 0 054 0 0 0

832-761244

DEUTSCHE AKADEMIE F. STAEDTEBAU UND LANDES-
PLANUNG

*DER SIEDLUNGSVERBAND RUHRKOHLENBEZIRK.
(AUSFUEHRUNGEN AUS ANLASS DER VERABSCHIEDUNG
DES VERBANDSDIREKTORS DR.ING.JOSEF UMLAUF)

IN: MITTEILUNGEN DER DEUTSCHEN AKADEMIE FUER
STAEDTEBAU UND LANDESPLANUNG JG.9, 1965
S.58-71

---

300 0 0 05411 0 0

833-761268

HALSTENBERG FRIEDRICH

*PRAKTISCHE REGIONALPOLITIK IM RUHRGEBIET.
AUS DER TAETIGKEIT DES SVR

IN: EUROPAEISCHER GEMEINDETAG 9(1966)
HEFT 1 S.6-19

---

300 0 0 054 0 0 0

834-761287

UMLAUF JOSEF

AKADEMIE FUER RAUMFORSCHUNG UND LANDESPLANUNG
HANNOVER

*DER SIEDLUNGSVERBAND RUHRKOHLENBEZIRK
IN : HANDWOERTERBUCH DER RAUMFORSCHUNG UND
RAUMORDNUNG, SPALTE 1765-1774

HANNOVER 1966

---

300 0 0 054 0 0 0

835-761303

HALSTENBERG FRIEDRICH

VEREIN FUER KOMMUNALWISSENSCHAFTEN, BERLIN

*DAS BEISPIEL DES SIEDLUNGSVERBANDES RUHR-
KOHLENBEZIRK

IN: DIE VERWALTUNGSREGION. STUTTGART 1967 =
SCHRIFTENREIHE DES VEREINS F.KOMMUNALWISSEN-
SCHAFTEN, BD. 16, S. 35-40

---

300 0 0 054 0 0 0

836-761315

ZIEMER ERNST

*HAUPTAUFGABEN DES SIEDLUNGSVERBANDES RUHR-
KOHLENBEZIRK. GEMEINSAME LOESUNG DRAENGENDER
SORGEN IM RUHRGEBIET

IN: KOMMUNALPOLITISCHE BLAETTER 19(1967) H.19
S.849-851

---

300 0 0 054 0 0 0

837-761322

FRORIEP SIEGFRIED

*DER SIEDLUNGSVERBAND RUHRKOHLENBEZIRK - SEINE
ORGANISATION UND SEINE AUFGABEN

IN: BAUAMT UND GEMEINDEBAU 41(1968) HEFT 3
S.90-93

---

(1)BEARBEITER (2)MITARBEITER (3)HERAUSGEBER (4)REDAKTION (5)PROJEKTLEITUNG (6)AUFTRAGGEBER

300 0 0 054 0 0 0

838-761323

FRORIEP SIEGFRIED

*DER SIEDLUNGSVERBAND RUHRKOHLENBEZIRK - SEINE ORGANISATION UND SEINE AUFGABEN

IN: BAUAMT UND GEMEINDEBAU 41(1968) HEFT 4 S.130-134

R U H R G E B I E T

RECHT, VERWALTUNG, POLITIK

- OEFFENTLICHKEITSARBEIT,PARTIZIPATION, DEMOKRATISIERUNG

---

300 0 0 055 0 0 0

839-761330

SCHNUR ROMAN

SIEDLUNGSVERBAND RUHRKOHLENBEZIRK

*VERWALTUNGSPROBLEME IN BALLUNGSRAEUMEN. AM BEISPIEL DES RUHRGEBIETES.

ESSEN 1968

SCHRIFTENREIHE DES SVR. 18.

---

300 0 0 055 0 0 0

840-761352

WIERLING LUDGER

*FUNCTIONS AND COMPETENCES OF THE RUHR PLANNING AUTHORITY.

IN: STUDIES IN COMPARATIVE LOCAL GOVERNMENT 3 (1969) HEFT 1 S.47-52

---

300 0 0 055 0 0 0

841-760937   BB 110/97

BRUNN EKKEHARD, MUELLER SEBASTIAN, STIERAND RAINER, WEISS ALFRED, WURMS CHRISTOPH (1)

UNIVERSITAET DORTMUND, ABTEILUNG RAUMPLANUNG ARBEITSGRUPPE KOMMUNALE PLANUNG, SVR (6)

*PARTIZIPATION AN DER GEBIETSENTWICKLUNGS- PLANUNG

DORTMUND 1973, 59 S., ABB., MASCH.DR

---

300 0 0 055 0 0 0

842-761046   BB 690/88

BORSDORF-RUHL BARBARA

SIEDLUNGSVERBAND RUHRKOHLENBEZIRK

*BUERGERINITIATIVEN IM RUHRGEBIET

ESSEN, 1974, 107 S.

SCHRIFTENREIHE SIEDLUNGSVERBAND RUHRKOHLEN- BEZIRK.35.

---

300 0 0 05541 0 0

843-761555   BB 082/1

UNIVERSITAET DORTMUND, ABTEILUNG RAUMPLANUNG

*STADTENTWICKLUNGSPLANUNG UND REGIONALE VERKEHRSPLANUNG IM WESTLICHEN RUHRGEBIET STUDIENPROJEKT A 10, STUDIENJAHR 1974/75

DORTMUND 1975

R U H R G E B I E T

RECHT, VERWALTUNG, POLITIK

- VERWALTUNGSORGANISATION,VERWALTUNGS- RATIONALISIERUNG,PLANUNGSORGANISATION

---

300 0 0 056 0 0 0

844-760605

SIEDLUNGSVERBAND RUHRKOHLENBEZIRK (3)

*SIEDLUNGSVERBAND RUHRKOHLENBEZIRK - AUFGABEN, ORGANISATION.

ESSEN, O.J.

---

300 0 0 056 0 0 0

845-761211

NEUFANG HEINZ

*DER SIEDLUNGSVERBAND RUHRKOHLENBEZIRK (1920- 1963).

IN: OEFFENTLICHE VERWALTUNG 16(1963) HEFT 21/ 22, S. 812-819

---

(1)BEARBEITER (2)MITARBEITER (3)HERAUSGEBER (4)REDAKTION (5)PROJEKTLEITUNG (6)AUFTRAGGEBER

300 0 0 056 0 0 0

846-761238

KOERBER JUERGEN

*ORGANISATION UND TAETIGKEIT DES SVR

IN: GEOGRAPHISCHE RUNDSCHAU 17(1965)
HEFT 6 S.215-221

---

300 0 0 056 0 0 0

847-761646

FRORIEP SIEGFRIED

DEUTSCHER RAT FUER LANDESPFLEGE, BONN
*ORGANISATION UND AUFGABEN DES SIEDLUNGS-
VERBANDES RUHRKOHLENBEZIRK (SVR)

IN: LANDESPFLEGE IM RUHRGEBIET =
SCHRIFTENREIHE DES DT. RATES F. LANDES-
PFLEGE, H. 19, 1972, S. 13-14

---

300 0 0 056 0 0 0

848-761640

BALDAUF GUENTHER

*SIEDLUNGSVERBAND RUHRKOHLENBEZIRK ALS
ORDNENDE HAND IM REVIER

IN: STAEDTE- UND GEMEINDERAT 27 (1973),
SEITE 354-359

R U H R G E B I E T

RECHT, VERWALTUNG, POLITIK

- TERRITORIALE VERWALTUNGSGLIEDERUNG,
  REGIONALE UND KOMMUNALE NEUGLIEDERUNG

---

300 0 0 057 0 0 0

849-760518

ZLONICKY MARLENE, ZLONICKY PETER

*DIE VERFOLGUNG UND ERMORDUNG DES
SIEDLUNGSVERBANDES RUHRKOHLENBEZIRK

IN: STADTBAUWELT 43, JG.65 (1974)
SEITE 225-227

---

300 0 0 057 0 0 0

850-760946

HALSTENBERG FRIEDRICH

*DAS BEISPIEL DES SIEDLUNGSVERBANDES
RUHRKOHLENBEZIRK
IN: DIE VERWALTUNGSREGION - AUFGABEN UND
VERFASSUNG EINER NEUEN VERWALTUNGSEINHEIT.

BERLIN 1967, S. 35-40

SCHRIFTENREIHE D. VEREINS FUER KOMMUNAL-
WISSENSCHAFTEN. BD. 16

300605 0 057 0 0 0

851-760237

BALTHASAR JOERG, (1)

*EINGEMEINDUNGSPOLITIK UND VERWALTUNGSORGANI-
SATION. EINE STUDIE UEBER DIE KOMMUNALE NEU-
GLIEDERUNG DES MITTLEREN RUHRGEBIETS

KOELN 1970, 132 S., KT., ABB., TAB.

---

300 0 0 057 0 0 0

852-760682

DEUTSCHER VERBAND FUER WOHNUNGSWESEN,
STAEDTEBAU UND RAUMPLANUNG
*KOMMUNALE NEUGLIEDERUNG IN NRW UND IHRE
STAEDTEBAULICH - PLANERISCHEN KONSEQUENZEN.
VORTRAGSVERANSTALTUNG DER LANDESGRUPPE NW DES
DEUTSCHEN VERBANDES F.WOHNUNGSWESEN,STAEDTE-
BAU + RAUMPLANUNG AM 11.5.1971 IN DUESSELDORF
BONN: STADTBAU - VERL.1971, 45 S.
KLEINE SCHRIFTEN D. DEUTSCHEN VERBANDES FUER
WOHNUNGSWESEN STAEDTEBAU U. RAUMPLANUNG. 48.

300844 0 057 0 0 0

853-761567   BB 970/8

BUCHHOLZ HANNS JUERGEN, HEINEBERG H.,
MAYR ALOIS, SCHOELLER PETER

GEOGRAPHISCHES INSTITUT RUHRUNIVERSITAET
BOCHUM (3), STADT HATTINGEN (6)
*MODELLE REGIONALER UND KOMMUNALER
NEUGLIEDERUNG IM RHEIN-RUHR-WUPPER BALLUNGS-
GEBIET UND DIE ZUKUNFT DER STADT HATTINGEN
BOCHUM 1971, 135 S.
MATERIALIEN ZUR RAUMORDNUNG AUS DEM
GEOGRAPHISCHEN INSTITUT DER RUHRUNIVERSITAET
BOCHUM, NR. 9

---

300 0 0 057 0 0 0

854-760563

LAUX EBERHARD

*GUTACHTERLICHE STELLUNGNAHME ZUM VORSCHLAG
ZUR NEUGLIEDERUNG DER GEMEINDEN UND KREISE
DES NEUGLIEDERUNGSRAUMES RUHRGEBIET DES
INNENMINISTERS DES LANDES NRW VOM 25.9.1972.

DUESSELDORF, SPEYER 1972

---

(1)BEARBEITER (2)MITARBEITER (3)HERAUSGEBER (4)REDAKTION (5)PROJEKTLEITUNG (6)AUFTRAGGEBER

300 0 0 057 0 0 0

855-760105

LAND NORDRHEIN-WESTFALEN, INNENMINISTER, (3)

*VORSCHLAG ZUR NEUGLIEDERUNG DER GEMEINDEN UND
KREISE DES NEUGLIEDERUNGSRAUMES RUHRGEBIET

DUESSELDORF 1972

---

300 0 0 057 0 0 0

856-760066

LINDEMANN HEINZ D., (1)

*OEKONOMISCHE KRITERIEN EINER VERWALTUNGS-
REFORM. DARGESTELLT ANHAND DER VORSCHLAEGE
ZUR NEUGLIEDERUNG DES RUHRGEBIETES

HERNE 1972

300C770 0 057 0 0 0

857-761080   BB 970/22

KREIS UNNA, KREISTAG

*STELLUNGNAHME ZU DEN VORSCHLAEGEN DES
INNENMINISTERS NW ZUR NEUGLIEDERUNG DER
GEMEINDEN UND KREISE DES NEUGLIEDERUNGSRAUMES
RUHRGEBIET UND DES NEUGLIEDERUNGSRAUMES
MUENSTER/HAMM. ARBEITSUNTERLAGE F.D. BERATUNG
DES KREISTAGES UNNA.NIEDERSCHRIFT UEBER DIE
SITZUNG DES KREISTAGES UNNA VOM 29.5.1973
UNNA 1973, 39 GEZ.BL.

---

300 0 0 057 0 0 0

858-761436

HEINEBERG H., MAYR ALOIS

INSTITUT FUER RAUMORDNUNG, BONN-BAD GODESBERG

*MODELLE UND PROBLEME DER KOMMUNALEN UND
REGIONALEN NEUGLIEDERUNG DES RUHRGEBIETS

INSTITUT FUER RAUMORDNUNG, INFORMATIONEN H.23
1973, S. 1-17

---

300 0 0 05711 0 0

859-761537

EVERS ADALBERT, FESTER MARC F., HARLANDER
TILMAN, HISS FRANZ

*VERWALTUNGSREFORM ALS BESTANDTEIL VON LANDES-
ENTWICKLUNGSPOLITIK. DAS BEISPIEL DES
RUHRGEBIETS

IN: STADTBAUWELT 39 (1973), S. 209-217

---

300 0 0 05717 0 0

860-760963   BB 201/274

SCHOELLER PETER

AKADEMIE FUER RAUMFORSCHUNG UND LANDES
PLANUNG (3)

*PRINZIPIEN UND PROBLEME UNGEPLANTER STAEDTE-
BILDUNG IN INDUSTRIEBESTIMMTEN OFFENEN
URBANISATIONSFELDERN
HANNOVER 1974
IN: STADT UND STADTRAUM.
VEROEFFENTLICHUNGEN DES HRGS. FORSCHUNGS- UND
SITZUNGSBERICHTE, BD. 97, S. 75-80

---

300 0 0 057 0 0 0

861-760533

BALDAUF GUENTHER

*ZUM VERBANDSPRINZIP IN VERDICHTUNGSRAEUMEN.
EIN BEITRAG ZUR KOMMUNALEN NEUGLIEDERUNG IM
RUHRGEBIET UND IN ANDEREN VERDICHTUNGSRAEUMEN

KOELN 1974 DT.GEMEINDEVERLAG

ABHANDLUNGEN ZUR KOMMUNALPOLITIK, BD.7

---

300 0 0 05711 0 0

862-761692

HALSTENBERG FRIEDRICH

*DIE NEUORDNUNG DER REGIONALPLANUNG.
VORTRAG AUF DEM KOMMUNALPOLIT. ABEND D. SVR
AM 10.5.1974 IN ESSEN

ESSEN 1974. 25 U. 10 S.

---

300 0 0 057 0 0 0

863-760269   BB 748/56

BROMANN PETER,

*OEKONOMISCHE KRITERIEN EINER VERWALTUNGS- UND
GEBIETSREFORM - DARGESTELLT AM BEISPIEL DES
RUHRGEBIETES -

BOCHUM, 1974, BROCKMEYER VERLAG

BOCHUMER WIRTSCHAFTSWISSENSCHAFTLICHE STUDIEN
NR. 3

---

300 0 0 05735 0 0

864-761638

INITIATIVE FUER EINE GESELLSCHAFT ZUR UNTER-
STUETZUNG D. VOLKSKAEMPFE DORTMUND (3)

*DIE GEBIETS- UND VERWALTUNGSREFORM IM
RUHRGEBIET. NACHTEILE FUER DAS VOLK:
AUFBLAEHUNG D. BUEROKRATIE, MEHR VERWALTUNGS-
KOSTEN, HOEHERE STEUERN U. GEBUEHREN

DORTMUND 1975, 33 S.

300 0 0 057 0 0 0

865-761057

*SVR-DIREKTOR NEUFANG ZU GAST BEI DER WAZ. DAS
REVIER BRAUCHT EINEN RUNDEN TISCH. (ZUR AUF-
LOESUNG DES SVR)

IN: WESTDEUTSCHE ALLGEMEINE ZEITUNG, NR.8,
VOM 10.1.1976, TEIL: BERICHT UND HINTERGRUND

R U H R G E B I E T

FINANZWESEN, STATISTIK, KARTOGRAPHIE
  - KASSENWESEN,STEUERN,GEBUEHREN

300 0 0 062 0 0 0

866-760410

ELLROTH H.

RHEINISCH WESTFAELISCHES INSTITUT FUER
WIRTSCHAFTSFORSCHUNG, ESSEN

*ENTWICKLUNG UND STRUKTUR DER GEMEINDESTEUERN
IM RUHRGEBIET

IN: RH.-WESTF. INST. F. WIRTSCH.FORSCH. ESSEN
MITTEILUNGEN, JG.15, 1964, HEFT 3/4, S.55-76

R U H R G E B I E T

FINANZWESEN, STATISTIK, KARTOGRAPHIE
  - STATISTIK
    (SOWEIT NICHT THEMATISCH EINGEORDNET)

300 0 0 063 0 0 0

867-760555

GEM.STATISTISCHE STELLE DER INDUSTRIE- UND
HANDELSKAMMERN NRW IN DORTMUND (3)

*ARBEITSSTAETTEN UND BESCHAEFTIGTE IN DEN
HANDELSKAMMERBEZIRKEN NORDRHEIN-WESTFALENS.
ERGEBNISSE DER ARBEITSSTAETTENZAEHLUNG 1970.

DORTMUND 1972

300 0 0 06390 0 0

868-760809

LANDESAMT FUER DATENVERARBEITUNG UND
STATISTIK NRW

*STATISTISCHE RUNDSCHAU FUER DAS RUHRGEBIET
(1967, 1969, 1970, 1971, 1972, 1973, 1974
UND 1975 ERSCHIENEN)

DUESSELDORF 1967-1975 (LETZTE AUSGABE)

R U H R G E B I E T

FINANZWESEN, STATISTIK, KARTOGRAPHIE
  - KARTOGRAPHIE,KARTEN

300 0 0 064 0 0 0

869-761633

PERLICK A.

*RHEINISCH-WESTFAELISCHES INDUSTRIEGEBIET
1:50 000 (WANDKARTE)

HAMBURG, OHNE JAHR, FLEMMINGS VERL.

300 0 0 064 0 0 0

870-760604

SIEDLUNGSVERBAND RUHRKOHLENBEZIRK(3)

*REGIONALPLANUNG (PLANUNGSATLAS DES SVR)

ESSEN 1960

300 0 0 06411 0 0

871-761371

*VIERZIG JAHRE SIEDLUNGSVERBAND RUHRKOHLEN-
BEZIRK. GELEGENTLICH DES JUBILAEUMS WURDE EIN
LANDESPLANUNGSATLAS HERAUSGEGEBEN

IN: KOMMUNALPOLITISCHE BLAETTER 12(1960)
HEFT 10, S.376-378

300 0 0 06411 0 0

872-761363

STEINBERG HEINZ GUENTHER

*DIE ZUKUNFT HAT SCHON BEGONNEN. DAS KARTEN-
WERK DES SIEDLUNGSVERBANDES RUHRKOHLENBEZIRK.
REGIONALPLANUNG 1960.

IN: RUHRGEBIET, LANDSCHAFT, KULTUR, WIRT-
SCHAFT(1960) HEFT 2 S.46-49

---

300 0 0 06411 0 0

873-761362

SCHMITZ GOTTFRIED

*DAS RUHRGEBIET - AUFGABE UND ZUKUNFT. ZUM
ATLASWERK: SIEDLUNGSVERBAND RUHRKOHLENBEZIRK
- REGIONALPLANUNG

IN: RAUMFORSCHUNG UND RAUMORDNUNG 18(1960)
HEFT 2/3 S.144-151

---

300 0 0 C6411 0 0

874-761359

SIEDLUNGSVERBAND RUHRKOHLENBEZIRK

*SIEDLUNGSVERBAND RUHRKOHLENBEZIRK - REGIONAL-
PLANUNG. (PLANUNGSATLAS IN FORTSETZUNGEN.)

ESSEN 1960 FF.

---

300 0 0 06441 0 0

875-761388

SIEDLUNGSVERBAND RUHRKOHLENBEZIRK

*KARTENWERK DES OEFFENTLICHEN NAHVERKEHRS,
1:50 000 (15 TEILBLAETTER, 1 ERLAEUTERUNGS-
BLATT)

ESSEN 1948-1962

---

300 0 0 064 0 0 0

876-761228

SPOERHASE ROLF

*KARTHOGRAPHISCHE DARSTELLUNG EINES AUSSCHNIT-
TES DES RUHRGEBIETES IN SEINEN VERSCHIEDENEN
ZUSTAENDEN 1840, 1920 UND 1960

ESSEN 1964 (UNVEROEFFTL.)

---

300 0 0 064164143

877-761249

SIEDLUNGSVERBAND RUHRKOHLENBEZIRK

*UEBERSICHTSKARTE DER VERBANDSGRUENFLAECHEN
(STAND JUNI 1965) UND DER VERBANDSSTRASSEN
(STAND FEBRUAR 1965) IM MASSSTAB 1:25 000
BESTEHEND AUS 12 TEILBLAETTERN

ESSEN 1965

---

300 0 0 06441 0 0

878-761757

SIEDLUNGSVERBAND RUHRKOHLENBEZIRK

*UEBERSICHTSKARTE DES VERBANDSSTRASSENNETZES
IM MASSSTAB 1:100 000 (STAND FEBRUAR 1965)

ESSEN 1965

---

300 0 0 064 0 0 0

879-760631

*DAS RUHRGEBIET. KRISE UND WANDEL.

MUENCHEN O.J. (1968)

DIE AKTUELLE IRO-LANDKARTE, NR. 237.

---

300 0 0 064 0 0 0

880-761473   BB 415/71

RUHRGEBIETSSTAEDTE, VERMESSUNGS- U. KATASTER-
AEMTER; SIEDLUNGSVERBAND RUHRKOHLENBEZIRK

*STADTPLANWERK RUHRGEBIET. ZEICHENVORSCHRIFT

ESSEN 1971, 56 S., 2 FALTBL., 4 KT.

---

300 0 0 064 0 0 0

881-761170   BB 415/71

SIEDLUNGSVERBAND RUHRKOHLENBEZIRK (3)

*STADTPLANWERK RUHRGEBIET. ZEICHENVORSCHRIFT.

ESSEN 1971, 56S.,2FALTBL.,4KT.

---

(1)BEARBEITER (2)MITARBEITER (3)HERAUSGEBER (4)REDAKTION (5)PROJEKTLEITUNG (6)AUFTRAGGEBER

R U H R G E B I E T

FINANZWESEN, STATISTIK, KARTOGRAPHIE

- PLANUNGSMETHODEN

---

300 0 0 06536 0 0

882-761184   BB 160/66

BECKMANN THEODOR

UNIVERSITAET BONN, LANDWIRTSCHAFTLICHE
FAKULTAET

*MODELL ZUR SCHAETZUNG DES NAHERHOLUNGS-
FLAECHENBEDARFS IN VERDICHTUNGSRAEUMEN,
DARGESTELLT AM BEISPIEL DES RUHRGEBIETES

BONN 1975, IV,185S., DISS.

R U H R G E B I E T

GESCHICHTE

- STADTGESCHICHTE, SIEDLUNGSGESCHICHTE,
  LANDESGESCHICHTE

---

300 0 0 071 0 0 0

883-760293

CROON HELMUTH

*STAEDTEWANDLUNG UND STAEDTEBILDUNG IM RUHR-
GEBIET IM 19. JAHRHUNDERT
IN: AUS GESCHICHTE UND LANDESKUNDE, FORSCHUN-
GEN UND DARST., (STEINBACH-FESTSCHRIFT),

---

300 0 0 071 0 0 0

884-761626

WIEL PAUL

*DAS RUHRGEBIET IN VERGANGENHEIT UND GEGENWART

ESSEN 1963

---

300 0 0 071 0 0 0

885-761031

KIJEWSKI ELLINOR, (1)

PH RUHR IN DUISBURG, ABT. DUISBURG

*DIE KULTURGEOGRAPHISCHE ENTWICKLUNG DES
LINKS- UND RECHTSRHEINISCHEN RUHRGEBIETES

DUISBURG 1963, 88 S. EXAM.ARBEIT,MASCH.SKRIPT

---

300 0 0 07117 0 0

886-761488   BB 101/19

STEINBERG HEINZ GUENTHER

AKADEMIE FUER RAUMFORSCHUNG UND LANDESPLANUNG

*DIE ENTWICKLUNG DES RUHRGEBIETES VON 1840 BIS
1914 AUS DER SICHT DER RAUMFORSCHUNG

HANNOVER: JAENECKE 1965

IN: RAUMORDNUNG DES 19.JAHRHUNDERTS.
FORSCHUNGS- U.SITZUNGSBERICHTE D.AKADEMIE F.
RAUMFORSCHUNG U.LANDESPLANUNG,BD.30,S.175-244

---

300 0 0 07117 0 0

887-761466

STEINBERG HEINZ GUENTHER

35.DEUTSCHER GEOGRAPHENTAG BOCHUM

*GRUNDZUEGE D. ENTWICKLUNG D. RUHRGEBIETS. IN:
35.DEUTSCHER GEOGRAPHENTAG BOCHUM 1965.
TAGUNGSBERICHT UND WISSENSCHAFTLICHE ABHAND-
LUNGEN.

WIESBADEN: FRANZ STEINER 1966, S. 150-156

---

300 0 0 071131721

888-761136   BB 762/5

STEINBERG HEINZ GUENTHER

DEUTSCHER GEWERKSCHAFTSBUND, LANDESBEZIRK NW

*DIE ENTWICKLUNG DES RUHRGEBIETES. EINE WIRT-
SCHAFTS- UND SOZIALGEOGRAPHISCHE STUDIE

DUESSELDORF 1967, 72 S.

---

300 0 0 071 0 0 0

889-761576

HERBERMANN CL. (3)

*LINKS DER LIPPE, RECHTS DER RUHR. -
GESCHICHTE UND GEGENWART IM EMSCHERLAND

GELSENKIRCHEN 1969

---

(1)BEARBEITER (2)MITARBEITER (3)HERAUSGEBER (4)REDAKTION (5)PROJEKTLEITUNG (6)AUFTRAGGEBER

BIBLIOGRAPHIE RAUMPLANUNG IM RUHRGEBIET. IRPUD-BIBLIOGRAPHIEN.1. UNIVERSITAET DORTMUND.

300 0 0 071 0 0 0

890-760639

RICHTER DIETER

*RUHRGEBIET UND BERGISCHES LAND. ZWISCHEN RUHR UND WUPPER.

BERLIN 1971.

R U H R G E B I E T

GESCHICHTE

- SOZIALGESCHICHTE

---

300 0 0 072 0 0 0

891-760634

RUGE WOLFGANG

*DIE STELLUNGNAHME DER SOWJETUNION GEGEN DIE BESETZUNG DES RUHRGEBIETES. ZUR GESCHICHTE DER DEUTSCH-SOWJET. BEZIEHUNGEN VON JAN. BIS SEPT. 1923.

BERLIN 1962. 198 S.

SCHRIFTEN D. INST. F. GESCHICHTE I,12.

---

300 0 0 0722 3 0 0

892-760935   UB F 12

ADELMANN GERHARD

*DIE SOZIALE BETRIEBSVERFASSUNG DES RUHR-BERGBAUS VOM ANFANG DES 19. JAHRHUNDERTS BIS ZUM 1. WELTKRIEG UNTER BESONDERER BERUECK-SICHTIGUNG DES INDUSTRIE- UND HANDELSKAMMER-BEZIRKS ESSEN

BONN: ROEHRSCHEID 1962, 209 S.

RHEINISCHES ARCHIV, BD. 56

---

300 0 0 072 0 0 0

893-760691

KOELLER HEINZ

*KAMPFBUENDNIS AN DER SEINE, RUHR UND SPREE. DER GEMEINSAME KAMPF DER KPF UND DER KPD GEGEN DIE RUHRBESETZUNG 1923, (1. AUFL.).

BERLIN: RUETTEN U. LOENING 1963. 347 S.

SCHRIFTENREIHE D. INST. F. ALLG. GESCHICHTE AN D. HUMBOLDT-UNIVERSITAET BERLIN. 8.

---

300 0 0 072 0 0 0

894-760077

SCHABROD KARL, (1)

*WIDERSTAND AN RHEIN UND RUHR

HERNE 1969

---

300 0 0 072 0 0 0

895-761449   UB D 5670

LUCAS EBERHARD

*MAERZREVOLUTION IM RUHRGEBIET

FRANKFURT 1970

---

300 0 0 072 0 0 0

896-760560   BB/WI 3885/AUFS.

GOEBEL KLAUS, WICHELHAUS KLAUS.

*AUFSTAND DER BUERGER - REVOLUTION 1849 IM WESTDEUTSCHEN INDUSTRIEZENTRUM.

WUPPERTAL 1974

---

300 0 0 072 0 0 0

897-761639

RUERUP R.V. (3)

*ARBEITER- UND SOLDATENRAETE IM RHEINISCH-WESTFAELISCHEM INDUSTRIEGEBIET. STUDIEN ZUR GESCHICHTE DER REVOLUTION 1918/19

1975, 403 S.

R U H R G E B I E T

GESCHICHTE

- WIRTSCHAFT- UND TECHNIKGESCHICHTE

---

(1)BEARBEITER (2)MITARBEITER (3)HERAUSGEBER (4)REDAKTION (5)PROJEKTLEITUNG (6)AUFTRAGGEBER

BIBLIOGRAPHIE RAUMPLANUNG IM RUHRGEBIET. IRPUD-BIBLIOGRAPHIEN.1. UNIVERSITAET DORTMUND. BL. 100

---

300 0 0 073 0 0 0

898-761490 UB D 5913

SPETHMANN HANS

*ZWOELF JAHRE RUHRBERGBAU - AUS SEINER
GESCHICHTE VON KRIEGSANFANG BIS ZUM FRANZOSEN
ABMARSCH 1914-1925

BERLIN: HOBBING, O. J.

---

300 0 0 073 0 0 0

899-761145

HORTZSCHANSKY GUENTER

INST.F.GESELLSCHAFTSWISSENSCHAFTEN B ZK D SED
LEHRST.F.GESCHICHTE D ARBEITERBEWEGUNG

*DER NATIONALE VERRAT DER DEUTSCHEN MONOPOL-
HERREN WAEHREND DES RUHRKAMPFES 1923

BERLIN: DIETZ 1961, 325 S.

---

300 0 0 07321 0 0

900-760970

WIEL PAUL

RHEINISCH-WESTFAELISCHES INSTITUT FUER
WIRTSCHAFTSFORSCHUNG ESSEN (3)

*REGIONALE STRUKTURWANDLUNGEN IM RUHRGEBIET
SEIT DER VORKRIEGSZEIT

ESSEN 1963

RHEIN.-WESTFAEL. INSTITUT F. WIRTSCHAFTS-
FORSCHUNG ESSEN. MITTEILUNGEN, H. 9

---

300 0 0 073 0 0 0

901-761480 BB 101/19

RITTER ULRICH PETER

AKADEMIE FUER RAUMFORSCHUNG UND LANDESPLANUNG

*PLANUNG UND INDUSTRIEFOERDERUNG PREUSSENS IN
DER ERSTEN HAELFTE DES 19.JAHRHUNDERTS

HANNOVER: JAENECKE 1965

IN: RAUMORDNUNG IM 19.JAHRHUNDERT.TEIL 1.
FORSCHUNGS- UND SITZUNGSBERICHTE D.AKADEMIE
F.RAUMFORSCHUNG U.LANDESPLAN. BD.30,S.245-261

---

300 0 0 073 0 0 0

902-760769

RUSCH

*GESCHICHTE DER ZECHE ZENTRUM-MORGENSONNE. EIN
BEISPIEL FUER DIE ENTWICKLUNG D. RUHRBERGBAUS

WATTENSCHEID 1965

---

300 0 0 073 0 0 0

903-761569

DUESTERLOH D.

*BEITRAEGE ZUR KULTURGEOGRAPHIE DES NIEDER-
BERGISCH-MAERKISCHEN HUEGELLANDES - BERGBAU
UND VERHUETTUNG VOR 1850 ALS ELEMENTE DER
KULTURLANDSCHAFT

HATTINGEN 1967

HATTINGER HEIMATKUNDLICHE SCHRIFTEN, H. 15

---

300 0 0 073 0 0 0

904-760971 BB 780/29

WIEL PAUL

SIEDLUNGSVERBAND RUHRKOHLENBEZIRK (3)

*WIRTSCHAFTSGESCHICHTE DES RUHRGEBIETES.
TATSACHEN UND ZAHLEN

ESSEN: SUTTER 1970, 416 S.

---

300 0 0 07323 0 0

905-761700 UB F 16914

HOLTFRERICH CARL-LUDWIG

GESELLSCHAFT F. WESTFAELISCHE WIRTSCHAFTS-
GESCHICHTE E.V. (3)

*QUANTITATIVE WIRTSCHAFTSGESCHICHTE D. RUHR-
KOHLENBERGBAUS IM 19. JAHRHUNDERT. EINE
FUEHRUNGSSEKTORANALYSE

DORTMUND 1973, 197 S., TAB. U. SCHAUB., ARDEY
UNTERSUCHUNGEN Z. WIRTSCHAFTS-, SOZIAL- UND
TECHNIKGESCH. 1. (ZUGL. UEBERARB. DISS.)

---

300 0 0 073 0 0 0

906-761083

STEITZ WALTER

*DIE ENTSTEHUNG DER KOELN-MINDENER EISENBAHN-
GESELLSCHAFT. EIN BEITRAG ZUR FRUEHGESCHICHTE
DER DEUTSCHEN EISENBAHN UND DES PREUSSISCHEN
AKTIENWESENS

KOELN 1974, 387 S.

SCHRIFTEN ZUR RHEINISCH-WESTFAELISCHEN
WIRTSCHAFTSGESCHICHTE, BD. 27

R U H R G E B I E T

GESCHICHTE

- FIRMENGESCHICHTE

---

(1)BEARBEITER (2)MITARBEITER (3)HERAUSGEBER (4)REDAKTION (5)PROJEKTLEITUNG (6)AUFTRAGGEBER

BIBLIOGRAPHIE RAUMPLANUNG IM RUHRGEBIET. IRPUD-BIBLIOGRAPHIEN.1. UNIVERSITAET DORTMUND. BL. 101

---

300 0 0 074 0 0 0

907-761620

MOENNICH HORST

*AUFBRUCH INS REVIER. HOESCH 1871-1971

MUENCHEN 1961

---

300 0 062074 0 024

908-761094

MOENNICH HORST

HOESCH AG

*AUFBRUCH INS REVIER - AUFBRUCH NACH EUROPA.
HOESCH 1871-1971. (JUBILAEUMSSCHRIFT DER
HOESCH-AG DORTMUND)

DORTMUND, 1971, 444 S., VERLAG BRUCKMANN

R U H R G E B I E T

GESCHICHTE

 - INSTITUTIONENGESCHICHTE

---

300 0 0 075 0 0 0

909-761286

UMLAUF JOSEF

AKADEMIE FUER RAUMFORSCHUNG UND LANDESPLANUNG
HANNOVER

*ROBERT SCHMIDT.
IN: HANDWOERTERBUCH DER RAUMFORSCHUNG UND
RAUMORDNUNG SPALTE 1719-1722

HANNOVER 1966

---

300 0 0 075 0 0 0

910-761314

STEINHAUER GERHARD

*ROBERT SCHMIDT. LEBENSBILD EINES GROSSEN
ORDNERS.

KOELN: WESTDEUTSCHER VERLAG 1967

SCHRIFTEN DER VOLKS- UND BETRIEBSWIRTSCHAFTL.
VEREINIGUNG IM RHEINISCH-WESTFAELISCHEN
INDUSTRIEGEBIET, SONDERREIHE HEFT 6

---

300 0 0 075 0 0 0

911-761333

STEINBERG HEINZ GUENTHER

*GESCHICHTE DES SIEDLUNGSVERBANDES RUHRKOHLEN-
BEZIRK

IN: VERWALTUNG 1(1968) HEFT 2 S.165-183

---

300 0 0 075 0 0 0

912-761332

STEINBERG HEINZ GUENTHER

*DIE ENTWICKLUNG DES RUHRSIEDLUNGSVERBANDES

IN: RUHRGEBIET UND NEUES LAND. KOELN: GROTE
1968 = BEITRAEGE ZUR NEUEREN LANDESGESCHICHTE
DES RHEINLANDS UND WESTFALEN BD.2 S.115-152

---

300 0 0 075 01314

913-761072

*TREUHANDSTELLE FUER BERGMANNSWOHNSTAETTEN IM
RHEINISCH-WESTFAELISCHEN STEINKOHLENBEZIRK
1920-1970 (ZUM 50-JAEHRIGEN BESTEHEN)

ESSEN, 1970

---

300 0 0 075 0 0 0

914-760601   BB 070/55

SIEDLUNGSVERBAND RUHRKOHLENBEZIRK

*SIEDLUNGSVERBAND RUHRKOHLENBEZIRK 1920-1970
(SAMMELBAND ZUM 50-JAEHRIGEN BESTEHEN)

ESSEN 1970

R U H R G E B I E T

GESCHICHTE

 - RECHTSGESCHICHTE,VERFASSUNGSGESCHICHTE,
   WISSENSCHAFTSGESCHICHTE

---

(1)BEARBEITER (2)MITARBEITER (3)HERAUSGEBER (4)REDAKTION (5)PROJEKTLEITUNG (6)AUFTRAGGEBER

300 0 0 077 000 0

915-760609

SCHUNDER FRIEDRICH

*LEHRE UND FORSCHUNG IM DIENSTE DES RUHR-
BERGBAUS. WESTFAELISCHE BERGGEWERKSCHAFTS-
KASSE 1864-1964
FESTSCHRIFT ZUM 100-JAEHRIGEN BESTEHEN

HERNE 1964

R U H R G E B I E T

ZEITUNGEN, ZEITSCHRIFTEN, SCHRIFTENREIHEN

---

300 0 0 090 000 0

916-761450

MANNESMANN AKTIENGESELLSCHAFT DUESSELDORF

*ROHRPOST. ZEITSCHRIFT FUER DIE AKTIONAERE UND
GESCHAEFTSFREUNDE DER MANNESMANN AG

DUESSELDORF

---

300 0 0 09016 0 0

917-761580

KUERTEN WILHELM VON (3)

BEZIRKSST. F. NATURSCHUTZ U. LANDSCHAFTS-
PFLEGE I. BEREICH D. LANDESBAUBEHOERDE RUHR

*NATUR UND LANDSCHAFT IM RUHRGEBIET
HEFT 1, SEPT. 1964, HEFT 2, DEZ. 1965,
HEFT 3, DEZ. 1966, HEFT 4, JUNI 1968,
HEFT 5, DEZ. 1969, HEFT 6, 1970

RHEINHAUSEN 1964 -

---

300 0 0 09021 0 0

918-761058

RHEINISCH-WESTFAELISCHES INSTITUT FUER WIRT-
SCHAFTSFORSCHUNG ESSEN

*DIE WIRTSCHAFT IM RUHRGEBIET. DIE KONJUNKTU-
RELLE ENTWICKLUNG IM JAHRE ....., 1.JG.1965-
6.JG.1970

ESSEN 1965-1970

---

300 0 0 09041 0 0

919-761047

MAECKE PAUL ARTHUR, HOELSKEN DIETER

SIEDLUNGSVERBAND RUHRKOHLENBEZIRK

*GENERALVERKEHRSPLAN RUHRGEBIET
INDIVIDUALVERKEHR - ANALYSE (TEXT)

ESSEN 1967

SCHRIFTENREIHE DES SIEDLUNGSVERBANDES RUHR-
KOHLENBEZIRK. 11.

---

300 0 0 09041 0 0

920-760931

WEHNER BRUNO

SIEDLUNGSVERBAND RUHRKOHLENBEZIRK

*GENERALVERKEHRSPLAN RUHRGEBIET
OEFFENTLICHER PERSONENVERKEHR - ANALYSE
(ABBILDUNGEN II)

ESSEN 1967

SCHRIFTENREIHE DES SIEDLUNGSVERBANDES RUHR-
KOHLENBEZIRK. 9.

---

300 0 0 09041 0 0

921-760875

WEHNER BRUNO

SIEDLUNGSVERBAND RUHRKOHLENBEZIRK

*GENERALVERKEHRSPLAN RUHRGEBIET
OEFFENTLICHER PERSONENVERKEHR - ANALYSE(TEXT)

ESSEN 1967

SCHRIFTENREIHE DES SIEDLUNGSVERBANDES RUHR-
KOHLENBEZIRK. 7.

---

300 0 0 09041 0 0

922-760556

MAECKE PAUL ARTHUR, HOELSKEN DIETER

SIEDLUNGSVERBAND RUHRKOHLENBEZIRK

*GENERALVERKEHRSPLAN RUHRGEBIET
INDIVIDUALVERKEHR - ANALYSE (ABBILDUNGEN)

ESSEN 1967

SCHRIFTENREIHE DES SIEDLUNGSVERBANDES RUHR-
KOHLENBEZIRK. 12.

---

300 0 0 09041 0 0

923-760561

WEHNER BRUNO

SIEDLUNGSVERBAND RUHRKOHLENBEZIRK

*GENERALVERKEHRSPLAN RUHRGEBIET
OEFFENTLICHER PERSONENVERKEHR - ANALYSE
(ABBILDUNGEN I)

ESSEN 1967

SCHRIFTENREIHE DES SIEDLUNGSVERBANDES RUHR-
KOHLENBEZIRK. 8.

BIBLIOGRAPHIE RAUMPLANUNG IM RUHRGEBIET. IRPUD-BIBLIOGRAPHIEN.1. UNIVERSITAET DORTMUND. BL. 103

---

300 0 0 09041 0 0

924-760696

WEHNER BRUNO

SIEDLUNGSVERBAND RUHRKOHLENBEZIRK

*GENERALVERKEHRSPLAN RUHRGEBIET
OEFFENTLICHER PERSONENVERKEHR - ANALYSE
(TABELLEN)

ESSEN 1967

SCHRIFTENREIHE DES SIEDLUNGSVERBANDES RUHR-
KOHLENBEZIRK. 10.

---

300 0 0 09041 0 0

925-761076

WEHNER BRUNO

SIEDLUNGSVERBAND RUHRKOHLENBEZIRK

*GENERALVERKEHRSPLAN RUHRGEBIET
OEFFENTLICHER PERSONENVERKEHR - ANALYSE
ABHAENGIGKEIT VON STRUKTURDATEN

ESSEN 1968

SCHRIFTENREIHE DES SIEDLUNGSVERBANDES RUHR-
KOHLENBEZIRK. 23.

---

300 0 0 090 0 0 0

926-761339

SVR, PRESSE- UND INRORMATIONSAMT

*KULTURINFORMATION RUHR

ESSEN 1969-

---

300 0 0 09023 0 0

927-760953

STATISTIK DER KOHLENWIRTSCHAFT E.V. (3)

*ZAHLEN ZUR KOHLENWIRTSCHAFT
(ERSCHEINT VIERTELJAEHRLICH)

ESSEN

---

300 0 0 09021 0 0

928-760275

BUCHHOLZ HANNS JUERGEN

*DARSTELLUNGEN UND ANALYSEN DES STRUKTUR-
WANDELS AN DER RUHR

IN: WESTFAELISCHE FORSCHUNGEN, BD. 24, 1972
S. 195-211

---

300 0 0 09063 0 0

929-760809

LANDESAMT FUER DATENVERARBEITUNG UND
STATISTIK NRW

*STATISTISCHE RUNDSCHAU FUER DAS RUHRGEBIET
(1967, 1969, 1970, 1971, 1972, 1973, 1974
UND 1975 ERSCHIENEN)

DUESSELDORF, 1967-1975 (LETZTE AUSGABE)

R U H R G E B I E T

ZEITUNGEN, ZEITSCHRIFTEN, SCHRIFTENREIHEN

---

300 0 0 099 01122

930-760621   BB 125/3

SCHMITZ GOTTFRIED

RHEINISCH WESTFAELISCHE TECHNISCHE HOCHSCHULE
AACHEN, INSTITUT F. STADTBAUWESEN

*LANDESPLANERISCHE UND STRUKTURPOLITISCHE
ZIELSETZUNGEN FUER DIE ENTWICKLUNG DES
RUHRGEBIETES
AACHEN 1969.
IN: STADT - REGION - LAND. SCHRIFTENREIHE
DES INSTITUTS FUER STADTBAUWESEN AN DER
TH AACHEN, HEFT 4. S. 19-32

R H E I N L A N D

RAUMENTWICKLUNG, RAUMPLANUNG

  - RAUMENTWICKLUNG, RAUMORDNUNG,
    LANDESPLANUNG, REGIONALPLANUNG

---

400 0 0 011 0 0 0

931-761219

BUEKSCHMITT JUSTUS

*DIE RHEINISCHE STADTLANDSCHAFT. MODELL FUER
ACHSENBILDUNG UND ZENTRALISATION.

IN: NEUE HEIMAT (1964) HEFT 3 S.12-20

---

(1)BEARBEITER (2)MITARBEITER (3)HERAUSGEBER (4)REDAKTION (5)PROJEKTLEITUNG (6)AUFTRAGGEBER

```
400   0  0   011 0 0 0
  932-761461

MUELLER HEINZ, DRUDE MICHAEL

*ZUM ENTWICKLUNGSPOTENTIAL DES RHEINGEBIETES


IN: BAUWELT HEFT 38/39,JG.58(1967)=STADTBAU-
WELT 15  S. 1151-1158
```

R H E I N L A N D

RAUMENTWICKLUNG, RAUMPLANUNG

 - STADTENTWICKLUNG,STADTPLANUNG,
   STADTERNEUERUNG,SANIERUNG

```
400   0  0   0122243 0
  933-760952

HALSTENBERG FRIEDRICH

*INDUSTRIEANSIEDLUNG, STADTPLANUNG UND
UMWELTSCHUTZ AM NIEDERRHEIN AUS DER SICHT
DER LANDESREGIERUNG.
VORTRAG VOR DER VOLLVERSAMMLUNG D. INDUSTRIE-
UND HANDELSKAMMER DUISBURG AM 25.8.1971 IN

DINSLAKEN
```

R H E I N L A N D

RAUMENTWICKLUNG, RAUMPLANUNG

 - SIEDLUNGSBAU,ARBEITERSIEDLUNGEN

```
400500  0   014 0 0 0
  934-760640                UB Y 334//3-3

HENZE ANTON, GAUL OTTO

*RHEINLANDE UND WESTFALEN. BAUDENKMAELER.

STUTTGART 1969, 14.AUFL., 815 S.

RECLAMS KUNSTFUEHRER DEUTSCHLAND. BD. 3
```

```
400   0  0   014 0 0 0
  935-760261              BB X 8192

BORCHERS GUENTHER

LANDESKONSERVATOR RHEINLAND

*TECHNISCHE DENKMAELER, ARBEITERSIEDLUNGEN 1
ARBEITSHEFT 1

KOELN: RHEINLAND 1975, (2. AUFL.)
```

```
400   0  0   014 0 0 0
  936-760262              BB X 8192

BORCHERS GUENTHER

LANDESKONSERVATOR RHEINLAND

*TECHNISCHE DENKMAELER, ARBEITERSIEDLUNGEN 2
ARBEITSHEFT 3

KOELN: RHEINLAND 1975, (2. AUFL.)
```

R H E I N L A N D

RAUMENTWICKLUNG, RAUMPLANUNG

 - LANDSCHAFTSOEKOLOGIE,LANDSCHAFTSPLANUNG

```
400   0  0   016 0 0 0
  937-760430

FINKE LOTHAR, HANGEN HERMANN OTTO, MARKS
ROBERT, (1), BOEHLE ERIKA, FIOLKA JOHANN,
SPORBECK OTTO, (2)

LANDSCHAFTSVERBAND RHEINL., REF. LANDSCHAFTS-
PFLEGE, ZWECKVERB. BERG.-MAERK. ERHOL.GEB.(3)
*BERGISCH-MAERKISCHES ERHOLUNGSGEBIET: EINE
ANALYSE UND BEWERTUNG DES NATUERLICHEN
LANDSCHAFTSPOTENTIALS FUER DIE ERHOLUNG
KOELN,BONN  1975, VERL.RHEINLAND, HABELT
33 S., KT., ABB., TAB., LIT.
BEITRAEGE ZUR LANDESENTWICKLUNG, HEFT 34
```

R H E I N L A N D

WIRTSCHAFT

 - WIRTSCHAFTSSTRUKTUR,STRUKTURWANDEL,
   STRUKTURKRISE,WIRTSCHAFTSGEOGRAPHIE

400 0 0 021 0 0 0

938-760002

*WIRTSCHAFTSRAUM NIEDERRHEIN.

IN: WIRTSCHAFT UND STANDORT JAHRG. 5, 1973
S. 2-44

R H E I N L A N D

WIRTSCHAFT

- WIRTSCHAFTSPLANUNG,WIRTSCHAFTSPOLITIK,
  WIRTSCHAFTSFOERDERUNG

---

400 0 0 02243 012

939-760952

HALSTENBERG FRIEDRICH

*INDUSTRIEANSIEDLUNG, STADTPLANUNG UND
UMWELTSCHUTZ AM NIEDERRHEIN AUS DER SICHT
DER LANDESREGIERUNG.
VORTRAG VOR DER VOLLVERSAMMLUNG D. INDUSTRIE-
UND HANDELSKAMMER DUISBURG AM 25.8.1971 IN

DINSLAKEN

R H E I N L A N D

WIRTSCHAFT

- UEBRIGE WIRTSCHAFTSZWEIGE

---

400 0 0 028 0 0 0

940-761056

LANDWIRTSCHAFTSKAMMER RHEINLAND

*DIE AGRARSTRUKTUR IM RHEINLAND. ERGEBNISSE
DER SOZIOOEKONOMISCHEN BETRIEBSERHEBUNG 1969/
70 IN NRW

BONN 1971, MASCH.SKRIPT, VERVIELF.

SCHRIFTEN DER LANDWIRTSCHAFTSKAMMER RHEINLAND
HEFT 13

R H E I N L A N D

BEVOELKERUNG

- ARBEITERBEWEGUNG,GEWERKSCHAFTEN

---

400 0 0 03372 0 0

941-760625

SCHINDELMAYR-REYLE JUTTA

UNIVERSITAET KOELN

*DIE ARBEITERBEWEGUNG IN DER RHEINPROVINZ
1850-1862

KOELN 1969, DISS.

R H E I N L A N D

INFRASTRUKTUR, VERSORGUNG

- STRASSENVERKEHR,EISENBAHN,
  SCHIFFAHRT,LUFTVERKEHR

---

400 0 0 041 0 0 0

942-760955

NIEDERRHEINISCHE INDUSTRIE- UND HANDELS-
KAMMER DUISBURG - WESEL ZU DUISBURG

*EIN NIEDERRHEINISCHES VERKEHRSPROGRAMM.
VERKEHRSAUFGABEN UND VERKEHRSPLANUNG AM
NIEDERRHEIN - RUHRGEBIET

DUISBURG 1967
SCHRIFTENREIHE DER NIEDERRHEIN. IHK
DUISBURG - WESEL ZU DUISBURG

---

400 0 0 041 0 0 0

943-761306

KOENIG GUENTHER

NIEDERRHEINISCHE INDUSTRIE- UND HANDELSKAMMER
DUISBURG-WESEL ZU DUISBURG

*VERKEHRSINFRASTRUKTUR IM NIEDERRHEIN-RUHRGE-
BIET

IN: WIRTSCHAFTLICHE MITTEILUNGEN DER NIEDER-
RHEINISCHEN IHK DUISBURG-WESEL 23(1967)
HEFT 11 S.326-338

---

(1)BEARBEITER (2)MITARBEITER (3)HERAUSGEBER (4)REDAKTION (5)PROJEKTLEITUNG (6)AUFTRAGGEBER

BIBLIOGRAPHIE RAUMPLANUNG IM RUHRGEBIET. IRPUD-BIBLIOGRAPHIEN.1. UNIVERSITAET DORTMUND. BL. 106

---

400 0 0 041 0 0 0

944-761181   BB 551/394-8

DEUTSCHE VERKEHRSWISSENSCHAFTLICHE GESELL-
SCHAFT (DVWG)

*RHEIN UND RHEINTAL IM VERKEHR. BERICHT UEBER
DIE EXKURSION DES VERKEHRSWISSENSCHAFTLICHEN
SEMINARS DER DVWG.8.1973

KOELN 1974, 271S.
SCHRIFTENREIHE DER DEUTSCHEN VERKEHRSWISSEN-
SCHAFTLICHEN GESELLSCHAFT. B.20.

R H E I N L A N D

INFRASTRUKTUR, VERSORGUNG

  - WASSERWIRTSCHAFT, ABFALL, UMWELTSCHUTZ

---

400 0 0 043 0 0 0

945-760921

HAERINGER GEORG, NOETHLICH KURT

*DIE VERUNREINIGUNG DES RHEINS IM LANDE
NORDRHEIN-WESTFALEN

IN: GAS- UND WASSERFACH. WASSER, HEFT 26,
JAHRGANG 106, 1965, S. 726 - 729

---

400 0 0 043 0 0 0

946-761335

BEYER WOLFGANG

*BEPFLANZUNG DER ABRAUMHALDE EINES CHEMISCHEN
INDUSTRIEBETRIEBES AM NIEDERRHEIN

IN: NATUR UND LANDSCHAFT 44(1969) HEFT 7
S.171-174

---

400 0 0 043 01222

947-760952

HALSTENBERG FRIEDRICH

*INDUSTRIEANSIEDLUNG, STADTPLANUNG UND
UMWELTSCHUTZ AM NIEDERRHEIN AUS DER SICHT
DER LANDESREGIERUNG.
VORTRAG VOR DER VOLLVERSAMMLUNG D. INDUSTRIE-
UND HANDELSKAMMER DUISBURG AM 25.8.1971 IN

DINSLAKEN

R H E I N L A N D

INFRASTRUKTUR, VERSORGUNG

  - UEBRIGE INFRASTUKTUR

400500 0 046 0 0 0

948-760650

RATH VOM

FEUERSCHUTZGEMEINSCHAFT KREISFREIER STAEDTE
RHEINLANDS UND WESTFALENS (3)

*50 JAHRE FEUERSCHUTZGEMEINSCHAFT KREISFREIER
STAEDTE RHEINLANDS UND WESTFALENS 1924-1974.

BOCHUM 1974, 42 S.

R H E I N L A N D

RECHT, VERWALTUNG, POLITIK

  - TERRITORIALE VERWALTUNGSGLIEDERUNG,
    REGIONALE UND KOMMUNALE NEUGLIEDERUNG

---

400 0 0 057 0 0 0

949-760106

LAND NORDRHEIN-WESTFALEN, INNENMINISTER, (3)

*VORSCHLAG DES INNENMINISTERS DES LANDES NORD-
RHEIN-WESTFALEN ZUR NEUGLIEDERUNG DER GEMEIN-
DEN UND KREISE DES NEUGLIEDERUNGSRAUMES
NIEDERRHEIN

DUESSELDORF 1973

R H E I N L A N D

FINANZWESEN, STATISTIK, KARTOGRAPHIE

  - STATISTIK
    (SOWEIT NICHT THEMATISCH EINGEORDNET)

---

(1)BEARBEITER (2)MITARBEITER (3)HERAUSGEBER (4)REDAKTION (5)PROJEKTLEITUNG (6)AUFTRAGGEBER

```
400  0  01006390 0 0

950-760806


LANDESAMT FUER DATENVERARBEITUNG UND
STATISTIK NRW

*STATISTISCHE RUNDSCHAU FUER DEN
REGIERUNGSBEZIRK DUESSELDORF
(SEIT 1965 IN UNREGELMAESSIGER FOLGE)

DUESSELDORF, LETZTE AUSGABE 1973
```

R H E I N L A N D

FINANZWESEN, STATISTIK, KARTOGRAPHIE

- KARTOGRAPHIE, KARTEN

```
400  0  0  064 0 0 0

951-761024

OPPENBERG FERDINAND,

*IM FLUG UEBER DEN NIEDERRHEIN.
(MIT LUFTAUFNAHMEN VON ALBERT KARDAS.)

DUISBURG  1964, VERLAG CARL LANGE
```

```
400500  0  064 0 0 0

952-761027

COMEL HEINRICH, (3)

*RHEINLAND UND WESTFALEN. STAEDTE UND LAND-
SCHAFT IM FARBIGEN LUFTBILD

KOELN  1967, DEUTSCHLAND-VERLAG
```

```
400  0  0  064710 0

953-760920

HAHN HELMUT

*EINE KARTE DER FLAECHENNUTZUNG (1803 - 1820)
ALS BEITRAG EINER HISTORISCHEN WIRTSCHAFTS-
KARTE DER RHEINLANDE UM 1820



IN: ERDKUNDE BD. 21, JG. 1967, S. 226 - 230
```

```
400  0  0  064 0 0 0

954-761478

ZORN WOLFGANG

AKADEMIE FUER RAUMFORSCHUNG UND LANDESPLANUNG

*DIE HISTORISCHE WIRTSCHAFTSKARTE DER RHEIN-
PROVINZ UM 1820
IN: ZUR METHODIK VON WIRTSCHAFTSKARTEN DES
19. JAHRHUNDERTS
HANNOVER 1969, JAENECKE VERL.
VEROEFF. DER AKADEMIE FUER RAUMFORSCHUNG UND
LANDESPLANUNG, FORSCHUNGS- UND SITZUNGSBE-
RICHTE BD.50,1969, S.23-36
```

```
400  0  0  064 0 0 0

955-760413                    UB 1883Q

ENNEN EDITH (1)
FINK KLAUS, MUELLER MARTIN (2)

UNIVERSITAET BONN, INSTITUT FUER GESCHICHTL.
LANDESKUNDE DER RHEINLANDE (3)

*RHEINISCHER STAEDTEATLAS.

BONN, 1972, VERL. ROEHRSCHEID
```

```
400  0  0  064710 0

956-760922                    UB F 19433

HAHN HELMUT, ZORN WOLFGANG

*HISTORISCHE WIRTSCHAFTSKARTE DER
RHEINLANDE UM 1820

BONN: ROEHRSCHEID 1973, 75 S., ABB.

RHEINISCHES ARCHIV, BD. 87
```

R H E I N L A N D

GESCHICHTE

- STADTGESCHICHTE, SIEDLUNGSGESCHICHTE,
LANDESGESCHICHTE

```
400  0  0  071 0 0 0

957-760641                    UB Y 3679


*RHEINISCHE LANDSCHAFTEN UND STAEDTEBILDER
1600-1850. AUSSTELLUNG IM RHEIN. LANDES-
MUSEUM BONN 1960/61.

KOELN/GRAZ 1960. 74 S., 68 TAFELN.

IN: KUNST UND ALTERTUM AM RHEIN. BD. 6.
```

---

(1) BEARBEITER (2) MITARBEITER (3) HERAUSGEBER (4) REDAKTION (5) PROJEKTLEITUNG (6) AUFTRAGGEBER

BIBLIOGRAPHIE RAUMPLANUNG IM RUHRGEBIET. IRPUD-BIBLIOGRAPHIEN.1. UNIVERSITAET DORTMUND. BL. 108

---

400   0 0 071 0 0 0

958-760431   UB D 921

FOERST WALTER

*DAS RHEINLAND IN PREUSSISCHER ZEIT. 10
BEITRAEGE ZUR GESCHICHTE DER RHEINPROVINZ

KOELN, BERLIN 1965, 244 S., VERLAG GROTE

---

400   0 0 07164 0 0

959-760920

HAHN HELMUT

*EINE KARTE DER FLAECHENNUTZUNG (1803 - 1820)
ALS BEITRAG EINER HISTORISCHEN WIRTSCHAFTS-
KARTE DER RHEINLANDE UM 1820

IN: ERDKUNDE BD. 21, JG. 1967, S. 226 - 230

400500 0 071 0 0 0

960-760432   UB D 1564

FOERST WALTER

*RUHRGEBIET UND NEUES LAND - BEITR. ZUR
NEUEREN LANDESGESCHICHTE DES RHEINLANDS UND
WESTFALENS

KOELN, BERLIN 1968, VERLAG GROTE

---

400   0 0 07164 0 0

961-760922   UB F 19433

HAHN HELMUT, ZORN WOLFGANG

*HISTORISCHE WIRTSCHAFTSKARTE DER
RHEINLANDE UM 1820

BONN: ROEHRSCHEID 1973, 75 S., ABB.

RHEINISCHES ARCHIV, BD. 87

R H E I N L A N D

GESCHICHTE

  - SOZIALGESCHICHTE

---

400   0 0 07233 0 0

962-760625

SCHINDELMAYR-REYLE JUTTA

UNIVERSITAET KOELN

*DIE ARBEITERBEWEGUNG IN DER RHEINPROVINZ
1850-1862

KOELN 1969, DISS.

R H E I N L A N D

GESCHICHTE

  - WIRTSCHAFT- UND TECHNIKGESCHICHTE

---

400   0 0 073 0 0 0

963-761570

FISCHER W.

*HERZ DES REVIERS. 125 JAHRE WIRTSCHAFTS-
GESCHICHTE DES INDUSTRIE- UND HANDELSKAMMER-
BEZIRKS ESSEN-MUELHEIM-OBERHAUSEN

ESSEN 1965

---

400   0 0 073 0 0 0

964-760121

SCHAWACHT JUERGEN HEINZ, (1)

*SCHIFFAHRT UND GUETERVERKEHR ZWISCHEN DEN
HAEFEN DES DEUTSCHEN NIEDERRHEINS (INSBES.
KOELN) UND ROTTERDAM VOM ENDE DES 18. BIS ZUR
MITTE DES 19. JAHRHUNDERTS (1794 - 1850/51).

KOELN 1973, 247 S.

SCHRIFTEN DES RHEINISCH-WESTFAELISCHEN
WIRTSCHAFTSARCHIVS, BAND 26

R H E I N L A N D

ZEITUNGEN,ZEITSCHRIFTEN,SCHRIFTENREIHEN

---

(1)BEARBEITER (2)MITARBEITER (3)HERAUSGEBER (4)REDAKTION (5)PROJEKTLEITUNG (6)AUFTRAGGEBER

BIBLIOGRAPHIE RAUMPLANUNG IM RUHRGEBIET. IRPUD-BIBLIOGRAPHIEN.1. UNIVERSITAET DORTMUND. BL. 109

---

400 0 0 090 0 0 0

965-761036

RHEINISCHER VEREIN FUER DENKMALPFLEGE UND
LANDSCHAFTSSCHUTZ

*RHEINISCHE KUNSTSTAETTEN

DUESSELDORF, 1928 -

SCHRIFTENREIHE

4C0 0 010090 0 063

966-760806

LANDESAMT FUER DATENVERARBEITUNG UND
STATISTIK NRW

*STATISTISCHE RUNDSCHAU FUER DEN
REGIERUNGSBEZIRK DUESSELDORF
(SEIT 1965 IN UNREGELMAESSIGER FOLGE)

DUESSELDORF, LETZTE AUSGABE 1973

W E S T F A L E N

RAUMENTWICKLUNG, RAUMPLANUNG

 - RAUMENTWICKLUNG,RAUMORDNUNG,
   LANDESPLANUNG,REGIONALPLANUNG

---

500 0 0 011 0 0 0

967-761220

FRORIEP SIEGFRIED

*RAUMORDNUNG UND LANDESPLANUNG IN DEN OEST-
LICHEN LANDKREISGEBIETEN DES SIEDLUNGSVER-
BANDES RUHRKOHLENBEZIRK

DUESSELDORF 1964

IN: GEMEINDERAT H. 17, JG. 18, 1964,
S. 269-270

W E S T F A L E N

RAUMENTWICKLUNG, RAUMPLANUNG

 - SIEDLUNGSBAU,ARBEITERSIEDLUNGEN

500400 0 014 0 0 0

968-760640   UB Y 334//3-3

HENZE ANTON, GAUL OTTO

*RHEINLANDE UND WESTFALEN. BAUDENKMAELER.

STUTTGART 1969, 14.AUFL., 815 S.

RECLAMS KUNSTFUEHRER DEUTSCHLAND. BD. 3

W E S T F A L E N

RAUMENTWICKLUNG, RAUMPLANUNG

 - STADTGESTALTUNG,DENKMALPFLEGE

---

500 0 0 015 0 0 0

969-761169   BB 301/46

BRUMME KARL

DEUTSCHE AKADEMIE FUER STAEDTEBAU UND LANDES-
PLANUNG, LANDESGRUPPE NORDRHEIN-WESTFALEN

*VON DER ORTSPFLEGE ZUM STAEDTEBAU. BEISPIELE
AUS WESTFALEN.(VORTRAG GEH. AUF D. SITZUNG
 DER DEUTSCHEN AKADEMIE..., AM 19.4.1966 IN
 DUESSELDORF.

MUENSTER 1966, 17S., VEREINSDRUCKEREI
MITTEILUNGEN ZUR BAUPFLEGE IN WESTFALEN.17

W E S T F A L E N

RAUMENTWICKLUNG, RAUMPLANUNG

 - SIEDLUNGSGEOGRAPHIE,STADTGEOGRAPHIE

---

500 0 0 017 0 0 0

970-761023

STAMM KARL-ERNST

*DIE TAELER VON LENNE, VOLME UND ENNEPE ALS
LEBENSRAEUME

HAGEN 1964

---

(1)BEARBEITER (2)MITARBEITER (3)HERAUSGEBER (4)REDAKTION (5)PROJEKTLEITUNG (6)AUFTRAGGEBER

BIBLIOGRAPHIE RAUMPLANUNG IM RUHRGEBIET. IRPUD-BIBLIOGRAPHIEN.1. UNIVERSITAET DORTMUND. BL. 110

---

500 0 0 01771 031

971-760250   BB 101/82

BLOTEVOGEL HANS HEINRICH

AKADEMIE FUER RAUMFORSCHUNG UND LANDESPLANUNG
*WANDERUNG UND ZENTRALITAET AN BEISPIELEN AUS
DEM RAUM WESTFALEN VOR BEGINN DER
INDUSTRIALISIERUNG
IN: STADT-LAND-BEZIEHUNGEN UND ZENTRALITAET
ALS PROBLEM D.HIST.RAUMFORSCHUNG.
HANNOVER 1974 JAENECKE VERLAG
VEROEFFENTLICHUNG D.AKADEMIE F.RAUMFORSCHUNG
UND LANDESPLANUNG. FORSCHUNGS- + SITZUNGS-
BERICHTE BD. 88 S.235-264

W E S T F A L E N

WIRTSCHAFT

  - WIRTSCHAFTSSTRUKTUR,STRUKTURWANDEL,
    STRUKTURKRISE,WIRTSCHAFTSGEOGRAPHIE

---

500 0 0 021 0 0 0

972-761568

CITT H.

PROVINZIALINSTITUT FUER WESTFAELISCHE LANDES-
UND VOLKSKUNDE

*STRUKTUR UND WANDEL WESTFAELISCHER AGRARLAND-
SCHAFTEN

MUENSTER 1965
VEROEFFENTLICHUNGEN DES PROVINZIALINSTITUTS
F. WESTFAELISCHE LANDES- UND VOLKSKUNDE,
REIHE 1, BD.13

---

500 0 0 021 0 0 0

973-760689   UB F 4410

KOELMANN WOLFGANG

*DIE STRUKTURELLE ENTWICKLUNG DES SUEDWEST-
FAELISCHEN WIRTSCHAFTSRAUMES 1945 - 1967

HAGEN 1969 278 S. LINNEPER VERLAGSGES.

W E S T F A L E N

WIRTSCHAFT

  - UEBRIGE WIRTSCHAFTSZWEIGE

---

500 0 0 028 0 0 0

974-760787

LANDWIRTSCHAFTSKAMMER WESTFALEN-LIPPE
IN MUENSTER

*WESTFALENS LANDWIRTSCHAFT IM WANDEL

MUENSTER/WESTF. 1974, 122,58 GEZ.S.KT.ABB.

BEITRAEGE ZUR SACHE AUS LAND-, FORSTWIRTSCH.
UND GARTENBAU, 4.

W E S T F A L E N

BEVOELKERUNG

  - DEMOGRAPHIE,SOZIOGRAPHIE,STADTSOZIOLOGIE

---

500 0 0 0311771 0

975-760250   BB 101/82

BLOTEVOGEL HANS HEINRICH

AKADEMIE FUER RAUMFORSCHUNG UND LANDESPLANUNG
*WANDERUNG UND ZENTRALITAET AN BEISPIELEN AUS
DEM RAUM WESTFALEN VOR BEGINN DER
INDUSTRIALISIERUNG
IN: STADT-LAND-BEZIEHUNGEN UND ZENTRALITAET
ALS PROBLEM D.HIST.RAUMFORSCHUNG.
HANNOVER 1974, JAENECKE VERLAG
VEROEFFENTLICHUNG D.AKADEMIE F.RAUMFORSCHUNG
UND LANDESPLANUNG. FORSCHUNGS- + SITZUNGS-
BERICHTE BD. 88 S.235-264

W E S T F A L E N

INFRASTRUKTUR, VERSORGUNG

  - STRASSENVERKEHR,EISENBAHN,
    SCHIFFAHRT,LUFTVERKEHR

---

500 0 0 041 0 0 0

976-760030

LANDSCHAFTSVERBAND WESTFALEN-LIPPE, STRASSEN-
BAUVERWALTUNG, (3)

*DER STRASSENBAU NACH DEN HAUSHALTSPLAENEN
BZW. PLANUNGEN FUER DIE RECHNUNGSJAHRE
1965-1974

1974, 22S., ABB., TAB.

IN: DOKUMENTE UND MEINUNGEN HEFT 6

---

(1)BEARBEITER (2)MITARBEITER (3)HERAUSGEBER (4)REDAKTION (5)PROJEKTLEITUNG (6)AUFTRAGGEBER

BIBLIOGRAPHIE RAUMPLANUNG IM RUHRGEBIET. IRPUD-BIBLIOGRAPHIEN.1. UNIVERSITAET DORTMUND. BL. 111

W E S T F A L E N

INFRASTRUKTUR, VERSORGUNG

- BILDUNGSWESEN,SCHULEN,HOCHSCHULEN,MEDIEN, KUNST,KULTUR

---

500 0 0 045 0 0 0

977-760659

LAND NORDRHEIN-WESTFALEN, MINISTER FUER LANDESPLANUNG UND OEFFENTLICHE ARBEITEN, (3)

*STELLUNGNAHME ZU DEN STANDORTEN EINER WISSENSCHAFTLICHEN HOCHSCHULE IM WESTFAELISCHEN RAUM

DUESSELDORF 1961, 52 S.+ KT., MASCH.SKRIPT

W E S T F A L E N

INFRASTRUKTUR, VERSORGUNG

- UEBRIGE INFRASTUKTUR

500400 0 046 0 0 0

978-760650

RATH VOM

FEUERSCHUTZGEMEINSCHAFT KREISFREIER STAEDTE RHEINLANDS UND WESTFALENS (3)

*50 JAHRE FEUERSCHUTZGEMEINSCHAFT KREISFREIER STAEDTE RHEINLANDS UND WESTFALENS 1924-1974.

BOCHUM 1974. 42 S.

W E S T F A L E N

RECHT, VERWALTUNG, POLITIK

- VERTRETUNGSKOERPERSCHAFTEN,WAHLEN

---

500 0 0 054 0 0 0

979-761251

LANDESPLANUNGSGEMEINSCHAFT WESTFALEN

*DIE ZUKUNFT DER LANDESPLANUNGSGEMEINSCHAFTEN IN NORDRHEIN-WESTFALEN - EINE STELLUNGSNAHME.

MUENSTER 1965

W E S T F A L E N

RECHT, VERWALTUNG, POLITIK

- TERRITORIALE VERWALTUNGSGLIEDERUNG, REGIONALE UND KOMMUNALE NEUGLIEDERUNG

---

500 0 0 057 0 0 0

980-760582

LANDESPLANUNGSGEMEINSCHAFT WESTFALEN (3)

*DIE NEUABGRENZUNG DER ARBEITSAMTSBEZIRKE IM PLANUNGSRAUM WESTFALEN. EINE LANDESPLANERISCHE STELLUNGNAHME.

MUENSTER 1960, 19 S., KARTEN.

5006056206355771 0 0

981-761078

THEILE FRANK

UNIVERSITAET BOCHUM

*DIE FOLGEWIRKUNGEN DER KOMMUNALEN NEUGLIEDERUNG DES RHEIN.-WESTF.INDUSTRIEGEBIETES IN D. JAHREN 1926 BIS 1929, UNTERSUCHT AN BEISPIELEN DES OESTLICHEN RUHRGEBIETS

BOCHUM 1970, 167 S., KT., ABB., DISS.

W E S T F A L E N

FINANZWESEN, STATISTIK, KARTOGRAPHIE

- STATISTIK
  (SOWEIT NICHT THEMATISCH EINGEORDNET)

---

(1)BEARBEITER (2)MITARBEITER (3)HERAUSGEBER (4)REDAKTION (5)PROJEKTLEITUNG (6)AUFTRAGGEBER

BIBLIOGRAPHIE RAUMPLANUNG IM RUHRGEBIET. IRPUD-BIBLIOGRAPHIEN.1. UNIVERSITAET DORTMUND. BL. 112

---

500 0 01006390 0 0

982-760808

LANDESAMT FUER DATENVERARBEITUNG UND STATISTIK NRW

*STATISTISCHE RUNDSCHAU FUER DEN REGIERUNGSBEZIRK ARNSBERG.
(SEIT 1965 IN UNREGELMAESSIGER FOLGE)

DUESSELDORF, LETZTE AUSGABE 1971

---

500 0 01006390 0 0

983-760807   BB 830/6-MUE

LANDESAMT FUER DATENVERARBEITUNG UND STATISTIK NRW

*STATISTISCHE RUNDSCHAU FUER DEN REGIERUNGSBEZIRK MUENSTER
(SEIT 1965 IN UNREGELMAESSIGER FOLGE)

DUESSELDORF, LETZTE AUSGABE 1973

W E S T F A L E N

FINANZWESEN, STATISTIK, KARTOGRAPHIE

  - KARTOGRAPHIE, KARTEN

500400 0 064 0 0 0

984-761027

COMEL HEINRICH, (3)

*RHEINLAND UND WESTFALEN. STAEDTE UND LANDSCHAFT IM FARBIGEN LUFTBILD

KOELN 1967, DEUTSCHLAND-VERLAG

W E S T F A L E N

GESCHICHTE

  - STADTGESCHICHTE, SIEDLUNGSGESCHICHTE, LANDESGESCHICHTE

500620 0 071 0 080

985-760780

STADT DORTMUND, STADTARCHIV

*UEBERSICHT ALLER IN DEN BAENDEN 1 BIS 61 DER BEITRAEGE ZUR GESCHICHTE DORTMUNDS UND DER GRAFSCHAFT MARK VEROEFFENTLICHEN ARBEITEN.

DORTMUND: STADTARCHIV 1965

VEROEFFENTLICHUNGEN AUS DEM STADTARCHIV DORTMUND 2.

---

500 0 0 071 0 0 0

986-761107   UB D 2778

MICHAEL FRITZ

*WESTFALEN. BILDER UND BERICHTE AUS SEINER GESCHICHTE

DORTMUND 1968, 214 S., ABB., VERLAG ARDEY

500400 0 071 0 0 0

987-760432   UB D 1564

FOERST WALTER

*RUHRGEBIET UND NEUES LAND - BEITR. ZUR NEUEREN LANDESGESCHICHTE DES RHEINLANDS UND WESTFALENS

KOELN, BERLIN 1968, VERLAG GROTE

---

500 0 0 07173 0 0

988-761563

BRACHT W.

*DER SUEDLICHE TEIL DER STOCKUMER MARK. SIEDLUNG, BERGBAU UND MENSCHEN IN ZWEI JAHRHUNDERTEN NACH DER MARKENTEILUNG

WITTEN-RUHR 1969

JAHRBUCH D. VEREINS F. ORTS- UND HEIMATKUNDE IN DER GRAFSCHAFT MARK, JG. 67

50060562063571 0 057

989-761078

THEILE FRANK

UNIVERSITAET BOCHUM

*DIE FOLGEWIRKUNGEN DER KOMMUNALEN NEUGLIEDERUNG DES RHEIN.-WESTF.INDUSTRIEGEBIETES IN D. JAHREN 1926 BIS 1929, UNTERSUCHT AN BEISPIELEN DES OESTLICHEN RUHRGEBIETS

BOCHUM 1970, 167 S., KT., ABB., DISS.

---

(1)BEARBEITER (2)MITARBEITER (3)HERAUSGEBER (4)REDAKTION (5)PROJEKTLEITUNG (6)AUFTRAGGEBER

500 0 0 071 0 0 0

990-760527

BLOTEVOGEL HANS HEINRICH

RUHRUNIVERSITAET BOCHUM (3)

*ZENTRALE ORTE UND RAUMBEZIEHUNGEN IN
WESTFALEN VOR BEGINN DER INDUSTRIEALISIERUNG.

BOCHUM 1972, DISS.

IN: BOCHUMER GEOGRAPHISCHE ARBEITEN

---

500 0 0 071 03117

991-760250   BB 101/82

BLOTEVOGEL HANS HEINRICH

AKADEMIE FUER RAUMFORSCHUNG UND LANDESPLANUNG
*WANDERUNG UND ZENTRALITAET AN BEISPIELEN AUS
DEM RAUM WESTFALEN VOR BEGINN DER
INDUSTRIALISIERUNG
IN: STADT-LAND-BEZIEHUNGEN UND ZENTRALITAET
ALS PROBLEM D.HIST.RAUMFORSCHUNG.
HANNOVER 1974 JAENECKE VERLAG
VEROEFFENTLICHUNG D.AKADEMIE F.RAUMFORSCHUNG
UND LANDESPLANUNG. FORSCHUNGS- + SITZUNGS-
BERICHTE BD. 88 S.235-264

500645 0 071 0 0 0

992-760779

TIMM WILLY

STADT HAGEN, STADTARCHIV

*DIE STADTWERDUNG HAGENS UND DIE PREUSSISCHE
STAEDTEREFORM DES 18. JAHRHUNDERTS IN DER
GRAFSCHAFT MARK.

HAGEN: STADTARCHIV 1975, 26 S.

IN: 'HAGENER HEFTE'

W E S T F A L E N

GESCHICHTE

- WIRTSCHAFT- UND TECHNIKGESCHICHTE

---

500 0 0 073 0 0 0

993-760617

SCHOELLER PETER

*DIE WIRTSCHAFTSRAEUME WESTFALENS VOR BE-
GINN DES INDUSTRIEZEITALTERS

MUENSTER 1963

IN: WESTFAELISCHE FORSCHUNGEN BAND 16, 1963
S. 84-101.

---

500 0 0 07371 0 0

994-761563

BRACHT W.

*DER SUEDLICHE TEIL DER STOCKUMER MARK.
SIEDLUNG, BERGBAU UND MENSCHEN IN ZWEI
JAHRHUNDERTEN NACH DER MARKENTEILUNG

WITTEN-RUHR 1969

JAHRBUCH D. VEREINS F. ORTS- UND HEIMATKUNDE
IN DER GRAFSCHAFT MARK, JG. 67

---

500 0 0 073 0 0 0

995-761481

RECKERS STEPHANIE

AKADEMIE FUER RAUMFORSCHUNG UND LANDESPLANUNG

*ZUR KARTE DER INDUSTRIELLEN GEWERBE WEST-
FALENS UM 1820
IN: ZUR METHODIK VON WIRTSCHAFTSKARTEN DES
19. JAHRHUNDERTS
HANNOVER: JAENECKE 1969
FORSCHUNGS- UND SITZUNGSBERICHTE DER AKADEMIE
FUER RAUMFORSCHUNG UND LANDESPLANUNG BD .5,
S.37-42

W E S T F A L E N

GESCHICHTE

- INSTITUTIONENGESCHICHTE

---

500 0 0 075 0 0 0

996-760042

HOSTERT WALTER

*GESCHICHTE DES SAUERLAENDISCHEN GEBIRGS-
VEREINS. IDEE UND TAT GESTERN / HEUTE /
MORGEN

1966

---

500 0 0 075 0 0 0

997-760690   UB F 4410

MOELLER WILHELM

*DIE SUEDWESTFAELISCHE INDUSTRIE- UND HANDELS-
KAMMER ZU HAGEN SEIT 1945. EINE STAETTE
GESELLSCHAFTLICHER WILLENSBILDUNG UND
REGIONALER WIRTSCHAFTSPOLITIK.

HAGEN 1969

IN: WOLFGANG KOELLMANN: DIE STRUKTURELLE
ENTWICKLUNG DES SUEDWESTFAELISCHEN
WIRTSCHAFTSRAUMES.

---

(1)BEARBEITER (2)MITARBEITER (3)HERAUSGEBER (4)REDAKTION (5)PROJEKTLEITUNG (6)AUFTRAGGEBER

BIBLIOGRAPHIE RAUMPLANUNG IM RUHRGEBIET. IRPUD-BIBLIOGRAPHIEN.1. UNIVERSITAET DORTMUND. BL. 114

W E S T F A L E N

BIBLIOGRAPHIEN

500   0   010090 0 063
1001-760807   BB 830/6-MUE

LANDESAMT FUER DATENVERARBEITUNG UND
STATISTIK NRW

*STATISTISCHE RUNDSCHAU FUER DEN
REGIERUNGSBEZIRK MUENSTER
(SEIT 1965 IN UNREGELMAESSIGER FOLGE)

DUESSELDORF, LETZTE AUSGABE 1973

500620 0   08C71 0 0

998-760780

STADT DORTMUND, STADTARCHIV

*UEBERSICHT ALLER IN DEN BAENDEN 1 BIS 61 DER
BEITRAEGE ZUR GESCHICHTE DORTMUNDS UND DER
GRAFSCHAFT MARK VEROEFFENTLICHTEN ARBEITEN.

DORTMUND: STADTARCHIV 1965

VEROEFFENTLICHUNGEN AUS DEM STADTARCHIV
DORTMUND 2.

E I N Z E L N E   K R E I S F R E I E   S T A E D T E

WIRTSCHAFT

- WIRTSCHAFTSSTRUKTUR,STRUKTURWANDEL,
  STRUKTURKRISE,WIRTSCHAFTSGEOGRAPHIE

W E S T F A L E N

ZEITUNGEN,ZEITSCHRIFTEN,SCHRIFTENREIHEN

600   0 0 02161 0 0

1002-760776

WEIS DIETER

35. DEUTSCHER GEOGRAPHENTAG BOCHUM

*DIE STRUKTUR DER RUHRGEBIETSSTAEDTE IM
SPIEGEL IHRER STEUERKRAFT

WIESBADEN 1966

IN: 35. DEUTSCHER GEOGRAPHENTAG BOCHUM 1965.
TAGUNGSBERICHT UND WISS. ABHANDLUNGEN S.167

5C0 0 0 090 0 0 0

999-760987

PROVINZIALINSTITUT FUER WESTFAELISCHE
LANDES- UND VOLKSKUNDE

*WESTFAELISCHE FORSCHUNGEN. MITTEILUNGEN DES
PROVINZIAINSTITUTS F. WESTFAELISCHE LANDES-
UND VOLKSKUNDE.

MUENSTER, GRAZ

E I N Z E L N E   K R E I S F R E I E   S T A E D T E

FINANZWESEN, STATISTIK, KARTOGRAPHIE

- FINANZEN,FINANZPLANUNG,HAUSHALTSWESEN

5C0 0 010090 0 063
1000-760808

LANDESAMT FUER DATENVERARBEITUNG UND
STATISTIK NRW

*STATISTISCHE RUNDSCHAU FUER DEN
REGIERUNGSBEZIRK ARNSBERG.
(SEIT 1965 IN UNREGELMAESSIGER FOLGE)

DUESSELDORF, LETZTE AUSGABE 1971

600 0 0 06121 0 0

1003-760776

WEIS DIETER

35. DEUTSCHER GEOGRAPHENTAG BOCHUM

*DIE STRUKTUR DER RUHRGEBIETSSTAEDTE IM
SPIEGEL IHRER STEUERKRAFT

WIESBADEN 1966

IN: 35. DEUTSCHER GEOGRAPHENTAG BOCHUM 1965.
TAGUNGSBERICHT UND WISS. ABHANDLUNGEN S.167

----

(1)BEARBEITER (2)MITARBEITER (3)HERAUSGEBER (4)REDAKTION (5)PROJEKTLEITUNG (6)AUFTRAGGEBER

BIBLIOGRAPHIE RAUMPLANUNG IM RUHRGEBIET. IRPUD-BIBLIOGRAPHIEN.1. UNIVERSITAET DORTMUND. BL. 115

E I N Z E L N E   K R E I S F R E I E   S T A E D T E

GESCHICHTE
- STADTGESCHICHTE, SIEDLUNGSGESCHICHTE, LANDESGESCHICHTE

---

600 0 0 071 0 0 0
1004-760610   UB D 7767
SCHULTE EDUARD
*HANSESTAEDTE DES RUHRGEBIETS IN BILDERN UND BESCHREIBUNGEN
BOCHUM 1971

B O C H U M

RAUMENTWICKLUNG, RAUMPLANUNG
- RAUMENTWICKLUNG, RAUMORDNUNG, LANDESPLANUNG, REGIONALPLANUNG

605300 0 011 0 0 0
1005-761239
KOERBER JUERGEN
RUHRUNIVERSITAET BOCHUM, GEOGRAPHISCHES INSTITUT
*PROBLEME UND AUFGABEN UND ZIELE DER LANDESPLANUNG IM MITTLEREN RUHRGEBIET.
PADERBORN 1965
IN: BOCHUM UND DAS MITTLERE RUHRGEBIET. BOCHUMER GEOGRAPHISCHE ARBEITEN H.1 S.209-215

B O C H U M

RAUMENTWICKLUNG, RAUMPLANUNG
- STADTENTWICKLUNG, STADTPLANUNG, STADTERNEUERUNG, SANIERUNG

---

605 0 0 012 0 0 0
1006-761200
BUEKSCHMITT JUSTUS
*BOCHUM. EINE RUHRSTADT ALS MODELLFALL
IN: NEUE HEIMAT HEFT 11(1963) S.8-12 U.15-19

---

605 0 0 01241 0 0
1007-761414
HOTTES KARLHEINZ, BUCHHOLZ HANNS JUERGEN
RUHRUNIVERSITAET BOCHUM, GEOGRAPH. INSTITUT
*STADTBAHNTRASSEN UND CITYSTRUKTUR IN BOCHUM.
BOCHUM 1970
MATERIALIEN ZUR RAUMORDNUNG, BAND 3

---

605 0 0 012 0 0 0
1008-761413   UB X 5790
HOTTES KARLHEINZ, BUCHHOLZ HANNS JUERGEN, HIERET MANFRED
RUHRUNIVERSITAET BOCHUM, GEOGRAPHISCHES INST.
STADT BOCHUM, BAUVERWALTUNG
*BOCHUM-GERTHE. ANALYSE UND VORSCHLAEGE ZUR ENTWICKLUNG.
BOCHUM: UNIVERSITAET SELBSTVERLAG 1971, 78BL.
MATERIALIEN ZUR RAUMORDNUNG, BAND 10

---

605 0 0 012 0 0 0
1009-761411
HOTTES KARLHEINZ, GRUNDMANN GUENTER
RUHRUNIVERSITAET BOCHUM, GEOGRAPHISCHES INSTITUT (3)
*BEWERTUNG DER FLAECHENNUTZUNG IM GEBIET SUEDLICH DES HAUPTBAHNHOFES BOCHUM
BOCHUM 1972
MATERIALIEN ZUR RAUMORDNUNG, BAND 7

---

605 0 0 012 0 0 0
1010-760253

STADT BOCHUM, (3)
*BOCHUM - PLANUNG STAND NOVEMBER 1974
BOCHUM 1974

---

(1)BEARBEITER   (2)MITARBEITER   (3)HERAUSGEBER   (4)REDAKTION   (5)PROJEKTLEITUNG   (6)AUFTRAGGEBER

605 0 0 012 0 0 0

1011-760289

STADT BOCHUM, ARBEITSGRUPPE STADTENTWICK-
LUNGSPLANUNG, (1)(3)

*BOCHUM - PLANUNG

BOCHUM 1974, 132 S., KT., ABB., TAB

---

605 0 0 0 1214 0 0

1012-760988   UB Y 7157

BRUEL MAX, HEITZ RUDOLF, HIPPER JOERG,
KUECK URSULA

FACHHOCHSCHULE DORTMUND,
FACHBEREICH ARCHITEKTUR

*VERPFLICHTUNG ZUR ALTBAUSANIERUNG -
FALLSTUDIEN ZUR OBJEKTSANIERUNG UNTER
BERUECKSICHTIGUNG VERSCHIEDENER TRAEGER-
SCHAFTEN AM BEISPIEL "DAHLHAUSER HEIDE"
IN BOCHUM
DORTMUND 1975, EXAM.ARB.

---

605 0 0 012 0 0 0

1013-761730   BB 083

AGETHEN HEINRICH

UNIVERSITAET DORTMUND, ABTEILUNG
RAUMPLANUNG (3)

*PLANUNGSSTUDIE ZUR SANIERUNG BOCHUM -
LANGENDREER "AM ALTEN BAHNHOF"

DORTMUND 1976, 101 S., KT., DIPLOMARBEIT

---

605 0 0 012 0 0 0

1014-761732   BB 083

JANZIK HANS-JOACHIM

UNIVERSITAET DORTMUND, ABTEILUNG RAUMPLANUNG

*SANIERUNG BOCHUM-LANGENDREER II

DORTMUND 1976, 104 S., DIPLOMARBEIT

B O C H U M

RAUMENTWICKLUNG, RAUMPLANUNG

   - WOHNUNGSWESEN, WOHNPLANUNG, BAUWESEN

---

605 0 0 01345 0 0

1015-761158

WEINBERGER G.

*BAUZEITPLAN DER GROESSTEN BAUSTELLE NORD-
RHEIN-WESTFALEN

IN: BAU UND BAUINDUSTRIE. 13. JG. 1965, S.963

B O C H U M

RAUMENTWICKLUNG, RAUMPLANUNG

   - SIEDLUNGSBAU, ARBEITERSIEDLUNGEN

---

605 0 0 014177173

1016-760968   BB 930/21

WIENEN HORST-JUERGEN

STADT BOCHUM, AMT FUER STATISTIK
UND STADTFORSCHUNG (3)

*RAUMPRAEGENDE WIRKUNGEN GROSSER ARBEITS-
STAETTEN, DARGESTELLT AN AUSGEWAEHLTEN
BEISPIELEN IM RAUME BOCHUM

BOCHUM 1972, 261 S., KT., ABB., TAB., LIT.
STADT BOCHUM - STADTENTWICKLUNGSPLANUNG,
AUSGEWAEHLTE STRUKTURDATEN, H. 10

---

605 0 0 01412 0 0

1017-760988   UB Y 7157

BRUEL MAX, HEITZ RUDOLF, HIPPER JOERG,
KUECK URSULA

FACHHOCHSCHULE DORTMUND,
FACHBEREICH ARCHITEKTUR

*VERPFLICHTUNG ZUR ALTBAUSANIERUNG -
FALLSTUDIEN ZUR OBJEKTSANIERUNG UNTER
BERUECKSICHTIGUNG VERSCHIEDENER TRAEGER-
SCHAFTEN AM BEISPIEL "DAHLHAUSER HEIDE"
IN BOCHUM
DORTMUND 1975, EXAM.ARB.

---

605 0 0 014 0 0 0

1018-760957

HECKMANN WILHELM, SCHULZ THORSTEN,
HOGREBE KLAUS

STADT BOCHUM, AMT FUER STATISTIK UND
STADTFORSCHUNG, HAUPTAMT

*KOMMUNALE UMFRAGEFORSCHUNG
SIEDLUNG "DAHLHAUSER HEIDE"

BOCHUM MAERZ 1976

BEITRAG ZUR STADTENTWICKLUNGSPLANUNG, HEFT 17

---

(1)BEARBEITER (2)MITARBEITER (3)HERAUSGEBER (4)REDAKTION (5)PROJEKTLEITUNG (6)AUFTRAGGEBER

BIBLIOGRAPHIE RAUMPLANUNG IM RUHRGEBIET. IRPUD-BIBLIOGRAPHIEN.1. UNIVERSITAET DORTMUND. BL. 117

B O C H U M

RAUMENTWICKLUNG, RAUMPLANUNG

- LANDSCHAFTSOEKOLOGIE,LANDSCHAFTSPLANUNG

605690 0 01643 0 0

1019-761212

SIEDLUNGSVERBAND RUHRKOHLENBEZIRK

*DAS OELBACHTAL ZWISCHEN BOCHUM UND WITTEN.
WASSERWIRTSCHAFTLICHE UND LANDESPFLEGERISCHE
PLANUNG. ZUSAMMENGESTELLT VOM SVR.

ESSEN 1963

605690   03001643 0 0

1020-761280

KOLT WALTER, KLEIN J.

AVA-ARBEITSGEMEINSCHAFT ZUR VERBESSERUNG DER
AGRARSTRUKTUR IN HESSEN E.V.(3) SVR (6)

*DIE LANDWIRTSCHAFT IM OELBACHTAL. VORAUSSET-
ZUNGEN UND MOEGLICHKEITEN FUER DIE LANDWIRT-
SCHAFT ZUR ERHALTUNG UND PFLEGE STADTNAHER
FREIFLAECHEN IM REGIONALEN GRUENFLAECHEN-
SYSTEM DES RUHRGEBIETS.
WIESBADEN 1966
AVA-SONDERHEFT NR.25

B O C H U M

RAUMENTWICKLUNG, RAUMPLANUNG

- SIEDLUNGSGEOGRAPHIE,STADTGEOGRAPHIE

605300 0 017 0 0 0

1021-760022

BUSCH PAUL, CROON HELMUT, HAHNE KARL

*BOCHUM UND DAS MITTLERE RUHRGEBIET
FESTSCHRIFT ZUM 35. DEUTSCHEN GEOGRAPHENTAG
VOM 8.-11.6.1965 IN BOCHUM

PADERBORN 1965,215 S.

---

605 0 0 017 0 0 0

1022-761044   UB ZE 29

BARTELS DIETRICH

DEUTSCHER GEOGRAPHENTAG

*DIE STADT BOCHUM. IN: 35.DEUTSCHER GEO-
GRAPHENTAG BOCHUM 1965. TAGUNGSBERICHT UND
WISSENSCHAFTLICHE ABHANDLUNGEN, S.85-104

WIESBADEN 1966, VERLAG STEINER

---

605 0 0 017 0 0 0

1023-760973

WOLCKE IRMTRAUD-DIETLINDE

*DIE ENTWICKLUNG DER BOCHUMER INNENSTADT

KIEL 1968, 229 S., ABB., TAB.

SCHRIFTEN DES GEOGRAPHISCHEN INSTITUTS DER
UNIVERSITAET KIEL. 28,1.

---

605 0 0 017717314

1024-760968   BB 930/21

WIENEN HORST-JUERGEN

STADT BOCHUM, AMT FUER STATISTIK
UND STADTFORSCHUNG (3)

*RAUMPRAEGENDE WIRKUNGEN GROSSER ARBEITS-
STAETTEN, DARGESTELLT AN AUSGEWAEHLTEN
BEISPIELEN IM RAUME BOCHUM

BOCHUM 1972, 261 S., KT., ABB., TAB., LIT.
STADT BOCHUM - STADTENTWICKLUNGSPLANUNG,
AUSGEWAEHLTE STRUKTURDATEN, H. 10

B O C H U M

WIRTSCHAFT

- WIRTSCHAFTSSTRUKTUR,STRUKTURWANDEL,
  STRUKTURKRISE,WIRTSCHAFTSGEOGRAPHIE

---

605 0 0 021 0 0 0

1025-760271

ASCHL A.

*DIE WIRTSCHAFTSSTRUKTUR BOCHUMS UND IHRE
WANDLUNG

IN: DER MAERKER, 10. JG., 1961, HEFT 6
S. 150 - 154

---

(1)BEARBEITER (2)MITARBEITER (3)HERAUSGEBER (4)REDAKTION (5)PROJEKTLEITUNG (6)AUFTRAGGEBER

BIBLIOGRAPHIE RAUMPLANUNG IM RUHRGEBIET. IRPUD-BIBLIOGRAPHIEN.1. UNIVERSITAET DORTMUND. BL. 118

---

605 0 0 02145 0 0

1026-760433

FRIEDRICH JULIUS

*WESTFALENS ZWEITE UNIVERSITAET: BOCHUM IM STRUKTURWANDEL

IN: WESTFALENSPIEGEL, JG 14, 1965, HEFT 7, SEITE 1 - 5

---

605 0 0 021 0 0 0

1027-760101

BARTELS DIETRICH, (1)

*DIE BOCHUMER WIRTSCHAFT IN IHREM WANDEL UND IHRER RAEUMLICHEN VERFLECHTUNG

PADERBORN 1965

IN: BOCHUM UND DAS MITTLERE RUHRGEBIET, BOCHUMER GEOGRAPHISCHE ARBEITEN H.1 S.129-150

B O C H U M

WIRTSCHAFT

- UEBRIGE WIRTSCHAFTSZWEIGE

---

605 0 0 02845 0 0

1028-761153

ROCHOLL P., BORCHERS J., DUWENDAG DIETER, LIESE F.

STADT BOCHUM (6), WESTF.WILH.-UNIVERSITAET MUENSTER, INST.F.SIEDLUNGS-U.WOHNUNGSWESEN

*DIE VERAENDERUNG DER GEWERBLICHEN EXISTENZ-GRUNDLAGEN UND DIE ERRICHTUNG DER RUHRUNIVERSITAET IN BOCHUM. - IHRE AUSWIRKUNGEN AUF DIE WIRTSCHAFTS-UND SOZIALSTRUKTUR DER STADT. GUTACHTEN IM AUFTRAGE DER STADT BOCHUM MUENSTER, 1964

B O C H U M

WIRTSCHAFT

605620690 029 0 0 0

1029-761591

FORTMANN HUBERT

*STELLUNGNAHME ZUR TEILFRAGE DER AGRARSTRUKTUR IM OELBACH-PLANGEBIET BOCHUM, DORTMUND, WITTEN

DORTMUND 1965

B O C H U M

BEVOELKERUNG

- DEMOGRAPHIE,SOZIOGRAPHIE,STADTSOZIOLOGIE

---

605 0 0 03165 0 0

1030-760252

STADT BOCHUM, AMT FUER STATISTIK UND STADT-FORSCHUNG, (3)

*BEVOELKERUNGSPROGNOSEMODELL

BOCHUM 1972, MANUSKRIPT

---

605 0 0 03165 0 0

1031-760251

STADT BOCHUM, AMT FUER STATISTIK UND STADT-FORSCHUNG, (3)

*STADT BOCHUM, KOMMUNALE UMFRAGEFORSCHUNG LANGENDREER-WERNE

BOCHUM 1974, 116 S., KT., TAB.

STADTENTWICKLUNGSPLANUNG, AUSGEWAEHLTE STRUKTURDATEN HEFT 13

---

605 0 0 03165 0 0

1032-761513   BB 670/71

STADT BOCHUM, AMT FUER STATISTIK UND STADT-FORSCHUNG

*BOCHUMER BEVOELKERUNGSPROGNOSEMODELL

BOCHUM 1974, MASCH.DR.

STADTENTWICKLUNG, HEFT 12

---

(1)BEARBEITER (2)MITARBEITER (3)HERAUSGEBER (4)REDAKTION (5)PROJEKTLEITUNG (6)AUFTRAGGEBER

BIBLIOGRAPHIE RAUMPLANUNG IM RUHRGEBIET. IRPUD-BIBLIOGRAPHIEN.1. UNIVERSITAET DORTMUND. BL. 119

B O C H U M

BEVOELKERUNG

- ERHOLUNG,FREIZEIT,URLAUB,SPORT,SPIEL

---

605 0 0 036 0 0 0

1033-761297

CZINKI LASZLO

*ZUR PLANUNG EINER REGIONALEN ERHOLUNGSGE-
BIETES. ANMERKUNGEN ZUM IDEENWETTBEWERB
"BOCHUMER STAUSEE".

IN: BAUWELT/STADTBAUWELT HEFT 13(1967)
S.990-993

B O C H U M

INFRASTRUKTUR, VERSORGUNG

- STRASSENVERKEHR,EISENBAHN,
  SCHIFFAHRT,LUFTVERKEHR

---

605 0 0 041 0 0 0

1034-760693   BB 380/2/3

KOECHLING ANTON

*IM SPINNENNETZ DER STRASSEN. DIE GROSS-
RAEUMIGE VERKEHRSPLANUNG IM EINFLUSSBEREICH
DER RUHR-UNIVERSITAET.

IN: DIE RUHRUNIVERSITAET BOCHUM, BD. 7,
1964, S. 2 - 4.

---

605 0 0 04112 0 0

1035-761414

HOTTES KARLHEINZ, BUCHHOLZ HANNS JUERGEN

RUHRUNIVERSITAET BOCHUM,GEOGRAPH.INSTITUT

*STADTBAHNTRASSEN UND CITYSTRUKTUR IN BOCHUM.

BOCHUM 1970

MATERIALIEN ZUR RAUMORDNUNG, BAND 3

B O C H U M

INFRASTRUKTUR, VERSORGUNG

- WASSERWIRTSCHAFT,ABFALL,UMWELTSCHUTZ

605690 0 043 0 016

1036-761212

SIEDLUNGSVERBAND RUHRKOHLENBEZIRK

*DAS OELBACHTAL ZWISCHEN BOCHUM UND WITTEN.
WASSERWIRTSCHAFTLICHE UND LANDESPFLEGERISCHE
PLANUNG. ZUSAMMENGESTELLT VOM SVR.

ESSEN 1963

605690 030043 0 016

1037-761290

KOLT WALTER, KLEIN J.

AVA-ARBEITSGEMEINSCHAFT ZUR VERBESSERUNG DER
AGRARSTRUKTUR IN HESSEN E.V.(3) SVR (6)

*DIE LANDWIRTSCHAFT IM OELBACHTAL. VORAUSSET-
ZUNGEN UND MOEGLICHKEITEN FUER DIE LANDWIRT-
SCHAFT ZUR ERHALTUNG UND PFLEGE STADTNAHER
FREIFLAECHEN IM REGIONALEN GRUENFLAECHEN-
SYSTEM DES RUHRGEBIETS.
WIESBADEN 1966
AVA-SONDERHEFT NR.25

---

605 0 0 043 0 0 0

1038-761702

STADT BOCHUM, ARBEITSGRUPPE UMWELTSCHUTZ (3)

*DOKUMENTATION - TAG DER UMWELT '75 -

BOCHUM 1975, 41 BL., ABB.

B O C H U M

INFRASTRUKTUR, VERSORGUNG

- BILDUNGSWESEN,SCHULEN,HOCHSCHULEN,MEDIEN,
  KUNST,KULTUR

---

(1)BEARBEITER (2)MITARBEITER (3)HERAUSGEBER (4)REDAKTION (5)PROJEKTLEITUNG (6)AUFTRAGGEBER

BIBLIOGRAPHIE RAUMPLANUNG IM RUHRGEBIET. IRPUD-BIBLIOGRAPHIEN.1. UNIVERSITAET DORTMUND. BL. 120

---

605 0 0 045 0 0 0

1039-761698

*DOKUMENTATION UEBER DIE ENTSTEHUNG DER RUHR-
UNIVERSITAET BOCHUM 1948-1961. (PROTOKOLLE V.
LANDTAGS- UND LANDTAGSAUSSCHUSSSITZUNGEN,
GUTACHTEN, DENKSCHRIFTEN U. AE.), 3 BDE.

ARCHIVEXEMPLARE DES LANDTAGS VON NRW ZU DUES-
SELDORF UND DER RUHR-UNIVERSITAET BOCHUM

605620 0 045 0 0 0

1040-761380

SIEDLUNGSVERBAND RUHRKOHLENBEZIRK (SVR)

*MATERIAL ZUM STANDORT RUHRHOCHSCHULE.
ZUSAMMENGESTELLT VOM SVR

ESSEN 1961

---

605 0 0 045 0 0 0

1041-761066

*EMPFEHLUNGEN ZUM AUFBAU DER UNIVERSITAET
BOCHUM. EMPFEHLUNGEN D GRUENDUNGSAUSSCHUSSES.

BOCHUM 1961, VERLAG KAMP

---

605 0 0 04529 0 0

1042-761153

ROCHOLL P., BORCHERS J., DUWENDAG DIETER,
LIESE F.

STADT BOCHUM (6), WESTF.WILH.-UNIVERSITAET
MUENSTER, INST.F.SIEDLUNGS-U.WOHNUNGSWESEN

*DIE VERAENDERUNG DER GEWERBLICHEN EXISTENZ-
GRUNDLAGEN UND DIE ERRICHTUNG DER RUHRUNIVER-
SITAET IN BOCHUM. - IHRE AUSWIRKUNGEN AUF DIE
WIRTSCHAFTS-UND SOZIALSTRUKTUR DER STADT.
GUTACHTEN IM AUFTRAGE DER STADT BOCHUM
MUENSTER, 1964

---

605 0 0 045 0 0 0

1043-761069   BB 380/3

NORDRHEIN-WESTFALEN, MINISTER F LANDESPLANUNG
WOHNUNGSBAU UND OEFFENTLICHE ARBEITEN (3)

*DIE RUHRUNIVERSITAET BOCHUM. BAUDOKUMENTATION
1965

DUESSELDORF 1965, VERLAG WERNER

MONOGRAPHIE UEBER DEN BAU DER RUHRUNIVERSI-
TAET BOCHUM, BAND 2

---

605 0 0 04513 0 0

1044-761158

WEINBERGER G.

*BAUZEITPLAN DER GROESSTEN BAUSTELLE NORD-
RHEIN-WESTFALEN

IN: BAU UND BAUINDUSTRIE. 13. JG. 1965, S.963

---

605 0 0 045 0 0 0

1045-761068

NORDRHEIN-WESTFALEN, MINISTER F LANDESPLANUNG
WOHNUNGSBAU UND OEFFENTLICHE ARBEITEN (3)

*DIE UNIVERSITAET BOCHUM. GESAMTPLANUNG

STUTTGART/ BERN (1965), VERLAG KRAEMER

MONOGRAPHIE DER RUHR-UNIVERSITAET BOCHUM,
BAND 1

---

605 0 0 045 0 0 0

1046-761070

SEMINAR FUER STIFTUNG VOLKSWAGENWERK
STIPENDIATEN DER STIFTUNG MITBESTIMMUNG (3)

*DIE RUHRUNIVERSITAET. BEISPIEL EINER UNIVER-
SITAETSGRUENDUNG

BOCHUM 1965

---

605 0 0 04521 0 0

1047-760433

FRIEDRICH JULIUS

*WESTFALENS ZWEITE UNIVERSITAET: BOCHUM
IM STRUKTURWANDEL

IN: WESTFALENSPIEGEL, JG 14, 1965,
HEFT 7, SEITE 1 - 5

---

605 0 0 045 0 0 0

1048-761095

HALLAUER FRIDOLIN

*DIE RUHRUNIVERSITAET BOCHUM IM DRITTEN BAU-
JAHR

IN: BAUVERWALTUNG 15 (1966) H.5, S.273 FF

---

(1)BEARBEITER (2)MITARBEITER (3)HERAUSGEBER (4)REDAKTION (5)PROJEKTLEITUNG (6)AUFTRAGGEBER

BIBLIOGRAPHIE RAUMPLANUNG IM RUHRGEBIET. IRPUD-BIBLIOGRAPHIEN.1. UNIVERSITAET DORTMUND.

---

605 0 0 045 0 0 0

1049-761067   BB 380/3

NORDRHEIN-WESTFALEN, MINISTER F LANDESPLANUNG
WOHNUNGSBAU UND OEFFENTLICHE ARBEITEN (3)

*DIE RUHRUNIVERSITAET BOCHUM. BAUDOKUMENTION
1966

DUESSELDORF 1967, VERLAG WERNER

---

605 0 0 045 0 0 0

1050-761574   BB 380/AUFS.

HALLAUER FRIDOLIN

*DIE RUHRUNIVERSITAET BOCHUM, EINE STAEDTE-
BAULICHE UND EINE ARCHITEKTONISCHE AUFGABE

IN: DEUTSCHE BAUZEITSCHRIFT H. 12, JG. 15,
1967

---

605 0 0 045 0 0 0

1051-760784

WERNER ERICH, ZIERIS ERNST, LIPP WOLFGANG

*STUDENT UND STUDIUM IN BOCHUM. ZUR SOZIOLOGIE
DER GRUENDUNGSSEMESTER AN D. RUHRUNIVERSITAET

STUTTGART: ENKE 1970, 135 SEITEN

---

605 0 0 045 0 0 0

1052-761408

HUNEKE KLAUS, MAUL OTFRIED

*RUHRUNIVERSITAET BOCHUM. EIN ZWISCHENBERICHT.

IN: BAUMEISTER, HEFT 8, JG. 68, 1971
S. 936-938

605620 0 045 0 0 0

1053-760966

MAYR ALOIS

*BOCHUM UND DORTMUND, ZWEI NEUE UNIVERSITAETEN
IM RUHRGEBIET

IN: WESTFAELISCHER HEIMATKALENDER 1971

MUENSTER 1971, ASCHENDORF VERL.

---

605 0 0 045 0 0 0

1054-761096

HALLAUER FRIDOLIN

*RUHRUNIVERSITAET BOCHUM - EINE REVIERSUNI-
VERSITAT?

IN: BAUMEISTER H.8, 68.JG., 1971, S.923-926

605620 0 045 0 0 0

1055-760292   BB 380/93

COX KARL-HEINZ

TECHNISCHE UNIVERSITAET HANNOVER, ARBEITS-
GRUPPE STANDORTFORSCHUNG (3)

*STANDORBESTIMMUNG VON HOCHSCHULEINRICHTUNGEN-
GRUNDLAGEN UND METHODE ZUR BEURTEILUNG ALTER-
NATIVER MIKROSTANDORTE FUER HOCHSCHULEINRICH-
TUNGEN IM RAHMEN DER STADTPLANUNG
HANNOVER, 1971, 110 S., KT., ABB., TAB., LIT.
SCHRIFTENREIHE DER ARBEITSGRUPPE STANDORT-
FORSCHUNG TU HANNOVER, BAND 11

---

605 0 0 045 0 0 0

1056-761489

RAUPACH HUBERT, REIMANN BRUNO W.

FORSCHUNGSINSTITUT DER FRIEDRICH-EBERT-
STIFTUNG

*HOCHSCHULREFORM DURCH NEUGRUENDUNGEN ?
ZU STRUKTUR UND WANDEL DER UNIVERSITAETEN
BOCHUM, REGENSBURG UND BIELEFELD

BONN-BAD GODESBERG: NEUE GESELLSCH.1974 504S.
SCHRIFTENREIHE DES FORSCHUNGSINSTITUTS DER
FRIEDRICH-EBERT-STIFTUNG 102

---

605 0 0 045 0 0 0

1057-761406   BB 075/166

FRITZ HELMUT

*RUHRUNIVERSITAET BOCHUM. DIE CAMPUS-UNI

IN: UNI-PORTRAETS.DIE HOCHSCHULEN DER BRD.
HRSG.VON BRIGITTE BOHNKE, GERHARD HIRSCHFELD
FRANKFURT: ASPEKTE VERLAG 1974, S.47-51

---

605 0 0 045 0 0 0

1058-760751

STADT BOCHUM, AMT FUER STATISTIK UND
STADTFORSCHUNG

*DIE VOLKSHOCHSCHULE BOCHUM, UNTERSUCHUNG
UEBER DIE REKRUTIERUNG DER HOERERSCHAFT UNTER
BERUECKSICHTIGUNG GRUPPENSPEZIFISCHER UND
REGIONALER KRITERIEN.
BOCHUM 1974, 95 S. ABB., TAB., TAB., LIT.
STADTENTWICKLUNGSPLANUNG. AUSGEWAEHLTE
STRUKTURDATEN, HEFT 14.

---

(1)BEARBEITER (2)MITARBEITER (3)HERAUSGEBER (4)REDAKTION (5)PROJEKTLEITUNG (6)AUFTRAGGEBER

BIBLIOGRAPHIE RAUMPLANUNG IM RUHRGEBIET. IRPUD-BIBLIOGRAPHIEN.1. UNIVERSITAET DORTMUND. BL. 122

60561068069045 0 0 0

1059-760091

KNOLL JOACHIM, HUETHER JUERGEN,
SCHOLAND HILDEGARD, BREUER DETLEF,
ZSCHOERNER HELMUT, (1)

DER BUNDESMINISTER FUER BILDUNG UND WISSEN-
SCHAFT, (3)

*NEBENAMTLICHE MITARBEITER IN DER ERWACHSENEN-
BILDUNG. BERICHT EINER ERHEBUNG AN VIER
VOLKSHOCHSCHULEN IM RUHRGEBIET
WERMELSKIRCHEN 1974
SCHRIFTENREIHE BILDUNGSPLANUNG HEFT 7

---

605 0 0 045 0 0 0

1060-760027

STADT BOCHUM, SCHULVERWALTUNGSAMT, (3)

*STRUKTURPLAN FUER DAS BILDUNGSWESEN
DER STADT BOCHUM

BOCHUM 1974, 40S., KT., TAB.

IN: SCHULSTRUKTUR 1985/KURZFASSUNG ZUR
BOCHUM-PLANUNG, BAND 2

BOCHUM

RECHT, VERWALTUNG, POLITIK
  - OEFFENTLICHKEITSARBEIT, PARTIZIPATION,
    DEMOKRATISIERUNG

60567C6758225557 0 0

1061-760758

WALCHSHOEFER JUERGEN

UNIVERSITAET MARBURG

*GEBIETSREFORM UND BUERGERSCHAFTLICHE
PARTIZIPATION

MARBURG 1974, 424 S., TAB., LIT. SOZ. DISS.

BOCHUM

RECHT, VERWALTUNG, POLITIK
  - TERRITORIALE VERWALTUNGSGLIEDERUNG,
    REGIONALE UND KOMMUNALE NEUGLIEDERUNG

605300 0 057 0 0 0

1062-760237

BALTHASAR JOERG, (1)

*EINGEMEINDUNGSPOLITIK UND VERWALTUNGSORGANI-
SATION. EINE STUDIE UEBER DIE KOMMUNALE NEU-
GLIEDERUNG DES MITTLEREN RUHRGEBIETS

KOELN 1970, 132 S., KT., ABB., TAB.

60562063550005771 0 0

1063-761078

THEILE FRANK

UNIVERSITAET BOCHUM

*DIE FOLGEWIRKUNGEN DER KOMMUNALEN NEUGLIEDE-
RUNG DES RHEIN.-WESTF. INDUSTRIEGEBIETES IN D.
JAHREN 1926 BIS 1929, UNTERSUCHT AN BEISPIE-
LEN DES OESTLICHEN RUHRGEBIETS

BOCHUM 1970, 167 S., KT., ABB., DISS.

60567067582257 0 055

1064-760758

WALCHSHOEFER JUERGEN

UNIVERSITAET MARBURG

*GEBIETSREFORM UND BUERGERSCHAFTLICHE
PARTIZIPATION

MARBURG 1974, 424 S., TAB., LIT. SOZ. DISS.

BOCHUM

FINANZWESEN, STATISTIK, KARTOGRAPHIE
  - PLANUNGSMETHODEN

---

605 0 0 0653 1 0 0

1065-760252

STADT BOCHUM, AMT FUER STATISTIK UND STADT-
FORSCHUNG, (3)

*BEVOELKERUNGSPROGNOSEMODELL

BOCHUM 1972, MANUSKRIPT

---

(1)BEARBEITER (2)MITARBEITER (3)HERAUSGEBER (4)REDAKTION (5)PROJEKTLEITUNG (6)AUFTRAGGEBER

BIBLIOGRAPHIE RAUMPLANUNG IM RUHRGEBIET. IRPUD-BIBLIOGRAPHIEN.1. UNIVERSITAET DORTMUND.

605   0   0   06531 0 C

1066-760251

STADT BOCHUM, AMT FUER STATISTIK UND STADT-
FORSCHUNG, (3)

*STADT BOCHUM, KOMMUNALE UMFRAGEFORSCHUNG
LANGENDREER-WERNE

BOCHUM 1974, 116 S., KT., TAB.

STADTENTWICKLUNGSPLANUNG, AUSGEWAEHLTE
STRUKTURDATEN HEFT 13

---

605   0   0   06531 0 0

1067-761513   BB 670/71

STADT BOCHUM, AMT FUER STATISTIK UND STADT-
FORSCHUNG

*BOCHUMER BEVOELKERUNGSPROGNOSEMODELL

BOCHUM 1974, MASCH.DR.

STADTENTWICKLUNG, HEFT 12

---

605   0   0   065 0 0 0

1068-761734

GOESCHEL WALTER, SYRING HUBERT

ZENTRALE DATENVERARBEITUNG, DUESSELDORF (2),
STADT BOCHUM, PLANUNGSAMT (2), IBM (3)

*KOMMUNALE PLANUNG MIT DATENVERARBEITUNG.
PLANUNGSDATENBANKEN UND PLANERISCHE AUS-
WERTUNG MIT DEM PROGRAMM STAF (STATISTICAL
ANALYSIS OF FILES)

STUTTGART 1974, 22 S., ABB.
(DV-FACHSERIE METHODEN U. TECHNIKEN)

B O C H U M

GESCHICHTE

- STADTGESCHICHTE,SIEDLUNGSGESCHICHTE,
  LANDESGESCHICHTE

---

605   0   0   071 0 0 0

1069-761697

BRINKMANN KARL

*BOCHUM. AUS DER GESCHICHTE EINER GROSSSTADT
DES REVIERS

BOCHUM 1968, 2. AUFL.

60562063550071 0 057

1070-761078

THEILE FRANK

UNIVERSITAET BOCHUM

*DIE FOLGEWIRKUNGEN DER KOMMUNALEN NEUGLIEDE-
RUNG DES RHEIN.-WESTF.INDUSTRIEGEBIETES IN D.
JAHREN 1926 BIS 1929, UNTERSUCHT AN BEISPIE-
LEN DES OESTLICHEN RUHRGEBIETS

BOCHUM 1970, 167 S., KT., ABB., DISS.

---

605   0   0   071731417

1071-760968   BB 930/21

WIENEN HORST-JUERGEN

STADT BOCHUM, AMT FUER STATISTIK
UND STADTFORSCHUNG (3)

*RAUMPRAEGENDE WIRKUNGEN GROSSER ARBEITS-
STAETTEN, DARGESTELLT AN AUSGEWAEHLTEN
BEISPIELEN IM RAUME BOCHUM

BOCHUM 1972, 261 S., KT., ABB., TAB., LIT.
STADT BOCHUM - STADTENTWICKLUNGSPLANUNG,
AUSGEWAEHLTE STRUKTURDATEN, H. 10

B O C H U M

GESCHICHTE

- WIRTSCHAFT- UND TECHNIKGESCHICHTE

---

605   0   0   073141771

1072-760968   BB 930/21

WIENEN HORST-JUERGEN

STADT BOCHUM, AMT FUER STATISTIK
UND STADTFORSCHUNG (3)

*RAUMPRAEGENDE WIRKUNGEN GROSSER ARBEITS-
STAETTEN, DARGESTELLT AN AUSGEWAEHLTEN
BEISPIELEN IM RAUME BOCHUM

BOCHUM 1972, 261 S., KT., ABB., TAB., LIT.
STADT BOCHUM - STADTENTWICKLUNGSPLANUNG,
AUSGEWAEHLTE STRUKTURDATEN, H. 10

B O C H U M

ZEITUNGEN,ZEITSCHRIFTEN,SCHRIFTENREIHEN

---

(1)BEARBEITER (2)MITARBEITER (3)HERAUSGEBER (4)REDAKTION (5)PROJEKTLEITUNG (6)AUFTRAGGEBER

BIBLIOGRAPHIE RAUMPLANUNG IM RUHRGEBIET. IRPUD-BIBLIOGRAPHIEN.1. UNIVERSITAET DORTMUND. BL. 124

---

605 0 0 090 0 0 0

1073-761160

GESELLSCHAFT DER FREUNDE DER RUHRUNIVERSITAET
BOCHUM (3)

*DIE RUHRUNIVERSITAET. JG. 1 - , 1962-

BOCHUM 1962-

---

605 0 0 090 0 0 0

1074-761713

HAFEMANN DIETRICH, HOTTES KARLHEINZ, LIEDTKE
HERBERT, SCHOELLER PETER (3), BUSCH PAUL (4)

RUHR-UNIVERSITAET BOCHUM, GEOGRAPHISCHES
INSTITUT (3)

*BOCHUMER GEOGRAPHISCHE ARBEITEN

PADERBORN 1965- , SCHOENINGH VERL.

B O T T R O P

RAUMENTWICKLUNG, RAUMPLANUNG

- STADTENTWICKLUNG,STADTPLANUNG,
  STADTERNEUERUNG,SANIERUNG

---

610 0 0 01228 0 0

1075-760777

WELLENDORF INGE (1), HEIMANN FRIEDRICH W.(5)

INSTITUT FUER GEWERBEBETRIEBE IM STAEDTEBAU
INGESTA

*STADT BOTTROP, GUTACHTEN UEBER DIE MOEGLICHE
ENTWICKLUNG DES HAUPTGESCHAEFTSZENTRUMS

KOELN: INGESTA 1968, 70 S., KT., ABB., TAB.

---

610 0 0 012 0 0 0

1076-760265

STADT BOTTROP, STADTPLANUNGSAMT, (1)(3)

*STADTENTWICKLUNG BOTTROP, BAND 1

BOTTROP 1973, 16 S., 50 ANL., KT., ABB.,

610640872   01257 0 0

1077-761503   BB 083/96

FECKE FRANZ-BERNHARD

UNIVERSITAET DORTMUND, ABTEILUNG RAUMPLANUNG

*KOMMUNALE NEUORDNUNG UND MOEGLICHKEITEN DER
STADTENTWICKLUNG IM RAUME BOTTROP, GLADBECK,
KIRCHHELLEN

DORTMUND 1976, 113 BL., DIPLOMARBEIT

B O T T R O P

WIRTSCHAFT

- WIRTSCHAFTSSTRUKTUR,STRUKTURWANDEL,
  STRUKTURKRISE,WIRTSCHAFTSGEOGRAPHIE

---

610 0 0 021 0 0 0

1078-761182   BB 903/BOT2

STADT BOTTROP

*WIRTSCHAFT UND LEBEN DER STADT BOTTROP

BOTTROP 1972, (2.AUFL.)

---

610 0 0 021 0 0 0

1079-761540   BB 082/1

UNIVERSITAET DORTMUND, ABTEILUNG RAUMPLANUNG

*STRUKTURWANDEL IN BOTTROP
STUDIENPROJEKT P 16, STUDIENJAHR 1972/73

DORTMUND 1973

B O T T R O P

WIRTSCHAFT

- UEBRIGE WIRTSCHAFTSZWEIGE

---

(1)BEARBEITER (2)MITARBEITER (3)HERAUSGEBER (4)REDAKTION (5)PROJEKTLEITUNG (6)AUFTRAGGEBER

610 0 0 02812 0 0

1080-760777

WELLENDORF INGE (1), HEIMANN FRIEDRICH W.(5)

INSTITUT FUER GEWERBEBETRIEBE IM STAEDTEBAU
INGESTA

*STADT BOTTROP, GUTACHTEN UEBER DIE MOEGLICHE
ENTWICKLUNG DES HAUPTGESCHAEFTSZENTRUMS

KOELN: INGESTA 1968 70 S., KT., ABB., TAB.

B O T T R O P

BEVOELKERUNG

- SOZIALWESEN, SOZIALARBEIT, SOZIALPOLITIK

---

610 0 0 034 0 0 0

1081-760266

STADT BOTTROP, STADTVERWALTUNG, JUGENDAMT,(3)

*KINDERGARTENBEDARFSPLAN - 1. FORTSCHREIBUNG -
STAND 1. JULI 1974

BOTTROP 1974, 102 BL., KT., ABB., TAB.

B O T T R O P

INFRASTRUKTUR, VERSORGUNG

- STRASSENVERKEHR, EISENBAHN,
  SCHIFFAHRT, LUFTVERKEHR

---

610 0 0 041 0 0 0

1082-760267

STADT BOTTROP, STADTPLANUNGSAMT, ABTEILUNG
VERKEHR, (1)(3)

*GENERALVERKEHRSPLAN BOTTROP (TEIL A: PROGNOSE
DES FLIESSENDEN INDIVIDUELLEN VERKEHRS;
TEIL B: RUHENDER VERKEHR)

BOTTROP 1972, 106 S., 60 ANL., KT., ABB.,

B O T T R O P

INFRASTRUKTUR, VERSORGUNG

- BILDUNGSWESEN, SCHULEN, HOCHSCHULEN, MEDIEN,
  KUNST, KULTUR

61068069060545 0 0 0

1083-760091

KNOLL JOACHIM, HUETHER JUERGEN,
SCHOLAND HILDEGARD, BREUER DETLEF,
ZSCHOERNER HELMUT, (1)

DER BUNDESMINISTER FUER BILDUNG UND WISSEN-
SCHAFT, (3)

*NEBENAMTLICHE MITARBEITER IN DER ERWACHSENEN-
BILDUNG. BERICHT EINER ERHEBUNG AN VIER
VOLKSHOCHSCHULEN IM RUHRGEBIET
WERMELSKIRCHEN 1974
SCHRIFTENREIHE BILDUNGSPLANUNG HEFT 7

B O T T R O P

RECHT, VERWALTUNG, POLITIK

- TERRITORIALE VERWALTUNGSGLIEDERUNG,
  REGIONALE UND KOMMUNALE NEUGLIEDERUNG

610640872 057 0 012

1084-761503   BB 083/96

FECKE FRANZ-BERNHARD

UNIVERSITAET DORTMUND, ABTEILUNG RAUMPLANUNG

*KOMMUNALE NEUORDNUNG UND MOEGLICHKEITEN DER
STADTENTWICKLUNG IM RAUME BOTTROP, GLADBECK,
KIRCHHELLEN

DORTMUND 1976, 113 BL., DIPLOMARBEIT

B O T T R O P

GESCHICHTE

- STADTGESCHICHTE, SIEDLUNGSGESCHICHTE,
  LANDESGESCHICHTE

---

(1)BEARBEITER (2)MITARBEITER (3)HERAUSGEBER (4)REDAKTION (5)PROJEKTLEITUNG (6)AUFTRAGGEBER

BIBLIOGRAPHIE RAUMPLANUNG IM RUHRGEBIET. IRPUD-BIBLIOGRAPHIEN.1. UNIVERSITAET DORTMUND. BL. 126

610670 0 071 0 0 0

1085-761572

GLAESSER E.

*DIE KULTURLANDSCHAFTSENTWICKLUNG DES WEST-
LICHEN RUHRGEBIETES VOR BEGINN DER HOCH-
INDUSTRIELLEN PERIODE,GEZEIGT AN BEISPIELEN
AUS DEM RAUM OSTERFELD-STERKRADE-BOTTROP

BAD GODESBERG 1968

IN: BERICHTE ZUR DEUTSCHEN LANDESKUNDE,
BD. 4, HEFT 1, S. 59-80

C A S T R O P - R A U X E L

RAUMENTWICKLUNG, RAUMPLANUNG

   - RAUMENTWICKLUNG,RAUMORDNUNG,
     LANDESPLANUNG,REGIONALPLANUNG

---

615 0 0 011 0 0 0

1086-761237

KOERBER JUERGEN

*CASTROP-RAUXEL IN DER REGIONALPLANUNG DES
RUHRGEBIETES

IN: KULTUR UND HEIMAT 17(1965), HEFT 2/3,
S.67-70

---

615 0 0 0111 2 0 0

1087-761150

HOMMEL MANFRED

AKADEMIE FUER RAUMFORSCHUNG UND LANDESPLANUNG

*CASTROP-RAUXEL. NEUBILDUNG VON STADT UND
STADTRAUM IM NOERDLICHEN RUHRGEBIET.

HANNOVER 1974

IN: STADT UND STADTRAUM. VEROEFFENTLICHUNGEN
D. AKADEMIE F. RAUMFORSCHUNG U.LANDESPLANUNG
FORSCHUNGS- U.SITZUNGSBERICHTE,BD.97,S.81-104

C A S T R O P - R A U X E L

RAUMENTWICKLUNG, RAUMPLANUNG

   - STADTENTWICKLUNG,STADTPLANUNG,
     STADTERNEUERUNG,SANIERUNG

61565567568012 0 0 0

1088-760199

LANDESENTWICKLUNGSGES. NW F. STAEDTEBAU,WOH-
NUNGSW. U. AGRARORDN., PLANERB. ZLONICKY, (3)

*MEHRGEMEINDLICHE ENTWICKLUNGS- UND STANDORT-
PLANUNG. GUTACHTEN IM AUFTRAG DER STAEDTE
CASTROP-RAUXEL, HERNE, RECKLINGHAUSEN, WANNE-
EICKEL

ESSEN 1973

---

615 0 0 012 0 0 0

1089-760028

STADT CASTROP-RAUXEL, AMT FUER STADTENTWICK-
LUNG, STATISTIK UND WAHLEN (U.A.), (1)

*STADT CASTROP-RAUXEL.ZENTRENKONZEPTION
DER STADT CASTROP-RAUXEL

CASTROP-RAUXEL 1974,67S.,KT.,ABB.,TAB.,LIT.

---

615 0 0 01211 0 0

1090-761150

HOMMEL MANFRED

AKADEMIE FUER RAUMFORSCHUNG UND LANDESPLANUNG

*CASTROP-RAUXEL. NEUBILDUNG VON STADT UND
STADTRAUM IM NOERDLICHEN RUHRGEBIET.

HANNOVER 1974

IN: STADT UND STADTRAUM. VEROEFFENTLICHUNGEN
D. AKADEMIE F. RAUMFORSCHUNG U.LANDESPLANUNG
FORSCHUNGS- U.SITZUNGSBERICHTE,BD.97,S.81-104

C A S T R O P - R A U X E L

RAUMENTWICKLUNG, RAUMPLANUNG

   - LANDSCHAFTSOEKOLOGIE,LANDSCHAFTSPLANUNG

---

615 0 0 016 0 0 0

1091-760479

PAPE H.

*LANDSCHAFTLICHE STRUKTUR UND ENTWICKLUNG
CASTROP-RAUXELS.
IN: CASTROP-RAUXEL, ENTWICKLUNG EINER STADT
IM WESTFAELISCHEN INDUSTRIEGEBIET. S.45-48

CASTROP-RAUXEL 1967

---

(1)BEARBEITER (2)MITARBEITER (3)HERAUSGEBER (4)REDAKTION (5)PROJEKTLEITUNG (6)AUFTRAGGEBER

BIBLIOGRAPHIE RAUMPLANUNG IM RUHRGEBIET. IRPUD-BIBLIOGRAPHIEN.1. UNIVERSITAET DORTMUND. BL. 127

C A S T R O P - R A U X E L

WIRTSCHAFT

- ANDERE INDUSTRIEN

---

615 0 0 026 0 0 0

1092-760288

*DIE CHEMISCHE GROSSINDUSTRIE IN CASTROP-
RAUXEL
IN: CASTROP-RAUXEL. ENTWICKLUNG EINER STADT
IM WESTFAELISCHEN INDUSTRIEGEBIET

CASTROP-RAUXEL 1967, S. 226-229

C A S T R O P - R A U X E L

WIRTSCHAFT

- UEBRIGE WIRTSCHAFTSZWEIGE

---

615 0 0 028 0 0 0

1093-760241

BENTELE HORST, (1)

INSTITUT FUER GEWERBEBETRIEBE IM STAEDTE-
BAU, (3)

*GUTACHTEN ZUR GEWERBEPLANUNG FUER DIE STADT
CASTROP-RAUXEL

KOELN 1970, 146 S., 12 BL., KT., TAB.

C A S T R O P - R A U X E L

INFRASTRUKTUR, VERSORGUNG

- WASSERWIRTSCHAFT, ABFALL, UMWELTSCHUTZ

---

615 0 0 04373 0 0

1094-760287

*GESCHICHTLICHE ENTWICKLUNG DER WASSERVERSOR-
GUNG DER STADT CASTROP-RAUXEL

IN: CASTROP-RAUXEL, KULTUR UND HEIMAT,
JG. 14, 1962, NR. 2, S. 81-86

C A S T R O P - R A U X E L

RECHT, VERWALTUNG, POLITIK

- VERTRETUNGSKOERPERSCHAFTEN, WAHLEN

---

615 0 0 054 0 0 0

1095-760294

CROON HELMUTH

*VERAENDERUNGEN IN DER ZUSAMMENSETZUNG DER
GEMEINDEVERTRETUNGEN UNTER DEM EINFLUSS DER
INDUSTRIALISIERUNG
IN: CASTROP-RAUXEL. ENTWICKLUNG EINER STADT
IM WESTFAELISCHEN INDUSTRIEGEBIET.

CASTROP-RAUXEL 1967

C A S T R O P - R A U X E L

RECHT, VERWALTUNG, POLITIK

- TERRITORIALE VERWALTUNGSGLIEDERUNG,
  REGIONALE UND KOMMUNALE NEUGLIEDERUNG

61565567568057 0 0 0

1096-760607   BB 970/24

SIEDENTOPF HEINRICH

DIE STAEDTE CASTROP-RAUXEL, HERNE, RECKLING-
HAUSEN, WANNE-EICKEL (3)

*ZU DEN KONZEPTIONEN EINER TERRITORIALEN
NEUGLIEDERUNG IM RUHRGEBIET
GUTACHTEN ERSTELLT FUER DIE STAEDTE CASTROP
RAUXEL, HERNE, RECKLINGHAUSEN UND WANNE-
EICKEL

HERNE 1972. 76 S.

---

(1)BEARBEITER (2)MITARBEITER (3)HERAUSGEBER (4)REDAKTION (5)PROJEKTLEITUNG (6)AUFTRAGGEBER

61565567568057 0 0 0

1097-760606

SIEDENTOPF HEINRICH

DIE STAEDTE CASTROP-RAUXEL, HERNE, RECKLING-
HAUSEN, WANNE-EICKEL

*STELLUNGNAHME ZUM NEUGLIEDERUNGSVORSCHLAG DES
INNENMINISTERS DES LANDES NORDRHEIN-WESTFALEN
VOM 25. SEPTEMBER 1972
GUTACHTEN ERSTELLT FUER DIE STAEDTE CASTROP-
RAUXEL, HERNE, RECKLINGHAUSEN U WANNE-EICKEL

HERNE 1973, 122 S.

---

615 0 0 057 0 0 0

1098-761082   BB 970/18

STADT CASTROP-RAUXEL

*STELLUNGNAHME DER STADT CASTROP-RAUXEL ZUM
NEUGLIEDERUNGSVORSCHLAG DES INNENMINISTERS NW

CASTROP-RAUXEL 1973, MASCH.DR.

C A S T R O P - R A U X E L

GESCHICHTE

  - STADTGESCHICHTE, SIEDLUNGSGESCHICHTE,
    LANDESGESCHICHTE

---

615 0 0 071 0 0 0

1099-760620

SCHMITZ P.

*WIE ES VOR 40 JAHREN ZUR GRUENDUNG DER
STADT CASTROP-RAUXEL KAM

IN: KULTUR UND HEIMAT, BD. 18, 1966, S.21-27

---

615 0 0 071 0 0 0

1100-761054

HARTUNG K.

*GESCHICHTLICHE ENTWICKLUNG CASTROP-RAUXELS
IN: CASTROP-RAUXEL, ENTWICKLUNG EINER STADT
IM WESTFAELISCHEN INDUSTRIEGEBIET, S.9-35

CASTROP-RAUXEL 1967

---

615 0 0 071 0 0 0

1101-761048

GROSSMANN H.

*UNSERE STADT NACH 1945. IN: CASTROP-RAUXEL,
ENTWICKLUNG EINER STADT IM WESTFAELISCHEN
INDUSTRIEGEBIET, S.234-239

CASTROP-RAUXEL 1967

C A S T R O P - R A U X E L

GESCHICHTE

  - SOZIALGESCHICHTE

---

615 0 0 072 0 0 0

1102-760557

*GESCHICHTE DER ZECHE GRAF SCHWERIN.
IN CASTROP-RAUXEL. ENTWICKLUNG EINER STADT
IM WESTFAELISCHEN INDUSTRIEGEBIET.

CASTROP-RAUXEL 1967 S.202 - 211

C A S T R O P - R A U X E L

GESCHICHTE

  - WIRTSCHAFT- UND TECHNIKGESCHICHTE

---

615 0 0 07343 0 0

1103-760287

*GESCHICHTLICHE ENTWICKLUNG DER WASSERVERSOR-
GUNG DER STADT CASTROP-RAUXEL

IN: CASTROP-RAUXEL, KULTUR UND HEIMAT,
JG. 14, 1962, NR. 2, S. 81-86

---

(1)BEARBEITER (2)MITARBEITER (3)HERAUSGEBER (4)REDAKTION (5)PROJEKTLEITUNG (6)AUFTRAGGEBER

BIBLIOGRAPHIE RAUMPLANUNG IM RUHRGEBIET. IRPUD-BIBLIOGRAPHIEN.1. UNIVERSITAET DORTMUND. BL. 129

CASTROP-RAUXEL

GESCHICHTE
- FIRMENGESCHICHTE

---

615 0 0 074 0 0 0

1104-760774

*WEHAG, WESTDEUTSCHE HAUSHALTSVERSORGUNG AG
IN: CASTROP RAUXEL. ENTWICKLUNG EINER STADT
IM WESTFAELISCHEN INDUSTRIEGEBIET.

CASTROP-RAUXEL 1967, S. 225 -

---

615 0 0 074 0 0 0

1105-760698

*KLOECKNER - BERGBAU AG CASTROP - RAUXEL.
IN: CASTROP-RAUXEL, ENTWICKLUNG EINER
STADT IM WESTFAELISCHEN RUHRGEBIET.

CASTROP-RAUXEL 1967, S.212-216

DORTMUND

RAUMENTWICKLUNG, RAUMPLANUNG
- RAUMENTWICKLUNG, RAUMORDNUNG,
  LANDESPLANUNG, REGIONALPLANUNG

---

620 0 0 0112 2 0 0

1106-761472

MUELLER-TRUDUNG JUERGEN

RUHRUNIVERSITAET BOCHUM, ARBEITSGEMEINSCHAFT
WOHNUNGSWESEN, STAEDTEPLANUNG U.RAUMORDNUNG

*NEBENEINKAUFSZENTREN ALS STEUERUNGSINSTRUMENT
DER REGIONALPOLITIK IN VERDICHTUNGSRAEUMEN -
DARGESTELLT AM BEISPIEL DER KERNZONE DORTMUND
KOELN: KLEIKAMP 1971, 196S., ABB., TAB.
OEKOLOGISCHE FORSCHUNGEN. SCHRIFTENREIHE DER
ARBEITSGEMEINSCHAFT WOHNUNGSWESEN, STAEDTE-
PLANUNG UND RAUMORDNUNG, BAND 2

DORTMUND

RAUMENTWICKLUNG, RAUMPLANUNG
- STADTENTWICKLUNG, STADTPLANUNG,
  STADTERNEUERUNG, SANIERUNG

---

620 0 0 012 0 0 0

1107-761218

BUEKSCHMITT JUSTUS

*DORTMUND. PROBLEME EINER WEITRAEUMIGEN STADT

IN: NEUE HEIMAT(1964) HEFT 6 S.12-21

---

620 0 0 0124 5 0 0

1108-761162

PLANUNGSBUERO UMLANDPLANUNG UNIVERSITAET
DORTMUND

*ERGEBNISSE DER STAEDTEBAULICHEN BESTANDSAUF-
NAHME FUER DAS UMLAND DER UNIVERSITAET DORT-
MUND

OHNE ORT, 1965-1967

---

620 0 0 0121 5 0 0

1109-761291

BUEKSCHMITT JUSTUS

STADT DORTMUND, STADTPLANUNGSAMT

*DORTMUND STAEDTEBAULICH BETRACHTET.

DORTMUND 1967

---

620 0 0 0124 1 0 0

1110-761590

INSTITUT FUER ENTWICKLUNGSPLANUNG (IFE)

*BEDEUTUNG DES VERKEHRS FUER DIE
STADTENTWICKLUNG DORTMUNDS

ESSEN 1967

---

(1)BEARBEITER (2)MITARBEITER (3)HERAUSGEBER (4)REDAKTION (5)PROJEKTLEITUNG (6)AUFTRAGGEBER

BIBLIOGRAPHIE RAUMPLANUNG IM RUHRGEBIET. IRPUD-BIBLIOGRAPHIEN.1. UNIVERSITAET DORTMUND. BL. 130

---

620 0 0 012 0 0 0

1111-760303 BB 909/DOR 13

INSTITUT FUER ENTWICKLUNGSPLANUNG

*DORTMUND - REGIONALSTUDIE ZUR ENTWICKLUNG DES
RAUMES AUF WEITE SICHT

DORTMUND: SANDER 1968, 67 GEZ. BL.

---

620 0 0 012 0 0 0

1112-760756

WAGNER MEINHARD

*FLAECHENNUTZUNGSPLAN DORTMUND 1970,
METHODE UND ZIEL.
VORTRAG IM RAHMEN DER REIHE STRUKTURENTWICK-
LUNG DURCH STADT-, REGIONAL- U. LANDESPLANUNG
DES INSTITUTS FUER STADTBAUWESEN DER RWTH

UNVEROEFF. MANUSKRIPT

---

620 0 0 012 0 0 0

1113-760722

INSTITUT FUER ANGEWANDTE SOZIALWISSENSCHAFT.

*HAUPT- UND NEBENZENTREN DORTMUND.
BERICHT 5: VERSORGUNGSZENTREN, JANUAR 1969.

BAD GODESBERG 1969

---

620 0 0 012 0 0 0

1114-760254

BOCK HANS-HERMANN

*BEDINGUNGEN UND MOEGLICHKEITEN DER NUTZUNGS-
VERFLECHTUNG VON GEMEINSCHAFTSEINRICHTUNGEN
IN NEUEN WOHNGEBIETEN ALS PROBLEME DER BAU-
LEITPLANUNG UND GEBAEUDEPLANUNG - UNTERSUCHT
AM BEISPIEL KIRCHLICHER EINRICHTUNGEN

HANNOVER 1970, 141 S., KT., ABB., TAB., LIT.

---

620 0 0 01214 0 0

1115-761507

UNIVERSITAET DORTMUND, ABTEILUNG RAUMPLANUNG

*STEINKUEHLERWEG DORTMUND-HOERDE
STUDIENPROJEKT P04, STUDIENJAHR 1969/70

DORTMUND 1970

---

620 0 0 012 0 0 0

1116-761512 BB 082/1

UNIVERSITAET DORTMUND, ABTEILUNG RAUMPLANUNG

*STADTENTWICKLUNG DORTMUND-HOMBRUCH
STUDIENPROJEKT P01/C, STUDIENJAHR 1970/71

DORTMUND 1971

---

620 0 0 012 0 0 0

1117-761517 BB 082/1

UNIVERSITAET DORTMUND, ABTEILUNG RAUMPLANUNG

*SANIERUNG DORTMUND-NORDSTADT
STUDIENPROJEKT P02, STUDIENJAHR 1970/71

DORTMUND 1971

---

620 0 0 012 0 0 0

1118-761511 BB 082/1

UNIVERSITAET DORTMUND, ABTEILUNG RAUMPLANUNG

*STADTENTWICKLUNG DORTMUND-HOERDE
STUDIENPROJEKT P01/B, STUDIENJAHR 1970/71

DORTMUND 1971

---

620 0 0 01228 0 0

1119-761510

UNIVERSITAET DORTMUND, ABTEILUNG RAUMPLANUNG

*DORTMUND-APLERBECK "GEWERBEPLANUNG"
STUDIENPROJEKT P01/A, STUDIENJAHR 1970/71

DORTMUND 1971

---

620 0 0 012 0 0 0

1120-760493

STADT DORTMUND, ARBEITSKREIS FUER
STADTENTWICKLUNGSPLANUNG (3)

*STADTENTWICKLUNGSPLANUNG DORTMUND.
PLANUNGSGRUNDLAGEN

DORTMUND 1971

---

(1)BEARBEITER (2)MITARBEITER (3)HERAUSGEBER (4)REDAKTION (5)PROJEKTLEITUNG (6)AUFTRAGGEBER

BIBLIOGRAPHIE RAUMPLANUNG IM RUHRGEBIET. IRPUD-BIBLIOGRAPHIEN.1. UNIVERSITAET DORTMUND. BL. 131

---

620 0 0 012 0 0 0

1121-760656

PROGNOS AG (3)

*GUTACHTEN UEBER DIE ENTWICKLUNGSPLANUNG DER STADT DORTMUND.

BASEL 1971.

---

620 0 0 0122241 0

1122-761157

MAECKE PAUL ARTHUR, HOELSKEN DIETER (1)
HOHLE P. (5), PURRMANN H. GRAETZ H.J. (2)

HOESCH AG (3)

*VERKEHRSUNTERSUCHUNG FUER DIE HOESCH HUETTENWERKE AG DORTMUND (TEXT U. BILDBD.)

AACHEN: LIST 1971, 69 S., ABB.

---

620 0 0 012 0 0 0

1123-761531   BB 082/1

UNIVERSITAET DORTMUND, ABTEILUNG RAUMPLANUNG

*STADTENTWICKLUNGSPLANUNG DORTMUND
STUDIENPROJEKT P 15/1, STUDIENJAHR 1971/72

DORTMUND 1972

---

620 0 0 012 0 0 0

1124-761439

AFFELD DETLEF

*PARTIZIPATORISCHE PLANUNG. ERFAHRUNGEN AM BEISPIEL EINER BUERGERINITIATIVE IN DORTMUND-HOERDE.

IN: BAUMEISTER, H.4, 1972, S.313 FF

---

620 0 0 01245 0 0

1125-761532   BB 082/1

UNIVERSITAET DORTMUND, ABTEILUNG RAUMPLANUNG

*DORTMUND-OSTENBERG
STUDIENPROJEKT P 01 A, E, M,
STUDIENJAHR 1972/73

DORTMUND 1973

---

620 0 0 012 0 0 0

1126-761535   BB 082/1

UNIVERSITAET DORTMUND, ABTEILUNG RAUMPLANUNG

*STADTENTWICKLUNGSPLANUNG DORTMUND
STUDIENPROJEKT P 11, STUDIENJAHR 1972/73

DORTMUND 1973

---

620 0 0 01264 0 0

1127-761594

HAMMER ERICH (GESAMTBEARB.),

STADT DORTMUND, VERMESSUNGS- U. KAT.AMT (3)

*DORTMUND - STADTENTWICKLUNGSPLANUNG
GRUNDLAGEN FUER DIE FLAECHENNUTZUNGSPLANUNG

DORTMUND 1974, MIT ZAHLR. KTN, 124 GEZ. BL.

---

620 0 0 012 0 0 0

1128-761546   BB 082/1

UNIVERSITAET DORTMUND, ABTEILUNG RAUMPLANUNG

*STRUKTURENTWICKLUNGSPLANUNG DORTMUND-LUETGENDORTMUND
STUDIENPROJEKT P 04/A,B, STUDIENJAHR 1973/74

DORTMUND 1974

---

620 0 0 012 0 0 0

1129-761548   BB 082/1

UNIVERSITAET DORTMUND, ABTEILUNG RAUMPLANUNG

*SANIERUNG DORTMUND-NORDSTADT
STUDIENPROJEKT P 13, STUDIENJAHR 1973/74

DORTMUND 1974

---

620 0 0 012 0 0 0

1130-761500   BB 083/7

KLEMM WOLFGANG

UNIVERSITAET DORTMUND, ABTEILUNG RAUMPLANUNG

*KRIT. UNTERSUCHUNG D. ENTWICKLUNG EINES SEIT KRIEGSENDE UNBEBAUTEN ZENTRALEN DORTMUNDER CITYBEREICHES BEI BES. BERUECKSICHTIGUNG OEKONOMISCHER EINFLUSSFAKTOREN;...
VORSCHLAG EINES ALTERNATIVEN NUTZUNGSKONZEPTS

DORTMUND 1974, 92 BL., DIPLOMARBEIT

---

(1)BEARBEITER (2)MITARBEITER (3)HERAUSGEBER (4)REDAKTION (5)PROJEKTLEITUNG (6)AUFTRAGGEBER

BIBLIOGRAPHIE RAUMPLANUNG IM RUHRGEBIET. IRPUD-BIBLIOGRAPHIEN.1. UNIVERSITAET DORTMUND.

---

620 0 0 012 0 0 0

1131-760993   BB 083/15

THIELE WILHELM

UNIVERSITAET DORTMUND, ABTEILUNG RAUMPLANUNG

*SANIERUNG EINES STADTTEILS, DARGESTELLT AM BEISPIEL DORTMUND-DORSTFELD, T.1.2.

DORTMUND 1974, DIPLOMARBEIT

---

620 0 0 01245 0 0

1132-760995   BB 083/10

GRUENEKE DETLEF, HAFNER WALTER, SDANOWITZ MANFRED

UNIVERSITAET DORTMUND, ABTEILUNG RAUMPLANUNG

*EINGLIEDERUNGEN VON HOCHSCHULORGANISATIONS-EINHEITEN IN EINEN GROSSSTAEDTISCHEN INNEN-STADTBEREICH AM BEISPIEL DORTMUND

DORTMUND 1974, DIPLOMARBEIT, TEXTTEIL,PLANT.

---

620 0 0 012 0 0 0

1133-760990   BB 083/39

BETH-VON-DER-WARTH

UNIVERSITAET DORTMUND, ABTEILUNG RAUMPLANUNG

*ZIEL- UND NUTZUNGSKONFLIKTE IN DER OERTLICHEN PLANUNG. UEBERLEGUNGEN ZUR PROBLEMATIK VON INDUSTRIE- UND WOHNNUTZUNG, DARGEST. AM BEISPIEL D. STADTTEILZENTRUMS DORTMUND-HOERDE

DORTMUND 1975, 133 BL., DIPLOMARBEIT

---

620 0 0 01243 0 0

1134-761551   BB 082/1

UNIVERSITAET DORTMUND, ABTEILUNG RAUMPLANUNG

*STADT-UND UMWELTGUETEPLANUNG DORTMUND-HOERDE STUDIENPROJEKT A 02, STUDIENJAHR 1974/75

DORTMUND 1975

---

620 0 0 012 0 0 0

1135-761550   BB 082/1

UNIVERSITAET DORTMUND, ABTEILUNG RAUMPLANUNG

*ENTWICKLUNGSANALYSE DORTMUND-DEUSEN STUDIENPROJEKT A 01, STUDIENJAHR 1974/75

DORTMUND 1975

---

620 0 0 012 0 0 0

1136-760393

STADT DORTMUND, OBERSTADTDIREKTOR, (3)

*ENTWICKLUNGSPROGRAMM DORTMUND 1990 -ENTWURF-

DORTMUND, 1976

BEITRAEGE ZUR STADTENTWICKLUNGSPLANUNG, NR. 1

---

620 0 0 01243 0 0

1137-761731   BB 083

GEISEL BERND

UNIVERSITAET DORTMUND, ABTEILUNG RAUMPLANUNG (3)

*SICHERUNG D. UMWELTQUALITAET IN DER STADTENT-WICKLUNG U. INNENSTADTSANIERUNG DURCH SCHUTZ-ABSTAENDE. ZUR FRAGE D. FUNKTIONSMISCHUNG U. FUNKTIONSTRENNUNG B. VORGEGEBENEN IMMISSIONS-ABSTAENDEN, DARGEST. A. BEISP. DORTM.-HOERDE

DORTMUND 1976, 149 S., DIPLOMARBEIT

DORTMUND

RAUMENTWICKLUNG, RAUMPLANUNG

  - WOHNUNGSWESEN, WOHNPLANUNG, BAUWESEN

---

620 0 0 013 0 0 0

1138-761483

HOESCH AG

*DIE WOHNUNGSWIRTSCHAFT DER HOESCH AG.(STUDIE)

DORTMUND 1974 MANUSKRIPT BEI HOESCH AG

---

620 0 0 013 0 0 0

1139-760335

STADT DORTMUND, AMT FUER STATISTIK UND WAH-LEN, (3)

*DAS DORTMUNDER WOHNUNGSWESEN IN STATISTISCHER UND HISTORISCHER SICHT SEIT DER JAHRHUNDERT-WENDE

DORTMUND 1966

SONDERHEFT NR. 28

---

(1)BEARBEITER (2)MITARBEITER (3)HERAUSGEBER (4)REDAKTION (5)PROJEKTLEITUNG (6)AUFTRAGGEBER

BIBLIOGRAPHIE RAUMPLANUNG IM RUHRGEBIET. IRPUD-BIBLIOGRAPHIEN.1. UNIVERSITAET DORTMUND. BL. 133

---

620 0 0 013 0 0 0

1140-760368

STADT DORTMUND, AMT FUER STATISTIK UND WAHLEN, (3)

*DIE "WOHNWUERDIGKEIT" DER GEBAEUDE - ERGEBNISSE DER GEBAEUDEZAEHLUNG 1961 NACH GEBAEUDETYPEN

DORTMUND 1966

BEILAGE NR. 3

620200 0 013 0 0 0

1141-760371

STADT DORTMUND, AMT FUER STATISTIK UND WAHLEN, (3)

*DIE WOHNUNGSSITUATION IN DORTMUND UND ANDEREN GROSS-STAEDTEN NORDRHEIN-WESTFALENS IM SEPTEMBER 1965

DORTMUND, 1967

BEILAGE NR. 6

---

620 0 0 013 0 0 0

1142-761186   BB 777/57

STADT DORTMUND, STADTAMT FUER WOHNUNGSWESEN

*WOHNUNGSBAU UND WOHNUNGSBAUFOEDERUNG DORTMUND 1974

DORTMUND 1974, 62 GEZ.BL.

D O R T M U N D

RAUMENTWICKLUNG, RAUMPLANUNG

 - SIEDLUNGSBAU,ARBEITERSIEDLUNGEN

---

620 0 0 0141 2 0 0

1143-761507

UNIVERSITAET DORTMUND, ABTEILUNG RAUMPLANUNG

*STEINKUEHLERWEG DORTMUND-HOERDE STUDIENPROJEKT P04, STUDIENJAHR 1969/70

DORTMUND 1970

---

620 0 0 014 0 0 0

1144-761557   BB 082/1

UNIVERSITAET DORTMUND, ABTEILUNG RAUMPLANUNG

*SANIERUNG DORTMUND-EVING "ALTE KOLONIE" STUDIENPROJEKT A 16, STUDIENJAHR 1974/75

DORTMUND 1975

---

620 0 0 0147 6 0 0

1145-760257

BOLLEREY FRANZISKA, HARTMANN KRISTIANA (1)

*WOHNEN IM REVIER. 99 BEISPIELE AUS DORTMUND. SIEDLUNGEN VOM BEGINN DER INDUSTRIALISIERUNG BIS 1933. EIN ARCHITEKTURFUEHRER MIT STRUKTURDATEN

MUENCHEN, 1975, 228 S., VERLAG MOOS

D O R T M U N D

RAUMENTWICKLUNG, RAUMPLANUNG

 - STADTGESTALTUNG,DENKMALPFLEGE

---

620 0 0 0151 2 0 0

1146-761291

BUEKSCHMITT JUSTUS

STADT DORTMUND, STADTPLANUNGSAMT

*DORTMUND STAEDTEBAULICH BETRACHTET.

DORTMUND 1967

D O R T M U N D

RAUMENTWICKLUNG, RAUMPLANUNG

 - LANDSCHAFTSOEKOLOGIE,LANDSCHAFTSPLANUNG

---

(1)BEARBEITER (2)MITARBEITER (3)HERAUSGEBER (4)REDAKTION (5)PROJEKTLEITUNG (6)AUFTRAGGEBER

BIBLIOGRAPHIE RAUMPLANUNG IM RUHRGEBIET. IRPUD-BIBLIOGRAPHIEN.1. UNIVERSITAET DORTMUND.

62030093462516 0 0 0

1147-760107   BB 940/1

HIRT FRITZ-HELMUT, (1)

SIEDLUNGSVERBAND RUHRKOHLENBEZIRK, (3)

*SANIERUNGEN IM REGIONALEN GRUENFLAECHENSYSTEM DES RUHRGEBIETES. (BEISPIELE DORTMUND, DUISBURG, OBERHAUSEN, XANTEN)

ESSEN 1970

IN: SCHRIFTENREIHE DES SIEDLUNGSVERBANDES RUHRKOHLENBEZIRK, 30

DORTMUND

RAUMENTWICKLUNG, RAUMPLANUNG

  - SIEDLUNGSGEOGRAPHIE, STADTGEOGRAPHIE

---

620 0 0 017 0 0 0

1148-760382

STADT DORTMUND, AMT FUER STATISTIK UND WAHLEN, (3)

*DIE MESSUNG DER ZERSIEDLUNG UND VERDICHTUNG

DORTMUND 1971

BEILAGE NR. 17

DORTMUND

WIRTSCHAFT

  - WIRTSCHAFTSSTRUKTUR, STRUKTURWANDEL, STRUKTURKRISE, WIRTSCHAFTSGEOGRAPHIE

---

620 0 0 02190 0 0

1149-761754

INDUSTRIE- UND HANDELSKAMMER ZU DORTMUND (3)

*RUHRWIRTSCHAFT. ZEITSCHRIFT DER ...

DORTMUND, VERL. LENSING

---

620 0 0 021 0 0 0

1150-760369

STADT DORTMUND, AMT FUER STATISTIK UND WAHLEN, (3)

*DIE ENTWICKLUNG DES BRUTTOINLANDSPRODUKTES IN DORTMUND ZWISCHEN 1957 UND 1964

DORTMUND 1966

BEILAGE NR. 4

---

620 0 0 021 0 0 0

1151-760376

STADT DORTMUND, AMT FUER STATISTIK UND WAHLEN, (3)

*DIE ENTWICKLUNG DES BRUTTOINLANDSPRODUKTES IN DORTMUND BIS 1967

DORTMUND 1968

BEILAGE NR. 11

---

620 0 0 021 0 0 0

1152-760348

STADT DORTMUND, AMT FUER STATISTIK UND WAHLEN, (3)

*DIE WIRTSCHAFTLICHE ENTWICKLUNG IN DORTMUND IM ZURUECKLIEGENDEN JAHRZEHNT

DORTMUND 1970

SONDERHEFT NR. 41

---

620 0 0 02131 0 0

1153-760350

STADT DORTMUND, AMT FUER STATISTIK UND WAHLEN, (3)

*VORLAEUFIGE ERGEBNISSE DER ARBEITSSTAETTENZAEHLUNG 1970, BEVOELKERUNGSPROGNOSE (PROGNOSEZEITRAUM 1971 - 1985)

DORTMUND 1971

SONDERHEFT NR. 43

---

620 0 0 021 0 0 0

1154-760354

STADT DORTMUND, AMT FUER STATISTIK UND WAHLEN, (3)

*DIE ENTWICKLUNG UND STRUKTUR DER DORTMUNDER WIRTSCHAFT

DORTMUND 1972

SONDERHEFT NR. 47

---

(1)BEARBEITER (2)MITARBEITER (3)HERAUSGEBER (4)REDAKTION (5)PROJEKTLEITUNG (6)AUFTRAGGEBER

620 0 0 021 0 0 0
1155-760386

STADT DORTMUND, AMT FUER STATISTIK UND
WAHLEN, (3)

*STRUKTUR- UND STANDORTEFFEKTE DER DORTMUNDER
WIRTSCHAFT

DORTMUND 1972

SONDERVEROEFFENTLICHUNG DES AMTES FUER
STATISTIK UND WAHLEN, BEILAGE NR. 21

---

620 0 0 021 0 0 0
1156-760363

STADT DORTMUND, AMT FUER STATISTIK UND
WAHLEN, (3)

*DIE INDUSTRIE IN DORTMUND ZWISCHEN 1962 UND
1972 (EINE UNTERSUCHUNG ANHAND DER ERGEBNISSE
DES INDUSTRIEBERICHTES)

DORTMUND 1973

SONDERHEFT NR. 56

DORTMUND

WIRTSCHAFT
 - WIRTSCHAFTSPLANUNG, WIRTSCHAFTSPOLITIK,
   WIRTSCHAFTSFOERDERUNG

---

620 0 0 022 0 0 0
1157-761592

INSTITUT FUER ENTWICKLUNGSPLANUNG (IFE)

*KONZEPTION DER FOERDERMASSNAHMEN FUER DIE
WIRTSCHAFTSSTRUKTUR DORTMUNDS

ESSEN 1967

---

620 0 0 0221 0 0
1158-761472

MUELLER-TRUDUNG JUERGEN

RUHRUNIVERSITAET BOCHUM, ARBEITSGEMEINSCHAFT
WOHNUNGSWESEN, STAEDTEPLANUNG U.RAUMORDNUNG

*NEBENEINKAUFSZENTREN ALS STEUERUNGSINSTRUMENT
DER REGIONALPOLITIK IN VERDICHTUNGSRAEUMEN -
DARGESTELLT AM BEISPIEL DER KERNZONE DORTMUND
KOELN: KLEIKAMP 1971, 196S.,ABB.,TAB.
OEKOLOGISCHE FORSCHUNGEN. SCHRIFTENREIHE DER
ARBEITSGEMEINSCHAFT WOHNUNGSWESEN, STAEDTE-
PLANUNG UND RAUMORDNUNG, BAND 2

---

620 0 0 02241 012
1159-761157

MAECKE PAUL ARTHUR, HOELSKEN DIETER (1)
HOHLE P. (5), PURRMANN H. GRAETZ H.J. (2)

HOESCH AG (3)

*VERKEHRSUNTERSUCHUNG FUER DIE HOESCH
HUETTENWERKE AG DORTMUND (TEXT U. BILDBD.)

AACHEN: LIST 1971, 69 S., ABB.

---

620 0 0 02290 0 0
1160-761059

INDUSTRIE- UND HANDELSKAMMER, DORTMUND

*JAHRESBERICHT 1971

(DORTMUND), (1972)

DORTMUND

WIRTSCHAFT
 - BERGBAU

---

620 0 0 02373 0 0
1161-761596

MAEMPEL ARTHUR

GELSENKIRCHENER BERGWERKS-AG (3)

*BERGBAU IN DORTMUND,
VON PINGEN UND STOLLEN BIS ZU DEN ANFAENGEN
DES TIEFBAUS (1963); DIE SECHZIGER UND
SIEBZIGER JAHRE BIS ZUM ENDE IHRER HOCH-
KONJUNKTUR UM 1876 (1965); ZWISCHEN KRISEN
UND KONKURSEN. DIE "SIEBEN MAGEREN JAHRE" UND
JAHRE DER UEBERWINDUNG 1874 BIS 1882 (1969)
DORTMUND 1963-1969

---

620 0 0 023 0 0 0
1162-760284

BURGHARD WOLFGANG

*DER STEINKOHLENBERGBAU IM BEREICH DER INDU-
STRIE- UND HANDELSKAMMER ZU DORTMUND. LANG-
FRISTIGE ENTWICKLUNG UND HEUTIGER STAND

DORTMUND 1967 ,SELBSTVERL. IHK

---

(1)BEARBEITER (2)MITARBEITER (3)HERAUSGEBER (4)REDAKTION (5)PROJEKTLEITUNG (6)AUFTRAGGEBER

BIBLIOGRAPHIE RAUMPLANUNG IM RUHRGEBIET. IRPUD-BIBLIOGRAPHIEN.1. UNIVERSITAET DORTMUND. BL. 136

---

620 0 0 023 0 0 0

1163-760642

RHEINELBE BERGBAU AG GELSENKIRCHEN (3)

*GELSENKIRCHENER BERGWERKS-AG.15 JAHRE BERGBAU IM RAUM DORTMUND 1952-1967

GELSENKIRCHEN 1967

D O R T M U N D

WIRTSCHAFT

   - METALLINDUSTRIE (EINSCHL. MONTANUNION)

620300 0 02474 0 0

1164-761094

MOENNICH HORST

HOESCH AG

*AUFBRUCH INS REVIER - AUFBRUCH NACH EUROPA. HOESCH 1871-1971. (JUBILAEUMSSCHRIFT DER HOESCH-AG DORTMUND)

DORTMUND 1971, 444 S., VERLAG BRUCKMANN

---

620 0 0 024 0 0 0

1165-761038

HOESCH AG

*GESCHAEFTSBERICHT 1969/70 UND 1970/71

DORTMUND 1972

D O R T M U N D

WIRTSCHAFT

   - UEBRIGE WIRTSCHAFTSZWEIGE

---

620 0 0 028 0 0 0

1166-760331

STADT DORTMUND, AMT FUER STATISTIK UND WAHLEN, (3)

*DIE WIRTSCHAFTLICHE STRUKTUR DES HANDELS IN DORTMUND

DORTMUND 1965

SONDERHEFT NR. 24

---

620 0 0 028 0 0 0

1167-760338

STADT DORTMUND, AMT FUER STATISTIK UND WAHLEN, (3)

*FREMDENVERKEHR UND GASTGEWERBE IN DORTMUND

DORTMUND 1966

SONDERHEFT NR. 31

---

620 0 0 028 0 0 0

1168-760383

STADT DORTMUND, AMT FUER STATISTIK UND WAHLEN, (3)

*DIE VIEHZAEHLUNGSERGEBNISSE VON 1955 - 1971

DORTMUND 1971

BEILAGE NR. 18

---

620 0 0 028 0 0 0

1169-760352

DOEHLA R.

STADT DORTMUND, AMT FUER STATISTIK UND WAHLEN, (3)

*DAS HANDWERK IN DORTMUND

DORTMUND 1971

SONDERHEFT NR. 45

---

620 0 0 02812 0 0

1170-761510

UNIVERSITAET DORTMUND, ABTEILUNG RAUMPLANUNG

*DORTMUND-APLERBECK "GEWERBEPLANUNG" STUDIENPROJEKT P01/A, STUDIENJAHR 1970/71

DORTMUND 1971

---

(1)BEARBEITER (2)MITARBEITER (3)HERAUSGEBER (4)REDAKTION (5)PROJEKTLEITUNG (6)AUFTRAGGEBER

BIBLIOGRAPHIE RAUMPLANUNG IM RUHRGEBIET. IRPUD-BIBLIOGRAPHIEN.1. UNIVERSITAET DORTMUND. BL. 137

---

620 0 0 028 0 0 0

1171-760387

STADT DORTMUND, AMT FUER STATISTIK UND WAHLEN, (3)

*DIE VIEHZAEHLUNGSERGEBNISSE VON 1955 - 1973

DORTMUND 1974

BEILAGE NR. 23

D O R T M U N D

WIRTSCHAFT

620690 060529 0 0 0

1172-761591

FORTMANN HUBERT

*STELLUNGNAHME ZUR TEILFRAGE DER AGRARSTRUKTUR IM OELBACH-PLANGEBIET BOCHUM, DORTMUND, WITTEN

DORTMUND 1965

D O R T M U N D

BEVOELKERUNG

 - DEMOGRAPHIE,SOZIOGRAPHIE,STADTSOZIOLOGIE

---

620 0 0 031 0 0 0

1173-760318

STADT DORTMUND, AMT FUER STATISTIK UND WAH-LEN, (3)

*DIE DORTMUNDER BEVOELKERUNG IN JAHRE 1959

DORTMUND 1960

SONDERHEFT NR. 11

---

620 0 0 031 0 0 0

1174-760320

STADT DORTMUND, AMT FUER STATISTIK UND WAH-LEN, (3)

*DIE DORTMUNDER BEVOELKERUNG IM JAHRE 1960

DORTMUND 1961

SONDERHEFT NR. 13

---

620 0 0 031 0 0 0

1175-760324

STADT DORTMUND, AMT FUER STATISTIK UND WAH-LEN, (3)

*DIE DORTMUNDER BEVOELKERUNG IM JAHRE 1961

DORTMUND 1962

SONDERHEFT NR. 17

---

620 0 0 03135 0 0

1176-760366

STADT DORTMUND, AMT FUER STATISTIK UND WAHLEN, (3)

*DIE RELIGIONSZUGEHOERIGKEIT DER DORTMUNDER WOHNBEVOELKERUNG

DORTMUND 1963

BEILAGE NR. 1

---

620 0 0 031 0 0 0

1177-760326

STADT DORTMUND, AMT FUER STATISTIK UND WAH-LEN, (3)

*DIE DORTMUNDER BEVOELKERUNG IM JAHRE 1962

DORTMUND, 1963

SONDERHEFT NR. 19

---

620 0 0 031 0 0 0

1178-760328

STADT DORTMUND, AMT FUER STATISTIK UND WAH-LEN, (3)

*DIE DORTMUNDER BEVOELKERUNG IM JAHRE 1963

DORTMUND 1964

SONDERHEFT NR. 21

---

(1)BEARBEITER (2)MITARBEITER (3)HERAUSGEBER (4)REDAKTION (5)PROJEKTLEITUNG (6)AUFTRAGGEBER

BIBLIOGRAPHIE RAUMPLANUNG IM RUHRGEBIET. IRPUD-BIBLIOGRAPHIEN.1. UNIVERSITAET DORTMUND.

---

620 0 0 031 0 0 0

1179-760330

STADT DORTMUND, AMT FUER STATISTIK UND WAHLEN, (3)

*DIE DORTMUNDER BEVOELKERUNG IM JAHRE 1964

DORTMUND 1965

SONDERHEFT NR. 23

---

620 0 0 031 0 0 0

1180-760332

STADT DORTMUND, AMT FUER STATISTIK UND WAHLEN, (3)

*DIE PENDELWANDERUNG IN DORTMUND NACH DER VOLKSZAEHLUNG 1961

DORTMUND 1965

SONDERHEFT NR. 25

---

620 0 0 031 0 0 0

1181-760367

STADT DORTMUND, AMT FUER STATISTIK UND WAHLEN, (3)

*VERSUCH EINER PROGNOSE UEBER DIE IN DORTMUND MAXIMAL ZU ERWARTENDE BEVOELKERUNGSZUNAHME BIS ZUM JAHRE 1985

DORTMUND 1965

BEILAGE NR. 2

---

620 0 0 031 0 0 0

1182-760334

STADT DORTMUND, AMT FUER STATISTIK UND WAHLEN, (3)

*DIE DORTMUNDER BEVOELKERUNG IM JAHRE 1965

DORTMUND 1966

SONDERHEFT NR. 27

---

620 0 0 031 0 0 0

1183-761588

INSTITUT FUER ENTWICKLUNGSPLANUNG (IFE)

*VORAUSSCHAU DER MOEGLICHEN BEVOELKERUNGS- ENTWICKLUNG IM RAUM DORTMUND UNTER BERUECK- SICHTIGUNG DER RAEUMLICHEN GEGEBENHEITEN

ESSEN 1966, GUTACHTEN

---

620 0 0 031 0 0 0

1184-760370

STADT DORTMUND, AMT FUER STATISTIK UND WAHLEN, (3)

*DIE EINKOMMENSSITUATION DER DORTMUNDER HAUSHALTE IM SEPTEMBER 1965

DORTMUND 1967

BEILAGE NR. 5

---

620 0 0 031 0 0 0

1185-760339

STADT DORTMUND, AMT FUER STATISTIK UND WAHLEN, (3)

*DIE DORTMUNDER BEVOELKERUNG IM JAHRE 1966

DORTMUND 1967

SONDERHEFT NR. 32

---

620 0 0 031 0 0 0

1186-760374

STADT DORTMUND, AMT FUER STATISTIK UND WAHLEN, (3)

*DIE WANDERUNGEN IN DORTMUND IM JAHRE 1967

DORTMUND 1967

BEILAGE NR. 9

---

620 0 0 031 0 0 0

1187-760375

STADT DORTMUND, AMT FUER STATISTIK UND WAHLEN, (3)

*DIE INNERSTAEDTISCHEN UMZUEGE IN DORTMUND IM JAHRE 1967

DORTMUND 1968

BEILAGE NR. 10

---

620 0 0 031 0 0 0

1188-760341

STADT DORTMUND, AMT FUER STATISTIK UND WAHLEN, (3)

*DIE DORTMUNDER BEVOELKERUNG IM JAHRE 1967

DORTMUND 1968

SONDERHEFT NR. 34

---

(1)BEARBEITER (2)MITARBEITER (3)HERAUSGEBER (4)REDAKTION (5)PROJEKTLEITUNG (6)AUFTRAGGEBER

BIBLIOGRAPHIE RAUMPLANUNG IM RUHRGEBIET. IRPUD-BIBLIOGRAPHIEN.1. UNIVERSITAET DORTMUND. BL. 139

---

620 0 0 031 0 0 0

1189-760720

INSTITUT FUER ANGEWANDTE SOZIALWISSENSCHAFT

*HAUPT- UND NEBENZENTREN DORTMUND.
BERICHT 2: HAUSHALTSBEFRAGUNG, MAI 1968.

BAD GODESBERG 1968

---

620 0 0 031 0 0 0

1190-760721

INSTITUT FUER ANGEWANDTE SOZIALWISSENSCHAFT.

*HAUPT- UND NEBENZENTREN DORTMUND.
BERICHT 3: STADTENTWICKLUNG UND MOBILITAET,
DEZEMBER 1968.

BAD GODESBERG 1968

---

620 0 0 031 0 0 0

1191-760343

STADT DORTMUND, AMT FUER STATISTIK UND WAHLEN, (3)

*DIE DORTMUNDER BEVOELKERUNG IM JAHRE 1968

DORTMUND 1969

SONDERHEFT NR. 36

---

620 0 0 031 0 0 0

1192-760344

STADT DORTMUND, AMT FUER STATISTIK UND
WAHLEN, (3)

*DIE JUENGSTE EINWOHNERENTWICKLUNG DORTMUNDS

DORTMUND 1969

SONDERHEFT NR. 37

---

620 0 0 03154 0 0

1193-760377

STADT DORTMUND, AMT FUER STATISTIK UND
WAHLEN, (3)

*DIE VERAENDERUNGEN IN DER ALTERSSTRUKTUR DER
DORTMUNDER EINWOHNER SEIT DER LETZTEN BUNDES-
TAGSWAHL (1965) UND DEREN AUSWIRKUNGEN AUF
DIE BEVORSTEHENDE BUNDESTAGSWAHL (1969)

DORTMUND 1969
BEILAGE NR. 12

---

620 0 0 031 0 0 0

1194-760346

STADT DORTMUND, AMT FUER STATISTIK UND
WAHLEN, (3)

*DIE DORTMUNDER BEVOELKERUNG IM JAHR 1969

DORTMUND 1970

SONDERHEFT NR. 39

---

620 0 0 031 0 0 0

1195-760381

STADT DORTMUND, AMT FUER STATISTIK UND
WAHLEN, (3)

*VERAENDERUNGEN DES EINKOMMENS, DER AUSGABEN
UND DER KONSUMGEWOHNHEITEN IN DREI
EINKOMMENSGRUPPEN 1968 BIS 1969

DORTMUND 1970

BEILAGE NR. 16

---

620 0 0 03145 0 0

1196-761755

MEDIA MARKT ANALYSEN, FRANKFURT/MAIN

*DER ZEITUNGSMARKT IN DORTMUND-STADT.
ERGEBNISSE EINER LESERANALYSE

DORTMUND, MAERZ 1970, 20 S., TAB.

---

620 0 0 03121 0 0

1197-760350

STADT DORTMUND, AMT FUER STATISTIK UND
WAHLEN, (3)

*VORLAEUFIGE ERGEBNISSE DER ARBEITSSTAETTEN-
ZAEHLUNG 1970, BEVOELKERUNGSPROGNOSE
(PROGNOSEZEITRAUM 1971 - 1985)

DORTMUND 1971

SONDERHEFT NR. 43

---

620 0 0 031 0 0 0

1198-760351

STADT DORTMUND, AMT FUER STATISTIK UND
WAHLEN, (3)

*DIE DORTMUNDER BEVOELKERUNG IM JAHRE 1970

DORTMUND 1971

SONDERHEFT NR. 44

---

(1)BEARBEITER (2)MITARBEITER (3)HERAUSGEBER (4)REDAKTION (5)PROJEKTLEITUNG (6)AUFTRAGGEBER

BIBLIOGRAPHIE RAUMPLANUNG IM RUHRGEBIET. IRPUD-BIBLIOGRAPHIEN.1. UNIVERSITAET DORTMUND. BL. 140

620100 0 031 0 0 0

1199-760384

STADT DORTMUND, AMT FUER STATISTIK UND WAHLEN, (3)

*DAS EINKOMMENSNIVEAU IN DEN GROESSTEN STAEDTEN NORDRHEIN-WESTF. NACH DER ARBEITS-STAETTENZAEHLUNG 1970

DORTMUND 1972

BEILAGE NR. 19

---

620 0 0 031 0 0 0

1200-760358

STADT DORTMUND, AMT FUER STATISTIK UND WAHLEN, (3)

*DIE PENDELWANDERUNG IN DORTMUND NACH DER VOLKSZAEHLUNG 1970

DORTMUND 1972

SONDERHEFT NR. 51

---

620 0 0 031 0 0 0

1201-760355

STADT DORTMUND, AMT FUER STATISTIK UND WAHLEN, (3)

*DIE DORTMUNDER BEVOELKERUNG IM JAHRE 1971

DORTMUND 1972

SONDERHEFT NR. 48

---

620 0 0 031 0 0 0

1202-760362

STADT DORTMUND, AMT FUER STATISTIK UND WAHLEN, (3)

*DIE DORTMUNDER BEVOELKERUNG IM JAHRE 1972

DORTMUND, 1973

SONDERHEFT NR. 55

---

620 0 0 031 0 0 0

1203-760360

STADT DORTMUND, AMT FUER STATISTIK UND WAHLEN, (3)

*ERGEBNISSE DER UMZUGSBEFRAGUNG IV/71 UND DER ZUZUGSBEFRAGUNG ANFANG 1972

DORTMUND 1973

SONDERHEFT NR. 53

---

620 0 0 03165 0 0

1204-760308

STADT DORTMUND, AMT FUER STATISTIK UND WAHLEN (3)

*DIE MESSUNG DER ZENTRALITAET VON STAEDTEN MIT HILFE DER BESCHAEFTIGTEN IM TERTIAEREN BASIS-BEREICH DER WIRTSCHAFT

DORTMUND 1973, 10 S., TAB.

BEILAGE ZUR DORTMUNDER STATISTIK, III, NR.22

---

620 0 0 031 0 0 0

1205-760388

STADT DORTMUND, AMT FUER STATISTIK UND WAHLEN, (3)

*ZUR NEUBERECHNUNG VON PREISINDICES FUER DIE LEBENSHALTUNG

DORTMUND 1974

BEILAGE NR. 24

---

620 0 0 031 0 0 0

1206-760310

STADT DORTMUND, AMT FUER STATISTIK UND WAHLEN (3)

*DORTMUNDER ARBEITSKRAEFTEBILANZ 1980. PROGNOSE DER ERWERBSPERSONEN UND ARBEITSPLAETZE.

DORTMUND 1974, 38 S., TAB.

SONDERHEFT 58

---

620 0 0 031 0 0 0

1207-760364

STADT DORTMUND, AMT FUER STATISTIK UND WAHLEN, (3)

*DIE DORTMUNDER BEVOELKERUNG IM JAHRE 1973

DORTMUND 1974

SONDERHEFT NR. 59

---

620 0 0 031 0 0 0

1208-760365

STADT DORTMUND, AMT FUER STATISTIK UND WAHLEN, (3)

*DIE ENTWICKLUNG DER DORTMUNDER GEBURTEN IN DER JUENGSTEN VERGANGENHEIT

DORTMUND 1974

SONDERHEFT NR. 60

---

(1)BEARBEITER (2)MITARBEITER (3)HERAUSGEBER (4)REDAKTION (5)PROJEKTLEITUNG (6)AUFTRAGGEBER

BIBLIOGRAPHIE RAUMPLANUNG IM RUHRGEBIET. IRPUD-BIBLIOGRAPHIEN.1. UNIVERSITAET DORTMUND. BL. 141

---

620 0 0 031 0 0 0

1209-760315

STADT DORTMUND, AMT FUER STATISTIK UND WAH-
LEN, (3)

*DIE KLEINRAEUMIGE PENDLERBEWEGUNG IN DORTMUND
NACH DER VOLKSZAEHLUNG 1970

DORTMUND 1974, 35 S., ABB., TAB.

SONDERHEFT 57

---

620 0 0 031 0 0 0

1210-760311

STADT DORTMUND, AMT FUER STATISTIK UND
WAHLEN (3)

*DIE DORTMUNDER BEVOELKERUNG IM JAHRE 1974.

DORTMUND 1975, 38 S., ABB., TAB.

SONDERHEFT 63

D O R T M U N D

BEVOELKERUNG

- BERUF,ARBEIT,SITUATION DER ARBEITER

---

620 0 0 032 0 0 0

1211-760372

STADT DORTMUND, AMT FUER STATISTIK UND
WAHLEN, (3)

*DIE KRIMINALITAET DER AUSLAENDER IN DORTMUND

DORTMUND 1967

BEILAGE NR. 7

---

620 0 0 032 0 0 0

1212-760975

MUENSTERMANN JOERG, HINZ WOLFGANG,
SCHMITZ FRANZ (1)

INSTITUT FUER ANGEW. SOZIALWISSENSCH. (INFAS)
STADT DORTMUND, AMT FUER STADTERNEUERUNG (6)

*WOHN- UND LEBENSSITUATION DER AUSLAENDER
-EINE BEFRAGUNG VON DEUTSCHEN UND AUSLAENDERN
IN DORTMUND - NORDSTADT -

BONN-BAD GODESBERG, 2.1976

D O R T M U N D

BEVOELKERUNG

- ARBEITERBEWEGUNG,GEWERKSCHAFTEN

---

620 0 0 033 0 0 0

1213-760615   BB 665/1

SCHREYOEGG ELFRIEDE

*BEVOELKERUNGSWANDERUNG UND SOZIALER PROTEST
IN DORTMUND 1848-1913

MUENSTER 1968. MASCH.DR. 85 S.

D O R T M U N D

BEVOELKERUNG

- SOZIALWESEN,SOZIALARBEIT,SOZIALPOLITIK

---

620 0 0 034 0 0 0

1214-760336

STADT DORTMUND, AMT FUER STATISTIK UND WAH-
LEN, (3)

*KINDERREICHE FAMILIEN IN DORTMUND

DORTMUND 1966

SONDERHEFT NR. 29

D O R T M U N D

BEVOELKERUNG

- PARTEIEN,VERBAENDE,VEREINE,KIRCHEN

---

(1)BEARBEITER   (2)MITARBEITER   (3)HERAUSGEBER   (4)REDAKTION   (5)PROJEKTLEITUNG   (6)AUFTRAGGEBER

BIBLIOGRAPHIE RAUMPLANUNG IM RUHRGEBIET. IRPUD-BIBLIOGRAPHIEN.1. UNIVERSITAET DORTMUND. BL. 142

---

620 0 0 03531 0 0

1215-760366

STADT DORTMUND, AMT FUER STATISTIK UND
WAHLEN, (3)

*DIE RELIGIONSZUGEHOERIGKEIT DER DORTMUNDER
WOHNBEVOELKERUNG

DORTMUND 1963

BEILAGE NR. 1

D O R T M U N D

BEVOELKERUNG

- ERHOLUNG,FREIZEIT,URLAUB,SPORT,SPIEL

620660 0 036 0 0 0

1216-761122

EMNID-INSTITUT GMBH+CO, BIELEFELD (1), SIED-
LUNGSVERBAND RUHRKOHLENBEZIRK (SVR) (6)

*FREIZEIT IM RUHRGEBIET. UNTERSUCHUNG UEBER D
FREIZEITVERHALTEN UND DIE FREIZEITBEDUERFNIS-
SE DER BEVOELKERUNG. BEFRAGUNGSBEZIRK 5/
DORTMUND, LUENEN

OHNE ORT, 1971

---

620 0 0 036 0 0 0

1217-761514   BB 903/DOR14

CZINKI LASZLO (1), MATTHES U. (2)

AGRAR- UND HYDROTECHNIK GMBH (3),
STADT DORTMUND (6)

*FREIRAUMENTWICKLUNGSPLANUNG DORTMUND.
GUTACHTEN

ESSEN 1974

---

620 0 0 036 0 0 0

1213-761505

STADT DORTMUND, OSTD.(3), SPORTVERWALTUNG U.
ARBEITSGRUPPE STADTENTWICKLUNGSPLANUNG (2)

*SPORTFOERDERUNG IN DORTMUND. -ENTWURF-

DORTMUND 1976

BEITRAEGE ZUR STADTENTWICKLUNG, NR. 3

D O R T M U N D

INFRASTRUKTUR, VERSORGUNG

- STRASSENVERKEHR,EISENBAHN,
  SCHIFFAHRT,LUFTVERKEHR

---

620 0 0 04112 0 0

1219-761590

INSTITUT FUER ENTWICKLUNGSPLANUNG (IFE)

*BEDEUTUNG DES VERKEHRS FUER DIE
STADTENTWICKLUNG DORTMUNDS

ESSEN 1967

---

620 0 0 041 0 0 0

1220-760340

STADT DORTMUND, AMT FUER STATISTIK UND WAH-
LEN, (3)

*DIE MOTORISIERUNG UND IHRE AUSWIRKUNGEN AUF
DEN STRASSENVERKEHR IN DORTMUND UNTER BESON-
DERER BERUECKSICHTIGUNG DES OEFFENTLICHEN
NAHVERKEHRS, STRUKTURWANDLUNGEN UND ENTWICK-
LUNGSTENDENZEN
DORTMUND, 1967
SONDERHEFT NR. 33

---

620 0 0 041 0 0 0

1221-761756   BB 551/84

MAECKE PAUL ARTHUR, HOELSKEN DIETER

HOESCH AG (6), INGENIEURE F. VERKEHRSPROGNOSE
UND VERKEHRSPLANUNG (IVV) (1)

*VERKEHRSGUTACHTEN FUER DIE HOESCH AG
DORTMUND. DIAGNOSE WESTFALENHUETTE

AACHEN 1967, 2 BDE. (TEXTBAND, BILDBAND)

---

620 0 0 041 0 0 0

1222-760342

STADT DORTMUND, AMT FUER STATISTIK UND WAH-
LEN, (3)

*DIE KRAFTFAHRZEUGENTWICKLUNG IN DORTMUND

DORTMUND 1968

SONDERHEFT NR. 35

---

(1)BEARBEITER (2)MITARBEITER (3)HERAUSGEBER (4)REDAKTION (5)PROJEKTLEITUNG (6)AUFTRAGGEBER

BIBLIOGRAPHIE RAUMPLANUNG IM RUHRGEBIET. IRPUD-BIBLIOGRAPHIEN.1. UNIVERSITAET DORTMUND.

---

620 0 0 041 0 0 0

1223-760378

STADT DORTMUND, AMT FUER STATISTIK UND WAHLEN, (3)

*DIE ABSTELLMOEGLICHKEITEN FUER DORTMUNDER GENUTZTE PERSONENKRAFTWAGEN IN DER WOHNUNGSNAEHE (1968)

DORTMUND 1969

BEILAGE NR. 13

---

620 0 0 041 0 0 0

1224-761506

UNIVERSITAET DORTMUND, ABTEILUNG RAUMPLANUNG

*HAUPTSTRASSENNETZ DORTMUND-HOERDE
STUDIENPROJEKT P03, STUDIENJAHR 1969/70

DORTMUND 1970

---

620 0 0 041 0 0 0

1225-761539

UNIVERSITAET DORTMUND, ABTEILUNG RAUMPLANUNG

*STADTBAHN DORTMUND-HOERDE
STUDIENPROJEKT P01, STUDIENJAHR 1969/70

DORTMUND 1970

---

620 0 0 041 0 0 0

1226-761455

INGENIEURBUERO FUER VERKEHRSPROGNOSE UND VERKEHRSPLANUNG (IVV)

*VERKEHRSUNTERSUCHUNG FUER DIE HOESCH HUETTENWERKE AG (TEXT UND ABBILDUNGEN)

AACHEN 1971

---

620 0 0 0414 5 0 0

1227-761523   BB 082/1

UNIVERSITAET DORTMUND, ABTEILUNG RAUMPLANUNG

*VERKEHRSERSCHLIESSUNG UNIVERSITAET DORTMUND
STUDIENPROJEKT P09, STUDIENJAHR 1970/71

DORTMUND 1971

---

620 0 0 041 01222

1228-761157

MAECKE PAUL ARTHUR, HOELSKEN DIETER (1)
HOHLE P. (5), PURRMANN H. GRAETZ H.J. (2)

HOESCH AG (3)

*VERKEHRSUNTERSUCHUNG FUER DIE HOESCH HUETTENWERKE AG DORTMUND (TEXT U. BILDBD.)

AACHEN: LIST 1971, 69 S., ABB.

620630 0 041 0 0 0

1229-760788

WESTPHAL JOACHIM

LEHRSTUHL UND INSTITUT FUER VERKEHRSWESEN, EISENBAHNBAU UND -BETRIEB DER TU HANNOVER.

*UNTERSUCHUNGEN VON FUSSGAENGERBEWEGUNGEN AUF BAHNHOEFEN MIT STARKEM NAHVERKEHR

HANNOVER: 1971, 72 S., TAB., ABB., TECH. DISS

620680 0 041 0 0 0

1230-761144   UB DISS 75/470

WUESTER GERHARD

UNIVERSITAET DORTMUND, ABTEILUNG RAUMPLANUNG

*EINE METHODE ZUR ERMITTLUNG DER HINTERLAND-VERFLECHTUNG VON OEFFENTLICHEN BINNENHAEFEN IM WASSER-LAND-VERKEHR

DORTMUND, 1975, 106S.,34BL., MASCH.SKR.,DISS.

---

620 0 0 041 0 0 0

1231-761171   BB 083/58

DROENNER ERICH, FRITZE PETER

UNIVERSITAET DORTMUND, ABTEILUNG RAUMPLANUNG

*BEWERTUNGSPROBLEME BEI DER PLANUNG EINER UEBEROERTLICHEN SCHNELLSTRASSE DURCH STAEDTISCHES GEBIET, DARGESTELLT AM BEISPIEL DER GEPLANTEN A44 (DUEBODO) IM RAUM DORTMUND

DORTMUND 1975, 14 GEZ.BL., 13ANL.,DIPL.ARB.

D O R T M U N D

INFRASTRUKTUR, VERSORGUNG

- ENERGIEVERSORGUNG

---

(1)BEARBEITER (2)MITARBEITER (3)HERAUSGEBER (4)REDAKTION (5)PROJEKTLEITUNG (6)AUFTRAGGEBER

620 0 0 042 0 0 0
1232-761474   BB 540/93
HEINZ INGO (5)
UNIVERSITAET DORTMUND, INSTITUT FUER UMWELT-
SCHUTZ UND UMWELTGUETEPLANUNG
*ENERGIEVERBRAUCH DER PRIVATEN HAUSHALTE UND
LUFTBELASTUNG IN DORTMUND
DORTMUND 1975, 121 S. MASCH.SKRIPT

DORTMUND

INFRASTRUKTUR, VERSORGUNG
    - WASSERWIRTSCHAFT,ABFALL,UMWELTSCHUTZ

---

620 C 0 043 0 0 0
1233-760992   BB 083/9
PEITMANN ORTWIN
UNIVERSITAET DORTMUND, ABTEILUNG RAUMPLANUNG
*DAS VERHAELTNIS DER BUERGER ZUR BELASTUNG
IHRER UMWELT. UNTERSUCHUNG AUF DER BASIS
EINER FRAGEBOGENERHEBUNG DER STADT DORTMUND
DORTMUND 1974, 115 BL., DIPLOMARBEIT

---

620 0 0 04312 0 0
1234-761551   BB 082/1

UNIVERSITAET DORTMUND, ABTEILUNG RAUMPLANUNG
*STADT-UND UMWELTGUETEPLANUNG DORTMUND-HOERDE
STUDIENPROJEKT A 02, STUDIENJAHR 1974/75
DORTMUND 1975

---

620 0 0 043 0 0 0
1235-761538
WERNER GERHARD, HAENDEL BERND, HEINZ INGO,
KREISEL WILFRIED, PETER GERD, SCHUCH PAUL-
GERHARD, SCHULZ VOLKHARD
UNIVERSITAET DORTMUND, INSTITUT FUER UMWELT-
SCHUTZ UND UMWELTGUETEPLANUNG (3)
*UMWELTBELASTUNGSMODELL EINER GROSSTADTREGION
DARGESTELLT AM BEISPIEL DER STADT DORTMUND
(BELADO)
DORTMUND 1975
BEITRAEGE ZUR UMWELTGESTALTUNG, HEFT B 10

---

620 0 0 04312 0 0
1236-761731   BB 083
GEISEL BERND
UNIVERSITAET DORTMUND, ABTEILUNG
RAUMPLANUNG (3)
*SICHERUNG D. UMWELTQUALITAET IN DER STADTENT-
WICKLUNG U. INNENSTADTSANIERUNG DURCH SCHUTZ-
ABSTAENDE. ZUR FRAGE D. FUNKTIONSMISCHUNG U.
FUNKTIONSTRENNUNG B. VORGEGEBENEN IMMISSIONS-
ABSTAENDEN, DARGEST. A. BEISP. DORTM.-HOERDE
DORTMUND 1976, 149 S., DIPLOMARBEIT

DORTMUND

INFRASTRUKTUR, VERSORGUNG
    - GESUNDHEITSWESEN,KRANKENANSTALTEN,
      BESTATTUNGSWESEN

---

620 0 0 04445 0 0
1237-761593

INSTITUT FUER ENTWICKLUNGSPLANUNG (IFE)
*OEFFENTLICHE EINRICHTUNGEN DER STADT
DORTMUND: BESTANDSAUFNAHME, RICHTWERTE,
PLANUNGSKONZEPTION
ESSEN 1967

DORTMUND

INFRASTRUKTUR, VERSORGUNG
    - BILDUNGSWESEN,SCHULEN,HOCHSCHULEN,MEDIEN,
      KUNST,KULTUR

620605 0 045 0 0 0
1238-761380

SIEDLUNGSVERBAND RUHRKOHLENBEZIRK (SVR)
*MATERIAL ZUM STANDORT RUHRHOCHSCHULE.
ZUSAMMENGESTELLT VOM SVR
ESSEN 1961

BIBLIOGRAPHIE RAUMPLANUNG IM RUHRGEBIET. IRPUD-BIBLIOGRAPHIEN.1. UNIVERSITAET DORTMUND. BL. 145

---

620 0 0 045 0 0 0
1239-760302

*DORTMUND - HOCHSCHULSTADT

IN: RUHR - WIRTSCHAFT, 1962, HEFT 6, S. 239

---

620 0 0 04512 0 0
1240-761162

PLANUNGSBUERO UMLANDPLANUNG UNIVERSITAET DORTMUND

*ERGEBNISSE DER STAEDTEBAULICHEN BESTANDSAUF-NAHME FUER DAS UMLAND DER UNIVERSITAET DORTMUND

OHNE ORT, 1965-1967

---

620 0 0 045 0 0 0
1241-760395

STADT DORTMUND, SCHULVERWALTUNGSAMT

*BILDUNGSWEGE AN DORTMUNDER SCHULEN

DORTMUND 1966

---

620 0 0 045 0 0 0
1242-760713

JUCHO GUENTER

*DIE GESELLSCHAFT DER FREUNDE DER UNIVERSITAET DORTMUND.

IN: DER RUHR STUDENT, 1966, HEFT 4, S. 32.

---

620 0 0 04544 0 0
1243-761593

INSTITUT FUER ENTWICKLUNGSPLANUNG (IFE)

*OEFFENTLICHE EINRICHTUNGEN DER STADT DORTMUND: BESTANDSAUFNAHME, RICHTWERTE, PLANUNGSKONZEPTION

ESSEN 1967

---

620 0 0 045 0 0 0
1244-760707

KEUNECKE HELMUT.

*DORTMUND UND SEINE UNIVERSITAET.

IN: RUHRWIRTSCHAFT, 1968, S. 429 - 435.

---

620 0 0 045 0 0 0
1245-760394

STADT DORTMUND, SCHULVERWALTUNGSAMT, (3)

*VON DER WENIG GEGLIEDERTEN SCHULE ZUM BILDUNGSZENTRUM. DER AUSBAU DES SCHULISCHEN BILDUNGSWESENS IN DORTMUND

DORTMUND 1968/69

---

620 0 0 045 0 0 0
1246-761064   BB 380/1

LAND NORDRHEIN-WESTFALEN U STADT DORTMUND (6)

*STAEDTEBAULICHER IDEENWETTBEWERB - DIE UNIVERSITAET DORTMUND UND IHRE EINGLIEDERUNG IN DIE STADT

DORTMUND 1968

---

620 0 0 045 0 0 0
1247-761126

LUEBBE HERMANN

*DIE UNIVERSITAET DORTMUND IN DER HOCHSCHUL- UND BILDUNGSPLANUNG DES LANDES NRW. IN: TECHNISCHE UNIVERSITAET DORTMUND - HOCHSCHULE MIT ZUKUNFT

BOCHUM 1968

---

620 0 0 045 0 0 0
1248-760379

STADT DORTMUND, AMT FUER STATISTIK UND WAHLEN, (3)

*SCHUELERPROGNOSE FUER DEN ZEITRAUM BIS 1979

DORTMUND 1969

BEILAGE NR. 14

---

(1)BEARBEITER (2)MITARBEITER (3)HERAUSGEBER (4)REDAKTION (5)PROJEKTLEITUNG (6)AUFTRAGGEBER

BIBLIOGRAPHIE RAUMPLANUNG IM RUHRGEBIET. IRPUD-BIBLIOGRAPHIEN.1. UNIVERSITAET DORTMUND.

---

620 0 0 045 0 0 0

1249-760304

GEWERKSCHAFT ERZIEHUNG UND WISSENSCHAFT,
LANDESVERBAND NORDRHEIN-WESTFALEN

*DORTMUNDER MODELL EINER MODERNEN UNIVERSITAET

IN: NEUE DEUTSCHE SCHULE, ESSEN, JG.21, 1969,
HEFT 6, S. 104 FF

---

620 0 0 045 0 0 0

1250-760312   BB Z300/5

LAND NORDRHEIN-WESTFALEN, STAATSHOCHBAUVER-
WALTUNG. STADT DORTMUND

*DIE UNIVERSITAET DORTMUND UND IHRE
EINGLIEDERUNG IN DIE STADT -
STAEDTEBAULICHER IDEENWETTBEWERB.

DUESSELDORF 1969, WERNER VERLAG
IN: DIE BAUVERWALTUNG, JG. 18, 1969, HEFT 1,
S. 3-37

---

620 0 0 045 0 0 0

1251-761509

UNIVERSITAET DORTMUND, ABTEILUNG RAUMPLANUNG

*STANDORT EINER UNIVERSITAET AM BEISPIEL
DORTMUND
STUDIENPROJEKT P06, STUDIENJAHR 1969/70

DORTMUND 1970

---

620 0 0 04531 0 0

1252-761755

MEDIA MARKT ANALYSEN, FRANKFURT/MAIN

*DER ZEITUNGSMARKT IN DORTMUND-STADT.
ERGEBNISSE EINER LESERANALYSE

DORTMUND, MAERZ 1970, 20 S., TAB.

---

620 0 0 045 0 0 0

1253-761486

*GESAMTHOCHSCHULE DORTMUND. BERICHT DES
HOCHSCHULRATS ZUR VORBEREITUNG DER GESAMT-
HOCHSCHULE DORTMUND.

DORTMUND 1971, MASCH.DRUCK

---

620 0 0 04541 0 0

1254-761523   BB 082/1

UNIVERSITAET DORTMUND, ABTEILUNG RAUMPLANUNG

*VERKEHRSERSCHLIESSUNG UNIVERSITAET DORTMUND
STUDIENPROJEKT P09, STUDIENJAHR 1970/71

DORTMUND 1971

---

620 0 0 045 0 0 0

1255-761520   BB 082/1

UNIVERSITAET DORTMUND, ABTEILUNG RAUMPLANUNG

*GESAMTHOCHSCHULE DORTMUND
STUDIENPROJEKT P06, STUDIENJAHR 1970/71

DORTMUND 1971

620605 0 045 0 0 0

1256-760292   BB 380/93

COX KARL-HEINZ

TECHNISCHE UNIVERSITAET HANNOVER, ARBEITS-
GRUPPE STANDORTFORSCHUNG (3)

*STANDORBESTIMMUNG VON HOCHSCHULEINRICHTUNGEN-
GRUNDLAGEN UND METHODE ZUR BEURTEILUNG ALTER-
NATIVER MIKROSTANDORTE FUER HOCHSCHULEINRICH-
TUNGEN IM RAHMEN DER STADTPLANUNG
HANNOVER, 1971, 110 S., KT., ABB., TAB., LIT.
SCHRIFTENREIHE DER ARBEITSGRUPPE STANDORT-
FORSCHUNG TU HANNOVER, BAND 11

620605 0 045 0 0 0

1257-760966

MAYR ALOIS

*BOCHUM UND DORTMUND, ZWEI NEUE UNIVERSITAETEN
IM RUHRGEBIET

IN: WESTFAELISCHER HEIMATKALENDER 1971

MUENSTER 1971, ASCHENDORF VERL.

---

620 0 0 045 0 0 0

1258-761050

GRUENEKE DETLEF, STIERAND RAINER

*NEUES VON DER UNIVERSITAET DORTMUND

MUENCHEN 1971

IN: BAUMEISTER HEFT 8, 68.JAHRG., 1971
S.940-941

---

(1)BEARBEITER (2)MITARBEITER (3)HERAUSGEBER (4)REDAKTION (5)PROJEKTLEITUNG (6)AUFTRAGGEBER

BIBLIOGRAPHIE RAUMPLANUNG IM RUHRGEBIET. IRPUD-BIBLIOGRAPHIEN.1. UNIVERSITAET DORTMUND. BL. 147

---

620 0 0 045 0 0 0

1259-761065   D O R T M U N D

ARBEITSGRUPPE 'STANDORT DER UNIVERSITAET
DORTMUND' (1), UNI DORTMUND (6)

*STANDORT DER IGH DORTMUND - EMPFEHLUNGEN ZUM   RECHT, VERWALTUNG, POLITIK
STANDORT DER GESAMTHOCHSCHULE DORTMUND
                                                       - VERTRETUNGSKOERPERSCHAFTEN, WAHLEN
DORTMUND 1971, 55 S.

---

620 0 0 045 0 0 0   620 0 0 054 0 0 0

1260-760385   1264-760321

STADT DORTMUND, AMT FUER STATISTIK UND   STADT DORTMUND, AMT FUER STATISTIK UND WAH-
WAHLEN, (3)   LEN, (3)

*SCHULAUSBILDUNG DER DORTMUNDER BEVOELKERUNG   *STADTVERTRETERWAHL AM 19. 3. 1961

DORTMUND 1972   DORTMUND 1961

BEILAGE NR. 20   SONDERHEFT NR. 14

---

620 0 0 04512 0 0   620 0 0 054 0 0 0

1261-761532   BB 082/1   1265-760325

UNIVERSITAET DORTMUND, ABTEILUNG RAUMPLANUNG   STADT DORTMUND, AMT FUER STATISTIK UND
                                                     WAHLEN (3)
*DORTMUND-OSTENBERG
STUDIENPROJEKT P 01 A, E, M,   *LANDTAGSWAHL 8. 7. 1962
STUDIENJAHR 1972/73
                                                     DORTMUND 1962
DORTMUND 1973
                                                     SONDERHEFT NR. 18

---

620 0 0 045 0 0 0   620 0 0 054 0 0 0

1262-761407   BB 075/166   1266-760323

FRITZ HELMUT

*UNIVERSITAET DORTMUND.VOR ALLEM WIRD   STADT DORTMUND, AMT FUER STATISTIK UND WAH-
GEARBEITET: DER "ACHT-STUNDEN-TAG" AN DER UNI   LEN, (3)
IN: UNI-PORTRAETS.DIE HOCHSCHULEN DER BRD.
HRSG.VON BRIGITTE BOHNKE, GERHARD HIRSCHFELD   *BUNDESTAGSWAHL 17. 9. 1961

FRANKFURT: ASPEKTE 1974, S.91-95   DORTMUND 1962

                                                     SONDERHEFT NR. 16

---

620 0 0 04512 0 0   620 0 0 054 0 0 0

1263-760995   BB 083/10   1267-760329

GRUENEKE DETLEF, HAFNER WALTER, SDANOWITZ
MANFRED
                                                     STADT DORTMUND, AMT FUER STATISTIK UND WAH-
UNIVERSITAET DORTMUND, ABTEILUNG RAUMPLANUNG   LEN, (3)

*EINGLIEDERUNGEN VON HOCHSCHULORGANISATIONS-   *STADTVERTRETERWAHL AM 27. 9. 1964
EINHEITEN IN EINEN GROSSSTAEDTISCHEN INNEN-
STADTBEREICH AM BEISPIEL DORTMUND   DORTMUND 1965

DORTMUND 1974, DIPLOMARBEIT, TEXTTEIL,PLANT.   SONDERHEFT NR. 22

---

(1)BEARBEITER (2)MITARBEITER (3)HERAUSGEBER (4)REDAKTION (5)PROJEKTLEITUNG (6)AUFTRAGGEBER

BIBLIOGRAPHIE RAUMPLANUNG IM RUHRGEBIET. IRPUD-BIBLIOGRAPHIEN.1. UNIVERSITAET DORTMUND. BL. 148

---

620 0 0 054 0 0 0

1268-760337

STADT DORTMUND, AMT FUER STATISTIK UND WAHLEN, (3)

*LANDTAGSWAHL 10. 7. 1966

DORTMUND 1966

SONDERHEFT NR. 30

---

620 0 0 054 0 0 0

1269-760333

STADT DORTMUND, AMT FUER STATISTIK UND WAHLEN, (3)

*BUNDESTAGSWAHL 19. 9. 1965

DORTMUND 1966

SONDERHEFT NR. 26

---

620 0 0 054 0 0 0

1270-760345

STADT DORTMUND, AMT FUER STATISTIK UND WAHLEN, (3)

*BUNDESTAGSWAHL 28. 9. 1969

DORTMUND 1969

SONDERHEFT NR. 38

---

620 0 0 05431 0 C

1271-760377

STADT DORTMUND, AMT FUER STATISTIK UND WAHLEN, (3)

*DIE VERAENDERUNGEN IN DER ALTERSSTRUKTUR DER DORTMUNDER EINWOHNER SEIT DER LETZTEN BUNDESTAGSWAHL (1965) UND DEREN AUSWIRKUNGEN AUF DIE BEVORSTEHENDE BUNDESTAGSWAHL (1969)

DORTMUND 1969
BEILAGE NR. 12

---

620 0 0 054 0 0 0

1272-760380

STADT DORTMUND, AMT FUER STATISTIK UND WAHLEN, (3)

*MOEGLICHKEITEN UND GRENZEN VON WAHLERGEBNIS-AUSWERTUNGEN

DORTMUND 1969

BEILAGE NR. 15

---

620 0 0 054 0 0 0

1273-760349

STADT DORTMUND, AMT FUER STATISTIK UND WAHLEN, (3)

*LANDTAGSWAHL 14. JUNI 1970

DORTMUND 1970

SONDERHEFT NR. 42

---

620 0 0 054 0 0 0

1274-760347

STADT DORTMUND, AMT FUER STATISTIK UND WAHLEN, (3)

*STADTVERTRETERWAHL 9. NOV. 1969

DORTMUND 1970

SONDERHEFT NR. 40

---

620 0 0 054 0 0 0

1275-760359

STADT DORTMUND, AMT FUER STATISTIK UND WAHLEN, (3)

*DIE BUNDESTAGSWAHL AM 19. 11. 1972

DORTMUND OHNE JAHR

SONDERHEFT NR. 52

D O R T M U N D

RECHT, VERWALTUNG, POLITIK

- TERRITORIALE VERWALTUNGSGLIEDERUNG, REGIONALE UND KOMMUNALE NEUGLIEDERUNG

6206355006055771 0 0

1276-761078

THEILE FRANK

UNIVERSITAET BOCHUM

*DIE FOLGEWIRKUNGEN DER KOMMUNALEN NEUGLIEDERUNG DES RHEIN.-WESTF.INDUSTRIEGEBIETES IN D. JAHREN 1926 BIS 1929, UNTERSUCHT AN BEISPIELEN DES OESTLICHEN RUHRGEBIETS

BOCHUM 1970, 167 S., KT., ABB., DISS.

---

(1)BEARBEITER (2)MITARBEITER (3)HERAUSGEBER (4)REDAKTION (5)PROJEKTLEITUNG (6)AUFTRAGGEBER

D O R T M U N D

FINANZWESEN, STATISTIK, KARTOGRAPHIE

- FINANZEN, FINANZPLANUNG, HAUSHALTSWESEN

---

620 0 0 061 0 0 0

1277-761148

IMHOFF H.-D.

STADT DORTMUND (3)

*REDE DES OBERSTADTDIREKTORS H.-D.IMHOFF ZUM HAUSHALTSPLAN 1969 IN DER SITZUNG DES RATES AM 28.OKTOBER 1968

DORTMUND, 1968, 39S.

---

620 0 0 061 0 0 0

1278-760982   BB 830/108

STADT DORTMUND

*HAUSHALTSSATZUNG UND HAUSHALTSPLAN FUER DAS RECHNUNGSJAHR 1971

DORTMUND

---

620 0 0 061 0 0 0

1279-760983   BB 830/108

STADT DORTMUND

*HAUSHALTSSATZUNG UND HAUSHALTSPLAN FUER DAS RECHNUNGSJAHR 1972

DORTMUND 1972

---

620 0 0 061 0 0 0

1280-761147

IMHOFF H.-D.

STADT DORTMUND (3)

*REDE DES OBERSTADTDIREKTORS H.-D. IMHOFF ZUM HAUSHALTSPLAN 1973; SITZUNG DES RATES AM 18.DEZEMBER 1972

DORTMUND 1972, 18S.

---

620 0 0 061 0 0 0

1281-760984   BB 830/108

STADT DORTMUND

*HAUSHALTSSATZUNG UND HAUSHALTSPLAN FUER DAS HAUSHALTSJAHR 1974 (BD. I)
ANLAGE 17: FINANZPLANUNG 1973 - 1977 (BD. II)

DORTMUND O.J.

D O R T M U N D

FINANZWESEN, STATISTIK, KARTOGRAPHIE

- STATISTIK
  (SOWEIT NICHT THEMATISCH EINGEORDNET)

---

620 0 0 063 0 0 0

1282-760319

STADT DORTMUND, AMT FUER STATISTIK UND WAHLEN, (3)

*"DORTMUND" (KURZMONOGRAPHIE)

DORTMUND, 1960

SONDERHEFT NR. 12

---

620 0 0 063 0 0 0

1283-760322

STADT DORTMUND, AMT FUER STATISTIK UND WAHLEN, (3)

*"DORTMUND" (ERSTE ERGAENZUNG DER KURZMONOGRAPHIE 1960)

DORTMUND 1961

SONDERHEFT NR. 15

---

620 0 0 063 0 0 0

1284-760327

STADT DORTMUND, AMT FUER STATISTIK UND WAHLEN, (3)

*"DORTMUND". BEVOELKERUNGS-, WIRTSCHAFTS- UND SOZIALSTRUKTURWANDLUNGEN SOWIE ENTWICKLUNGSTENDENZEN. FORTFUEHRUNG DER KURZMONOGRAPHIEN 1960, 1961 UND 1962

DORTMUND 1963
SONDERHEFT NR. 20

BIBLIOGRAPHIE RAUMPLANUNG IM RUHRGEBIET. IRPUD-BIBLIOGRAPHIEN.1. UNIVERSITAET DORTMUND. BL. 150

---

620 0 0 063 0 0 0

1285-760389

STADT DORTMUND, AMT FUER STATISTIK UND WAHLEN, (3)

*STATISTISCHES HANDBUCH DORTMUND 1968

DORTMUND 1969

HANDBUCH NR. 1

---

620 0 0 063 0 0 0

1286-760390

STADT DORTMUND, AMT FUER STATISTIK UND WAHLEN, (3)

*STATISTISCHES HANDBUCH DORTMUND 1970

DORTMUND 1971

HANDBUCH NR. 2

---

620 0 0 063 0 0 0

1287-760356

STADT DORTMUND, AMT FUER STATISTIK UND WAHLEN, (3)

*ERGEBNISSE DER VOKLSZAEHLUNG 1970

DORTMUND 1972

SONDERHEFT NR. 49

---

620 0 0 063 0 0 0

1288-760357

STADT DORTMUND, AMT FUER STATISTIK UND WAHLEN, (3)

*WEITERE AUSWERTUNGEN DER ERGEBNISSE DER ARBEITSSTAETTENZAEHLUNG 1970

DORTMUND 1972

SONDERHEFT NR. 50

---

620 0 0 063 0 0 0

1289-760353

STADT DORTMUND, AMT FUER STATISTIK UND WAHLEN, (3)

*ERSTE ERGEBNISSE DER VOLKSZAEHLUNG 1970 IN ZEITLICHEM UND ZWISCHENSTAEDTISCHEM VERGLEICH

DORTMUND 1972

SONDERHEFT NR. 46

---

620 0 0 063 0 0 0

1290-760361

STADT DORTMUND, AMT FUER STATISTIK UND WAHLEN, (3)

*DORTMUNDER BEVOELKERUNGSPROGNOSE FEBRUAR 1971 - ZWEI JAHRE DANACH

DORTMUND 1973

SONDERHEFT NR. 54

---

620 0 0 063 0 0 0

1291-760391

STADT DORTMUND, AMT FUER STATISTIK UND WAHLEN, (3)

*STATISTISCHES HANDBUCH DORTMUND 1972

DORTMUND 1973

HANDBUCH NR. 3

DORTMUND

FINANZWESEN, STATISTIK, KARTOGRAPHIE

- KARTOGRAPHIE, KARTEN

---

620 0 0 064 0 0 0

1292-760309

*GRUNDLAGENBERICHT DER STADT DORTMUND. KARTEN-ATLAS, BAND 2. PLANUNGSATLAS
(KARTEN UND PLAENE IM MASSSTAB 1:50 000)

DORTMUND 1970

---

620 0 0 0641 2 0 0

1293-761594

HAMMER ERICH (GESAMTBEARB.),

STADT DORTMUND, VERMESSUNGS- U. KAT.AMT (3)

*DORTMUND - STADTENTWICKLUNGSPLANUNG GRUNDLAGEN FUER DIE FLAECHENNUTZUNGSPLANUNG

DORTMUND 1974, MIT ZAHLR. KTN, 124 GEZ. BL.

---

(1)BEARBEITER (2)MITARBEITER (3)HERAUSGEBER (4)REDAKTION (5)PROJEKTLEITUNG (6)AUFTRAGGEBER

DORTMUND

FINANZWESEN, STATISTIK, KARTOGRAPHIE

- PLANUNGSMETHODEN

---

620 0 0 06531 0 0
1294-760308

STADT DORTMUND, AMT FUER STATISTIK UND WAHLEN (3)

*DIE MESSUNG DER ZENTRALITAET VON STAEDTEN MIT HILFE DER BESCHAEFTIGTEN IM TERTIAEREN BASISBEREICH DER WIRTSCHAFT

DORTMUND, 1973, 10 S., TAB.

BEILAGE ZUR DORTMUNDER STATISTIK, III, NR.22

DORTMUND

GESCHICHTE

- STADTGESCHICHTE, SIEDLUNGSGESCHICHTE, LANDESGESCHICHTE

---

620 0 050071 0 080
1295-760780

STADT DORTMUND, STADTARCHIV

*UEBERSICHT ALLER IN DEN BAENDEN 1 BIS 61 DER BEITRAEGE ZUR GESCHICHTE DORTMUNDS UND DER GRAFSCHAFT MARK VEROEFFENTLICHTEN ARBEITEN.

DORTMUND: STADTARCHIV 1965

VEROEFFENTLICHUNGEN AUS DEM STADTARCHIV DORTMUND 2.

---

620 0 0 071 0 0 0
1296-760959

WINTERFELD LUISE V.

*GESCHICHTE DER FREIEN REICHS- UND HANSESTADT DORTMUND

DORTMUND: RUHFUS 1968, (5.AUFL.)

62063550060571 0 057
1297-761078

THEILE FRANK

UNIVERSITAET BOCHUM

*DIE FOLGEWIRKUNGEN DER KOMMUNALEN NEUGLIEDERUNG DES RHEIN.-WESTF.INDUSTRIEGEBIETES IN D. JAHREN 1926 BIS 1929, UNTERSUCHT AN BEISPIELEN DES OESTLICHEN RUHRGEBIETS

BOCHUM 1970, 167 S., KT., ABB., DISS.

---

620 0 0 071 0 0 0
1298-761125

LUDWIG KARL-HEINZ

WESTF. WILHELMS UNIVERSITAET MUENSTER, GEOGRAPHISCHE KOMMISSION MUENSTER (3)

*DIE HELLWEGSIEDLUNGEN AM OSTRANDE DORTMUNDS IN WIRTSCHAFTLICHEM, SOZIALEM UND VERKEHRSMAESSIGEM WANDEL SEIT IHRER EINGEMEINDUNG.

MUENSTER 1970, 126S., TAB., ABB., PHIL.DISS.

MONOGRAPHIEN D HISTOR. VEREINS DORTMUND. 3

---

620 0 0 071 0 0 0
1299-760297   UB F 8165

DASCHER OTTFRIED, LUNTOWSKI GUSTAV

STADT DORTMUND, STADTARCHIV (3)

*DER RAUM DORTMUND. ENTWICKLUNG EINER INDUSTRIELANDSCHAFT - EINE DOKUMENTATION.

DORTMUND, 1971, 110 S.

---

620 0 0 071 0 0 0
1300-760307

ECKWERT MANFRED

*DORTMUND IN VERGANGENHEIT UND GEGENWART
IN: DORTMUND (CHRONIK)

MUENCHEN 1973, VERLAG BUEHN

---

620 0 0 07173 0 0
1301-760305

*DORTMUND (CHRONIK)

MUENCHEN 1973, VERLAG BUEHN

DORTMUND

GESCHICHTE

- WIRTSCHAFT- UND TECHNIKGESCHICHTE

---

620 0 0 07323 0 0

1302-761596

MAEMPEL ARTHUR

GELSENKIRCHENER BERGWERKS-AG (3)

*BERGBAU IN DORTMUND,
VON PINGEN UND STOLLEN BIS ZU DEN ANFAENGEN
DES TIEFBAUS (1963); DIE SECHZIGER UND
SIEBZIGER JAHRE BIS ZUM ENDE IHRER HOCH-
KONJUNKTUR UM 1876 (1965); ZWISCHEN KRISEN
UND KONKURSEN. DIE "SIEBEN MAGEREN JAHRE" UND
JAHRE DER UEBERWINDUNG 1874 BIS 1882 (1969)
DORTMUND 1963-1969

---

620 0 0 073 0 0 0

1303-761121

MAEMPEL ARTHUR

*700 JAHRE BERGBAU IN DORTMUND

DORTMUND 1964

IN: BERGFREIHEIT, ZEITSCHRIFT F D DEUTSCHEN
BERGBAU H. 6, JG.29, 1964

---

620 0 0 07371 0 0

1304-760305

*DORTMUND (CHRONIK)

MUENCHEN 1973, VERLAG BUEHN

---

620 0 0 073 0 0 0

1305-760306

HILDENBRAND HANSWERNER

*DIE WIRTSCHAFTLICHE ENTWICKLUNG DER STADT
DORTMUND
IN: DORTMUND (CHRONIK)

MUENCHEN 1973, VERLAG BUEHN

DORTMUND

GESCHICHTE

- FIRMENGESCHICHTE

---

620 0 0 074 0 0 0

1306-760035

FLEMING DOUGLAS K., KRUMME GUENTER, (1)

*THE "ROYAL HOESCH UNION". CASE ANLYSIS OF
ADJUSTMENT PATTERNS IN THE EUROPEAN STEEL
INDUSTRY

1968

IN: TIJDSCHRIFT VOOR ECONOMISCHE EN SOCIALE
GEOGRAFIE, BAND 59, S.177-199

620300 0 074 0 024

1307-761094

MOENNICH HORST

HOESCH AG

*AUFBRUCH INS REVIER - AUFBRUCH NACH EUROPA.
HOESCH 1871-1971. (JUBILAEUMSSCHRIFT DER
HOESCH-AG DORTMUND)

DORTMUND 1971, 444 S., VERLAG BRUCKMANN

DORTMUND

GESCHICHTE

- INSTITUTIONENGESCHICHTE

---

620 0 0 075 0 0 0

1308-760373

STADT DORTMUND, AMT FUER STATISTIK UND
WAHLEN, (3)

*70 JAHRE DEUTSCHER WETTERDIENST IN DORTMUND

DORTMUND 1967

BEILAGE NR. 8

BIBLIOGRAPHIE RAUMPLANUNG IM RUHRGEBIET. IRPUD-BIBLIOGRAPHIEN.1. UNIVERSITAET DORTMUND. BL. 153

D O R T M U N D

GESCHICHTE

- BAUTENGESCHICHTE

---

620 0 0 0761 4 0 0
1309-760257

BOLLEREY FRANZISKA, HARTMANN KRISTIANA (1)

*WOHNEN IM REVIER. 99 BEISPIELE AUS DORTMUND. SIEDLUNGEN VOM BEGINN DER INDUSTRIALISIERUNG BIS 1933. EIN ARCHITEKTURFUEHRER MIT STRUKTURDATEN

MUENCHEN 1975, 228 S., VERLAG MOOS

D O R T M U N D

BIBLIOGRAPHIEN

---

620 0 05008071 0 0
1310-760780

STADT DORTMUND, STADTARCHIV

*UEBERSICHT ALLER IN DEN BAENDEN 1 BIS 61 DER BEITRAEGE ZUR GESCHICHTE DORTMUNDS UND DER GRAFSCHAFT MARK VEROEFFENTLICHTEN ARBEITEN.

DORTMUND: STADTARCHIV 1965

VEROEFFENTLICHUNGEN AUS DEM STADTARCHIV DORTMUND 2.

D O R T M U N D

ZEITUNGEN, ZEITSCHRIFTEN, SCHRIFTENREIHEN

---

620 0 0 090 0 0 0
1311-761753

SPIELHOFF ALFONS (3), WOLFF HORST (4)

STADT DORTMUND, KULTURAMT

*HIER. DORTMUNDER KULTURARBEIT

DORTMUND, VERL. WULFF & CO.

---

620 0 0 09021 0 0
1312-761754

INDUSTRIE- UND HANDELSKAMMER ZU DORTMUND (3)

*RUHRWIRTSCHAFT. ZEITSCHRIFT DER ...

DORTMUND, VERL. LENSING

---

620 0 0 090 0 0 0
1313-761037

HOESCH AG

*WERK UND WIR. ZEITSCHRIFT FUER DIE ARBEITER DER HOESCHWERKE AG

DORTMUND 1955 -

---

620 0 0 090 0 0 0
1314-760317

STADT DORTMUND, AMT FUER STATISTIK UND WAHLEN, (3)

*SONDERVEROEFFENTLICHUNGEN DES AMTES FUER STATISTIK UND WAHLEN, A : SONDERHEFTE, B : BEILAGEN, C: HANDBUECHER

DORTMUND 1965-

---

620 0 0 090 0 0 0
1315-760316

STADT DORTMUND, AMT FUER STATISTIK UND WAHLEN, (3)

*STATISTISCHES HANDBUCH DORTMUND 1968-

DORTMUND 1969-

SONDERVEROEFFENTLICHUNGEN DES AMTES FUER STATISTIK UND WAHLEN, C : HANDBUECHER

---

(1)BEARBEITER (2)MITARBEITER (3)HERAUSGEBER (4)REDAKTION (5)PROJEKTLEITUNG (6)AUFTRAGGEBER

BIBLIOGRAPHIE RAUMPLANUNG IM RUHRGEBIET. IRPUD-BIBLIOGRAPHIEN.1. UNIVERSITAET DORTMUND. BL. 154

---

620 0 0 09022 0 0
1316-761059

INDUSTRIE- UND HANDELSKAMMER, DORTMUND

*JAHRESBERICHT 1971

(DORTMUND), (1972)

D U I S B U R G

OHNE SACHGLIEDERUNG

---

625 0 0 00 0 0 0
1317-761451

NIEDERRHEINISCHE HANDELSKAMMER DUISBURG-WESEL ZU DUISBURG

*JAHRESBERICHT 1971

DUISBURG 1972

D U I S B U R G

RAUMENTWICKLUNG, RAUMPLANUNG
  - STADTENTWICKLUNG, STADTPLANUNG,
    STADTERNEUERUNG, SANIERUNG

---

625 0 0 012 0 0 0
1318-760115

ROBASCHIK K. TH., (1)

*GUTACHTEN ZUR GRUNDKONZEPTION DER NEUORDNUNG VON SCHMIDTHORST-NEUMUEHL. IM AUFTRAG DES STADTPLANUNGSAMTES DER STADT DUISBURG

DUISBURG 1964, 44 S., MIT ANH.

---

625 0 0 012 0 0 0
1319-760126

*ZWISCHENBERICHT ZUR SANIERUNG VON SCHMIDT-HORST-NEUMUEHL. 1.ABSCHNITT FLAECHENNUTZUNGS-KONZEPTION (TEXT- UND KARTENBAND)

DUISBURG 1974, 101 S., 24 DT., KTN.

---

625 0 0 012 0 0 0
1320-760130

UMLAUF G., (1)

*GUTACHTEN ZUR GRUNDKONZEPTION DER STADT DUISBURG FUER DIE NEUORDNUNG VON SCHMIDTHORST-NEUMUEHL

DUISBURG 1964, 25 S., MIT ANH. UND KT.

---

625 0 0 01231 0 0
1321-760122

INSTITUT FUER ANGEWANDTE SOZIALWISSENSCHAFT ABTEILUNG FUER REGIONALGESCHICHTE (3)

*SANIERUNG NEUMUEHL. SOZIOLOGISCHE UNTERSUCHUNG. GESAMTBERICHT. (ERGEBNISSE SOZIOLOGISCHER UNTERSUCHUNGEN IM NEUORDNUNGSGEBIET SCHMIDTHORST-NEUMUEHL. 1965 - 1967)

OHNE ORT, 1967, 23 S., ANH., MASCHINOSKRIPT

---

625 0 0 012 0 0 0
1322-761437

BLOCK JOHANNA

PAEDAGOGISCHE HOCHSCHULE RUHR IN DUISBURG, ABT. DUISBURG

*DER STADTKERN VON DUISBURG.

DUISBURG 1967, 46 S., MASCH.SKRIPT, EXAM.ARB.

---

625 0 0 012 0 0 0
1323-760210

BOCK PETER JOSEF

*ZUKUNFT NACH DER KOHLE. DER DUISBURGER STADTTEIL NEUMUEHL

KOELN 1972, 21 S., WDR - MANUSKRIPT

---

(1)BEARBEITER (2)MITARBEITER (3)HERAUSGEBER (4)REDAKTION (5)PROJEKTLEITUNG (6)AUFTRAGGEBER

BIBLIOGRAPHIE RAUMPLANUNG IM RUHRGEBIET. IRPUD-BIBLIOGRAPHIEN.1. UNIVERSITAET DORTMUND. BL. 155

---

625 0 0 012 0 0 0

1324-760923

STADT DUISBURG (3)

*KOMMUNALE ENTWICKLUNGSPLANUNG,
ANZEIGE FUER AUFSTELLUNG VON STANDORT-
PROGRAMMEN

DUISBURG 5. 1973

---

625 0 0 012 0 0 0

1325-760401

STADT DUISBURG, STAB FUER KOMMUNALE ENTWICK-
LUNGSPLANNUNG,(1)ARBEITSGR. STANDORTPR.PL.(2)

*STANDORTPROGRAMM I - FUER DIE STANDORTE 5,6,7
(VORLAEUFIGE FASSUNG - STAND OKTOBER 1974)
UND MATERIALIEN ZUR STANDORTPROGRAMMPLANUNG
I.,II. (STAND OKTOBER 1974)

DUISBURG 1974

---

625 0 0 012 0 0 0

1326-760536

GEWOS GMBH, HAMBURG

*DUISBURG-HOCHFELD. STADTERNEUERUNG.
VORBEREITENDE UNTERSUCHUNGEN

HAMBURG 1975, 232 S.

D U I S B U R G

RAUMENTWICKLUNG, RAUMPLANUNG

   - WOHNUNGSWESEN,WOHNPLANUNG,BAUWESEN

---

625 0 0 0132 6 0 0

1327-761559   BB 082/1

UNIVERSITAET DORTMUND, ABTEILUNG RAUMPLANUNG

*STADTENTWICKLUNG DUISBURG
ZIEL- UND NUTZUNGSKONFLIKTE INDUSTRIE-WOHNEN
STUDIENPROJEKT F 14/ II, STUDIENJAHR 1974/75

DORTMUND 1975

D U I S B U R G

RAUMENTWICKLUNG, RAUMPLANUNG

   - SIEDLUNGSBAU,ARBEITERSIEDLUNGEN

---

625 0 0 01471 0 0

1328-761051

GRUNSKY EBERHARD

*VIER SIEDLUNGEN IN DUISBURG, 1925-1930

KOELN: RHEINLAND 1975, 59 S., KT.,ABB.

ARBEITSHEFT 12 DES LANDESKONSERVATORS RHEIN-
LAND

D U I S B U R G

RAUMENTWICKLUNG, RAUMPLANUNG

   - STADTGESTALTUNG,DENKMALPFLEGE

---

625 0 0 015 0 0 0

1329-760217

KUECHLER BRIGITTE (1)

PAEDAGOGISCHE HOCHSCHULE RUHR IN DUISBURG
ABT. DUISBURG (3)

*DER STADTTEIL DUISBURG-MEIDERICH, ENTWICKLUNG
UND HEUTIGES BILD.

DUISBURG 1970, 45 S. MASCH.SKRIPT

D U I S B U R G

RAUMENTWICKLUNG, RAUMPLANUNG

   - LANDSCHAFTSOEKOLOGIE,LANDSCHAFTSPLANUNG

---

(1)BEARBEITER (2)MITARBEITER (3)HERAUSGEBER (4)REDAKTION (5)PROJEKTLEITUNG (6)AUFTRAGGEBER

BIBLIOGRAPHIE RAUMPLANUNG IM RUHRGEBIET. IRPUD-BIBLIOGRAPHIEN.1. UNIVERSITAET DORTMUND. BL. 156

62562030093416 0 0 0

1330-760107   BB 940/1

HIRT FRITZ-HELMUT, (1)

SIEDLUNGSVERBAND RUHRKOHLENBEZIRK, (3)

*SANIERUNGEN IM REGIONALEN GRUENFLAECHENSYSTEM DES RUHRGEBIETES. (BEISPIELE DORTMUND, DUISBURG, OBERHAUSEN, XANTEN)

ESSEN 1970

IN: SCHRIFTENREIHE DES SIEDLUNGSVERBANDES RUHRKOHLENBEZIRK, 30

D U I S B U R G

RAUMENTWICKLUNG, RAUMPLANUNG

  - SIEDLUNGSGEOGRAPHIE, STADTGEOGRAPHIE

---

625 0 0 017 0 0 0

1331-760127   BB 903/DUI 1

WAGNER ERIKA, RITTER GERT

*ZUR STADTGEOGRAPHIE VON DUISBURG

DUISBURG, 1968, 66 S.

IN: DUISBURGER HOCHSCHULBEITRAEGE, HEFT 1

625630 0 017 0 0 0

1332-761035

GRUENSFELDER ERNST

UNIVERSITAET KOELN

*FORMEN UND WACHSTUMSTENDENZEN DER CITY IN DEN STAEDTEN DUESSELDORF, DUISBURG UND ESSEN. EIN BETRACHTENDER VERGLEICH

KOELN 1968, 310 S., MASCH.SKRIPT, DIPL.ARB.

DIPLOMARBEIT

---

625 0 0 017 0 0 0

1333-760400

WAGNER ERIKA, RITTER GERT, (1)

*ZUR STADTGEOGRAPHIE VON DUISBURG

DUISBURG: W.BRAUN 1968, 66 S., ABB.

DUISBURGER HOCHSCHULBEITRAEGE. 1.

---

625 0 0 017 0 0 0

1334-760227

DOMINICUS WILHELM

*DIE SUEDLICHEN VORORTE VON DUISBURG IN GRUNDRISS, AUFRISS UND INNERER GLIEDERUNG

1968, 119 S., EXAMENSARBEIT, MASCHINOSKRIPT

---

625 0 0 017 0 0 0

1335-760225

VAN-DEN-BERG PETER (1)

STADT DUISBURG, VOLKSHOCHSCHULE, (3)

*DIE FUNKTIONALE DIFFERENZIERUNG DER INNENSTADT DUISBURGS

DUISBURG 1971, 4 S., MASCHINOSKRIPT

---

625 0 0 017 0 0 0

1336-761034

KUECHLER BRIGITTE

PH RUHR IN DUISBURG, ABT. DUISBURG

*DER SONNENWALL IN DUISBURG - ENTWICKLUNG EINER STRASSE

DUISBURG 1971, 89 S., STAATSEXAMENSARBEIT

---

625 0 0 01731 0 0

1337-760230

KASTORFF-VIEHMANN RENATE (1)

PAEDAGOGISCHE HOCHSCHULE MUENSTER (3)

*WOHNPLANUNGEN IN DUISBURG NACH 1945. ANSATZ ZUR BESCHREIBUNG EINER SCHWERINDUSTRIELLEN AGGLOMERATION

AACHEN 1973, 123 S., DIPL.-ARB.

D U I S B U R G

WIRTSCHAFT

  - WIRTSCHAFTSSTRUKTUR, STRUKTURWANDEL, STRUKTURKRISE, WIRTSCHAFTSGEOGRAPHIE

---

(1)BEARBEITER (2)MITARBEITER (3)HERAUSGEBER (4)REDAKTION (5)PROJEKTLEITUNG (6)AUFTRAGGEBER

BIBLIOGRAPHIE RAUMPLANUNG IM RUHRGEBIET. IRPUD-BIBLIOGRAPHIEN.1. UNIVERSITAET DORTMUND. BL. 157

625 0 0 02141 0 C

1338-760129

POTHE ROSEMARIE, (1)

PAEDAGOGISCHE HOCHSCHULE BRAUNSCHWEIG (3)

*DIE DUISBURG-RUHRORTER HAEFEN UND IHRE BEDEU-
TUNG FUER DIE WIRTSCHAFT WESTDEUTSCHLANDS

BRAUNSCHWEIG, 1964, PRUEFUNGSARB.

625 0 0 02131 0 0

1339-761032

LUKAS HORST

UNIVERSITAET KOELN

*DUISBURG - EINE WIRTSCHAFTS- UND SOZIALGEO-
GRAPHISCHE UNTERSUCHUNG

KOELN 1966, 58 S., MASCH.SKRIPT, WISS.ARBEIT

625 0 0 02141 0 0

1340-760226

FEIWEIER ELKE (1)

*DIE DUISBURGER HAEFEN UND IHRE FUNKTION ALS
UMSCHLAG- UND VERTEILUNGSPLATZ

KOELN 1967, 86 S., EXAMENSARB. MASCH.SKRIPT

625635670 021 0 0 0

1341-760213

HARTMANN PETER (1)

RUHRUNIVERSITAET BOCHUM (3)

*DER MODERNE STRUKTURWANDEL DER INDUSTRIE IN
DEN STAEDTEN GELSENKIRCHEN, OBERHAUSEN UND
DUISBURG

BOCHUM, 1970, 65 S., EXAM.ARB. MASCH.SKRIPT

625 0 0 02141 0 0

1342-760116

REIPS BRIGITTE, (1)

PAEDAGOGISCHE HOCHSCHULE RUHR IN DUISBURG,
ABT. DUISBURG (3)

*DIE DUISBURG-RUHRORTER HAEFEN ALS GEWERBE-
STANDORT

DUISBURG 1972, 145 S., STAATSEX.ARB.

625 0 0 02141 0 0

1343-760229

SCHNEIDER BRIGITTE (1)

PAEDAGOGISCHE HOCHSCHULE RUHR IN DUISBURG
ABT.DUISBURG

*STRUKTURUMWANDLUNG DER DUISBURG-RUHRORTER
HAEFEN SEIT 1958 UNTER BESONDERER BERUECK-
SICHTIGUNG DER MASSENGUETER

DUISBURG 1972, 69 S., EXAM.ARB.MASCH.SKRIPT

625890 0 021 0 0 0

1344-760232

MUELLER URSULA

RUHRUNIVERSITAET BOCHUM

*DIE WIRTSCHAFTLICHE ENTWICKLUNG DER
INDUSTRIELLEN RHEINUFERZONEN VON DUISBURG/
RHEINHAUSEN BIS MOELLEN

BOCHUM 1972, 86 S., KT.,EXAM.ARB.

625 0 0 021 0 0 0

1345-760033

SEIBRING SIGRID

GESAMTHOCHSCHULE DUISBURG, (3)

*UNTERSUCHUNGEN ZUR GEWERBESTRUKTUR VON
DUISBURG-NEUDORF
(EIN BEITRAG ZUR SOZIALGEOGRAPHIE)

DUISBURG 1974, 118S., STAATSEXAMENSARBEIT

D U I S B U R G

WIRTSCHAFT

  - METALLINDUSTRIE (EINSCHL. MONTANUNION)

625 0 0 02473 0 0

1346-760214

ROEMPKE MARGOT (1)

PAEDAGOGISCHE HOCHSCHULE RHEINLAND ABT.
NEUSS(3)

*DIE ENTWICKLUNG DER EISENINDUSTRIE IN DUIS-
BURG IN DER 2. HAELFTE DES 19. JAHRHUNDERTS

NEUSS 1966, 147 S., EXAMENSARB. MASCH.SKRIPT

(1)BEARBEITER (2)MITARBEITER (3)HERAUSGEBER (4)REDAKTION (5)PROJEKTLEITUNG (6)AUFTRAGGEBER

BIBLIOGRAPHIE RAUMPLANUNG IM RUHRGEBIET. IRPUD-BIBLIOGRAPHIEN.1. UNIVERSITAET DORTMUND. BL. 158

D U I S B U R G

WIRTSCHAFT

- ANDERE INDUSTRIEN

---

625 0 0 02613 0 0

1347-761559   BB 082/1

UNIVERSITAET DORTMUND, ABTEILUNG RAUMPLANUNG

*STADTENTWICKLUNG DUISBURG
ZIEL- UND NUTZUNGSKONFLIKTE INDUSTRIE-WOHNEN
STUDIENPROJEKT F 14/ II, STUDIENJAHR 1974/75

DORTMUND 1975

D U I S B U R G

WIRTSCHAFT

- UEBRIGE WIRTSCHAFTSZWEIGE

---

625 0 0 028 0 0 0

1348-760118

ROTHERMEL MANFRED, (1)

UNIVERSITAET KOELN (3)

*DER HANDEL ALS WIRTSCHAFTSFAKTOR IN DER
ENTWICKLUNG DUISBURGS

KOELN 1963, 122 S., DIPL.-ARB.

D U I S B U R G

WIRTSCHAFT

625300 0 029 0 0 0

1349-760529

WALITZKA KARLHEINZ

GESAMTHOCHSCHULE DUISBURG (3)

*DIE LANDWIRTSCHAFT IM BEREICH DES BALLUNGS-
RAUMES RUHRGEBIET UNTER BESONDERER
BERUECKSICHTIGUNG DER VERHAELTNISSE IN
DUISBURG

DUISBURG 1973 EXAMENSARBEIT MASCH.SKRIPT

D U I S B U R G

BEVOELKERUNG

- DEMOGRAPHIE, SOZIOGRAPHIE, STADTSOZIOLOGIE

---

625 0 0 03121 0 0

1350-761032

LUKAS HORST

UNIVERSITAET KOELN

*DUISBURG - EINE WIRTSCHAFTS- UND SOZIALGEO-
GRAPHISCHE UNTERSUCHUNG

KOELN 1966, 58 S., MASCH.SKRIPT, WISS.ARBEIT

---

625 0 0 03112 0 0

1351-760122

INSTITUT FUER ANGEWANDTE SOZIALWISSENSCHAFT
ABTEILUNG FUER REGIONALGESCHICHTE (3)

*SANIERUNG NEUMUEHL. SOZIOLOGISCHE UNTER-
SUCHUNG. GESAMTBERICHT. (ERGEBNISSE SOZIOLO-
GISCHER UNTERSUCHUNGEN IM NEUORDNUNGSGEBIET
SCHMIDTHORST-NEUMUEHL. 1965 - 1967)

OHNE ORT 1967, 23 S., ANH., MASCHINOSKRIPT

---

625 0 0 031 0 0 0

1352-760113

VOGEL ANNELIESE, (1)

*DIE AUSWIRKUNGEN DER INDUSTRIALISIERUNG AUF
DIE SOZIALPOLITISCHE STRUKTUR HAMBORNS IN DER
ZEIT VON 1870 - 1914

OHNE ORT 1968, 60 S., STAATSEXAMENSARBEIT

---

(1)BEARBEITER   (2)MITARBEITER   (3)HERAUSGEBER   (4)REDAKTION   (5)PROJEKTLEITUNG   (6)AUFTRAGGEBER

BIBLIOGRAPHIE RAUMPLANUNG IM RUHRGEBIET. IRPUD-BIBLIOGRAPHIEN.1. UNIVERSITAET DORTMUND. BL. 159

---

625 0 0 031 0 0 0

1353-760222

KUEPPERS HERMANN

PAEDAGOGISCHE HOCHSCHULE RUHR IN DUISBURG
ABT. DUISBURG (3)

*SOZIALGEOGRAPHISCHE STRUKTUREN DER BEVOELKE-
RUNG DUISBURG-MEIDERICHS

DUISBURG, 1971, 118 S., STAATSEX.ARB.

---

625 0 0 03117 0 0

1354-760230

KASTORFF-VIEHMANN RENATE (1)

PAEDAGOGISCHE HOCHSCHULE MUENSTER (3)

*WOHNPLANUNGEN IN DUISBURG NACH 1945. ANSATZ
ZUR BESCHREIBUNG EINER SCHWERINDUSTRIELLEN
AGGLOMERATION

AACHEN, 1973, 123 S., DIPL.-ARB.

---

625 0 0 031 0 0 0

1355-760125

WYNEN BARBARA, (1)

GESAMTHOCHSCHULE DUISBURG (3)

*SOZIALGEOGRAPHISCHE ENTWICKLUNG UND
GLIEDERUNG DES STADTTEILS DUISBURG-BEECK

DUISBURG, 1974, 62 S., STAATSEX.ARB.

D U I S B U R G

BEVOELKERUNG

   - SOZIALWESEN,SOZIALARBEIT,SOZIALPOLITIK

---

625 0 0 034 0 0 0

1356-760402

STADT DUISBURG, (3)

*KONZEPT UEBER DIE FUNKTION UND DIE NOTWENDIG-
KEIT VON BUERGERHAEUSERN IN DUISBURG

DUISBURG OHNE JAHR, VERWALT.INTERNER ENTWURF

D U I S B U R G

BEVOELKERUNG

   - ERHOLUNG,FREIZEIT,URLAUB,SPORT,SPIEL

---

625 0 0 036 0 0 0

1357-760095

HOLLWEG GUENTER, (1)

*DAS PROBLEM DER ERHOLUNG IN DUISBURG

IN: DUISBURGER HEIMATKALENDER 1966 S. 3-11

---

625 0 0 036 0 0 0

1358-760207

GERBER JUERGEN

PAEDAGOGISCHE HOCHSCHULE RUHR IN DUISBURG,
ABT. ESSEN (3)

*DAS ERHOLUNGSGEBIET SECHS-SEEN-PLATTE IN
DUISBURG

ESSEN, 1970, 105 S., EXAM.ARB. MASCH.SKRIPT

D U I S B U R G

INFRASTRUKTUR, VERSORGUNG

   - STRASSENVERKEHR,EISENBAHN,
     SCHIFFAHRT,LUFTVERKEHR

---

625 0 0 041 0 0 0

1359-760209   BB 945/10

STADT DUISBURG, PLANUNGSAMT, (3)

*GENERALVERKEHRSPLAN DUISBURG

DUISBURG, 1963, 100 U. 248S., TEXTBD. BILDBD.

---

(1)BEARBEITER (2)MITARBEITER (3)HERAUSGEBER (4)REDAKTION (5)PROJEKTLEITUNG (6)AUFTRAGGEBER

BIBLIOGRAPHIE RAUMPLANUNG IM RUHRGEBIET. IRPUD-BIBLIOGRAPHIEN.1. UNIVERSITAET DORTMUND.

---

625 0 0 041 0 0 0

1360-760228   BB 555/124

SCHOLZ GERHARD, (1)

STADT DUISBURG, OBERSTADTDIREKTOR, (3)

*FLIESSENDER INDIVIDUELLER VERKEHR - ANALYSE
(VERKEHRSUNTERSUCHUNGEN DUISBURG)

DUESSELDORF 1964, 78 S.

---

625 0 0 041 0 0 0

1365-760924

SCHOLZ GERHARD

STADT DUISBURG, OBERSTADTDIREKTOR

*INNENSTADT. VERKEHRSTECHNISCHE UNTERSUCHUNG
ZUR LEISTUNGSERMITTLUNG UND ZUR ABSTIMMUNG D.
NETZKONZEPTIONEN DES KFZ-VERKEHRS UND DES
OEFFENTLICHEN PERSONENNAHVERKEHRS SOWIE ZUR
ANBINDUNG DES S-BAHNVERKEHRS DER DEUTSCHEN
BUNDESBAHN
DUESSELDORF 1966 , 84 S.
(VERKEHRSUNTERSUCHUNGEN DUISBURG)

---

625 C 0 04121 0 0

1361-760129

POTHE ROSEMARIE, (1)

PAEDAGOGISCHE HOCHSCHULE BRAUNSCHWEIG (3)

*DIE DUISBURG-RUHRORTER HAEFEN UND IHRE BEDEU-
TUNG FUER DIE WIRTSCHAFT WESTDEUTSCHLANDS

BRAUNSCHWEIG 1964, PRUEFUNGSARB.

---

625 0 0 041 0 0 0

1366-760925

SCHOLZ GERHARD

STADT DUISBURG, OBERSTADTDIREKTOR (3)

*DER RUHENDE VERKEHR IN HAMBORN UND MARXLOH.
ANALYSE UND PROGNOSE

DUESSELDORF 1967, 49 S.

(VERKEHRSUNTERSUCHUNGEN DUISBURG)

---

625 0 0 041 0 0 0

1362-760120

SCHOLZ GERHARD, (1)

STADT DUISBURG, OBERSTADTDIREKTOR, (3)

*FLIESSENDER INDIVIDUELLER VERKEHR -PROGNOSE-
(VERKEHRSUNTERSUCHUNGEN DUISBURG)

DUESSELDORF 1966, 34 S., TAB., ANH.

---

625 0 0 04121 0 0

1367-760226

FEIWEIER ELKE (1)

*DIE DUISBURGER HAEFEN UND IHRE FUNKTION ALS
UMSCHLAG- UND VERTEILUNGSPLATZ

KOELN 1967, 86 S., EXAMENSARB. MASCH.SKRIPT

---

625 0 0 041 0 0 0

1363-760220

SCHOLZ GERHARD

STADT DUISBURG,OBERSTADTDIREKTOR (3)

*DER RUHENDE VERKEHR INNENSTADT, ANALYSE UND
PROGNOSE. (VERKEHRSUNTERSUCHUNGEN DUISBURG)

DUESSELDORF 1966, 46 S.

---

625 0 0 041 0 0 0

1368-760216

SCHOEPS ANNEMARIE (1)

PAEDAGOGISCHE HOCHSCHULE RUHR IN DUISBURG
ABT. ESSEN (3)

*DIE ENTWICKLUNG DER POLLMANNKREUZUNG IN
DUISBURG-HAMBORN.

ESSEN 1967, 77 S. EXAM.ARB.

---

625 0 0 041 0 0 0

1364-761284

SCHOLZ GERHARD

STADT DUISBURG, OBERSTADTDIR. IN VERB.MIT DB,
SVR UND DUISBURGER VERKEHRSGESELLSCHAFT (3)
*VERKEHRSUNTERSUCHUNG DUISBURG INNENSTADT.
VERKEHRSTECHNISCHE UNTERSUCHUNG ZUR LEISTUNGS
ERMITTLUNG UND ZUR ABSTIMMUNG DER NETZKON-
ZEPTIONEN DES KFZ-VERKEHRS UND OEFFENT-
LICHEN PERSONENNAHVERKEHRS SOWIE ZUR ANBIN-
DUNG DES S-BAHNVERKEHRS DER DEUTSCHEN
BUNDESBAHN.
DUISBURG 1966

---

625 0 0 04173 0 0

1369-760231

KIWITZ HANS (1)

UNIVERSITAET KOELN (3)

*FUNKTIONSWANDEL DER DUISBURG-RUHRORTER HAEFEN
NACH DEM ZWEITEN WELTKRIEG

KOELN 1970, 41 S., STAATSEX.ARB. UNIV. KOELN

---

(1)BEARBEITER (2)MITARBEITER (3)HERAUSGEBER (4)REDAKTION (5)PROJEKTLEITUNG (6)AUFTRAGGEBER

BIBLIOGRAPHIE RAUMPLANUNG IM RUHRGEBIET. IRPUD-BIBLIOGRAPHIEN.1. UNIVERSITAET DORTMUND. BL. 161

625665 0 041 0 0 0

1370-760119

LANDSCHAFTSVERBAND RHEINLAND, (3)

*DER RUHRSCHNELLWEG - B 60 IM RAUME MUELHEIM-DUISBURG

ESSEN, 1970, GETR. PAG. MIT KT. UND TAB.

---

625 0 0 041 0 0 0

1371-760094

TIEDE WOLFGANG, (1)

PAEDAGOGISCHE HOCHSCHULE RUHR IN DUISBURG, ABT. DUISBURG (3)

*DIE ERSCHLIESSUNG DES VERKEHRSRAUMES DER STADT DUISBURG DURCH DIE DVG

DUISBURG, 1971, 216S., STAATSEX.ARB. PH RUHR

---

625 0 0 04121 0 0

1372-760229

SCHNEIDER BRIGITTE (1)

PAEDAGOGISCHE HOCHSCHULE RUHR IN DUISBURG ABT.DUISBURG

*STRUKTURUMWANDLUNG DER DUISBURG-RUHRORTER HAEFEN SEIT 1958 UNTER BESONDERER BERUECKSICHTIGUNG DER MASSENGUETER

DUISBURG, 1972, 69 S., EXAM.ARB.MASCH.SKRIPT

---

625 0 0 04121 0 0

1373-760116

REIPS BRIGITTE, (1)

PAEDAGOGISCHE HOCHSCHULE RUHR IN DUISBURG, ABT. DUISBURG (3)

*DIE DUISBURG-RUHRORTER HAEFEN ALS GEWERBESTANDORT

DUISBURG, 1972, 145 S., STAATSEX.ARB.

---

625 0 0 04173 0 0

1374-761438

HEUSER MAGDALENE

*DIE GESCHICHTLICHE ENTWICKLUNG DER DUISBURG-RUHRORTER HAEFEN.(REFERAT)

DUISBURG 1972, 9 S., MASCH.SKRIPT

---

625 0 0 041 0 0 0

1375-760219

LUTZ KLAUS-DIETER (1)

GESAMTHOCHSCHULE DUISBURG (3)

*ENTWICKLUNG UND BEDEUTUNG DES VERKEHRSNETZES IM RAUM DUISBURG.

DUISBURG 1973, 51 S. EXAM.ARB. MASCH.SKRIPT

---

625 0 0 041 0 0 0

1376-760026

HARMSEN INGE

*DIE ENTWICKLUNG DER DUISBURGER HAEFEN NACH DEM ZWEITEN WELTKRIEG

FREIBURG 1973

---

625 0 0 041 0 0 0

1377-760208

CIERNIAK RUTH

GESAMTHOCHSCHULE DUISBURG (3)

*HAFENFUNKTIONEN UND DEREN WANDLUNGEN - DARGESTELLT AM BEISPIEL DER DUISBURG- RUHRORTER HAEFEN

DUISBURG, 1974, 82 S., STAATSEX.ARB.

---

625 0 0 041 0 0 0

1378-760221

KUHLMANN CLAUDIA

PAEDAGOGISCHE HOCHSCHULE BRAUNSCHWEIG (3)

*DER DUISBURG-RUHRORTER BINNENHAFEN

BRAUNSCHWEIG 1974, 60 S. U.ANH.

---

625 0 0 041 0 0 0

1379-760218

MEYER RUDOLF (1)

GESAMTHOCHSCHULE DUISBURG (3)

*VERKEHRSGEOGRAPHISCHE ANALYSE DES NAHVERKEHRS UND DER NAHVERKEHRSPLANUNG IM RAUM DUISBURG.

DUISBURG 1974, 97 S. EXAM.ARB. MASCH.SKRIPT

---

(1)BEARBEITER (2)MITARBEITER (3)HERAUSGEBER (4)REDAKTION (5)PROJEKTLEITUNG (6)AUFTRAGGEBER

BIBLIOGRAPHIE RAUMPLANUNG IM RUHRGEBIET. IRPUD-BIBLIOGRAPHIEN.1. UNIVERSITAET DORTMUND. BL. 162

D U I S B U R G

INFRASTRUKTUR, VERSORGUNG

- WASSERWIRTSCHAFT,ABFALL,UMWELTSCHUTZ

---

625 0 0 043 0 0 0

1380-760537

HOLLWEG GUENTER

*REINE LUFT UEBER DUISBURG ? PROBLEME DER
LUFTREINHALTUNG FUER DIE STADT DUISBURG

IN: DUISBURGER HEIMATKALENDER 1965 S.16-32

625300 0 043 0 0 0

1381-761750

LAND NW, LANDESANSTALT F.IMMISSIONS- U.BODEN-
NUTZUNGSSCHUTZ, ESSEN
*JAHRESBERICHT 1964. UNTERSUCHUNGEN UEBER DIE
SO'2-IMMISSIONEN IM STADTGEBIET DUISBURG (3.
1961 BIS 2.1962). UNTERSUCHUNGEN UEBER DIE
ZEITLICHE VERAENDERUNGEN D.GRUNDBELASTUNG VON
SO'2-IMMISSIONEN (10.'62-9.'64).U.A.
ESSEN 1965, 68S.+ABB.+TAB.+ 4 FARB-FALTKARTEN
SCHRIFTENREIHE D.LANDESANSTALT F.IMMISSIONS-
UND BODENNUTZUNGSSCHUTZ DES LANDES NW, ESSEN
HEFT 1

---

625 0 0 043 0 0 0

1382-760535

STADT DUISBURG, OBERSTADTDIREKTOR

*FAKTEN UND ARGUMENTE GEGEN DIE
VEBA-ANSIEDLUNG

DUISBURG 1971, 93 S.

---

625 0 0 043 0 0 0

1383-761033

SCHALM BERNHARD

PH RUHR IN DUISBURG, ABT. DUISBURG

*DIE WASSERVERSORGUNG DUISBURG

DUISBURG 1972, 163 S., MASCH.SKRIPT,EXAM.ARB

EXAMENSARBEIT

625882822 043 0 0 0

1384-761475   BB 210/59

WALLRAFF GUENTER, HAGEN JENS

*WAS WOLLT IHR DENN, IHR LEBT JA NOCH. CHRONIK
EINER INDUSTRIEANSIEDLUNG.EIN LEHRSTUECK MIT
ORGINALAUSSAGEN, DOKUMENTEN, SONGS SOWIE
EINEM PLAKAT VON KLAUS STAECK.(STEAG-KRAFT-
WERK DINSLAKEN, VEBA-CHEMIE ORSOY-RHEINBOGEN)

REINBECK BEI HAMBURG 1973

D U I S B U R G

INFRASTRUKTUR, VERSORGUNG

- BILDUNGSWESEN,SCHULEN,HOCHSCHULEN,MEDIEN,
  KUNST,KULTUR

---

625 0 0 045 0 0 0

1385-760313

ARRAS HARTMUT, GUTZWILLER BEAT, STUERMER
WILHELMINE, (1)

STADT DUISBURG, STADTVERWALTUNG, KOMMUNALE
ENTWICKLUNGSPLANUNG, (6), PROGNOS, (5)

*STANDORTE UND KOSTEN VON FOLGEEINRICHTUNGEN
DER INTEGRIERTEN GESAMTHOCHSCHULE DUISBURG -
KURZFASSUNG UND ERLAEUTERUNGEN. GUTACHTEN

BASEL 1973, 46 SEITEN, KT., ABB., TAB.

---

625 0 0 045 0 0 0

1386-761404   BB 075/166

FEY-HAUERWAS JUTTA

*GESAMTHOCHSCHULE DUISBURG
IN:UNI-PORTRAETS. DIE HOCHSCHULEN DER BRD.
HRSG.VON BRIGITTE BOHNKE, GERHARD HIRSCHFELD

FRANKFURT: ASPEKTE 1974 S.101-107

D U I S B U R G

RECHT, VERWALTUNG, POLITIK

- VERTRETUNGSKOERPERSCHAFTEN,WAHLEN

---

(1)BEARBEITER (2)MITARBEITER (3)HERAUSGEBER (4)REDAKTION (5)PROJEKTLEITUNG (6)AUFTRAGGEBER

625 0 0 054 0 0 0

1387-760927

RICHTER CHARLOTTE (1)

STADT DUISBURG,
AMT FUER STATISTIK UND WAHLEN (3)

*BUNDESTAGSWAHL 1972 IN DUISBURG

DUISBURG: SCHWARZ U. MOKWA 1972, 157 S.

(DUISBURGER ZAHLENSPIEGEL, SONDERH. 24)

D U I S B U R G

RECHT, VERWALTUNG, POLITIK

- TERRITORIALE VERWALTUNGSGLIEDERUNG,
  REGIONALE UND KOMMUNALE NEUGLIEDERUNG

---

625 0 0 057 0 0 0

1388-760114

JUNGKAMP RESI, (1)

RUHRUNIVERSITAET BOCHUM (3)

*DER RAUM DUISBURG IM RAHMEN DER KOMMUNALEN
NEUGLIEDERUNG SEIT 1920. HAUSARBEIT DER FACH-
PRUEFUNG FUER DAS LEHRAMT AN GYMNASIEN

BOCHUM 1973, 77 S. + KT.+ TAB. MASCH.SKRIPT

625890 0 057 0 0 0

1389-760596   BB 903/AUFS.

LAUX EBERHARD

*VORENTWURF EINER GUTACHTERLICHEN STELLUNG-
NAHME ZUR FRAGE UND EINBEZIEHUNG VON RHEIN-
HAUSEN IN DAS STADTGEBIET DUISBURG

DUESSELDORF 1974, MASCH. SKRIPT

---

625 0 0 057 0 0 0

1390-760534

STADT DUISBURG, NEUORDNUNGSBUERO

*KOMMUNALE NEUORDNUNG DUISBURG.
PROBLEME, MASSNAHMEN, SACHSTAND.

DUISBURG 1974

625890 0 057 0 0 0

1391-760562

LAUX EBERHARD

*GUTACHTERLICHE STELLUNGNAHME ZUR NEU-
GLIEDERUNG IM RAUME DUISBURG AUS DER
SICHT DER STADT RHEINHAUSEN

DUESSELDORF, SPEYER 1974 65 S.,ABB.

---

625 0 0 057 0 0 0

1392-760215

STADT DUISBURG, NEUORDNUNGSBUERO, (3)

*DUISBURG NACH DER NEUORDNUNG. UEBERARBEITETE
UND ERGAENZTE FASSUNG VON: KOMMUNALE NEU-
ORDNUNG DUISBURG   PROBLEME,MASSNAHMEN,
SACHSTAND

DUISBURG 1975, 293 S.

D U I S B U R G

FINANZWESEN, STATISTIK, KARTOGRAPHIE

- STATISTIK
  (SOWEIT NICHT THEMATISCH EINGEORDNET)

---

625 0 0 0639 0 0 0

1393-760398

RICHTER CHARLOTTE (1)

STADT DUISBURG, AMT FUER STATISTIK UND
WAHLEN, (3)

*STATISTISCHES JAHRBUCH DUISBURG

DUISBURG: SCHWARZ 1968-

---

625 0 0 063 0 0 0

1394-760525

STADT CASTROP RAUXEL (3)

*HANDBUCH DER STADT CASTROP-RAUXEL.
INFORMATIONEN, DATEN 1963-1971

CASTROP-RAUXEL 1972

---

(1)BEARBEITER (2)MITARBEITER (3)HERAUSGEBER (4)REDAKTION (5)PROJEKTLEITUNG (6)AUFTRAGGEBER

BIBLIOGRAPHIE RAUMPLANUNG IM RUHRGEBIET. IRPUD-BIBLIOGRAPHIEN.1. UNIVERSITAET DORTMUND. BL. 164

DUISBURG

FINANZWESEN, STATISTIK, KARTOGRAPHIE

- KARTOGRAPHIE, KARTEN

---

625 0 0 06471 0 0

1395-760212

GARNATZ UTE (1)

PAEDAGOGISCHE HOCHSCHULE BIELEFELD (3)

*DIE ENTWICKLUNG DER HEUTIGEN KULTURLANDSCHAFT
IM STADTTEIL DUISBURG-NEUDORF ANHAND DER
MESSTISCHAUFNAHMEN SEIT 1830
TEXT- UND KARTENBAND

BIELEFELD 1965, 44 S., PRUEFUNGSARB.

---

625 0 0 064 0 0 0

1396-760397

STADT DUISBURG, VERMESSUNGSAMT, (1)

*PLAN DER STADT DUISBURG. MASSSTAB 1 : 20 000
UMSCHLAGTEXT: AMTLICHER STADTPLAN VON DUISB.
MIT STRASSENVERZEICHNIS

DUISBURG: SCHMITZ 1966

DUISBURG

GESCHICHTE

- STADTGESCHICHTE, SIEDLUNGSGESCHICHTE,
  LANDESGESCHICHTE

---

625 0 0 071 0 0 0

1397-760224

PRACHT CHRISTEL (1)

PAEDAGOGISCHE HOCHSCHULE RUHR ZU DUISBURG,
ABTG. DUISBURG

*DIE GRUNDRISSENTWICKLUNG DER STADT DUISBURG
VON DER MITTE DES 18. JAHRHUNDERTS BIS ZUM
2. WELTKRIEG

DUISBURG, 1964, 42 S., STAATSEXAMENSARB.

---

625 0 0 07164 0 0

1398-760212

GARNATZ UTE (1)

PAEDAGOGISCHE HOCHSCHULE BIELEFELD (3)

*DIE ENTWICKLUNG DER HEUTIGEN KULTURLANDSCHAFT
IM STADTTEIL DUISBURG-NEUDORF ANHAND DER
MESSTISCHAUFNAHMEN SEIT 1830
TEXT- UND KARTENBAND

BIELEFELD 1965, 44 S., PRUEFUNGSARB.

---

625 0 0 071 0 0 0

1399-760032

SCHULZ MANFRED, (1)

UNIVERSITAET GIESSEN

*DIE ENTWICKLUNG DES GROSSRAUMES DUISBURG,
EINE ANALYSE KULTURLANDSCHAFTLICHER GESTALT-
ELEMENTE SEIT BEGINN DER INDUSTRIALISIERUNG

GIESSEN 1968, 593S., DISS., TAB., TEXTBAND

---

625 0 0 071 0 0 0

1400-760123

RODEN GUENTER VON, (1)

*GESCHICHTE DER STADT DUISBURG. BAND 1
DAS ALTE DUISBURG VON DEN ANFAENGEN BIS 1905

DUISBURG 1970, 424 S., 2 KTN.

625630665 071 0 0 0

1401-760679

KRAEMER K. E.

*DAS UNTERE RUHRTAL VON ESSEN BIS DUISBURG.

OHNE ORT 1970

---

625 0 0 071 0 0 0

1402-760128

WIEMANN ULRICH, (1)

PAEDAGOGISCHE HOCHSCHULE RUHR IN DUISBURG,
ABT. DUISBURG (3)

*MEIDERICH (DUISBURG) - VOM DORF ZUR
INDUSTRIEGEMEINDE

DUISBURG 1971, 120 S., EXAMENSARB.

---

(1)BEARBEITER (2)MITARBEITER (3)HERAUSGEBER (4)REDAKTION (5)PROJEKTLEITUNG (6)AUFTRAGGEBER

625 0 0 071 0 0 0

1403-760092

GWOSDEK EVA (1)

GESAMTHOCHSCHULE DUISBURG (3)

*DIE ENTWICKLUNG DES STADTTEILS DUISBURG-
BEECKERWERTH UNTER DEM EINFLUSS DES BERGBAUS
UND DIE SOZIALOEKONOMISCHEN FOLGEN DER
ZECHENSCHLIESSUNG

DUISBURG, 1972, 76S., STAATSEX.ARB.

---

625 0 0 071 0 0 0

1404-760112

ILLERS AENNE, (1)

PAEDAGOGISCHE HOCHSCHULE RUHR IN DUISBURG,
ABT. DUISBURG (3)

*DIE GESCHICHTE RUHRORTS

DUISBURG, 1972, 130 S., STAATSEX.ARB. PH RUHR

---

625 0 0 071 0 0 0

1405-760124

RODEN GUENTER VON

*GESCHICHTE DER STADT DUISBURG. BAND 2
DIE ORTSTEILE VON DEN ANFAENGEN. DIE GESAMT-
STADT SEIT 1905

DUISBURG, 1974, 803 S., 2KTN., 2. AUFL. 1975

---

625 0 0 071 0 0 0

1406-760528

ROMMEL FRANZ

*ALSUM UND SCHWELGERN. ZUR GESCHICHTE DES
UNTERGEGANGENEN RHEINDORFES UND DER
HAFENLANDSCHAFT IN DUISBURGS SUEDWESTEN.

DUISBURG: BRAUN 1974, 340 S. MIT KARTEN

DUISBURGER FORSCHUNGEN BD.19

---

625 0 0 07114 0 0

1407-761051

GRUNSKY EBERHARD

*VIER SIEDLUNGEN IN DUISBURG, 1925-1930

KOELN: RHEINLAND 1975, 59 S., KT.,ABB.

ARBEITSHEFT 12 DES LANDESKONSERVATORS RHEIN-
LAND

D U I S B U R G

GESCHICHTE

- SOZIALGESCHICHTE

---

625 0 0 072 0 0 0

1408-760093

BORK KUNIBERT K., (1)

*DIE SOZIALEN WANDLUNGEN IN DER STADT DUISBURG
IN DEN ERSTEN JAHRZEHNTEN DER INDUSTRIALISIE-
RUNG (1850 - 1880)

DUISBURG, 1965

IN: DUISBURGER FORSCHUNGEN BAND 8, S.53-129

D U I S B U R G

GESCHICHTE

- WIRTSCHAFT- UND TECHNIKGESCHICHTE

---

625 0 0 073 0 0 0

1409-760117

SCHMIDT KLAUS, (1)

*DAS DUISBURGER TEXTILGEWERBE BIS ZUM ANFANG
DES 19. JAHRHUNDERTS

DUISBURG, 1964, 199 S.

IN: DUISBURGER FORSCHUNGEN, BEIHEFT 5

---

625 0 0 073 0 0 0

1410-760211

BOGLER INA (1)

PAEDAGOGISCHE HOCHSCHULE KOELN (3)

*DIE WIRTSCHAFTLICHE ENTWICKLUNG DER STADT
DUISBURG NACH DEM 2. WELTKRIEG

KOELN, 1964, 50 S., PRUEFUNGSARB.

---

(1)BEARBEITER (2)MITARBEITER (3)HERAUSGEBER (4)REDAKTION (5)PROJEKTLEITUNG (6)AUFTRAGGEBER

BIBLIOGRAPHIE RAUMPLANUNG IM RUHRGEBIET. IRPUD-BIBLIOGRAPHIEN.1. UNIVERSITAET DORTMUND.

---

625 0 0 07324 0 0

1411-760214

ROEMPKE MARGOT (1)

PAEDAGOGISCHE HOCHSCHULE RHEINLAND ABT. NEUSS(3)

*DIE ENTWICKLUNG DER EISENINDUSTRIE IN DUIS - BURG IN DER 2. HAELFTE DES 19. JAHRHUNDERTS

NEUSS 1966, 147 S., EXAMENSARB. MASCH.SKRIPT

---

625 0 0 07341 0 0

1412-760231

KIWITZ HANS (1)

UNIVERSITAET KOELN (3)

*FUNKTIONSWANDEL DER DUISBURG-RUHRORTER HAEFEN NACH DEM ZWEITEN WELTKRIEG

KOELN 1970, 41 S., STAATSEX.ARB. UNIV. KOELN

---

625 0 0 C7341 0 C

1413-761438

HEUSER MAGDALENE

*DIE GESCHICHTLICHE ENTWICKLUNG DER DUISBURG- RUHRORTER HAEFEN.(REFERAT)

DUISBURG 1972, 9 S., MASCH.SKRIPT

D U I S B U R G

ZEITUNGEN,ZEITSCHRIFTEN,SCHRIFTENREIHEN

---

625 0 0 090 0 0 0

1414-760109

STADT DUISBURG

*DUISBURGER ZAHLENSPIEGEL

DUISBURG 1953 -

---

625 0 0 090 0 0 0

1415-760399

RICHTER CHARLOTTE (1)

STADT DUISBURG, AMT FUER STATISTIK UND WAHLEN, (3)

*DUISBURGER ZAHLENSPIEGEL

DUISBURG 1967-

---

625 0 0 09063 0 0

1416-760398

RICHTER CHARLOTTE (1)

STADT DUISBURG, AMT FUER STATISTIK UND WAHLEN, (3)

*STATISTISCHES JAHRBUCH DUISBURG

DUISBURG: SCHWARZ 1968-

---

625 0 0 090 0 0 0

1417-760926

RICHTER CHARLOTTE (1)

STADT DUISBURG, AMT FUER STATISTIK UND WAHLEN (3)

*DUISBURGER ZAHLENSPIEGEL

DUISBURG 1948 - , JG. 1 -

E S S E N

RAUMENTWICKLUNG, RAUMPLANUNG

- STADTENTWICKLUNG,STADTPLANUNG, STADTERNEUERUNG,SANIERUNG

---

630 0 0 01271 0 0

1418-761201

BUEKSCHMITT JUSTUS, MAY ERNST

*ESSEN. VOM STADTGEBILDE AUS DER GRUENDERZEIT ZUR SOZIALEN GROSSSTADT

IN: NEUE HEIMAT HEFT 4(1963),S.1-8 U. 11

---

(1)BEARBEITER   (2)MITARBEITER   (3)HERAUSGEBER   (4)REDAKTION   (5)PROJEKTLEITUNG   (6)AUFTRAGGEBER

BIBLIOGRAPHIE RAUMPLANUNG IM RUHRGEBIET. IRPUD-BIBLIOGRAPHIEN.1. UNIVERSITAET DORTMUND. BL. 167

---

630 0 0 012 0 0 0

1419-761726

CDU ESSEN

*CDU ESSEN PLANT FUER ESSEN. ENTWICKLUNGSPLAN FUER DEN SUEDEN. MIT ABB.

IN: KOMMUNALPOLITISCHE BLAETTER 23 (1971), S. 1217-1219

---

630 0 0 012 0 0 0

1420-761657

BUDDE H., GUTSMANN W., JUNG H., SEIDENSTICKER W., SPANTZEL W. (ARBEITSGEMEINSCHAFT DER ARCHITEKTEN BDA: ...) (3)

STADT ESSEN (6)

*HOLLE-CENTER ESSEN. STAEDTEBAULICHES GUTACHTEN UND GESAMTRAHMENPLANUNG

OHNE ORT (1972), 40 BL., ABB.

---

630 0 0 012 0 0 0

1421-760422   BB 903/ESS 5

STADT ESSEN, AMT F. BODENORDNUNG, SANIERUNGSSTELLE,(5) DEZ. F. STADTENTWICKLUNG, (3)

*STADTERNEUERUNG ESSEN-STEELE. VORBEREITENDE UNTERSUCHUNG NACH PARAGRAPH 4 STAEDTEBAUFOERDERUNGSGESETZ.

ESSEN, 1973, 166 SEITEN, 2 KARTEN

UNTERSUCHUNGEN ZUR STADTENTWICKLUNG. 6.

---

630 0 0 012 0 0 0

1422-760423   BB 903/ESS 6

STADT ESSEN, AMT F. BODENORDNUNG, SANIERUNGSSTELLE,(5) DEZ. F. STADTENTWICKLUNG, (3)

*STADTERNEUERUNG ESSEN-WERDEN. VORBEREITENDE UNTERSUCHUNG NACH PARAGRAPH 4 STAEDTEBAUFOERDERUNGSGESETZ.

ESSEN, 1973, 151 SEITEN

UNTERSUCHUNGEN ZUR STADTENTWICKLUNG. 7.

---

630 0 0 012 0 0 0

1423-761656

HENKEL GERHARD

*UNTERSUCHUNGEN ZUR STRUKTUR DER STADT ESSEN. FUNKTIONALE STADTANALYSE AM BEISPIEL EINES STRASSENZUGES VOM ZENTRUM ZUR STADTGRENZE

ESSEN 1973, 35 S., ABB., KT.

UNTERSUCHUNGEN ZUR STADTENTWICKLUNG, BER. 8

---

630 0 0 012 0 0 0

1424-761541   BB 082/1

UNIVERSITAET DORTMUND, ABTEILUNG RAUMPLANUNG

*STANDORTPROGRAMMPLANUNG ESSEN-BORBECK STUDIENPROJEKT P 22, STUDIENJAHR 1973/73

DORTMUND 1973

---

630 0 0 01218 0 0

1425-761658

RONGE ANNELIESE

*BODENORDNUNG, STADTSANIERUNG UND STADTENTWICKLUNG AM BEISPIEL ESSEN-STEELE UND DER OSTSTADT
(HAUSARBEIT D. FACHPRUEFUNG F. D. LEHRAMT AN REALSCHULEN)

BOCHUM 1973, 117 S., ABB.

---

630 0 0 012 0 0 0

1426-761544   BB 082/1

UNIVERSITAET DORTMUND, ABTEILUNG RAUMPLANUNG

*STANDORTPROGRAMMPLANUNG ESSEN
-BERUFSFELDANALYSE-
STUDIENPROJEKT P 01, STUDIENJAHR 1973/74

DORTMUND 1974

---

630 0 0 012 0 0 0

1427-761659

*STAEDTEJOURNAL. NEUES ZENTRUM ESSEN-STEELE. ZWISCHENBILANZ ZUR STADTSANIERUNG.

IN: RUHRSPIEGEL 6 (1974), NR. 10, S. I-VII

---

630 0 0 01235 0 0

1428-761660

CDU JUNGE UNION ESSEN - BEZIRKSGRUPPE 5 (3)

*STEELE GESTERN - STEELE HEUTE ... U. MORGEN ? DIE TRAURIGE HALBZEITBILANZ EINER VERPLANTEN SANIERUNGSMASSNAHME

ESSEN 1974, 17 S.

---

(1)BEARBEITER (2)MITARBEITER (3)HERAUSGEBER (4)REDAKTION (5)PROJEKTLEITUNG (6)AUFTRAGGEBER

BIBLIOGRAPHIE RAUMPLANUNG IM RUHRGEBIET. IRPUD-BIBLIOGRAPHIEN.1. UNIVERSITAET DORTMUND. BL. 168

---

630 0 0 012 0 0 0

1429-761655

STADT ESSEN, AMT FUER ENTWICKLUNGSPLANUNG(3),
OBERSTADTDIREKTOR (6)

*BESTANDSAUFNAHME (F. DIE AUFSTELLUNG VON
STANDORTPROGRAMMEN)
DATEN-UND KARTENSAMMLUNG. LOSEBL.AUSG.

ESSEN 1974, 392 BL.

UNTERSUCHUNGEN ZUR STADTENTWICKLUNG, BER.10

---

630 0 0 0121318 0

1430-761641

BUSCH WOLFGANG, KOHLHAAS HANS-PETER

*DIE INTERDEPENDENZEN VON STAEDTISCHER GRUND-
RENTE UND KOMMUNALER ENTWICKLUNG AM BEISPIEL
DER STADT ESSEN

AACHEN 1974, 132 S., ABB

63C 0 0 012 0 0 0

1431-760425   BB 903/ESS 8

STADT ESSEN, AMT F. ENTWICKLUNGSPLANUNG,(3)
GRUPPE STANDORTPROGRAMM(1), OBERSTADTDIR.,(6)

*STANDORTPROGRAMME ESSEN

ESSEN 1974

UNTERSUCHUNGEN ZUR STADTENTWICKLUNG. 11.

---

630 0 0 012 0 0 0

1432-761703

OETER D., ZLONICKY MARLENE, OFEN VON WALTER

EVANGELISCHE AKADEMIE RHEINLAND-WESTFALEN (3)

*DIE STADT FUER MORGEN. EINE AUFGABE V. HEUTE.
DARGESTELLT AN PROBLEMEN DER STADTERNEUERUNG
(PROTOKOLL D. TAGUNG V. 22.U.23.6.1974)
(BEISPIEL ESSEN U.A.)

MUELHEIM A.D.RUHR 1974, 77 BL.

---

630 0 0 01271 0 0

1433-761060

NIEHUSENER WILHELM

ORGANISATION FOR ECONOMIC CO-OPERATION AND
DEVELOPMENT

*ESSEN, GERMANY. IN: STREETS FOR PEOPLE

PARIS 1974, S. 71-78

---

630 0 0 012 0 0 0

1434-761502   BB 083/46

GROSCHKE MARLIES

UNIVERSITAET DORTMUND, ABTEILUNG RAUMPLANUNG

*ERARBEITUNG VON GRUNDSAETZEN FUER DEN SOZIAL-
PLAN AM BEISPIEL DER SANIERUNG ESSEN-BRAUK

DORTMUND 1975, 65 BL., 1 KT., DIPLOMARBEIT

---

630 0 0 01265 0 0

1435-761515   BB 083/73

BLUME CHRISTOPH, SCHRAEDER HEINRICH

UNIVERSITAET DORTMUND, ABTEILUNG RAUMPLANUNG

*DER NUTZUNGSWANDEL I.D. INNENSTAEDTEN D. BRD
UND S. AUSWIRKUNGEN AUF D. MATERIELL-TECHN.
TERRITORIALSTRUKTUR AM BEISPIEL .. ESSEN UND
OSNABRUECK. UNTERSUCHUNG UEB. D. MOEGLICHK.
ZUR ERRICHTUNG E. AUTOMATENGESTUETZEN

BERICHTSWESENS F. D. KOMMUNALE PLANUNG
DORTMUND 1975, 112 S., DIPLOMARBEIT

E S S E N

RAUMENTWICKLUNG, RAUMPLANUNG

   - WOHNUNGSWESEN,WOHNPLANUNG,BAUWESEN

---

630 0 0 013 0 0 0

1436-761729

HELM HANS

*PLANUNG- U. BAUTAETIGKEIT DER STADT ESSEN
IM JAHRE 1970. MIT ABB.

IN: WIRTSCHAFTL. NACHRICHTEN D. IHK ...
ZU ESSEN, 25 (1971), S. 67-75

630300 0 013 0 0 0

1437-761683

WOHNUNGSGESELLSCHAFT RUHR-NIEDERRHEIN MBH

*GESCHAEFTSBERICHT UND ERLAEUTERUNGEN ZUM
JAHRESABSCHLUSS 1973

ESSEN: WEBELS 1974, 38 S.

---

(1)BEARBEITER (2)MITARBEITER (3)HERAUSGEBER (4)REDAKTION (5)PROJEKTLEITUNG (6)AUFTRAGGEBER

BIBLIOGRAPHIE RAUMPLANUNG IM RUHRGEBIET. IRPUD-BIBLIOGRAPHIEN.1. UNIVERSITAET DORTMUND. BL. 169

630300 0 013 0 0 0

1438-761681

TREUHANDSTELLE F. BERGMANNSWOHNSTAETTEN IM
RHEIN.-WESTFAEL. STEINKOHLENBEZIRK GMBH, ESSEN

*BERICHT UEBER DAS GESCHAEFTSJAHR 1973

ESSEN 1974, 23 S., ABB.

---

630 0 0 013 0 0 0

1439-761662

NEUE HEIMAT NRW (3)

*WOHNBESITZBRIEF-WOHNANLAGE ESSEN-
BERGMANNSFELD

DORTMUND (1974), 17 BL.

---

630 0 0 01318 C12

1440-761641

BUSCH WOLFGANG, KOHLHAAS HANS-PETER

*DIE INTERDEPENDENZEN VON STAEDTISCHER GRUND-
RENTE UND KOMMUNALER ENTWICKLUNG AM BEISPIEL
DER STADT ESSEN

AACHEN 1974, 132 S., ABB

---

630 0 0 01334 0 0

1441-760427

STADT ESSEN, AMT F. ENTWICKLUNGSPLANUNG,
AMT F. WOHNUNGSW., SOZIALAMT,(2),(3),OSTD.(6)

*WOHNFORMEN FUER AELTERE MENSCHEN;
ALTENWOHNUNGEN DISKUSSIONSGRUNDLAGE

ESSEN, 1975, 128 S., KT., ABB., TABELLEN

BEITRAEGE ZUM ALTENHILFEPLAN DER STADT ESSEN,
3. BERICHT

E S S E N

RAUMENTWICKLUNG, RAUMPLANUNG

 - SIEDLUNGSBAU, ARBEITERSIEDLUNGEN

---

630 0 0 014 0 0 0

1442-761115

MEIER GUENTER

*DAS SIEDLUNGSWERK DER KRUPPS IN ESSEN.

IN: BAUWELT 46/47, 58.JG. (1967), S.1178

E S S E N

RAUMENTWICKLUNG, RAUMPLANUNG

 - LANDSCHAFTSOEKOLOGIE, LANDSCHAFTSPLANUNG

---

630 0 0 016 0 0 0

1443-761209

MELLINGHOFF KLAUS

*NACHDENKLICHES UEBER DEN STADTNAHEN WALD

IN: HEIMATSTADT ESSEN 14(1962/63) S.43-46

E S S E N

RAUMENTWICKLUNG, RAUMPLANUNG

 - SIEDLUNGSGEOGRAPHIE, STADTGEOGRAPHIE

630625 0 017 0 0 0

1444-761035

GRUENSFELDER ERNST

UNIVERSITAET KOELN

*FORMEN UND WACHSTUMSTENDENZEN DER CITY IN DEN
STAEDTEN DUESSELDORF, DUISBURG UND ESSEN. EIN
BETRACHTENDER VERGLEICH

KOELN 1968, 310 S., MASCH.SKRIPT, DIPL.ARB.

DIPLOMARBEIT

---

(1)BEARBEITER (2)MITARBEITER (3)HERAUSGEBER (4)REDAKTION (5)PROJEKTLEITUNG (6)AUFTRAGGEBER

BIBLIOGRAPHIE RAUMPLANUNG IM RUHRGEBIET. IRPUD-BIBLIOGRAPHIEN.1. UNIVERSITAET DORTMUND. BL. 170

E S S E N

RAUMENTWICKLUNG, RAUMPLANUNG

- GRUNDEIGENTUM,BODENNUTZUNG,BODENWERT,
  BODENORDNUNG

---

630   0   0   0181 2 0 0

1445-761658

RONGE ANNELIESE

*BODENORDNUNG, STADTSANIERUNG UND STADTENT-
WICKLUNG AM BEISPIEL ESSEN-STEELE UND DER
OSTSTADT
(HAUSARBEIT D. FACHPRUEFUNG F. D. LEHRAMT
AN REALSCHULEN)

BOCHUM 1973, 117 S., ABB.

---

630   0   0   C18 01213

1446-761641

BUSCH WOLFGANG, KOHLHAAS HANS-PETER

*DIE INTERDEPENDENZEN VON STAEDTISCHER GRUND-
RENTE UND KOMMUNALER ENTWICKLUNG AM BEISPIEL
DER STADT ESSEN

AACHEN 1974, 132 S., ABB

E S S E N

WIRTSCHAFT

- WIRTSCHAFTSSTRUKTUR,STRUKTURWANDEL,
  STRUKTURKRISE,WIRTSCHAFTSGEOGRAPHIE

---

630   0   0   0219 0 0 0

1447-761718

ARBEITSAMT ESSEN (3)

*BERICHT UEBER DIE ARBEITSMARKTENTWICKLUNG IM
BEZIRK DES ARBEITSAMTES ESSEN

ESSEN

---

630   0   0   0210 0 0 0

1448-761665

GESELLSCHAFT FUER INDUSTRIE- UND WERBE-
BERATUNG MBH (3)

*UNTERSUCHUNG DER STRUKTURDATEN UEBER DEN
STADTTEIL RUETTENSCHEID

ESSEN 1973, 210 BL., ABB

---

630   0   0   0212 4 0 0

1449-761195

EGLAU HANS OTTO

*NEW LOOK BEI KRUPP. DER SANIERTE RUHRKONZERN
KAUFT WIEDER FIRMEN AUF

IN: ZEIT,29.JG.,1974,NR.30 V.19.7.,S.27,ABB.

---

630   0   0   0212 4 0 0

1450-761197

*KARTELLAMT GENEHMIGTE FUSION THYSSEN-RHEIN-
STAHL

IN: HANDELSBLATT,29.JG.,1974,NR.35 V.19.2.S.6

---

630   0   0   0212433 0

1451-761196

*ELEFANTEN-HOCHZEIT. ARBEITNEHMER OPERIEREN
GEGEN FUSION RHEINSTAHL UND THYSSEN

IN: SPIEGEL,28.JG.,1974,NR.15,S.49-52,ABB.

E S S E N

WIRTSCHAFT

- WIRTSCHAFTSPLANUNG,WIRTSCHAFTSPOLITIK,
  WIRTSCHAFTSFOERDERUNG

---

(1)BEARBEITER (2)MITARBEITER (3)HERAUSGEBER (4)REDAKTION (5)PROJEKTLEITUNG (6)AUFTRAGGEBER

630 0 0 022 0 0 0

1452-760426

STADT ESSEN, AMT FUER ENTWICKLUNGSPLANUNG,(3)
OBERSTADTDIREKTOR, (6) WIBERA, (1)

*UNTERSUCHUNG ZUR ERSTELLUNG EINES STRUKTUR-
UND ENTWICKLUNGSPLANES FUER DIE WIRTSCHAFT
DER STADT ESSEN. TEXTBAND UND TABELLENBAND

DUESSELDORF, 1974, 722 S.

E S S E N

WIRTSCHAFT
  - BERGBAU

----

630 0 0 0239 0 0 0

1453-761720

RUHRKOHLE AG (3)

*WERKZEITSCHRIFT F. D. MITARBEITER DER ...

BOCHUM, LAUPENMUEHLEN U. DIERICHS

630300 0 023 0 0 0

1454-761673

KUHNKE HANS - HELMUT

*DIE RUHRKOHLE AG IM RAHMEN DER NEUORDNUNG DES
STEINKOHLENBERGBAUS

ESSEN: GLUECKAUF 1969, 67 S.

----

630 0 0 023 0 0 0

1455-761668

*GRUNDVERTRAG ZUM VERTRAGSWERK DER RUHRKOHLE
AG UNTERZEICHNET

IN: BERGBAU-INFORMATION.251, 1969,S.1-6

----

630 0 0 023 0 0 0

1456-761198

*AUSGEPRESSTE ZITRONE. RUHRKOHLE AG MIT
GROSSEM VERLUST

IN: SPIEGEL,24.JG.,1970,NR.18,S.120-122,ABB.
UND NR.42,S.130

----

630 0 03002342 0 0

1457-761678

WILD HEINZ WALTER

*ZIELE UND AUFGABEN DER FORSCHUNGS- UND
ENTWICKLUNGSTAETIGKEIT IM STEINKOHLENBERGBAU
AUS DER SICHT DER RUHRKOHLE AG

IN: GLUECKAUF 107 (1971), S. 289-298

----

630 0 0 023 0 0 0

1458-761485

RUHRKOHLE AG

*RUHRKOHLE AKTIENGESELLSCHAFT, GESCHAEFTSJAHR
1971

ESSEN 1972

----

630 0 0 023 0 0 0

1459-761671

KAHN SIEGBERT

*EIN BANKROTT OHNE KONKURS.
(RUHRKOHLE AG.)

IN: WELTBUEHNE 67, 1972, S. 791-794

----

630 0 0 023 0 0 0

1460-760566

LANDWEHRMANN FRIEDRICH

*STEINKOHLENBERGBAU IN ESSEN. SEINE STELLUNG
IN DER WIRTSCHAFTS- UND SOZIALSTRUKTUR.

OHNE ORT 1972

----

(1)BEARBEITER (2)MITARBEITER (3)HERAUSGEBER (4)REDAKTION (5)PROJEKTLEITUNG (6)AUFTRAGGEBER

BIBLIOGRAPHIE RAUMPLANUNG IM RUHRGEBIET. IRPUD-BIBLIOGRAPHIEN.1. UNIVERSITAET DORTMUND. BL. 172

---

630   0   0   02374 0 0

1461-761676

*ZEITTAFEL DER RUHRKOHLE AG.

ESSEN 1973, 6 BL.

---

630   0   0   02374 0 0

1462-761199

*FUENF JAHRE RUHRKOHLE AG. WAS VON DEN INTEN-
TIONEN UND PROGNOSEN DER GRUENDER UEBRIG
BLIEB

IN: FUEHRUNGSKRAFT,38.JG.,1973,NR.11,S.21-29,
ABB.

---

630   0   0   02341 0 0

1463-761677

SCHMIDT RUEDIGER

*DIE ZECHENBAHN- UND HAFENBETRIEBE RUHR-MITTE
DER RUHRKOHLE AG

IN: GLUECKAUF 110 (1974), S. 767-772

630200   0   023 0 0 0

1464-761674

*RUHRKOHLE AG ERWIRBT ZECHEN IN DEN USA

IN: HANDELSBLATT 29 (1974) NR. 213 V. 6.11.,
SEITE 6,MIT ABB.

---

630   0   0   02342 0 0

1465-761675

*WIE VEBA DIE RUHRKOHLE KAUFT

IN: WIRTSCHAFTWOCHE 28 (1974) NR. 38, S.70-72

630200   0   023 0 0 0

1466-761672

KEMMER HEINZ-GUENTHER

*FUENF ZECHEN IN KENTUCKY. WARUM DIE RUHR-
KOHLE SICH IN DEN USA EINKAUFT

IN: ZEIT 29 (1974) NR. 47 V. 15.11., S. 38

E S S E N

WIRTSCHAFT

  - METALLINDUSTRIE (EINSCHL. MONTANUNION)

---

630   0   0   02490 0 0

1467-761721

FRIED. KRUPP GMBH (3)

*KRUPP-MITTEILUNGEN. WERKSZEITSCHRIFT DER ...

ESSEN, KRUPP GRAF.ANST.

---

630   0   0   024 0 0 0

1468-761680

*NULLTARIF F. STUMM. STUMM-KONZERN AM ENDE

IN: SPIEGEL 28 (1974) NR. 44, S. 91-95

---

630   0   0   02421 0 0

1469-761197

*KARTELLAMT GENEHMIGTE FUSION THYSSEN-RHEIN-
STAHL

IN: HANDELSBLATT,29.JG.,1974,NR.35 V.19.2.S.6

---

(1)BEARBEITER   (2)MITARBEITER   (3)HERAUSGEBER   (4)REDAKTION   (5)PROJEKTLEITUNG   (6)AUFTRAGGEBER

BIBLIOGRAPHIE RAUMPLANUNG IM RUHRGEBIET. IRPUD-BIBLIOGRAPHIEN.1. UNIVERSITAET DORTMUND. BL. 173

---

630 C 0 02433 021
1470-761196

*ELEFANTEN-HOCHZEIT. ARBEITNEHMER OPERIEREN
GEGEN FUSION RHEINSTAHL UND THYSSEN

IN: SPIEGEL,28.JG.,1974,NR.15,S.49-52,ABB.

---

630 0 0 02421 0 0
1471-761195

EGLAU HANS OTTO

*NEW LOCK BEI KRUPP. DER SANIERTE RUHRKONZERN
KAUFT WIEDER FIRMEN AUF

IN: ZEIT,29.JG.,1974,NR.30 V.19.7.,S.27,ABB.

E S S E N

WIRTSCHAFT
    - BAUWIRTSCHAFT,BAUINDUSTRIE

---

630 0 0 02590 0 0
1472-761719

HOCHTIEF AG F. HOCH- UND TIEFBAUTEN (3)

*DIE BAUBUDE. WERKZEITSCHRIFT DER ...

ESSEN, GIRARDET

E S S E N

WIRTSCHAFT
    - UEBRIGE WIRTSCHAFTSZWEIGE

---

630 0 0 028 0 0 0
1473-760521   BB 365/20

HAMERLA HANS-JOACHIM, NOLL KURT GUENTER

GESAMTHOCHSCHULE ESSEN, FACHBEREICH ARCHITEKT
FACHRICHTUNG STAEDTEBAU UND LANDESPLANUNG (3)

*BESUCHER EINES WARENHAUSES IN DER ESSENER
INNENSTADT

ESSEN 1974, 240 S. MASCH.DRUCK

E S S E N

BEVOELKERUNG
    - DEMOGRAPHIE,SOZIOGRAPHIE,STADTSOZIOLOGIE

---

630 0 0 031 0 0 0
1474-761652

STADT ESSEN, STADTPLANUNGSAMT (3),
OBERSTADTDIREKTOR (6)

*PENDLERBEWEGUNG VON UND NACH ESSEN

ESSEN 1974, 19 S., 9 PLAENE

UNTERSUCHUNGEN Z. STADTENTWICKLUNG, BER. 12

---

630 0 0 03145 0 0
1475-761654

STADT ESSEN, AMT F. STATISTIK U. WAHLEN

*DIE PENDELWANDERUNG DER ERWERBSTAETIGEN,
SCHUELER UND STUDIERENDEN.
VOLKS-, BERUFS- UND ARBEITSSTAETTENZAEHLUNG
VOM 27.5.1970. HEFT 4

ESSEN 1974, 70 S.

E S S E N

BEVOELKERUNG
    - ARBEITERBEWEGUNG,GEWERKSCHAFTEN

---

(1)BEARBEITER (2)MITARBEITER (3)HERAUSGEBER (4)REDAKTION (5)PROJEKTLEITUNG (6)AUFTRAGGEBER

BIBLIOGRAPHIE RAUMPLANUNG IM RUHRGEBIET. IRPUD-BIBLIOGRAPHIEN.1. UNIVERSITAET DORTMUND. BL. 174

---

630 0 0 033 02124

1476-761196

*ELEFANTEN-HOCHZEIT. ARBEITNEHMER OPERIEREN
GEGEN FUSION RHEINSTAHL UND THYSSEN

IN: SPIEGEL,28.JG.,1974,NR.15,S.49-52,ABB.

E S S E N

BEVOELKERUNG
  - SOZIALWESEN,SOZIALARBEIT,SOZIALPOLITIK

---

630 0 0 034 0 0 0

1477-760420

ZANDER MANFRED, ORESIA WOLFGANG, (1)

STADT ESSEN, AMT FUER ENTWICKLUNGSPLANUNG,(3)

*EINRICHTUNGEN DER OFFENEN ALTENHILFE;
ALTENTAGESSTAETTEN, DISKUSSIONSGRUNDLAGE

ESSEN 1972, 38 S., KT., TAB.

BEITRAEGE ZUM ALTENHILFEPLAN DER STADT ESSEN,
1. BERICHT

---

630 0 0 034 0 0 0

1478-760419

WEIS DIETER, MERGLER, ZANDER MANFRED, (1)

STADT ESSEN, STADTVERWALTUNG. AMT FUER
ENTWICKLUNGSPLANUNG, (3), SOZIALAMT, (2)

*ALTENPLAN DER STADT ESSEN, VORBERICHT

ESSEN 1972, 27 S., 19 BL., ABB., TAB.

---

630 0 0 034 0 0 0

1479-760421

STADT ESSEN, AMT FUER ENTWICKLUNGSPLANUNG,(3)
ARBEITSGRUPPE ALTENHILFEPLAN, (2)

*HILFEN UND DIENSTE DER OFFENEN ALTENHILFE

ESSEN 1973, 118 S.

---

630 0 0 03413 0 0

1480-760427

STADT ESSEN, AMT F. ENTWICKLUNGSPLANUNG,
AMT F. WOHNUNGSW., SOZIALAMT,(2),(3),OSTD.(6)

*WOHNFORMEN FUER AELTERE MENSCHEN;
ALTENWOHNUNGEN DISKUSSIONSGRUNDLAGE

ESSEN 1975, 128 S., KT., ABB., TABELLEN

BEITRAEGE ZUM ALTENHILFEPLAN DER STADT ESSEN,
3. BERICHT

E S S E N

BEVOELKERUNG
  - PARTEIEN,VERBAENDE,VEREINE,KIRCHEN

---

630 0 0 0355472 0

1481-761193

KUEHR HERBERT

*PARTEIEN UND WAHLEN IM STADT- UND LANDKREIS
ESSEN IN DER ZEIT DER WEIMARER REPUBLIK.
UNTER BESONDERER BERUECKSICHTIGUNG D. VER-
HAELTNISSES VON SOZIALSTRUKTUR UND POLI-
TISCHEN WAHLEN.

DUESSELDORF: DROGSTE 1973, 309 S., ABB.

BEITRAEGE Z. GESCHICHTE D. PARLAMENTARISMUS
UND DEN POLITISCHEN PARTEIEN. BD. 49

---

630 0 0 03543 0 0

1482-761644

AKTION GEGEN UMWELTZERSTOERUNG E.V.,
KREISVERBAND FUER UMWELTSCHUTZ, ESSEN

*ESSENER UMWELTSCHUTZ 1974/1975.
DAS PROGRAMM DER ESSENER AKTION GEGEN ...

ESSEN 1974, MOENCH, 18 S.

---

630 0 0 03512 0 0

1483-761660

CDU JUNGE UNION ESSEN - BEZIRKSGRUPPE 5 (3)

*STEELE GESTERN - STEELE HEUTE ... U. MORGEN ?
DIE TRAURIGE HALBZEITBILANZ EINER VERPLANTEN
SANIERUNGSMASSNAHME

ESSEN 1974, 17 S.

---

(1)BEARBEITER (2)MITARBEITER (3)HERAUSGEBER (4)REDAKTION (5)PROJEKTLEITUNG (6)AUFTRAGGEBER

BIBLIOGRAPHIE RAUMPLANUNG IM RUHRGEBIET. IRPUD-BIBLIOGRAPHIEN.1. UNIVERSITAET DORTMUND. BL. 175

---

630 0 0 035 0 0 0

1484-761643

SPD, ORTSVEREIN KARNAP (KOMMUNALPOLITISCHER
ARBEITSKREIS, JUNGSOZIALISTEN, AG DER FRAUEN)

*ENTWURF ZU EINEM KOMMUNALPOLITISCHEN PROGRAMM
FUER D. STADTTEIL ESSEN-KARNAP

ESSEN 1974, III, 26 BL.

---

630 0 0 035 0 0 0

1485-761642

CDU

*FUER DAS WOHL DER BUERGER UND IHRER STADT.
GRUNDSAETZE KOMMUNALPOLITISCHER ARBEIT
DER CDU ESSEN

ESSEN 1974, 31 S., ABB.

E S S E N

BEVOELKERUNG

  - ERHOLUNG,FREIZEIT,URLAUB,SPORT,SPIEL

---

630 0 0 036 0 0 0

1486-761725

STADT ESSEN, OBERSTADTDIREKTOR (6),
AMT FUER ENTWICKLUNGSPLANUNG (3)

*BAEDERENTWICKLUNGSPLAN. T. 1:
HALLENBAEDER

ESSEN 1971. NEW MARKET

UNTERSUCHUNGEN ZUR STADTENTWICKLUNGSPLANUNG,
BERICHT 1

630635 0 036 0 0 0

1487-760482

OSBURG GERHARD

TECHNISCHE UNIVERSITAET HANNOVER (3)

*UNTERSUCHUNGEN ZUM BESUCH ALLGEMEINER
OEFFENTLICHER GRUENFLAECHEN IN D. GEMEINSAMEN
STADTRANDZONE DER STAEDTE ESSEN UND
GELSENKIRCHEN

BAMBERG: AKV-FOTODRUCK 1973, 237 S.+ABB.,TAB.

---

630 0 0 036 0 0 0

1488-761695

STADT ESSEN, AMT F. ENTWICKLUNGSPLANUNG,
OBERSTADTDIREKTOR (6)

*SPIELPLAETZENTWICKLUNGSPLAN

ESSEN 1974. LOSEBL.AUSG. 118 U. 60 S.

UNTERSUCHUNGEN ZUR STADTENTWICKLUNG.
BERICHT 15

---

630 0 0 036 0 0 0

1489-761696

SCHROEDER HORST

*GESCHICHTE DES GRUGAPARKS. IN: FESTSCHRIFT
ANLAESSLICH D. 25 JAEHRIGEN BESTEHENS DES
BUERGER- UND VERKEHRSVEREINS E.V. ESSEN-
RUETTENSCHEID, S. 49-55

ESSEN (1974)

---

630 0 0 036 0 0 0

1490-761694

STADT ESSEN, AMT FUER ENTWICKLUNGSPLANUNG,
OBERSTADTDIREKTOR (6)

*SPORTENTWICKLUNGSPLAN
1. 107 S., 2. OFFENE SPORTSTAETTEN, SPORT-
PLAETZE, 107 S.

ESSEN 1974
UNTERSUCHUNGEN ZUR STADTENTWICKLUNG.
BERICHTE 9 U. 14

---

630 0 0 036 0 0 0

1491-761648

STADT ESSEN, BAEDERAMT (3)

*IN ESSEN IST IMMER EIN BAD IN BAU
(VERZEICHNIS D. HALLEN- UND FREIBAEDER)

ESSEN-WERDEN 1974, 15 S., ABB.

E S S E N

INFRASTRUKTUR, VERSORGUNG

  - STRASSENVERKEHR,EISENBAHN,
    SCHIFFAHRT,LUFTVERKEHR

---

(1)BEARBEITER (2)MITARBEITER (3)HERAUSGEBER (4)REDAKTION (5)PROJEKTLEITUNG (6)AUFTRAGGEBER

BIBLIOGRAPHIE RAUMPLANUNG IM RUHRGEBIET. IRPUD-BIBLIOGRAPHIEN.1. UNIVERSITAET DORTMUND.

---

630 0 0 041 0 0 0

1492-761728

THIEMER ERICH

*STAND DER PLANUNGEN UND AUSBAUTEN DER
STADTBAHN IN ESSEN. MIT ABB.

IN: VERKEHR U. TECHNIK 24 (1971), SONDERH. 4,
S. 52-56

630620 0 041 0 0 0

1493-760788

WESTPHAL JOACHIM

LEHRSTUHL UND INSTITUT FUER VERKEHRSWESEN,
EISENBAHNBAU UND -BETRIEB DER TU HANNOVER

*UNTERSUCHUNGEN VON FUSSGAENGERBEWEGUNGEN AUF
BAHNHOEFEN MIT STARKEM NAHVERKEHR

HANNOVER: 1971, 72 S., TAB., ABB., TECH. DISS

---

630 0 0 041 0 0 0

1494-761687

BARON PAUL (5), BENGER HERMANN-JOSEF,
WUESTER GERHARD (1)

UNIVERSITAET DORTMUND, ABTEILUNG RAUMPLANUNG

*VERKEHRSUNTERSUCHUNG ESSEN-WERDEN. GUTACHTEN
UEBER D. VERKEHRLICHEN AUSWIRKUNGEN EINER GE-
PLANTEN WOHNBEBAUUNG IM BEREICH D. UMSTRASSE

DORTMUND 1973, 29 U. 63 BL., KT.

---

630 0 0 041 0 0 0

1495-761684

BRAUN HERBERT

*U-STADTBAHNBAU IN ESSEN. KONZEPTION UND
BESONDERE PROBLEME.
IN: BAU U. BETRIEB VON VERKEHRSTUNNELN.
VORTRAEGE EINER FACHTAGUNG VOM 24.-26.10.1974
IN ESSEN. S. 138-146

DUESSELDORF ALBA 1974

630665670 041 0 0 0

1496-761686

THOMA WERNER

IHK FUER DIE STADTKREISE ESSEN, MUELHEIM UND
OBERHAUSEN ZU ESSEN

*BEGINN D. S-BAHN RUHR. AB 26.5. SIEBEN
SCHNELLBAHNLINIEN IM KAMMERBEZIRK

IN: WIRTSCHAFTLICHE NACHRICHTEN DER IHK
FUER D. STADTKREISE ESSEN, MUELH./R. U. OBER-
HAUSEN ZU ESSEN, 28 (1974) S. 240-242

630300 0 041 0 0 0

1497-761685

KUCKUCK KARL HEINZ

*BESONDERE PLANERISCHE U. BAUTECHNISCHE
PROBLEM BEI D. VERKNUEPFUNG ZWISCHEN STADT-
BAHN U. S-BAHN, DARGELEGT AN BEISPIELEN AUS
DEM RHEIN-RUHR-GEBIET (U.A. ESSEN)

IN: BAU U. BETRIEB VON VERKEHRSTUNNELN.
VORTRAEGE EINER FACHTAGUNG VOM 24.-26.10.1974
IN ESSEN. DUESSELDORF 1974, ALBA, S. 58-72

---

630 0 0 04123 0 0

1498-761677

SCHMIDT RUEDIGER

*DIE ZECHENBAHN- UND HAFENBETRIEBE RUHR-MITTE
DER RUHRKOHLE AG

IN: GLUECKAUF 110 (1974), S. 767-772

---

630 0 0 041 0 0 0

1499-761661

*STRASSENBAUMASSNAHMEN IM (INDUSTRIE- UND
HANDELS-) KAMMERBEZIRK

IN: WIRTSCHAFTL.NACHR. 28 (1974), S.246

---

630 0 0 041 0 0 0

1500-760240

BENGER HERMANN (1)

UNIVERSITAET DORTMUND, ABT. RAUMPLANUNG(3)

*MOEGLICHKEITEN DER VERMINDERUNG VON STRASSEN-
VERKEHRSBELASTUNGEN DURCH PARALLEL GEFUEHRTE
SCHIENENBAHNEN. PILOT-STUDIE AM BEISPIEL
EINER S-BAHN LANGENFELD - DUESSELDORF - ESSEN

DORTMUND 1975, DISSERTATION

E S S E N

INFRASTRUKTUR, VERSORGUNG

- ENERGIEVERSORGUNG

---

(1)BEARBEITER (2)MITARBEITER (3)HERAUSGEBER (4)REDAKTION (5)PROJEKTLEITUNG (6)AUFTRAGGEBER

BIBLIOGRAPHIE RAUMPLANUNG IM RUHRGEBIET. IRPUD-BIBLIOGRAPHIEN.1. UNIVERSITAET DORTMUND. BL. 177

---

630 0 0 0429 0 0 0

1501-761722

RHEINISCH-WESTFAELISCHES ELEKTRIZITAETSWERK
AKTIENGESELLSCHAFT (3)

*RWE-VERBUND

ESSEN, KRUPP GRAF.ANST.

---

630 0 030042 0 023

1502-761678

WILD HEINZ WALTER

*ZIELE UND AUFGABEN DER FORSCHUNGS- UND
ENTWICKLUNGSTAETIGKEIT IM STEINKOHLENBERGBAU
AUS DER SICHT DER RUHRKOHLE AG

IN: GLUECKAUF 107 (1971), S. 289-298

630300 0 042 0 0 0

1503-761679

*STEAG BAUT KRAFTWERK NACH DER KOHLEDRUCKVER-
GASUNGSTECHNIK

IN: HANDELSBLATT 29 (1974) NR. 23 V. 1./2.2.
SEITE 8

---

630 0 0 0 4223 0 0

1504-761675

*WIE VEBA DIE RUHRKOHLE KAUFT.

IN: WIRTSCHAFTWOCHE 28 (1974) NR. 38, S.70-72

E S S E N

INFRASTRUKTUR, VERSORGUNG

- WASSERWIRTSCHAFT,ABFALL,UMWELTSCHUTZ

---

630 0 0 043 0 0 0

1505-760692

KOEHLER H. G.

*BETRACHTUNGEN UEBER DIE VERGANGENHEIT, DIE
GEGENWART UND DIE ZUKUNFT DER
WASSERVERSORGUNG VON ESSEN.

IN: PROBLEME DER WASSERVERTEILUNG-ARMATUREN,
FRANKFURT MAIN 1969, S. 7 - 12.

---

630 0 0 04335 0 0

1506-761644

AKTION GEGEN UMWELTZERSTOERUNG E.V.,
KREISVERBAND FUER UMWELTSCHUTZ, ESSEN

*ESSENER UMWELTSCHUTZ 1974/1975.
DAS PROGRAMM DER ESSENER AKTION GEGEN ...

ESSEN 1974, MOENCH, 18 S.

E S S E N

INFRASTRUKTUR, VERSORGUNG

- GESUNDHEITSWESEN,KRANKENANSTALTEN,
  BESTATTUNGSWESEN

---

630 0 0 044 0 0 0

1507-761663

NEUMANN GERHARD

*ZUR KREBSSTERBLICHKEIT IN ACHT DEUTSCHEN
GROSSSTAEDTEN

IN: STAEDTETAG 27 (1974), S. 436-439

E S S E N

INFRASTRUKTUR, VERSORGUNG

- BILDUNGSWESEN,SCHULEN,HOCHSCHULEN,MEDIEN,
  KUNST,KULTUR

---

(1)BEARBEITER (2)MITARBEITER (3)HERAUSGEBER (4)REDAKTION (5)PROJEKTLEITUNG (6)AUFTRAGGEBER

BIBLIOGRAPHIE RAUMPLANUNG IM RUHRGEBIET. IRPUD-BIBLIOGRAPHIEN.1. UNIVERSITAET DORTMUND. BL. 178

---

630 0 0 045 0 0 0

1508-760681

KORTE HERMANN

*OFFENE UNIVERSITAET ESSEN?
INTEGRIERTE GESAMTHOCHSCHULE IM REVIER

IN: ANALYSEN, BD.II, JAHRG. 21, 1971, S. 18FF

---

630 0 0 045 0 0 0

1509-760418

STADT ESSEN. INTEGRIERTER ARBEITSKREIS
"SCHULENTWICKLUNGSPLAN",(1), OBERSTADTDIR.(6)

*STRUKTUR- UND ENTWICKLUNGSPLANN FUER DAS
ESSENER SCHULWESEN FUER DIE JAHRE 1972 - 1985

ESSEN 1972

UNTERSUCHUNGEN ZUR STADTENTWICKLNG, 4.BERICHT

---

630 0 0 045 0 0 0

1510-761690

*THESEN ZUM STRUKTUR- UND ENTWICKLUNGSPLAN
F. D. ESSENER SCHULWESEN   AUS DER SICHT
D. WALDORFSCHULE ESSEN

IN: ERZIEHUNGSKUNST 37, 1973, S. 361-365

---

630 0 0 045 0 0 0

1511-761691

WITTMANN BERNHARD

*BEISPIEL ESSEN: DIE SCHULREFORM IST
FINANZIERBAR. SCHULENTWICKLUNGSPLAN ZEIGT:
BLK-EMPFEHLUNGEN SIND NICHT UTOPISCH

IN: NEUE DEUTSCHE SCHULE 25, 1973, S. 44-47

---

630 0 0 045 0 0 0

1512-761689

SCHULZE RENATE

*BARGMANN-HAUS SOLL BUERGER MIT DER UNIVERSI-
TAET VERBINDEN. GESAMTHOCHSCHULE UEBERNAHM
GESTERN IHR AUFBAU- UND VERFUEGUNGSZENTRUM

IN: RUHR-NACHRICHTEN 1974,NR. 40 V. 16.2.

---

630 0 0 045 0 0 0

1513-761650

MORGENSTERN WERNER

*UTOPIEN HEUTE - REALITAETEN MORGEN ? ESSEN
BRAUCHT EINEN KULTUR-ENTWICKLUNGSPLAN

IN: HEIMATSTADT ESSEN 25 (1974), S. 37-48

---

630 0 0 04531 0 0

1514-761654

STADT ESSEN, AMT F. STATISTIK U. WAHLEN

*DIE PENDELWANDERUNG DER ERWERBSTAETIGEN,
SCHUELER UND STUDIERENDEN.
VOLKS-, BERUFS- UND ARBEITSSTAETTENZAEHLUNG
VOM 27.5.1970. HEFT 4

ESSEN 1974, 70 S.

---

630 0 0 045 0 0 0

1515-761405   BB 075/166

FRITZ HELMUT

*UNIVERSITAET ESSEN - GESAMTHOCHSCHULE.
EINE HOCHSCHULE FUER DIE GESAMTE
BEVOELKERUNG ?
IN: UNI-PORTRAETS.DIE HOCHSCHULEN DER BRD
HRSG. VON BRIGITTE BOHNKE, GERHARD HIRSCHFELD

FRANKFURT: ASPEKTE 1974, S.113-119

E S S E N

RECHT, VERWALTUNG, POLITIK
  - VERTRETUNGSKOERPERSCHAFTEN,WAHLEN

---

630 0 0 05472 035

1516-761193

KUEHR HERBERT

*PARTEIEN UND WAHLEN IM STADT- UND LANDKREIS
ESSEN IN DER ZEIT DER WEIMARER REPUBLIK.
UNTER BESONDERER BERUECKSICHTIGUNG D. VER-
HAELTNISSES VON SOZIALSTRUKTUR UND POLI-
TISCHEN WAHLEN.

DUESSELDORF: DROGSTE 1973, 309 S., ABB.

BEITRAEGE Z. GESCHICHTE D. PARLAMENTARISMUS
UND DEN POLITISCHEN PARTEIEN. BD. 49

---

(1)BEARBEITER (2)MITARBEITER (3)HERAUSGEBER (4)REDAKTION (5)PROJEKTLEITUNG (6)AUFTRAGGEBER

E S S E N

FINANZWESEN, STATISTIK, KARTOGRAPHIE
- FINANZEN, FINANZPLANUNG, HAUSHALTSWESEN

---

630 0 0 061 0 0 0

1517-761647

STADT ESSEN

*HAUSHALTSPLAN FUER D. HAUSHALTSJAHR 1975.
1. HAUPTBD., 2. ANLAGENBD.,(ENTWURF)

ESSEN 1974

---

630 0 0 061 0 0 0

1518-761645

STADT ESSEN

*FINANZPLANUNG 1970-1974

ESSEN 1970, 39 BL.

---

630 0 0 061 0 0 0

1519-761649

STADT ESSEN, STADTKAEMMEREI

*MITTELFRISTIGE FINANZPLANUNG DER STADT ESSEN
1971-1975. STAND MAERZ 1972

ESSEN 1972, 105 S.

---

630 0 0 061 0 0 0

1520-761651

STADT ESSEN

*NACHTRAGSHAUSHALTSPLAN F. D. HAUSHALTSJAHR
1974, 1-4.

ESSEN 1974

E S S E N

FINANZWESEN, STATISTIK, KARTOGRAPHIE
- STATISTIK
  (SOWEIT NICHT THEMATISCH EINGEORDNET)

---

630 0 0 06390 0 0

1521-761723

STADT ESSEN, AMT F. STATISTIK U. WAHLEN (3)

*STATISTISCHE VIERTELJAHRESBERICHTE

ESSEN, WOESTE

---

630 0 0 06390 0 0

1522-761716

STADT ESSEN, AMT F. STATISTIK U. WAHLEN (3)

*ESSENER MONATSZAHLEN

ESSEN

---

630 0 0 063 0 0 0

1523-761653

STADT ESSEN, AMT F. STATISTIK U. WAHLEN (3)

*STRASSENVERZEICHNIS DER STADT ESSEN FUER DEN
INNERSTAEDTISCHEN DIENSTGEBRAUCH
STAND: 30.6.1974

ESSEN 1974, 182 S.

E S S E N

FINANZWESEN, STATISTIK, KARTOGRAPHIE
- KARTOGRAPHIE, KARTEN

BIBLIOGRAPHIE RAUMPLANUNG IM RUHRGEBIET. IRPUD-BIBLIOGRAPHIEN.1. UNIVERSITAET DORTMUND.

---

630 0 0 064 0 0 0

1524-761192

HAASE H.-S., MITTELSTRASS G.

*GLEICHZEITIGE TEILAUTOMATISCHE ABLEITUNG VON
STADTKARTE UND TOPOGRAPHISCHER KARTE 1:25000
(AM BEISPIEL ESSEN-RELLINGHAUSEN)

IN: ALLGEMEINE VERMESSUNGS-NACHRICHTEN.80.
1973, S.281-293

---

630 0 0 064 0 0 0

1525-761191

STADT ESSEN, VERMESSUNGS- UND KATASTERAMT

*AMTLICHER STADTPLAN ESSEN. MASSSTAB 1:20000

ESSEN 1974, 1 FALTBL. 104 X 88 CM

---

630 0 0 064 0 0 0

1526-760001   BB 903/ESS3

FELLERS HEINRICH (1)

STADT ESSEN, VERMESSUNGS- UND KATASTERAMT (3)

*DIE AMTLICHEN KARTEN UND PLAENE DER STADT
ESSEN

ESSEN 1974, 103 S.

E S S E N

FINANZWESEN, STATISTIK, KARTOGRAPHIE
  - PLANUNGSMETHODEN

---

630 0 0 06512 0 0

1527-761515   BB 083/73

BLUME CHRISTOPH, SCHRAEDER HEINRICH

UNIVERSITAET DORTMUND, ABTEILUNG RAUMPLANUNG

*DER NUTZUNGSWANDEL I.D. INNENSTAEDTEN D. BRD
UND S. AUSWIRKUNGEN AUF D. MATERIELL-TECHN.
TERRITORIALSTRUKTUR AM BEISPIEL. .. ESSEN UND
OSNABRUECK. UNTERSUCHUNG UEB. D. MOEGLICHK.
ZUR ERRICHTUNG E. AUTOMATENGESTUETZEN
BERICHTSWESENS F. D. KOMMUNALE PLANUNG

DORTMUND 1975, 112 S., DIPLOMARBEIT

E S S E N

GESCHICHTE
  - STADTGESCHICHTE,SIEDLUNGSGESCHICHTE,
    LANDESGESCHICHTE

---

630 0 0 07112 0 0

1528-761201

BUEKSCHMITT JUSTUS, MAY ERNST

*ESSEN. VOM STADTGEBILDE AUS DER GRUENDERZEIT
ZUR SOZIALEN GROSSSTADT

IN: NEUE HEIMAT HEFT 4(1963),S.1-8 U. 11

630665 062571 0 0 0

1529-760679

KRAEMER K. E.

*DAS UNTERE RUHRTAL VON ESSEN BIS DUISBURG

OHNE ORT 1970

---

630 0 0 07112 0 0

1530-761060

NIEHUSENER WILHELM

ORGANISATION FOR ECONOMIC CO-OPERATION AND
DEVELOPMENT

*ESSEN, GERMANY. IN: STREETS FOR PEOPLE

PARIS 1974, S. 71-78

---

630 0 0 071 0 0 0

1531-760141

BEHRENDT PAUL,LEIERMANN EMIL (1)

*SCHOENES ALTES WERDENER LAND

ESSEN 1974, VERLAG WOESTE DRUCK KG

---

(1)BEARBEITER (2)MITARBEITER (3)HERAUSGEBER (4)REDAKTION (5)PROJEKTLEITUNG (6)AUFTRAGGEBER

BIBLIOGRAPHIE RAUMPLANUNG IM RUHRGEBIET. IRPUD-BIBLIOGRAPHIEN.1. UNIVERSITAET DORTMUND.

---

630 0 0 071 0 0 0

1532-760140

BART JAN, BEHRENDT PAUL, WIRTZ PAUL,(1)

*GELIEBTES ALTES WERDEN. VERGLEICH IN BILDERN
- DAMALS UND HEUTE.

ESSEN, 1975, VERLAG WOESTE DRUCK KG

E S S E N

GESCHICHTE

   - SOZIALGESCHICHTE

---

630 0 0 07274 0 0

1533-761194

JINDRA ZDENEK

*POSTAVENI DELNIKU FY.KRUPP V ESSENU V
POCATCICH PRUMYSLOVE REVOLUCE. (DIE LAGE DER
ARBEITER D.FA.KRUPP IN ESSEN AM ANFANG DER
INDUSTRIELLEN REVOLUTION (1830-1848).) MIT
DT.ZUSAMMENFASS.

IN: CESKOSLOVENSKY CASOPIS HISTORICKY. 19.
1971, S.93-110

---

630 0 0 072 03554

1534-761193

KUEHR HERBERT

*PARTEIEN UND WAHLEN IM STADT- UND LANDKREIS
ESSEN IN DER ZEIT DER WEIMARER REPUBLIK.
UNTER BESONDERER BERUECKSICHTIGUNG D. VER-
HAELTNISSES VON SOZIALSTRUKTUR UND POLI-
TISCHEN WAHLEN.

DUESSELDORF: DROGSTE 1973, 309 S., ABB.

BEITRAEGE Z. GESCHICHTE D. PARLAMENTARISMUS
UND DEN POLITISCHEN PARTEIEN. BD. 49

---

630 0 0 072 0 0 0

1535-760477

PLANUNGSBUERO PROF. MARTIN EINSELELE (3)

*WOHLFAHRTSEINRICHTUNGEN DER GUSSSTAHLFABRIK
VON FRIEDRICH KRUPP ZU ESSEN AN DER RUHR.
BD.2 MIT ZEICHN. 3.AUSG. 1902

GLADBECK 1975 FAKSIMILIERTE AUSGABE

E S S E N

GESCHICHTE

   - WIRTSCHAFT- UND TECHNIKGESCHICHTE

---

630 0 0 073 0 0 0

1536-761664

PRZYBILLA WLADISLAUS

*AUS DER GESCHICHTE DES ALTENESSENER BERGBAUS

IN: HEIMATSTADT ESSEN 25 (1974), S. 109-119

E S S E N

GESCHICHTE

   - FIRMENGESCHICHTE

---

630 0 0 07472 0 0

1537-761194

JINDRA ZDENEK

*POSTAVENI DELNIKU FY.KRUPP V ESSENU V
POCATCICH PRUMYSLOVE REVOLUCE. (DIE LAGE DER
ARBEITER D.FA.KRUPP IN ESSEN AM ANFANG DER
INDUSTRIELLEN REVOLUTION (1830-1848).) MIT
DT.ZUSAMMENFASS.

IN: CESKOSLOVENSKY CASOPIS HISTORICKY. 19.
1971, S.93-110

---

630 0 0 07423 0 0

1538-761199

*FUENF JAHRE RUHRKOHLE AG. WAS VON DEN INTEN-
TIONEN UND PROGNOSEN DER GRUENDER UEBRIG
BLIEB

IN: FUEHRUNGSKRAFT,38.JG.,1973,NR.11,S.21-28,
ABB.

---

(1)BEARBEITER (2)MITARBEITER (3)HERAUSGEBER (4)REDAKTION (5)PROJEKTLEITUNG (6)AUFTRAGGEBER

BIBLIOGRAPHIE RAUMPLANUNG IM RUHRGEBIET. IRPUD-BIBLIOGRAPHIEN.1. UNIVERSITAET DORTMUND. BL. 182

---

630 0 0 07423 0 0

1539-761676

*ZEITTAFEL DER RUHRKOHLE AG

ESSEN 1973, 6 BL.

E S S E N

ZEITUNGEN,ZEITSCHRIFTEN,SCHRIFTENREIHEN

---

630 0 0 074 0 0 0

1540-761667

SCHROEDER JOHANNES

*DIE ENTFLECHTUNG DER FIRMA KRUPP NACH DEM
2.WELTKRIEG. PERSOENLICHE ERINNERUNGEN

IN: BEITRAEGE ZUR GESCHICHTE VON STADT UND
STIFT ESSEN 89 (1974), S. 35-52

---

630 0 0 09063 0 0

1543-761716

STADT ESSEN, AMT F. STATISTIK U. WAHLEN (3)

*ESSENER MONATSZAHLEN

ESSEN

---

630 0 0 074 0 0 0

1541-761666

POHL HEINRICH

*DIE FINANZKRISE BEI KRUPP UND DIE SICHER-
HEITSPOLITIK STRESEMANNS. EIN BEITRAG ZUM
VERHAELTNIS VON WIRTSCHAFT UND AUSSENPOLITIK
IN DER WEIMARER REPUBLIK

IN: VIERTELJAHRESSCHRIFT F. SOZIAL- UND
WIRTSCHAFTSGESCHICHTE 61 (1974), S. 505-525

---

630 0 0 090 0 0 0

1544-761717

STADT ESSEN

*ESSENER WOCHE. ZEITSCHRIFT F. KULTUR, WIRT-
SCHAFT U. VERKEHR. OFFIZIELLE PROGRAMMZEIT-
SCHRIFT D. STADT ESSEN

ESSEN, WERBEGEMEINSCHAFT ESSEN E.V.

E S S E N

GESCHICHTE
 - BAUTENGESCHICHTE

630 0 0 090 0 0 0

1545-761714

STADT ESSEN, PRESSE- UND INFORMATIONSAMT (3)

*AMTSBLATT DER STADT ESSEN

ESSEN, INDUSTRIEDR.

---

630 0 0 076 0 0 0

1542-761111

METZENDORF RAINER

*65 JAHRE MARGARETHENHOEHE IN ESSEN

IN: BAUWELT 36/STADTBAUWELT 43, JG.65 (1974),
S.217-219

---

630 0 0 09024 0 0

1546-761721

FRIED. KRUPP GMBH (3)

*KRUPP-MITTEILUNGEN. WERKSZEITSCHRIFT DER ...

ESSEN, KRUPP GRAF.ANST.

---

(1)BEARBEITER (2)MITARBEITER (3)HERAUSGEBER (4)REDAKTION (5)PROJEKTLEITUNG (6)AUFTRAGGEBER

BIBLIOGRAPHIE RAUMPLANUNG IM RUHRGEBIET. IRPUD-BIBLIOGRAPHIEN.1. UNIVERSITAET DORTMUND. BL. 183

---

630 0 0 09021 0 0
1547-761718

ARBEITSAMT ESSEN (3)
*BERICHT UEBER DIE ARBEITSMARKTENTWICKLUNG IM BEZIRK DES ARBEITSAMTES ESSEN
ESSEN

---

630 0 0 09023 0 0
1548-761720

RUHRKOHLE AG (3)
*WERKZEITSCHRIFT F. D. MITARBEITER DER ...
BOCHUM, LAUPENMUEHLEN U. DIERICHS

---

630 0 0 09025 0 0
1549-761719

HOCHTIEF AG F. HOCH- UND TIEFBAUTEN (3)
*DIE BAUBUDE. WERKZEITSCHRIFT DER ...
ESSEN, GIRARDET

---

630 0 0 09063 0 0
1550-761723

STADT ESSEN, AMT F. STATISTIK U. WAHLEN (3)
*STATISTISCHE VIERTELJAHRESBERICHTE
ESSEN, WOESTE

---

630 0 0 090 0 0 0
1551-761715

STADT ESSEN, PRESSE- UND INFORMATIONSAMT (3)
*ESSENER BUERGER-ILLUSTRIERTE
ESSEN, GIRARDET

---

630 0 0 090 0 0 0
1552-761724

INDUSTRIE- U. HANDELSKAMMER F. D. STADTKREISE ESSEN, MUELHEIM (RUHR) U. OBERHAUSEN ZU ESSEN
*WIRTSCHAFTLICHE NACHRICHTEN DER ...
ESSEN, INDUSTRIEDR.

---

630 0 0 09042 0 0
1553-761722

RHEINISCH-WESTFAELISCHES ELEKTRIZITAETSWERK AKTIENGESELLSCHAFT (3)
*RWE-VERBUND
ESSEN, KRUPP GRAF.ANST.

---

630 0 0 090 0 0 0
1554-761669

STADT ESSEN, PRESSE-UND INFORMATIONSAMT
*AMTSBLATT DER STADT ESSEN
ESSEN 1974

---

630 0 0 090 0 0 0
1555-761670

HOCHTIEF AKTIENGESELLSCHAFT F.HOCH-U.TIEFBAU-TEN VORM. GEBR.HELFMANN
*DIE BAUBUDE. WERKZEITSCHRIFT DER HOCHTIEF AG
ESSEN

GELSENKIRCHEN

RAUMENTWICKLUNG, RAUMPLANUNG
- STADTENTWICKLUNG, STADTPLANUNG, STADTERNEUERUNG, SANIERUNG

---

(1)BEARBEITER (2)MITARBEITER (3)HERAUSGEBER (4)REDAKTION (5)PROJEKTLEITUNG (6)AUFTRAGGEBER

BIBLIOGRAPHIE RAUMPLANUNG IM RUHRGEBIET. IRPUD-BIBLIOGRAPHIEN.1. UNIVERSITAET DORTMUND. BL. 184

---

635 0 0 012 0 0 0

1556-760592

LICHTE H.

*REVIERSTAEDTE STELLEN SICH UM.
DAS BEISPIEL GELSENKIRCHEN

IN: WESTFALENSPIEGEL, JG. 16, 1967, H. 5, S.1

---

635 0 0 012 0 0 0

1557-760783

WEMPER J.

*GELSENKIRCHEN-NEUORIENTIERUNG

IN: WESTFALENSPIEGEL,   JG.20,1971, S.6-9

---

635 0 0 012 C 0 0

1558-760453

STADT GELSENKIRCHEN, STADTPLANUNGSAMT

*FLAECHENNUTZUNGSPLAN 1973,
ERLAEUTERUNGSBERICHT

GELSENKIRCHEN, 5. 1973

---

635 0 0 012 0 0 0

1559-761706

STADT GELSENKIRCHEN, STADTPLANUNGSAMT

*RAEUMLICH-FUNKTIONALES ENTWICKLUNGSKONZEPT
FUER GELSENKIRCHEN; STADTPLANERISCHE VORGABE
FUER DAS STADTENTWICKLUNGSPROGRAMM

GELSENKIRCHEN 1974, 65 S., KT.,ABB.,TAB.

G E L S E N K I R C H E N

RAUMENTWICKLUNG, RAUMPLANUNG

   - WOHNUNGSWESEN,WOHNPLANUNG,BAUWESEN

---

635 0 0 013 0 0 0

1560-760469

STADT GELSENKIRCHEN

*DIE WOHNUNGSSITUATION IN GELSENKIRCHEN,
ERGEBNISSE DER GEBAEUDE- UND WOHNUNGSZAEHLUNG
VOM 25. 10. 1968

GELSENKIRCHEN, OHNE JAHR (1968)

STATISTISCHE BERICHTE DER STADT
GELSENKIRCHEN, HEFT 13

---

635 0 0 013 0 0 0

1561-760454

STADT GELSENKIRCHEN

*BERICHT UEBER STAND- UND ENTWICKLUNGS-
MOEGLICHKEITEN DES WOHNUNGSWESENS
IN GELSENKIRCHEN

GELSENKIRCHEN 4.1972 (2. AUFL.)

---

635 0 0 013 0 0 0

1562-761704

STADT GELSENKIRCHEN, STADTPLANUNGSAMT

*GEPLANTE BAUMASSNAHMEN VON 1975 BIS 1979

GELSENKIRCHEN 1974 4 S., 19 BL. TAB.

G E L S E N K I R C H E N

RAUMENTWICKLUNG, RAUMPLANUNG

   - SIEDLUNGSGEOGRAPHIE,STADTGEOGRAPHIE

---

635 0 0 0172 1 0 0

1563-761045

BECKMANN DIETER

*DIE SIEDLUNGS- UND WIRTSCHAFTSSTRUKTUR DER
STADT GELSENKIRCHEN. IN: BOCHUM UND DAS MITT-
LERE RUHRGEBIET.

PADERBORN, 1965

BOCHUMER GEOGRAPHISCHE ARBEITEN, HEFT 1

---

(1)BEARBEITER (2)MITARBEITER (3)HERAUSGEBER (4)REDAKTION (5)PROJEKTLEITUNG (6)AUFTRAGGEBER

BIBLIOGRAPHIE RAUMPLANUNG IM RUHRGEBIET. IRPUD-BIBLIOGRAPHIEN.1. UNIVERSITAET DORTMUND. BL. 185

---

635 0 030017 0 021

1564-760452

STADT GELSENKIRCHEN

*UNTERLAGEN ZUR RAEUMLICHEN UND FUNKTIONALEN VERFLECHTUNG IM MITTLEREN NOERDLICHEN RUHRGEBIET

GELSENKIRCHEN 1972 2. BER. AUFL.

G E L S E N K I R C H E N

WIRTSCHAFT

- WIRTSCHAFTSSTRUKTUR, STRUKTURWANDEL, STRUKTURKRISE, WIRTSCHAFTSGEOGRAPHIE

---

635 0 0 02145 0 0

1565-760464

STADT GELSENKIRCHEN

*SOZIALE HERKUNFT DER SCHUELER EINES GELSENKIRCHENER GYMNASIUMS; GESAMTINDIKATOR FUER DEN ARBEITSMARKT GELSENKIRCHENS.

GELSENKIRCHEN, OHNE JAHR

STATISTISCHE BERICHTE DER STADT GELSENKIRCHEN, HEFT 18

---

635 0 0 02117 0 0

1566-761045

BECKMANN DIETER

*DIE SIEDLUNGS- UND WIRTSCHAFTSSTRUKTUR DER STADT GELSENKIRCHEN. IN: BOCHUM UND DAS MITT- LERE RUHRGEBIET.

PADERBORN, 1965

BOCHUMER GEOGRAPHISCHE ARBEITEN, HEFT 1

635670 062521 0 0 0

1567-760213

HARTMANN PETER (1)

RUHRUNIVERSITAET BOCHUM (3)

*DER MODERNE STRUKTURWANDEL DER INDUSTRIE IN DEN STAEDTEN GELSENKIRCHEN, OBERHAUSEN UND DUISBURG

BOCHUM, 1970, 65 S., EXAM.ARB. MASCH.SKRIPT

---

635 0 03002117 0 0

1568-760452

STADT GELSENKIRCHEN

*UNTERLAGEN ZUR RAEUMLICHEN UND FUNKTIONALEN VERFLECHTUNG IM MITTLEREN NOERDLICHEN RUHRGEBIET

GELSENKIRCHEN 1972 2. BER. AUFL.

---

635 0 0 02131 0 0

1569-760443

STADT GELSENKIRCHEN, AMT FUER STADTENTWICKLUNGSPLANUNG

*KURZINFORMATIONEN ZUR STADTENTWICKLUNG, A) BRUTTOINLANDSPRODUKT, BESCHAEFTIGTE, LOEHNE UND GEHAELTER

GELSENKIRCHEN, 12. 1974

---

635 0 0 021 0 0 0

1570-761705

STADT GELSENKIRCHEN

*BRUTTOINLANDSPRODUKT, BESCHAEFTIGTE, LOEHNE UND GEHAELTER. KURZINFORMATION ZUR STADTENT- WICKLUNG

GELSENKIRCHEN 1974, 6 S.

G E L S E N K I R C H E N

WIRTSCHAFT

- WIRTSCHAFTSPLANUNG, WIRTSCHAFTSPOLITIK, WIRTSCHAFTSFOERDERUNG

---

635 0 0 022 0 0 0

1571-760553

BBE-UNTERNEHMENSBERATUNG NORDRHEIN
GELSENKIRCHEN - BUER (3)

*GUTACHTEN UEBER DIE STANDORTSITUATION UND ENTWICKLUNG DER EINZELHANDELSBETRIEBE IN GELSENKIRCHEN - BUER.

DUESSELDORF 1974

---

(1)BEARBEITER (2)MITARBEITER (3)HERAUSGEBER (4)REDAKTION (5)PROJEKTLEITUNG (6)AUFTRAGGEBER

BIBLIOGRAPHIE RAUMPLANUNG IM RUHRGEBIET. IRPUD-BIBLIOGRAPHIEN.1. UNIVERSITAET DORTMUND. BL. 186

---

635 0 0 022 0 0 0
1572-760446

STADT GELSENKIRCHEN, AMT FUER
STADTENTWICKLUNGSPLANUNG

*KURZINFORMATIONEN ZUR STADTENTWICKLUNG
D) ZUR LANGFRISTIGEN NACHFRAGE NACH
ARBEITSPLAETZEN IN GELSENKIRCHEN

GELSENKIRCHEN 5. 1975

G E L S E N K I R C H E N

WIRTSCHAFT
  - UEBRIGE WIRTSCHAFTSZWEIGE

---

635 0 0 028 0 C 0
1573-760458

STADT GELSENKIRCHEN

*INTEGRIERTES EINKAUFSZENTRUM BUER-MITTE

GELSENKIRCHEN 7. 1970

G E L S E N K I R C H E N

BEVOELKERUNG
  - DEMOGRAPHIE,SOZIOGRAPHIE,STADTSOZIOLOGIE

---

635 0 0 031 0 0 0
1574-760466

STADT GELSENKIRCHEN

*WOHNBEVOELKERUNG UND BESCHAEFTIGTE IN GELSEN-
KIRCHEN, ERGEBNISSE DER VOLKS- UND
ARBEITSSTAETTENZAEHLUNG VOM 27. 5. 1970

GELSENKIRCHEN, OHNE JAHR

STATISTISCHE BERICHTE DER STADT
GELSENKIRCHEN, HEFT 19

---

635 0 0 03121 0 0
1575-760443

STADT GELSENKIRCHEN, AMT FUER
STADTENTWICKLUNGSPLANUNG

*KURZINFORMATIONEN ZUR STADTENTWICKLUNG,
A) BRUTTOINLANDSPRODUKT, BESCHAEFTIGTE,
LOEHNE UND GEHAELTER

GELSENKIRCHEN 12. 1974

---

635 0 0 031 0 0 0
1576-760448

STADT GELSENKIRCHEN

*PROGNOSE DER BEVOELKERUNGSENTWICKLUNG IN
GELSENKIRCHEN 1975 - 1994

GELSENKIRCHEN 1975

INFORMATIONEN ZUR STADTENTWICKLUNG NR. 3

G E L S E N K I R C H E N

BEVOELKERUNG
  - BERUF,ARBEIT,SITUATION DER ARBEITER

---

635 0 0 032 0 0 0
1577-760442

STADT GELSENKIRCHEN STADTPLANUNGSAMT

*AUSLAENDER IN GELSENKIRCHEN

GELSENKIRCHEN 9. 1975

G E L S E N K I R C H E N

BEVOELKERUNG
  - SOZIALWESEN,SOZIALARBEIT,SOZIALPOLITIK

---

(1)BEARBEITER (2)MITARBEITER (3)HERAUSGEBER (4)REDAKTION (5)PROJEKTLEITUNG (6)AUFTRAGGEBER

BIBLIOGRAPHIE RAUMPLANUNG IM RUHRGEBIET. IRPUD-BIBLIOGRAPHIEN.1. UNIVERSITAET DORTMUND. BL. 187

---

635 0 0 034 0 0 0

1578-760440

STADT GELSENKIRCHEN

*KINDERSPIELPLAETZE IN GELSENKIRCHEN - EINE
QUANTITATIVE ANALYSE -

GELSENKIRCHEN, STAND 10. 1973

---

635 0 0 034 0 0 0

1579-760447

STADT GELSENKIRCHEN AMT FUER
STADTENTWICKLUNGSPLANUNG

*KURZINFORMATIONEN ZUR STADTENTWICKLUNG
E) ZUR SITUATION DER ALTENHILFE IN
GELSENKIRCHEN

GELSENKIRCHEN, 11. 1975

G E L S E N K I R C H E N

BEVOELKERUNG

- ERHOLUNG,FREIZEIT,URLAUB,SPORT,SPIEL

635630 0 036 0 0 0

1580-760482

OSBURG GERHARD

TECHNISCHE UNIVERSITAET HANNOVER (3)

*UNTERSUCHUNGEN ZUM BESUCH ALLGEMEINER
OEFFENTLICHER GRUENFLAECHEN IN D. GEMEINSAMEN
STADTRANDZONE DER STAEDTE ESSEN UND
GELSENKIRCHEN

BAMBERG: AKV-FOTODRUCK 1973, 237 S.+ABB.,TAB.

---

635 0 0 036 0 0 0

1581-760444

STADT GELSENKIRCHEN, AMT FUER
STADTENTWICKLUNGSPLANUNG

*KURZINFORMATIONEN ZUR STADTENTWICKLUNG
B) SPORTPLAETZE IN GELSENKIRCHEN

GELSENKIRCHEN, 1. 1975

---

635 0 0 036 0 0 0

1582-760445

STADT GELSENKIRCHEN, AMT FUER
STADTENTWICKLUNGSPLANUNG

*KURZINFORMATIONEN ZUR STADTENTWICKLUNG
C) SCHWIMMBAEDER IN GELSENKIRCHEN

GELSENKIRCHEN 3. 1975

G E L S E N K I R C H E N

INFRASTRUKTUR, VERSORGUNG

- STRASSENVERKEHR,EISENBAHN,
  SCHIFFAHRT,LUFTVERKEHR

---

635 0 0 041 0 0 0

1583-760460

STADT GELSENKIRCHEN

*GENERALVERKEHRSPLAN 1. TEIL, GRUNDLAGEN UND
NETZPLANUNG

GELSENKIRCHEN 1969

---

635 0 0 041 0 0 0

1584-760456

STADT GELSENKIRCHEN

*GENERALVERKEHRSPLAN 3. TEIL, RUHENDER VERKEHR

GELSENKIRCHEN 1971

---

635 0 0 041 0 0 0

1585-760455

STADT GELSENKIRCHEN

*GENERALVERKEHRSPLAN 2. TEIL, INDIVIDUELLER
KRAFTFAHRZEUGVERKEHR

GELSENKIRCHEN 1972

---

(1)BEARBEITER   (2)MITARBEITER   (3)HERAUSGEBER   (4)REDAKTION   (5)PROJEKTLEITUNG   (6)AUFTRAGGEBER

G E L S E N K I R C H E N

INFRASTRUKTUR, VERSORGUNG

- WASSERWIRTSCHAFT,ABFALL,UMWELTSCHUTZ

---

635 0 0 043 0 0 0

1586-761347

SCHENKEL WERNER

*GEORDNETE DEPONIE ALS MITTEL ZUR GRUENFLAE-
CHENSANIERUNG AM BEISPIEL DER ZENTRALDEPONIE
EMSCHERBRUCH

ESSEN 1969

IN: HAUS DER TECHNIK(HDT) - VORTRAGSVEROEF-
FENTLICHUNG HEFT 222, S.16-30

---

635 0 0 043 0 0 0

1587-761348

SCHENKEL WERNER

*ZENTRALDEPONIE EMSCHERBRUCH IN GELSENKIRCHEN

IN: MUELL UND ABFALL 1(1969) HEFT 1 S.8-16

---

635 0 0 043 0 0 0

1588-760441

STADT GELSENKIRCHEN, GESUNDHEITSAMT,
BEAUFTRAGTER FUER UMWELTSCHUTZ

*BERICHT UEBER DIE MESSERGEBNISSE DER
LANDESANSTALT FUER IMMISSIONS- UND BODEN-
NUTZUNGSSCHUTZ (LIB) IM MESSJAHR 1970/71

GELSENKIRCHEN, 9. 1972

---

635 0 0 043 0 0 0

1589-760465

STADT GELSENKIRCHEN

*MESSERGEBNISSE DER IMMISIONEN IM
GELSENKIRCHENER RAUM, MESSJAHR 1971/72

GELSENKIRCHEN 1973

STASTISTISCHE BERICHTE DER STADT
GELSENKIRCHEN, HEFT 17

---

635 0 0 043 0 0 0

1590-761040

STADT GELSENKIRCHEN

*MESSERGEBNISSE DER IMMISIONEN IM GELSEN-
KIRCHENER RAUM, MESSJAHR 1972/73

GELSENKIRCHEN, (1973?)

STATISTISCHE BERICHTE DER STADT GELSENKIRCHEN
BAND 19

G E L S E N K I R C H E N

INFRASTRUKTUR, VERSORGUNG

- BILDUNGSWESEN,SCHULEN,HOCHSCHULEN,MEDIEN,
KUNST,KULTUR

---

635 0 0 04521 0 0

1591-760464

STADT GELSENKIRCHEN

*SOZIALE HERKUNFT DER SCHUELER EINES
GELSENKIRCHENER GYMNASIUMS; GESAMTINDIKATOR
FUER DEN ARBEITSMARKT GELSENKIRCHENS

GELSENKIRCHEN, OHNE JAHR

STATISTISCHE BERICHTE DER STADT
GELSENKIRCHEN, HEFT 18

---

635 0 0 045 0 0 0

1592-760459

STADT GELSENKIRCHEN

*ERRICHTUNG EINER GESAMTSCHULE.PAEDAGOGISCHES
KONZEPT, BAUPLANUNG, ERFAHRUNGSBERICHT 1.

GELSENKIRCHEN, 2. 1970

---

635 0 0 045 0 0 0

1593-760457

STADT GELSENKIRCHEN (3)

*DENKSCHRIFT ZUR ERRICHTUNG EINER
GESAMTHOCHSCHULE IN GELSENKIRCHEN

GELSENKIRCHEN 1971

---

(1)BEARBEITER   (2)MITARBEITER   (3)HERAUSGEBER   (4)REDAKTION   (5)PROJEKTLEITUNG   (6)AUFTRAGGEBER

635 0 0 045 0 0 0

1594-760552

INSTITITUT FUER REGIONALE BILDUNGSPLANUNG
ARBEITSGRUPPE STANDORTFORSCHUNG GMBH (3)

*GELSENKIRCHEN ALS HOCHSCHULSTANDORT.
UNTERSUCHUNG ZUR STANDORT-, KAPAZITAETS- UND
STRUKTURPLANUNG FUER EINE GESAMTHOCHSCHULE D.
EMSCHER-LIPPE-RAUMES BAND 2.

HANNOVER 1974
MANUSKRIPTDRUCK DES HRGS., NR.74

---

635 0 0 045 0 0 0

1595-760551

INSTITUT FUER REGIONALE BILDUNGSPLANUNG
ARBEITSGRUPPE STANDORTFORSCHUNG GMBH (3)

*GELSENKIRCHEN ALS HOCHSCHULSTANDORT.
UNTERSUCHUNG ZUR STANDORT-, KAPAZITAETS- UND
STRUKTURPLANUNG FUER EINE GESAMTHOCHSCHULE D.
EMSCHER-LIPPE-RAUMES BAND 1

HANNOVER 1974
MANUSKRIPTDRUCK DES HRGS., NR.73

---

635 0 0 045 0 0 0

1596-761168   BB 380/90

MUTSCHLER ROLAND, CLEMENS LOTHAR,

INSTITUT FUER REGIONALE BILDUNGSPLANUNG
ARBEITSGRUPPE STANDORTFORSCHUNG GMBH (3)

*GELSENKIRCHEN ALS HOCHSCHULSTANDORT
UNTERSUCHUNG ZUR STANDORT-, KAPAZITAETS- UND
STRUKTURPLANUNG FUER EINE GESAMTHOCHSCHULE D.
EMSCHER-LIPPE-RAUMES. BAND 1

HANNOVER 1974 MANUSKRIPTDRUCK NR.73

G E L S E N K I R C H E N

RECHT, VERWALTUNG, POLITIK

   - VERTRETUNGSKOERPERSCHAFTEN, WAHLEN

---

635 0 0 054 0 0 0

1597-760550

STADT GELSENKIRCHEN, AMT FUER STATISTIK
UND WAHLEN (3)

*DIE BUNDESTAGSWAHL 1965

GELSENKIRCHEN 1966

STATISTISCHE BERICHTE DER STADT
GELSENKIRCHEN HEFT 10

---

635 0 0 054 0 0 0

1598-760471

STADT GELSENKIRCHEN

*DIE LANDTAGSWAHL 1966

GELSENKIRCHEN, OHNE JAHR (1966)

STATISTISCHE BERICHTE DER STADT
GELSENKIRCHEN, HEFT 11

---

635 0 0 054 0 0 0

1599-760470

STADT GELSENKIRCHEN

*DIE WAHLEN DES JAHRES 1969
(BUNDESTAGSWAHL - KOMMUNALWAHL)

GELSENKIRCHEN, OHNE JAHR (1969)

STATISTISCHE BERICHTE DER STADT
GELSENKIRCHEN, HEFT 12

---

635 0 0 054 0 0 0

1600-760468

STADT GELSENKIRCHEN

*DIE LANDTAGSWAHL 1970

GELSENKIRCHEN, OHNE JAHR (1970)

STATISTISCHE BERICHTE DER STADT
GELSENKIRCHEN, HEFT 14

---

635 0 0 054 0 0 0

1601-760467

STADT GELSENKIRCHEN, AMT FUER STATISTIK UND
WAHLEN

*DIE BUNDESTAGSWAHL 1972

GELSENKIRCHEN, OHNE JAHR (1972)

STATISTISCHE BERICHTE DER STADT
GELSENKIRCHEN, HEFT 15

---

635 0 0 054 0 0 0

1602-760463

STADT GELSENKIRCHEN

*DIE WAHLEN DES JAHRES 1975

GELSENKIRCHEN, OHNE JAHR (1975)

STATISTISCHE BERICHTE DER STADT GELSENKIRCHEN
HEFT 20

BIBLIOGRAPHIE RAUMPLANUNG IM RUHRGEBIET. IRPUD-BIBLIOGRAPHIEN.1. UNIVERSITAET DORTMUND. BL. 190

---

635 0 0 054 0 0 0

1603-760554

INSTITUT FUER STADT- UND REGIONALENTWICKLUNG
ARCHITEKTUR- UND STADTPLANUNGSBUERO G70 (3)

*GELSENKIRCHEN-UECKENDORF. VORBEREITENDE
UNTERSUCHUNG NACH PARAGRAPH 4 STAEDTEBAU-
FOERDERUNGSGESETZ.

GELSENKIRCHEN 1975

G E L S E N K I R C H E N

RECHT, VERWALTUNG, POLITIK

 - TERRITORIALE VERWALTUNGSGLIEDERUNG,
   REGIONALE UND KOMMUNALE NEUGLIEDERUNG

63550060562057710 0 C

1604-761078

THEILE FRANK

UNIVERSITAET BOCHUM

*DIE FOLGEWIRKUNGEN DER KOMMUNALEN NEUGLIEDE-
RUNG DES RHEIN.-WESTF.INDUSTRIEGEBIETES IN D.
JAHREN 1926 BIS 1929, UNTERSUCHT AN BEISPIE-
LEN DES OESTLICHEN RUHRGEBIETS

BOCHUM 1970, 167 S., KT., ABB., DISS.

635640 0 057 0 C 0

1605-760451

STADT GELSENKIRCHEN

*GLADBECK UND GELSENKIRCHEN GEHOEREN ZUSAMMEN

GELSENKIRCHEN 1973

---

635 C 0 057 0 0 0

1606-760450

STADT GELSENKIRCHEN

*STELLUNGNAHME ZUM VORSCHLAG DES INNEN-
MINISTERIUMS DES LANDES NORDRHEIN-WESTFALEN
ZUR NEUGLIEDERUNG DER GEMEINDEN UND KREISE
DES NEUGLIEDERUNGSRAUMES RUHRGEBIET

GELSENKIRCHEN 1973

---

635 0 0 057 0 0 0

1607-760449

STADT GELSENKIRCHEN

*STELLUNGNAHME ZUM GESETZENTWURF DER LANDES-
REGIERUNG VOM 10. 7. 1973 ZUR NEUGLIEDERUNG
D. GEM. U. KREISE D. NEUGLIEDERUNGSR. RUHRG.
(RUHRGEBIETSGES.) V. D. VERWALTUNGSREFORMAUS-
SCHUSS D. LANDTAGS NRW AM 16. U. 18. OKT. 73

GELSENKIRCHEN 10. 7. 1973

G E L S E N K I R C H E N

FINANZWESEN, STATISTIK, KARTOGRAPHIE

 - STATISTIK
   (SOWEIT NICHT THEMATISCH EINGEORDNET)

---

635 0 0 06390 0 0

1608-760462

STADT GELSENKIRCHEN

*STADT GELSENKIRCHEN - STATISTISCHE
JAHRESBERICHTE, 1949-

GELSENKIRCHEN 1949-

STATISTISCHE BERICHTE DER STADT GELSENKIRCHEN

---

635 0 0 06390 0 0

1609-760461

STADT GELSENKIRCHEN

*STADT GELSENKIRCHEN - STATISTISCHE
VIERTELJAHRESBERICHTE, 1946 BIS 2/1975

GELSENKIRCHEN 1946-

STATISTISCHE BERICHTE DER STADT GELSENKIRCHEN

G E L S E N K I R C H E N

GESCHICHTE

 - STADTGESCHICHTE,SIEDLUNGSGESCHICHTE,
   LANDESGESCHICHTE

---

(1)BEARBEITER (2)MITARBEITER (3)HERAUSGEBER (4)REDAKTION (5)PROJEKTLEITUNG (6)AUFTRAGGEBER

63550060562071 0 057

1610-761078

THEILE FRANK

UNIVERSITAET BOCHUM

*DIE FOLGEWIRKUNGEN DER KOMMUNALEN NEUGLIEDE-
RUNG DES RHEIN.-WESTF.INDUSTRIEGEBIETES IN D.
JAHREN 1926 BIS 1929, UNTERSUCHT AN BEISPIE-
LEN DES OESTLICHEN RUHRGEBIETS

BOCHUM, 1970, 167 S., KT., ABB., DISS.

G E L S E N K I R C H E N

ZEITUNGEN,ZEITSCHRIFTEN,SCHRIFTENREIHEN

---

635 0 0 090 0 0 0

1611-761041

STADT GELSENKIRCHEN, OBERSTADTDIREKTOR

*JAHRESBERICHTE DES OBERSTADTDIREKTORS

GELSENKIRCHEN, 1959-

---

635 0 0 09063 0 0

1612-760461

STADT GELSENKIRCHEN

*STADT GELSENKIRCHEN - STATISTISCHE
VIERTELJAHRESBERICHTE, 1946 BIS 2/1975

GELSENKIRCHEN 1946-

STATISTISCHE BERICHTE DER STADT GELSENKIRCHEN

---

635 0 0 09063 0 0

1613-760462

STADT GELSENKIRCHEN

*STADT GELSENKIRCHEN - STATISTISCHE
JAHRESBERICHTE, 1949-

GELSENKIRCHEN 1949-

STATISTISCHE BERICHTE DER STADT GELSENKIRCHEN

G L A D B E C K

RAUMENTWICKLUNG, RAUMPLANUNG

- RAUMENTWICKLUNG,RAUMORDNUNG,
  LANDESPLANUNG,REGIONALPLANUNG

---

640 0 0 01112 0 0

1614-761386

SCHMITZ GOTTFRIED
DEUTSCHE AKADEMIE FUER STAEDTEBAU UND
LANDESPLANUNG
*BEKANNTGABE DER ZIELE DER LANDESPLANUNG ALS
GRUNDLAGE F.D.AUFSTELLUNG EINES LEITPLANES F.
D.STADT GLADBECK GEMAESS PARAGR.5 D.AUFBAUGE-
SETZES VON NW VOM 29.4.1952.
ANLAGE ZU: DALLDORF HANS,TIETZSCH KARL-HEINZ:
ZUSAMMENARBEIT ZWISCHEN STADTPLANUNG UND
RAUMPLANUNG IM RAHMEN DES BBAUG.
IN: MITT. DES HRGS.,H.2, JG.5(1961)
S.38-48

G L A D B E C K

RAUMENTWICKLUNG, RAUMPLANUNG

- STADTENTWICKLUNG,STADTPLANUNG,
  STADTERNEUERUNG,SANIERUNG

---

640 0 0 01211 0 0

1615-761386

SCHMITZ GOTTFRIED
DEUTSCHE AKADEMIE FUER STAEDTEBAU UND
LANDESPLANUNG
*BEKANNTGABE DER ZIELE DER LANDESPLANUNG ALS
GRUNDLAGE F.D.AUFSTELLUNG EINES LEITPLANES F.
D.STADT GLADBECK GEMAESS PARAGR.5 D.AUFBAUGE-
SETZES VON NW VOM 29.4.1952.
ANLAGE ZU: DALLDORF HANS,TIETZSCH KARL-HEINZ:
ZUSAMMENARBEIT ZWISCHEN STADTPLANUNG UND
RAUMPLANUNG IM RAHMEN DES BBAUG.
IN: MITT. DES HRGS.,H.2, JG.5(1961)
S.38-48

640872 06101257 0 0

1616-761503   BB 083/96

FECKE FRANZ-BERNHARD

UNIVERSITAET DORTMUND, ABTEILUNG RAUMPLANUNG

*KOMMUNALE NEUORDNUNG UND MOEGLICHKEITEN DER
STADTENTWICKLUNG IM RAUME BOTTROP, GLADBECK,
KIRCHHELLEN

DORTMUND 1976, 113 BL., DIPLOMARBEIT

BIBLIOGRAPHIE RAUMPLANUNG IM RUHRGEBIET. IRPUD-BIBLIOGRAPHIEN.1. UNIVERSITAET DORTMUND. BL. 192

G L A D B E C K

WIRTSCHAFT

- UEBRIGE WIRTSCHAFTSZWEIGE

640635 0 057 0 0 0

1619-760451

STADT GELSENKIRCHEN

*GLADBECK UND GELSENKIRCHEN GEHOEREN ZUSAMMEN

GELSENKIRCHEN 1973

---

640 0 0 028 0 0 0

1617-760244

BANNAUER GERD (1)

INSTITUT GEWERBEBETRIEBE IM STAEDTEBAU, (3)
STADT GLADBECK (6)

*GUTACHTEN ZUR GEWERBEPLANUNG FUER DIE STADT
GLADBECK

KOELN 1968, 89 S., KT., TAB.

640872 061057 0 012

1620-761503   BB 083/96

FECKE FRANZ-BERNHARD

UNIVERSITAET DORTMUND, ABTEILUNG RAUMPLANUNG

*KOMMUNALE NEUORDNUNG UND MOEGLICHKEITEN DER
STADTENTWICKLUNG IM RAUME BOTTROP, GLADBECK,
KIRCHHELLEN

DORTMUND 1976, 113 BL., DIPLOMARBEIT

G L A D B E C K

INFRASTRUKTUR, VERSORGUNG

- BILDUNGSWESEN,SCHULEN,HOCHSCHULEN,MEDIEN,
  KUNST,KULTUR

H A G E N

RAUMENTWICKLUNG, RAUMPLANUNG

- RAUMENTWICKLUNG,RAUMORDNUNG,
  LANDESPLANUNG,REGIONALPLANUNG

---

640 0 0 045 0 0 0

1618-761707

STADT GLADBECK, SCHULDEZERNAT

*SCHULENTWICKLUNGSPLAN 1974 FUER DIE
STADT GLADBECK

GLADBECK 1974, 125 S., KT.,TAB.

---

645 0 0 011 0 0 0

1621-760203

*DENKSCHRIFT. ENTWICKLUNGSGEBIET UNTERES
LENNETAL

HAGEN 1971

G L A D B E C K

RECHT, VERWALTUNG, POLITIK

- TERRITORIALE VERWALTUNGSGLIEDERUNG,
  REGIONALE UND KOMMUNALE NEUGLIEDERUNG

H A G E N

RAUMENTWICKLUNG, RAUMPLANUNG

- STADTENTWICKLUNG,STADTPLANUNG,
  STADTERNEUERUNG,SANIERUNG

---

(1)BEARBEITER (2)MITARBEITER (3)HERAUSGEBER (4)REDAKTION (5)PROJEKTLEITUNG (6)AUFTRAGGEBER

BIBLIOGRAPHIE RAUMPLANUNG IM RUHRGEBIET. IRPUD-BIBLIOGRAPHIEN.1. UNIVERSITAET DORTMUND. BL. 193

---

645 0 0 012 0 0 0

1622-761525   BB 082/1

UNIVERSITAET DORTMUND, ABTEILUNG RAUMPLANUNG

*STADTENTWICKLUNG HAGEN "MAERKISCHES FORUM"
STUDIENPROJEKT P 11, STUDIENJAHR 1970/71

DORTMUND 1971

---

645 0 0 012 0 0 0

1623-761521   BB 082/1

UNIVERSITAET DORTMUND, ABTEILUNG RAUMPLANUNG

*ENTWICKLUNG HAGEN-HASPE
STUDIENPROJEKT P07, STUDIENJAHR 1970/71

DORTMUND 1971

---

645 0 0 012 0 0 0

1624-761543   BB 082/1

UNIVERSITAET DORTMUND, ABTEILUNG RAUMPLANUNG

*SANIERUNG HAGEN-HASPE
STUDIENPROJEKT P 02, STUDIENJAHR 1973/74

DORTMUND 1974

---

645 0 0 012 0 0 0

1625-760201

*INFORMATION 2. STADTSANIERUNG HASPE

HAGEN 1974

H A G E N

WIRTSCHAFT

- WIRTSCHAFTSSTRUKTUR,STRUKTURWANDEL,
STRUKTURKRISE,WIRTSCHAFTSGEOGRAPHIE

---

645 0 0 02131 0 0

1626-761141   UB F 7340

HILDENBRAND HANSWERNER

HARKORT GESELLSCHAFT E.V., HAGEN, RUHR-UNI-
VERSITAET BOCHUM (3)

*DIE STRUKTURELLE ENTWICKLUNG VON WIRTSCHAFT
UND BEVOELKERUNG IM STADTKREIS HAGEN VON
1945 BIS 1967

HAGEN, (1969), 279 S., DISS.
SCHRIFTENREIHE DER HARKORT GESELLSCHAFT E.V.
HAGEN, BD.1

---

645 0 0 021 0 0 0

1627-760939

HAGEN, OBERKREISDIREKTOR (3)

*DIE WIRTSCHAFTLICHE ENTWICKLUNG IM OERTLICHEN
VERFLECHTUNGSBEREICH HAGEN 1961 - 1970

HAGEN 1973, 127 S., KT., ABB., TAB.

HAGENER STATISTIK, BEITRAEGE ZUR
STADTFORSCHUNG UND STADTENTWICKLUNGSPL., H.2

H A G E N

WIRTSCHAFT

- WIRTSCHAFTSPLANUNG,WIRTSCHAFTSPOLITIK,
WIRTSCHAFTSFOERDERUNG

---

645 0 0 022 0 0 0

1628-761114

MEIER RUDOLF CHRISTOPH, WIRZ HANS, FRANZEN
DETLEF

PROGNOS AG, ABTLG REGIONALPLANUNG (3), STADT
HAGEN (6)

*WIRTSCHAFTLICHE ENTWICKLUNGSMOEGLICHKEITEN IN
DER STADT HAGEN. GUTACHTEN D PROGNOS AG, ABTG
REGIONALPLANUNG, IM AUFTRAG D STADT HAGEN

BASEL 1970, 186 S., MASCH.SKRIPT VERVIELF.

---

645 0 0 022 0 0 0

1629-760110   UB F22167

INDUSTRIE- UND HANDELSKAMMER HAGEN,
REMSCHEID, SOLINGEN UND WUPPERTAL, (3)

*CHANCEN UND RISIKEN DES BERGISCH-MAERKISCHEN
WIRTSCHAFTSRAUMES

OHNE ORT 1971, 45 S., 10 BL., ABB., TAB.

---

(1)BEARBEITER (2)MITARBEITER (3)HERAUSGEBER (4)REDAKTION (5)PROJEKTLEITUNG (6)AUFTRAGGEBER

BIBLIOGRAPHIE RAUMPLANUNG IM RUHRGEBIET. IRPUD-BIBLIOGRAPHIEN.1. UNIVERSITAET DORTMUND.

645730 0 02257 0 0

1630-761519   BB 082/1

UNIVERSITAET DORTMUND, ABTEILUNG RAUMPLANUNG

*INDUSTRIEANSIEDLUNG HAGEN-LENNESCHIENE
STUDIENPROJEKT P05, STUDIENJAHR 1970/71

DORTMUND 1971

H A G E N

BEVOELKERUNG

  - DEMOGRAPHIE, SOZIOGRAPHIE, STADTSOZIOLOGIE

---

645 0 0 03121 0 0

1631-761141   UB F 7340

HILDENBRAND HANSWERNER

HARKORT GESELLSCHAFT E.V., HAGEN, RUHR-UNI-
VERSITAET BOCHUM (3)

*DIE STRUKTURELLE ENTWICKLUNG VON WIRTSCHAFT
UND BEVOELKERUNG IM STADTKREIS HAGEN VON
1945 BIS 1967

HAGEN, (1969), 279 S., DISS.
SCHRIFTENREIHE DER HARKORT GESELLSCHAFT E.V.
HAGEN, BD.1

---

645 0 0 031 0 0 0

1632-760938

HAGEN, OBERKREISDIREKTOR (3)

*HAGENER ERWERBSPERSONEN 1961 BIS 1990

HAGEN 1972, 36 S., TAB.

HAGENER STATISTIK, BEITRAEGE ZUR
STADTFORSCHUNG UND STADTENTWICKLUNGSPL., H.1

H A G E N

RECHT, VERWALTUNG, POLITIK

  - TERRITORIALE VERWALTUNGSGLIEDERUNG,
    REGIONALE UND KOMMUNALE NEUGLIEDERUNG

---

645 0 0 057 0 0 0

1633-760200

*RAUM HAGEN 1968. HAGEN UND DIE KOMMUNALE NEU-
ORDNUNG IN NORDRHEIN-WESTFALEN

HAGEN 1968, MAPPENWERK

---

645 0 0 057 0 0 0

1634-760202

*RAUMGEFUEGE. OBERZENTRUM HAGEN.
UNTERSUCHUNGEN ZUR KOMMUNALEN NEUORDNUNG

HAGEN 1971

645730 0 057 0 022

1635-761519   BB 082/1

UNIVERSITAET DORTMUND, ABTEILUNG RAUMPLANUNG

*INDUSTRIEANSIEDLUNG HAGEN-LENNESCHIENE
STUDIENPROJEKT P05, STUDIENJAHR 1970/71

DORTMUND 1971

---

645 0 0 057 0 0 0

1636-760205

*NEUORDNUNG RAUM HAGEN

HAGEN 1974

H A G E N

GESCHICHTE

  - STADTGESCHICHTE, SIEDLUNGSGESCHICHTE,
    LANDESGESCHICHTE

---

(1)BEARBEITER (2)MITARBEITER (3)HERAUSGEBER (4)REDAKTION (5)PROJEKTLEITUNG (6)AUFTRAGGEBER

BIBLIOGRAPHIE RAUMPLANUNG IM RUHRGEBIET. IRPUD-BIBLIOGRAPHIEN.1. UNIVERSITAET DORTMUND. BL. 195

645500 0 071 0 0 0

1637-760779

TIMM WILLY

STADT HAGEN, STADTARCHIV

*DIE STADTWERDUNG HAGENS UND DIE PREUSSISCHE
STAEDTEREFORM DES 18. JAHRHUNDERTS IN DER
GRAFSCHAFT MARK.

HAGEN: STADTARCHIV 1975, 26 S.

IN: 'HAGENER HEFTE'

H A G E N

GESCHICHTE

- SOZIALGESCHICHTE

---

645 0 0 072 0 0 0

1638-760204

LAMBERS HANNO (1)

*DIE REVOLUTIONSZEIT IN HAGEN. DIE POLITISCHE
ENTWICKLUNG VON 1917 BIS 1924 IN HAGEN UND
HASPE.

HAGEN 1963

H A M M

RAUMENTWICKLUNG, RAUMPLANUNG

- SIEDLUNGSGEOGRAPHIE,STADTGEOGRAPHIE

---

650 0 0 017 0 0 0

1639-760612

MUELLER GOTTFRIED

TECHNISCHE HOCHSCHULE MUENCHEN, LEHRSTUHL
FUER RAUMF., RAUMORD. UND LANDESPL. (3)

*DER RAUMBEDARF VON SOLITAERSTAEDTEN,
ERMITTELT AUS IHREN VERFLECHTUNGSBEZIEHUNGEN,
UNTERSUCHT UND DARGESTELLT AM BEISPIEL DER
STAEDTE AACHEN, HAMM, MUENSTER UND SIEGEN.

MUENCHEN (UM 1969)

H A M M

WIRTSCHAFT

- WIRTSCHAFTSSTRUKTUR,STRUKTURWANDEL,
  STRUKTURKRISE,WIRTSCHAFTSGEOGRAPHIE

---

650 0 0 0213140 0

1640-761295

AFHELDT HEIK, BOOS RUDOLF, WIEGAND JUERGEN

MIN.F.WIRTSCHAFT, MITTELSTAND U.VERKEHR (6)
SVR (6),PROGNOS,STADTENTW. U REGIONALPL.(3)

*ENTWICKLUNG IM RAUM HAMM. BEVOELKERUNG -
WIRTSCHAFT - INFRASTRUKTUR (GUTACHTEN).

BASEL 1967

H A M M

BEVOELKERUNG

- DEMOGRAPHIE,SOZIOGRAPHIE,STADTSOZIOLOGIE

---

650 0 0 03140 021

1641-761295

AFHELDT HEIK, BOOS RUDOLF, WIEGAND JUERGEN

MIN.F.WIRTSCHAFT, MITTELSTAND U.VERKEHR (6)
SVR (6),PROGNOS,STADTENTW. U REGIONALPL.(3)

*ENTWICKLUNG IM RAUM HAMM. BEVOELKERUNG -
WIRTSCHAFT - INFRASTRUKTUR (GUTACHTEN).

BASEL 1967

H A M M

BEVOELKERUNG

- ERHOLUNG,FREIZEIT,URLAUB,SPORT,SPIEL

---

(1)BEARBEITER (2)MITARBEITER (3)HERAUSGEBER (4)REDAKTION (5)PROJEKTLEITUNG (6)AUFTRAGGEBER

BIBLIOGRAPHIE RAUMPLANUNG IM RUHRGEBIET. IRPUD-BIBLIOGRAPHIEN.1. UNIVERSITAET DORTMUND. BL. 196

---

650 0 0 036 0 0 0
1642-761710
GERNERT WOLFGANG
*JUGEND UND FREIZEIT IN HAMM
HAMM 1975, 86 S., ABB.,TAB.,LIT.
TATSACHEN UND BERICHTE, NR. 16

---

650 0 0 036 0 0 0
1643-761709
HERBER MICHAEL
STADT HAMM (6),
PROGNOS, ABT. STADTENTW. U. REGIONALPL. (3)
*ENTWICKLUNGSMOEGLICHKEITEN DES KURWESENS IN HAMM/WESTF.
BASEL 1975, 42 BL.,KT.,TAB.

H A M M

INFRASTRUKTUR, VERSORGUNG

---

650 0 0 040 02131
1644-761295
AFHELDT HEIK, BOOS RUDOLF, WIEGAND JUERGEN
MIN.F.WIRTSCHAFT, MITTELSTAND U.VERKEHR (6)
SVR (6),PROGNOS,STADTENTW. U REGIONALPL.(3)
*ENTWICKLUNG IM RAUM HAMM. BEVOELKERUNG - WIRTSCHAFT - INFRASTRUKTUR (GUTACHTEN).
BASEL 1967

H A M M

INFRASTRUKTUR, VERSORGUNG
  - BILDUNGSWESEN,SCHULEN,HOCHSCHULEN,MEDIEN, KUNST,KULTUR

---

650 0 0 045 0 0 0
1645-760522
STADT HAMM, SCHULVERWALTUNG (3)
*SCHULBAU IN HAMM NACH DEM KRIEGE. EINE DOKUMENTATION DER SCHULVERWALTUNG DER STADT HAMM
HAMM 1973, 28 S. MIT TABELLEN

H A M M

RECHT, VERWALTUNG, POLITIK
  - TERRITORIALE VERWALTUNGSGLIEDERUNG, REGIONALE UND KOMMUNALE NEUGLIEDERUNG

---

650 0 0 057 0 0 0
1646-760104

LAND NORDRHEIN-WESTFALEN, INNENMINISTER, (3)
*VORSCHLAG ZUR NEUGLIEDERUNG DER GEMEINDEN UND KREISE DES NEUGLIEDERUNGSRAUMES MUENSTER/HAMM
DUESSELDORF 1973

H E R N E

OHNE SACHGLIEDERUNG

---

655 0 0 00000
1647-760070
MUELLER GEORG, (1)
*DIE STADT HERNE IN WESTFALEN
BONN 1965

---

(1)BEARBEITER (2)MITARBEITER (3)HERAUSGEBER (4)REDAKTION (5)PROJEKTLEITUNG (6)AUFTRAGGEBER

BIBLIOGRAPHIE RAUMPLANUNG IM RUHRGEBIET. IRPUD-BIBLIOGRAPHIEN.1. UNIVERSITAET DORTMUND. BL. 197

---

655 0 0 0 0 0 0 0

1648-760068

PAETZE ERHARD, (1)

INST. F. LANDESKUNDE, ZENTR.ARCH. F. LANDESK.
V. DEUTSCHL., BUNDESANST. F. LANDESK., (3)

*HERNE, KREISFREIE STADT, REGIERUNGSBEZIRK
ARNSBERG

BAD GODESBERG 11965

IN: BERICHTE ZUR DEUTSCHEN LANDESKUNDE, HEFT1

---

655 0 0 0 0 0 0 0

1649-760178

STADT HERNE, (3)

*HERNE, EINE SELBSTAENDIGE GROSSSTADT -
GESTERN, HEUTE, MORGEN - (INFORMATIONEN)

HERNE 1972

---

655 0 0 0 0 0 0 0

1650-760185

STADT HERNE, (3)

*UNSERE STADT (2/1975)

HERNE 1975

---

655 0 0 0 0 0 0 0

1651-761007

STADT HERNE

*HERNE - EINE STADT SUCHT IHRE ZUKUNFT

HERNE 1975

SONDERDRUCK AUS DEM WESTFALENSPIEGEL, APRIL 1975

H E R N E

RAUMENTWICKLUNG, RAUMPLANUNG

- RAUMENTWICKLUNG, RAUMORDNUNG,
  LANDESPLANUNG, REGIONALPLANUNG

---

655 0 0 011 0 0 0

1652-760044

SIEDLUNGSVERBAND RUHRKOHLENBEZIRK, (3)

*ZIELE DER LANDESPLANUNG FUER DIE STADT HERNE

ESSEN 1967

H E R N E

RAUMENTWICKLUNG, RAUMPLANUNG

- STADTENTWICKLUNG, STADTPLANUNG,
  STADTERNEUERUNG, SANIERUNG

---

655 0 0 012 0 0 0

1653-760064

PALASCH HANS-JUERGEN, WALDE KLAUS-PETER, (1)

*ENTWICKLUNG UND SOZIALE AUSWIRKUNGEN DER
STADTSANIERUNG AM BEISPIEL VON HERNE

OHNE ORT UND JAHR

---

655 0 0 012 0 0 0

1654-760054

GIESENKIRCHEN JOSEF

*HERNE - STAEDTEBAULICHE FRISCHZELLENTHERAPIE
SONDERDRUCK AUS DER STAEDTESERIE DES WEST
FALENSPIEGELS

OHNE ORT 1968, S. 4

---

655 0 0 012 0 0 0

1655-760188

STADT HERNE, STADTPLANUNGSAMT, (3)

*DAS GEMEINDEGEBIET HERNE
ARBEITSKONZEPT ZUM FLAECHENNUTZUNGSPLAN

OHNE ORT UND JAHR, 27, 9 S.

---

(1)BEARBEITER (2)MITARBEITER (3)HERAUSGEBER (4)REDAKTION (5)PROJEKTLEITUNG (6)AUFTRAGGEBER

BIBLIOGRAPHIE RAUMPLANUNG IM RUHRGEBIET. IRPUD-BIBLIOGRAPHIEN.1. UNIVERSITAET DORTMUND. BL. 198

---

655 0 0 012 0 0 C

1656-760075

ISENBERG GERHARD

*SANIERUNGSGEBIET HERNE NR. 1
IN: 50 JAHRE WESTFAELISCH-LIPPISCHE HEIM
STAETTE - ENTWICKLUNGSDARSTELLUNG -

OHNE ORT UND JAHR

---

655 0 0 012 0 0 0

1657-760074

EMNID-INSTITUT, (3)

*EINSTELLUNG ZUR CITY-PLANUNG HERNE

BIELEFELD 1964

---

655 0 0 012 0 0 0

1658-760050

EMNID-INSTITUT

*KUNDEN- UND GESCHAEFTSLEUTEBEFRAGUNG ZUR
NEUGLIEDERUNG DES HERNER STADTKERNS

BIELEFELD 1964

---

655 0 0 012 0 0 0

1659-761042

KRAMER W. (1)

*STADTERNEUERUNG...MUSS DAS SEIN UND WESHALB.
IN: HERNE UNSERE STADT

(HERNE) 1965

---

655 0 0 012 0 0 0

1660-760087

STADT HERNE, STADTPLANUNGSAMT, (3)

*FLAECHENNUTZUNGSPLAN HERNE 1968

HERNE 1968

---

655 0 0 012 0 0 0

1661-760049

INSTITUT GEWERBEBETRIEBE IM STAEDTEBAU
(INGESTA)

*MARKTANALYSE UND GEWERBEFLAECHENBEDARFSER-
MITTLUNG UND PLANUNGSEMPFEHLUNGEN ZUR HERNER
INNENSTADT

KOELN 1969

---

655 0 0 012 0 0 0

1662-761424

STADT HERNE

*DAS HERNER MODELL. STADTKERNERNEUERUNG ZUR
STRUKTURVERBESSERUNG EINER GEMEINDE.BEITRAG
ZU DEM PROBLEM DER STADTERNEUERUNG.

HERNE 1970 27 S. ABB. + KARTEN

---

655 0 0 012 0 0 C

1663-761423

STADT HERNE, OBERSTADTDIREKTOR (3)

*STADTENTWICKLUNGSPLAN HERNE 1973-1987

HERNE 1973 BAND 2

---

655 0 0 012 0 0 0

1664-761422

STADT HERNE, OBERSTADTDIREKTOR (3)

*STADTENTWICKLUNGSPLAN HERNE 1973-1987

HERNE 1973 BAND 1

65567568061512 0 0 0

1665-760199

LANDESENTWICKLUNGSGES. NW F. STAEDTEBAU,WOH-
NUNGSW. U. AGRARORDN., PLANERB. ZLONICKY, (3)

*MEHRGEMEINDLICHE ENTWICKLUNGS- UND STANDORT-
PLANUNG. GUTACHTEN IM AUFTRAG DER STAEDTE
CASTROP-RAUXEL, HERNE, RECKLINGHAUSEN, WANNE-
EICKEL

ESSEN 1973

---

(1)BEARBEITER (2)MITARBEITER (3)HERAUSGEBER (4)REDAKTION (5)PROJEKTLEITUNG (6)AUFTRAGGEBER

BIBLIOGRAPHIE RAUMPLANUNG IM RUHRGEBIET. IRPUD-BIBLIOGRAPHIEN.1. UNIVERSITAET DORTMUND. BL. 199

---

655 0 0 012 0 0 0

1666-760595

LEYH MANFRED

RHEIN. WESTF. TECHNISCHE HOCHSCHULE AACHEN,
KOOPERIERENDE LEHRSTUEHLE

*PROBLEME DER STANDORTPROGRAMMPLANUNG.
ERFAHRUNGEN DER STADT HERNE.

KOELN: KOHLHAMMER 1973
IN: SCHRIFTENREIHE POLITIK UND PLANUNG. BD.1
PRAXISPROBLEME DER STADTTEIL- UND STANDORT-
PROGRAMMIERUNG.

655690 0 012 0 0 0

1667-760048

HANSMANN ULRICH, (1)

*DIE HAUPTGESCHAEFTSSTRASSEN IN WITTEN UND
HERNE - EIN VERGLEICH IHRER STRUKTUREN UND
IHRER ENTWICKLUNG

HERNE 1975

655680 0 012 0 0 0

1668-760184

STADT HERNE, (3)

*STADTKERNERNEUERUNG WANNE - HERNE

HERNE 1975

H E R N E

RAUMENTWICKLUNG, RAUMPLANUNG

- WOHNUNGSWESEN,WOHNPLANUNG,BAUWESEN

---

655 0 0 013 0 0 0

1669-761043

LEYH MANFRED (1)

*WOHNEN IN HERNE.

OHNE ORT UND JAHR

H E R N E

RAUMENTWICKLUNG, RAUMPLANUNG

- SIEDLUNGSGEOGRAPHIE,STADTGEOGRAPHIE

---

655 0 0 0179 0 0 0

1670-760039

KUERTEN WILHELM VON, (1)

*DIE LANDSCHAFTLICHE STRUKTUR UND ENTWICKLUNG
DES STADTGEBIETES VON HERNE

HERNE 1964

IN: NATUR UND LANDSCHAFT IM RUHRGEBIET,
HEFT 1, S.21 FF.

---

655 0 0 017 0 0 0

1671-761013

VOHWINKEL K.-MARTIN

WESTFAELISCHE WILHELMS UNIVERSITAET MUENSTER

*FUNKTIONELLES GEFUEGE VON HERNE

MUENSTER (1965), MASCHINENSKRIPT, STAATSARB.

---

655 0 0 017 0 0 0

1672-761001

STADT HERNE

*EINORDNUNG POTENTIELLER ARBEITSFLAECHEN FUER
DIE OPTIMALE FUNKTIONSFAEHIGKEIT BEI VORHAN-
DENER UND MAXIMALER EINWOHNERZAHL IN DER
GEMEINDEREGION HERNE

HERNE 1966

H E R N E

WIRTSCHAFT

- WIRTSCHAFTSSTRUKTUR,STRUKTURWANDEL,
  STRUKTURKRISE,WIRTSCHAFTSGEOGRAPHIE

---

(1)BEARBEITER (2)MITARBEITER (3)HERAUSGEBER (4)REDAKTION (5)PROJEKTLEITUNG (6)AUFTRAGGEBER

BIBLIOGRAPHIE RAUMPLANUNG IM RUHRGEBIET. IRPUD-BIBLIOGRAPHIEN.I. UNIVERSITAET DORTMUND. BL. 200

---

655 0 0 021 0 0 0
1673-760089

STADT HERNE, STADTPLANUNGSAMT, (3)

*POTENTIELLE ARBEITSFLAECHEN

OHNE ORT UND JAHR

---

655 0 0 021 0 0 0
1674-761022

HAIN DOROTHEE

*DER BEREICH DES RHEIN-RUHR-HAFENS IN MUEL-
HEIM ALS GEWERBESTANDORT

MUELHEIM (1972), 123 S.,7 BL.,1 KT.,EXAM.ARB.
STAATSARB., 123 S.,7 BL.,1 FALTKT.

---

655 0 0 021 0 0 0
1675-761008

STADT HERNE

*DIE STADT HERNE -STRUKTURELLE UND WIRTSCHAFT-
LICHE GEGEBENHEITEN

HERNE 1969

---

655 0 0 021 0 0 0
1676-760067

PAULIN MARLIES, (1)

*WIRTSCHAFTSGEOGRAPHISCHE STUDIEN IN HERNE/
WESTFALEN UND IHRE ANWENDUNG IM UNTERRICHT

HERNE 1971

---

655 0 0 0213 1 0 0
1677-761180   BB 903/HER 2

HOFF HANS-VIKTOR VON

*DIE ENTWICKLUNG DER WIRTSCHAFTS- UND BEVOEL-
KERUNGSSTRUKTUR IN DER KREISFREIEN STADT
HERNE VON 1350-1970. DARST.D.STRUKTURELLEN
ENTW.HERNES ALS TYP.STADT D.EMSCHERZONE DES
RUHRGEBIETS. BD 1.2.(TAB.)

BERN/FRANKF.: LANG 1974, 181 S.

EUROPAEISCHE HOCHSCHULSCHRIFTEN.5, 87.

H E R N E

WIRTSCHAFT

- WIRTSCHAFTSPLANUNG,WIRTSCHAFTSPOLITIK,
  WIRTSCHAFTSFOERDERUNG

---

655 0 0 0229 0 0 0
1678-760058

LEYH MANFRED, (1)

*HERNE? - AUF KEINEN FALL...

IN: STRUKTURPOLITISCHE SERIE DES "INDUSTRIE-
KURIERS" "RUHR 68", NR. 81, 25.5.1968, S.23FF

H E R N E

WIRTSCHAFT

- UEBRIGE WIRTSCHAFTSZWEIGE

---

655 0 0 028 0 0 0
1679-760047

INSTITUT GEWERBEBETRIEBE IM STAEDTEBAU, (3)

*GUTACHTEN ZUR GEWERBEPLANUNG FUER DIE STADT
HERNE

KOELN 1970

655675300 028 0 0 0
1680-761016

WIGGEN JOACHIM, ZURWEHN ULRICH, (1)

*VERGLEICH DER STRUKTUR UND PROBLEME DER
AGRARWIRTSCHAFT IN DER EMSCHERZONE UND VESTI-
SCHEN ZONE ANHAND VON BEISPIELBETRIEBEN IN
HERNE UND RECKLINGHAUSEN

OHNE ORT 1974

---

(1)BEARBEITER (2)MITARBEITER (3)HERAUSGEBER (4)REDAKTION (5)PROJEKTLEITUNG (6)AUFTRAGGEBER

BIBLIOGRAPHIE RAUMPLANUNG IM RUHRGEBIET. IRPUD-BIBLIOGRAPHIEN.1. UNIVERSITAET DORTMUND. BL. 201

H E R N E

WIRTSCHAFT

---

655   0 0   029 0 0 0

1681-760060

INSTITUT GEWERBEBETRIEBE IM STAEDTEBAU, (3)

*INNERSTAEDTISCHES GESCHAEFTSZENTRUM DER STADT HERNE. GUTACHTEN ZUR GEWERBEPLANUNG

KOELN, 1966

H E R N E

BEVOELKERUNG

  - DEMOGRAPHIE,SOZIOGRAPHIE,STADTSOZIOLOGIE

655675   0 031 0 0 0

1682-760053

GRUENEWALD MARIE-LUISE, KRAUSE BEATE, (1)

*ZENTRENAUSRICHTUNG AUSGEWAEHLTER SOZIALER GRUPPEN IN HERNE UND RECKLINGHAUSEN

OHNE ORT UND JAHR

---

655   0 0 031 0 0 0

1683-760079

BOUSTEDT OLAF, (1)

*DIE STADT HERNE - UNTERSUCHUNG UEBER DIE MOTIVE FUER ZU- UND FORTZUEGE NACH BZW. AUS HERNE, TEILGUTACHTEN

BONN 1968

---

655   0 0   03121 0 0

1684-761180   BB 903/HER 2

HOFF HANS-VIKTOR VON

*DIE ENTWICKLUNG DER WIRTSCHAFTS- UND BEVOEL-
KERUNGSSTRUKTUR IN DER KREISFREIEN STADT
HERNE VON 1950-1970. DARST.D.STRUKTURELLEN
ENTW.HERNES ALS TYP.STADT D.EMSCHERZONE DES
RUHRGEBIETS. BD 1.2.(TAB.)

BERN/FRANKF.: LANG 1974, 181 S.

EUROPAEISCHE HOCHSCHULSCHRIFTEN.5, 87.

H E R N E

BEVOELKERUNG

  - SOZIALWESEN,SOZIALARBEIT,SOZIALPOLITIK

---

655   0 0   034 0 0 0

1685-760080

STADT HERNE, (3)

*KINDERGARTENPLAN - ENTWURF -

HERNE 1973

---

655   0 0   034 0 0 0

1686-760085

STADT HERNE, (3)

*DIE LAGE DER ALTEN MENSCHEN IN HERNE
 - VORSCHLAEGE ZUR ALTENHILFEPLANUNG -

HERNE 1973

H E R N E

BEVOELKERUNG

  - ERHOLUNG,FREIZEIT,URLAUB,SPORT,SPIEL

---

(1)BEARBEITER (2)MITARBEITER (3)HERAUSGEBER (4)REDAKTION (5)PROJEKTLEITUNG (6)AUFTRAGGEBER

655300 0 036 0 0 0
1687-760059

KALENDER RIA, (1)

*DIE REVIERPARKE IM INNERN DES RUHRGEBIETES
UNTER BESONDERER BERUECKSICHTIGUNG DES
REVIERPARKS GYSENBERG BEI HERNE

OHNE ORT 1975

H E R N E

INFRASTRUKTUR, VERSORGUNG

- STRASSENVERKEHR, EISENBAHN,
  SCHIFFAHRT, LUFTVERKEHR

---

655 0 0 041 0 0 0
1688-760061

LAND NORDRHEIN-WESTFALEN, MINISTER F. LANDES-
PLANUNG, WOHNUNGSBAU U. OEFF. ARBEITEN, (3)

*BUNDESSTRASSE 51. RECKLINGHAUSEN - BOCHUM
GELEITWORT ZUR VERKEHRSUEBERGABE DES
ABSCHNITTES HERNE

DUESSELDORF, 1966

---

655 0 0 041 0 0 0
1689-760196

STADT HERNE, STADTPLANUNGSAMT, (3)

*GENERALVERKEHRSPLAN - ERLAEUTERUNGSBERICHT

HERNE 1968

655680 0 041 0 0 0
1690-760169

WANNE - HERNER EISENBAHN UND HAFEN GMBH, (3)

*56. JAHRESBERICHT FUER DIE ZEIT VOM 1. 1. -
31. 12. 1970. 1913 - 1963 FESTSCHRIFT AN-
LAESSLICH DES 50 JAEHRIGEN BESTEHENS

WANNE-EICKEL 1970

---

655 0 0 041 0 0 0
1691-760194

STADT HERNE, STADTPLANUNGSAMT, (3)

*GENERALVERKEHRSPLAN - TEXT- UND TABELLENBAND

HERNE 1971

---

655 0 0 0417 1 0 0
1692-761002

STADT HERNE, STADTPLANUNGSAMT

*PLANUNG, BAU, VERKEHR 1950-1972

HERNE 1972

H E R N E

INFRASTRUKTUR, VERSORGUNG

- BILDUNGSWESEN, SCHULEN, HOCHSCHULEN, MEDIEN,
  KUNST, KULTUR

---

655 0 0 045 0 0 0
1693-760056

STACHE HEINZ, (1)

*GESCHICHTE DER HERNER VOLKSSCHULEN

HERNE 1969

---

655 0 0 045 0 0 0
1694-760192

STADT HERNE, (3)

*KAUFMAENNISCHE SCHULEN DER STADT HERNE
KAUFM. BERUFSSCHULE, 2JAEHRIGE HANDELS UND
-HOEHERE HANDELSSCHULE, FACHOBERSCHULE TYP
WIRTSCHAFT. DIE KAUFM. SCHULEN D. STADT HERNE
BERICHTEN. BERICHTSJAHR 1963

OHNE ORT UND JAHR

---

(1)BEARBEITER (2)MITARBEITER (3)HERAUSGEBER (4)REDAKTION (5)PROJEKTLEITUNG (6)AUFTRAGGEBER

BIBLIOGRAPHIE RAUMPLANUNG IM RUHRGEBIET. IRPUD-BIBLIOGRAPHIEN.1. UNIVERSITAET DORTMUND. BL. 203

---

655 0 0 045 0 0 0

1695-760179

STADT HERNE, (3)

*SCHULENTWICKLUNGSPLANUNG FUER DEN PRIMAER-
BEREICH - ENTWURF -

HERNE 1974

H E R N E

RECHT, VERWALTUNG, POLITIK

- BEDIENSTETE
  (BEAMTE, ANGESTELLTE, ARBEITER)

---

655 0 0 053 0 0 0

1696-760037

KRUMMEREY WALTER

*BESTIMMEN AUFGABEN, ORGANISATION UND
LEISTUNGEN DIE PERSONALWIRTSCHAFT DER
KOMMUNALVERWALTUNG? VERSUCH EINER ANTWORT AM
BEISPIEL DER STADT HERNE

HERNE 1973

H E R N E

RECHT, VERWALTUNG, POLITIK

- VERTRETUNGSKOERPERSCHAFTEN, WAHLEN

---

655 0 0 054 0 0 0

1697-760176

STADT HERNE, (3)

*KOMMUNALWAHL UND LANDTAGSWAHL AM 4. 5. 1975
IM STADTKREIS HERNE

OHNE ORT UND JAHR

H E R N E

RECHT, VERWALTUNG, POLITIK

- VERWALTUNGSORGANISATION, VERWALTUNGS-
  RATIONALISIERUNG, PLANUNGSORGANISATION

---

655 0 0 056 0 0 0

1698-760173

STADT HERNE, (3)

*ERFASSUNGSSYSTEM FUER HANDELSLINIEN IN DER
KOMMUNALVERWALTUNG

HERNE 1971

H E R N E

RECHT, VERWALTUNG, POLITIK

- TERRITORIALE VERWALTUNGSGLIEDERUNG,
  REGIONALE UND KOMMUNALE NEUGLIEDERUNG

65567568061557 0 0 0

1699-760606

SIEDENTOPF HEINRICH

DIE STAEDTE CASTROP-RAUXEL, HERNE, RECKLING-
HAUSEN, WANNE-EICKEL

*STELLUNGNAHME ZUM NEUGLIEDERUNGSVORSCHLAG DES
INNENMINISTERS DES LANDES NORDRHEIN-WESTFALEN
VOM 25. SEPTEMBER 1972
GUTACHTEN ERSTELLT FUER DIE STAEDTE CASTROP-
RAUXEL, HERNE, RECKLINGHAUSEN U WANNE-EICKEL

HERNE 1973, 122 S.

65567568061557 0 0 0

1700-760607   BB 970/24

SIEDENTOPF HEINRICH

DIE STAEDTE CASTROP-RAUXEL, HERNE, RECKLING-
HAUSEN, WANNE-EICKEL (3)

*ZU DEN KONZEPTIONEN EINER TERRITORIALEN
NEUGLIEDERUNG IM RUHRGEBIET
GUTACHTEN ERSTELLT FUER DIE STAEDTE CASTROP
RAUXEL, HERNE, RECKLINGHAUSEN UND WANNE-
EICKEL

HERNE 1972. 76 S.

---

(1)BEARBEITER (2)MITARBEITER (3)HERAUSGEBER (4)REDAKTION (5)PROJEKTLEITUNG (6)AUFTRAGGEBER

BIBLIOGRAPHIE RAUMPLANUNG IM RUHRGEBIET. IRPUD-BIBLIOGRAPHIEN.1. UNIVERSITAET DORTMUND. BL. 204

655680   0   057   0   0   0

1701-760045   BB 970/25

SIEDENTOPF HEINRICH, (1)

STADT HERNE UND STADT WANNE-EICKEL, STADTVER-
WALTUNGEN, (3)

*STELLUNGNAHME ZU DEM ENTWURF EINES GESETZES
ZUR NEUGLIEDERUNG DER GEMEINDEN UND KREISE
DES NEUGLIEDERUNGSRAUMES RUHRGEBIET (RUHR-
GEBIETGESETZ)

HERNE 1973, 14S.
DRUCKSACHE DES LANDTAGES NRW 7/2800

---

655   0   0   057   0   0   0

1702-760197   BB 970/25

STADT HERNE, (3)

*STELLUNGNAHME DER STADT HERNE ZUM VORSCHLAG
DES INNENMINISTERS NW ZUR NEUORDNUNG DER
GEMEINDEN UND KREISE DES NEUORDNUNGSRAUMES
RUHRGEBIET

HERNE 1973

---

655   0   0   057   0   0   0

1703-761081   BB 970/1

STADT HERNE

*STELLUNGNAHME DER STADT HERNE ZUM VORSCHLAG
DES INNENMINISTERS NW ZUR NEUORDNUNG DER GE-
MEINDEN UND DES KREISES DES NEUORDNUNGSRAUMES
RUHRGEBIET

HERNE 1973, 50 BL.

H E R N E

FINANZWESEN, STATISTIK, KARTOGRAPHIE

   - STATISTIK
     (SOWEIT NICHT THEMATISCH EINGEORDNET)

---

655   0   0   063   0   0   0

1704-760189

STADT HERNE, (3)

*AUSWERTUNG DER ZUSATZERHEBUNG ANLAESSLICH DER
PERSONENSTANDSAUFNAHME 1967

HERNE 1967

---

655   0   0   063   0   0   0

1705-760088

STADT HERNE, (3)

*ZUSAMMENSTELLUNG VON STRUKTURDATEN EIN-
SCHLIESSLICH ALTERSPYRAMIDEN FUER HERNE UND
DIE 70 ZAEHLBEZIRKE DER STADT

HERNE 1973

---

655   0   0   063   0   0   0

1706-760190

STADT HERNE, (3)

*DATEN UND ZAHLEN

HERNE 1975

H E R N E

FINANZWESEN, STATISTIK, KARTOGRAPHIE

   - KARTOGRAPHIE, KARTEN

---

655   0   0   064   0   0   0

1707-761014

UNIVERSITAET DORTMUND, ABTEILUNG RAUMPLANUNG

*COMPUTERKARTEN FUER DEN RAUM HERNE

DORTMUND 1973

---

655   0   0   064   0   0   0

1708-761000

STADT HERNE

*STRUKTURATLAS DER STADT HERNE - BEVOELKERUNG
 - ARBEITEN - WOHNEN IN DEN 70 HERNER ZAEHL-
BEZIRKEN

HERNE 1973/74

---

(1)BEARBEITER (2)MITARBEITER (3)HERAUSGEBER (4)REDAKTION (5)PROJEKTLEITUNG (6)AUFTRAGGEBER

BIBLIOGRAPHIE RAUMPLANUNG IM RUHRGEBIET. IRPUD-BIBLIOGRAPHIEN.1. UNIVERSITAET DORTMUND. BL. 205

H E R N E

GESCHICHTE
- STADTGESCHICHTE, SIEDLUNGSGESCHICHTE, LANDESGESCHICHTE

---

655 0 0 071 0 0 0
1709-760020
SCHMIDT ADOLF,(1)
*HERNE - BEITRAEGE ZUR STADTGESCHICHTE
HERNE 1965, 66 S.

---

655 0 0 071 0 0 0
1710-760063   BB 903/HER 1
REINERS LEO, SIEBURG OTTO, (1)
*HERNE 1945 - 1950 - FUENF JAHRE WIEDERAUFBAU
HERNE, 1963

---

655 0 0 071 0 0 0
1711-760062
MEYERHOFF HERMANN, (1)
*HERNE 1933 - 1945 - DIE ZEIT DES NATIONAL-SOZIALISMUS. EIN KOMMUNALHISTORISCHER RUECKBLICK
HERNE 1963, 154 S.

---

655 0 0 071 0 0 0
1712-760078
HAUSEMANN F., (1)
*DIE EMSCHERNIEDERUNG BEI HERNE VOR 1850
SCHWELM 1964
IN: NATUR UND LANDSCHAFT IM RUHRGEBIET, 1.

---

655 0 0 071 0 0 0
1713-760182
STADT HERNE, (3)
*75 JAHRE STADT HERNE
HERNE 1972
SCHRIFTENREIHE DER STADTVERWALTUNG HERNE, HEFT 2

---

655 0 0 07141 0 0
1714-761002

STADT HERNE, STADTPLANUNGSAMT
*PLANUNG, BAU, VERKEHR 1950-1972
HERNE 1972

H E R N E

GESCHICHTE
- SOZIALGESCHICHTE

---

655 0 0 07273 0 0
1715-760167   BB903/HER 2
HOFF HANS VIKTOR VON
*DIE ENTWICKLUNG DER WIRTSCHAFTS- UND BEVOELKERUNGSSTRUKTUR IN DER KREISFREIEN STADT HERNE VON 1950 - 1970 - DARSTELLUNG DER STRUKTURELLEN ENTWICKLUNG HERNES ALS EINER TYPISCHEN STADT DER EMSCHERZONE DES RUHRGEBIETES
HERNE 1973   80.1 TEXT, 80.2 TABELLEN

H E R N E

GESCHICHTE
- WIRTSCHAFT- UND TECHNIKGESCHICHTE

---

(1)BEARBEITER (2)MITARBEITER (3)HERAUSGEBER (4)REDAKTION (5)PROJEKTLEITUNG (6)AUFTRAGGEBER

BIBLIOGRAPHIE RAUMPLANUNG IM RUHRGEBIET. IRPUD-BIBLIOGRAPHIEN.1. UNIVERSITAET DORTMUND. BL. 206

---

655 0 0 07372 0 0

1716-760167   BB903/HER 2

HOFF HANS VIKTOR VON

*DIE ENTWICKLUNG DER WIRTSCHAFTS- UND BEVOEL-
KERUNGSSTRUKTUR IN DER KREISFREIEN STADT HER-
NE VON 1950 - 1970 - DARSTELLUNG DER STRUKTU-
RELLEN ENTWICKLUNG HERNES ALS EINER TYPISCHEN
STADT DER EMSCHERZONE DES RUHRGEBIETES

HERNE 1973 BD.1 TEXT, BD.2 TABELLEN

H E R N E

GESCHICHTE

 - FIRMENGESCHICHTE

655680 0 074 0 0 0

1717-760052

KROME ERICH, (1)

*WANNER-HERNER EISENBAHN UND HAFEN-
GESELLSCHAFT MBH 1913-1963

BERLIN, BASEL 1963, 90 S.

---

655 0 0 074 0 0 0

1718-760055

SPARKASSE DER STADT HERNE, (3)

*ZUM 100-JAEHRIGEN BESTEHEN DER SPARKASSE DER
STADT HERNE 1867-1967

HERNE 1967

H E R N E

ZEITUNGEN,ZEITSCHRIFTEN,SCHRIFTENREIHEN

---

655 0 0 09017 0 0

1719-760039

KUERTEN WILHELM VON, (1)

*DIE LANDSCHAFTLICHE STRUKTUR UND ENTWICKLUNG
DES STADTGEBIETES VON HERNE

HERNE 1964

IN: NATUR UND LANDSCHAFT IM RUHRGEBIET,
HEFT 1, S.21 FF.

---

655 0 0 09022 0 0

1720-760058

LEYH MANFRED, (1)

*HERNE? - AUF KEINEN FALL...

IN: STRUKTURPOLITISCHE SERIE DES "INDUSTRIE-
KURIERS" "RUHR 68", NR. 81, 25.5.1968, S.23FF

---

655 0 0 090 0 0 0

1721-760174

STADT HERNE, (3)

*WESTFALENSPIEGEL (SONDERDRUCK)

HERNE 1968, 14 S.

---

655 0 0 090 0 0 0

1722-760193   BB 830/121

STADT HERNE, (3)

*HERNE IN ZAHLEN. VIERTELJAHRESBERICHTE, AB
1956. JAHRESHEFTE, AB 1971

HERNE 1956

L U E N E N

RAUMENTWICKLUNG, RAUMPLANUNG

 - STADTENTWICKLUNG,STADTPLANUNG,
   STADTERNEUERUNG,SANIERUNG

---

(1)BEARBEITER   (2)MITARBEITER   (3)HERAUSGEBER   (4)REDAKTION   (5)PROJEKTLEITUNG   (6)AUFTRAGGEBER

660 0 0 012 0 0 0
1723-761127
TIETZSCH KARL-HEINZ
INSTITUT FUER ENTWICKLUNGSPLANUNG (IFE) (3)
*LUENEN STRUKTURUNTERSUCHUNG
OHNE ORT 1966

660 0 0 012 0 0 0
1724-761128
DEUBEL OTTO
*STADTENTWICKLUNGSPLAN LUENEN
LUENEN 1967

660 0 0 012 0 0 0
1725-761129
STADT LUENEN, PLANUNGSAMT
*RAUMORDNUNGSPROGRAMM LUENEN
LUENEN, 1969

660 0 0 012 0 0 0
1726-760547
ZLONICKY MARLENE, ZLONICKY PETER
NORDRHEIN-WESTFALEN, INNENMINISTER (6)
*AUSBAU VON STADT- UND STADTTEILZENTREN.
UNTERSUCHUNG VON ALTERNATIVEN AM BEISPIEL VON LUENEN
LUENEN 1970

660 0 0 012 0 0 0
1727-761518   BB 082/1
UNIVERSITAET DORTMUND, ABTEILUNG RAUMPLANUNG
*STADTENTWICKLUNGSPLANUNG LUENEN
STUDIENPROJEKT P03, STUDIENJAHR 1970/71
DORTMUND 1971

660 0 0 012 0 0 0
1728-761469
NEUE HEIMAT NRW UND STADT LUENEN
*STADTENTWICKLUNGSPLAN LUENEN.
STUDIE ZUR SANIERUNG VON TEILBEREICHEN DER INNENSTADT
LUENEN 1972

660 0 0 012 0 0 0
1729-760546
GRAUL J., LINGOHR-WOLBER D., LINGOHR M.
STADT LUENEN, AMT FUER STADTENTWICKLUNG
*STADTZENTRUM LUENEN.
ZIELSYSTEM, STRUKTURANALYSE, ENTWICKLUNGSPLANUNG
LUENEN 1974

660 0 0 012 0 0 0
1730-761131
STADT LUENEN, PLANUNGSAMT
*STANDORTPROGRAMM LUENEN
LUENEN, 1975

660 0 0 012 0 0 0
1731-760233
EVERT H.J., THOMSEN H.G.
RHEINISCH-WESTFAELISCHE TECHNISCHE HOCHSCHULE AACHEN (3)
*AUSWAHL GEEIGNETER ENTWICKLUNGSANSAETZE ZUR STANDORTPROGRAMMPLANUNG AM BEISPIEL LUENEN.
AACHEN 1975, DIPL.ARBEIT

L U E N E N

RAUMENTWICKLUNG, RAUMPLANUNG
- WOHNUNGSWESEN, WOHNPLANUNG, BAUWESEN

(1)BEARBEITER (2)MITARBEITER (3)HERAUSGEBER (4)REDAKTION (5)PROJEKTLEITUNG (6)AUFTRAGGEBER

660 0 0 013 0 0 0

1732-761530   BB 082/1

UNIVERSITAET DORTMUND, ABTEILUNG RAUMPLANUNG

*LUENEN II: WOHNPLANUNG
STUDIENPROJEKT P 10, STUDIENJAHR 1971/72

DORTMUND 1972

L U E N E N

RAUMENTWICKLUNG, RAUMPLANUNG

  - SIEDLUNGSBAU, ARBEITERSIEDLUNGEN

---

660 0 0 014 0 0 0

1733-761447

RHEIN.-WESTF. TECHNISCHE HOCHSCHULE AACHEN,
PROJEKTGRUPPE STAEDTEBAU

*STADTENTWICKLUNG ALS INTERESSENPOLITIK AM
BEISPIEL EINER ZECHENSIEDLUNG

IN: ANALYSE. ZEITUNG FUER INGENEURE UND
NATURWISSENSCHAFTLER NR.2/71

---

660 0 0 014 0 0 0

1734-760238   BB Z300/3

BALZER WOLFGANG (1)

*EINIGE ANSICHTEN DER VIKTORIA-KOLONIE IN
LUENEN

IN: STADTBAUWELT 46,1975, S.106-108

---

660 0 0 014 0 0 0

1735-761124

BALZER WOLFGANG

*EINIGE ANSICHTEN DER VICTORIA-KOLONIE IN
LUENEN.

IN: BAUWELT 46/ 1975

L U E N E N

RAUMENTWICKLUNG, RAUMPLANUNG

  - STADTGESTALTUNG, DENKMALPFLEGE

---

660 0 0 015 0 0 0

1736-761123

BALZER WOLFGANG, LOEFFLER P., LEHNEMANN W.

VHS ARBEITSKREIS FUER UMWELT UND HEIMAT

*ERHALTENSWERTE FESTPUNKTE IN LUENEN. WEGEN
IHRER EIGENART ZU BEACHTENDE STRASSEN UND
PLAETZE, GRUENFLAECHEN UND GEBAEUDE

OHNE ORT, 1973

---

660 0 0 015 0 0 0

1737-761401

BERG H.J., MORATZKI J., PANNENS H.

FACHHOCHSCHULE DORTMUND, FACHBEREICH
ARCHITEKTUR (3)

*WOHNWERTERHOEHUNG IN DER INNENSTADT VON
LUENEN DURCH VERBESSERUNG NACH AESTHETISCHEN
KRITERIEN

DORTMUND 1974, EXAM.ARBEIT

L U E N E N

RAUMENTWICKLUNG, RAUMPLANUNG

  - SIEDLUNGSGEOGRAPHIE, STADTGEOGRAPHIE

---

660 0 0 017 0 0 0

1738-761471

PLANERGRUPPE RUHR GMBH, OBERHAUSEN
STADT LUENEN, PLANUNGSAMT

*BERICHT UEBER DIE UNTERSUCHUNG DER
VERSORGUNGSAUFGABEN VON ZENTREN IN SIEDLUNGS-
BEREICHEN VON LUENEN UND UMGEBUNG

LUENEN 1973

---

(1)BEARBEITER (2)MITARBEITER (3)HERAUSGEBER (4)REDAKTION (5)PROJEKTLEITUNG (6)AUFTRAGGEBER

660 0 0 017 0 0 0

1739-761133

EVERT H.J.

*SIEDLUNGSKONZEPT LUENEN.
MAENGELKATALOG LUENEN CITY.
BESTEHENDE ZENTRALITAETSSTRUKTUR LUENEN

OHNE ORT 1974

---

660 0 0 017 0 0 0

1740-761556   BB 082/1

UNIVERSITAET DORTMUND, ABTEILUNG RAUMPLANUNG

*SEKTORALE ZENTRALITAETSUNTERSUCHUNG VON
LUENEN ZUR BESTIMMUNG VON STAEDTISCHEN ENT-
WICKLUNGSMASSNAHMEN
STUDIENPROJEKT A 15, STUDIENJAHR 1974/75

DORTMUND 1975

L U E N E N

WIRTSCHAFT

  - WIRTSCHAFTSSTRUKTUR,STRUKTURWANDEL,
    STRUKTURKRISE,WIRTSCHAFTSGEOGRAPHIE

---

660 0 0 021 0 0 0

1741-760540

STADT LUENEN, AMT FUER STATISTIK UND WAHLEN

*ARBEITSSTAETTENZAEHLUNG. VOLKSZAEHLUNG 1970

SONDERBEITRAEGE ZUR STATISTIK DER STADT
LUENEN HEFT 5, 1972

660300 0 021 0 0 0

1742-760548

RUST DORIS

*DER EINFLUSS DES WIRTSCHAFTLICHEN STRUKTUR-
WANDELS IM RUHRGEBIET AUF DAS WIRTSCHAFTS-
UND SOZIALGEFUEGE DER STADT LUENEN

OHNE ORT 1973, STAATSARBEIT

L U E N E N

WIRTSCHAFT

  - UEBRIGE WIRTSCHAFTSZWEIGE

---

660 0 0 028 0 0 0

1743-760549

INSTITUT FUER GEWERBEBETRIEBE IM STAEDTEBAU
(INGESTA)

*GUTACHTEN ZUR GEWERBEPLANUNG FUER DIE STADT
LUENEN.

LUENEN 1969

L U E N E N

BEVOELKERUNG

  - DEMOGRAPHIE,SOZIOGRAPHIE,STADTSOZIOLOGIE

---

660 0 0 031 0 0 0

1744-760539

STADT LUENEN, AMT FUER STATISTIK UND WAHLEN

*WOHNBEVOELKERUNG. VOLKSZAEHLUNG 1970

SONDERBEITRAEGE ZUR STATISTIK DER STADT
LUENEN HEFT 4, 1971

---

660 0 0 031 0 0 0

1745-761134

STADT LUENEN, PLANUNGSAMT

*BEVOELKERUNGSENTWICKLUNG LUENEN

LUENEN 1974

BIBLIOGRAPHIE RAUMPLANUNG IM RUHRGEBIET. IRPUD-BIBLIOGRAPHIEN.1. UNIVERSITAET DORTMUND. BL. 210

LUENEN

BEVOELKERUNG

- ERHOLUNG,FREIZEIT,URLAUB,SPORT,SPIEL

660620 0 G36 0 0 0

1746-761122

EMNID-INSTITUT GMBH+CO, BIELEFELD (1), SIED-LUNGSVERBAND RUHRKOHLENBEZIRK (SVR) (6)

*FREIZEIT IM RUHRGEBIET. UNTERSUCHUNG UEBER D FREIZEITVERHALTEN UND DIE FREIZEITBEDUERFNIS-SE DER BEVOELKERUNG. BEFRAGUNGSBEZIRK 5/ DORTMUND, LUENEN

OHNE ORT, 1971

LUENEN

INFRASTRUKTUR, VERSORGUNG

- STRASSENVERKEHR,EISENBAHN, SCHIFFAHRT,LUFTVERKEHR

---

660 0 0 041 0 0 0

1747-761130

MAECKE PAUL ARTHUR

*GENERALVERKEHRSPLAN (GVP) LUENEN-ALTLUENEN

OHNE ORT, 1967

---

660 0 0 041 0 0 0

1748-760542

HOTTES KARLHEINZ, KUEHNE DIETRICH

STADT LUENEN, AMT FUER STADTENTWICKLUNG

*VERKEHRSFELDER LUENEN-NORD

MATERIALIEN ZUM STADTENTWICKLUNGSPLAN LUENEN, BAND 1, HEFT 1, 1969

---

660 0 0 041 0 0 0

1749-760543

HOTTES KARLHEINZ, KUEHNE DIETRICH

STADT LUENEN, AMT FUER STADTENTWICKLUNG

*DIE VERKEHRSFELDER LUENEN WEST UND SUED

MATERIALIEN ZUM STADTENTWICKLUNGSPLAN LUENEN. BAND 2, HEFT 1, 1970

---

660 0 0 041 0 0 0

1750-760544

HOTTES KARLHEINZ, HILSINGER HORST

STADT LUENEN, AMT FUER STADTENTWICKLUNG

*DAS VERKEHRSFELD LUENEN-OST

MATERIALIEN ZUM STADTENTWICKLUNGSPLAN LUENEN BAND 3, HEFT 1, 1972

---

660 0 0 041 0 0 0

1751-760541

PLANERGRUPPE GMBH, OBERHAUSEN

*VERKEHRSPLAN INNENSTADT LUENEN

OHNE ORT 1974

LUENEN

INFRASTRUKTUR, VERSORGUNG

- BILDUNGSWESEN,SCHULEN,HOCHSCHULEN,MEDIEN, KUNST,KULTUR

---

660 0 0 045 0 0 0

1752-761529   BB 082/1

UNIVERSITAET DORTMUND, ABTEILUNG RAUMPLANUNG

*LUENEN I: SCHULPLANUNG
STUDIENPROJEKT P 09, STUDIENJAHR 1971/72

DORTMUND 1972

---

(1)BEARBEITER (2)MITARBEITER (3)HERAUSGEBER (4)REDAKTION (5)PROJEKTLEITUNG (6)AUFTRAGGEBER

BIBLIOGRAPHIE RAUMPLANUNG IM RUHRGEBIET. IRPUD-BIBLIOGRAPHIEN.1. UNIVERSITAET DORTMUND. BL. 211

---

660 0 0 045 0 0 0

1753-761132

STADT LUENEN

*SCHULENTWICKLUNGSPLAN (ENTWURF) STADT LUENEN

LUENEN 1975

L U E N E N

RECHT, VERWALTUNG, POLITIK

- OEFFENTLICHKEITSARBEIT, PARTIZIPATION, DEMOKRATISIERUNG

---

660 0 0 055 0 0 0

1754-760545

BALZER WOLFGANG, FAHRENTRAPP, KRUEGERKE

STADT LUENEN, VOLKSHOCHSCHULE

*PLANUNG UND OEFFENTLICHKEIT - PLANSPIEL AM BEISPIEL DER SANIERUNG DER LUENER INNENSTADT

LUENEN 1972

L U E N E N

RECHT, VERWALTUNG, POLITIK

- TERRITORIALE VERWALTUNGSGLIEDERUNG, REGIONALE UND KOMMUNALE NEUGLIEDERUNG

---

660 0 0 057 0 0 0

1755-760564

LAUX EBERHARD (1), WEISS ADOLF (2), ESCHENBACH HEINZ (2)

WIRTSCHAFTSBERATUNG AG (WIBERA) DUESSELDORF

*GUTACHTEN ZUR VERWALTUNGSGLIEDERUNG IM RAUM LUENEN

DUESSELDORF 1968 3 BAENDE

---

660 0 0 057 0 0 0

1756-761445

WIRTSCHAFTSBERATUNGS-AG (WIBERA)

*WIRTSCHAFTSSTRUKTUR UND REGIONALE FUNKTION. GUTACHTEN ZUR VERWALTUNGSGLIEDERUNG IM RAUM LUENEN.- BAND 1

OHNE ORT 1968

---

660 0 0 057 0 0 0

1757-761446

WIRTSCHAFTSBERATUNGS-AG (WIBERA) DUESSELDORF

*VERWALTUNGSSTRUKTUR UND TERRITORIALE NEU-GLIEDERUNG. MIT ANLAGENBAND
- GUTACHTEN ZUR VERWALTUNGSGLIEDERUNG IM RAUM LUENEN.- BAND 2+3

OHNE ORT 1968

L U E N E N

FINANZWESEN, STATISTIK, KARTOGRAPHIE

- FINANZEN, FINANZPLANUNG, HAUSHALTSWESEN

---

660 0 0 061 0 0 0

1758-760538

STADT LUENEN, PLANUNGSAMT

*HAUSHALTSENTWICKLUNG DER STADT LUENEN.

LUENEN 1975

L U E N E N

FINANZWESEN, STATISTIK, KARTOGRAPHIE

- STATISTIK
  (SOWEIT NICHT THEMATISCH EINGEORDNET)

---

(1)BEARBEITER (2)MITARBEITER (3)HERAUSGEBER (4)REDAKTION (5)PROJEKTLEITUNG (6)AUFTRAGGEBER

BIBLIOGRAPHIE RAUMPLANUNG IM RUHRGEBIET. IRPUD-BIBLIOGRAPHIEN.1. UNIVERSITAET DORTMUND. BL. 212

---

660 0 0 063 0 0 0

1759-761135

STADT LUENEN

*STATISTISCHE VIERTELJAHRESHEFTE DER STADT LUENEN

M U E L H E I M   AN DER RUHR

RAUMENTWICKLUNG, RAUMPLANUNG
- STADTENTWICKLUNG,STADTPLANUNG, STADTERNEUERUNG,SANIERUNG

---

665 0 0 012 0 0 0

1760-760160

KOENZEN ALBERT (1)

*MUELHEIM UND DAS PROBLEM EINER STRUKTURELLEN STADTERNEUERUNG.

IN: DIE DEMOKRATISCHE GEMEINDE, JG. 12,1960 S.279 - 280

---

665 0 0 012 0 0 0

1761-760156

STADT MUELHEIM AN DER RUHR, AUFBAUGEMEIN-SCHAFT STADTMITTE II...IDUNA..., (3)

*STADTKERNERWEITERUNG MUELHEIM AN DER RUHR. HANS-BOECKLER-PLATZ

DUESSELDORF 1970, 9 GEZ. BL.,   VERLAG BAGEL

---

665 0 0 012 0 0 0

1762-760158

BLOEM C. F., (1)

STADT MUELHEIM AN DER RUHR, OBERSTADT-DIREKTOR, (3)

*HANS-BOECKLER-PLATZ. - EINE GEMEINSCHAFTS-LEISTUNG. DATEN-NAMEN-PLAENE-FINANZEN.

MUELHEIM AN DER RUHR 1974, 21 S.,   MIT ABB.

---

665 0 0 012 0 0 0

1763-760162

STADT MUELHEIM AN DER RUHR, OBERSTADT-DIREKTOR, (3)

*SANIERUNG NOERDLICHE INNENSTADT

MUELHEIM AN DER RUHR 1974, 13 BL.,MIT ABB

M U E L H E I M   AN DER RUHR

RAUMENTWICKLUNG, RAUMPLANUNG
- SIEDLUNGSGEOGRAPHIE,STADTGEOGRAPHIE

66567082230017 0 0 0

1764-761599

MERTINS G.

*DIE KULTURLANDSCHAFT DES WESTLICHEN RUHRGEBIETS (MUELHEIM-OBERHAUSEN-DINSLAKEN)

GIESSEN 1964

GIESSENER GEOGRAPHISCHE SCHRIFTEN, H. 4

M U E L H E I M   AN DER RUHR

BEVOELKERUNG
- ERHOLUNG,FREIZEIT,URLAUB,SPORT,SPIEL

---

665 0 0 036 0 0 0

1765-760159

STADT MUELHEIM AN DER RUHR, (3)

*HALLENBAD-SUED. MUELHEIM AN DER RUHR. EROEFFNET AM 29. MAI 1965

MUELHEIM AN DER RUHR, 1965, ABB, UNV.

---

(1)BEARBEITER (2)MITARBEITER (3)HERAUSGEBER (4)REDAKTION (5)PROJEKTLEITUNG (6)AUFTRAGGEBER

BIBLIOGRAPHIE RAUMPLANUNG IM RUHRGEBIET. IRPUD-BIBLIOGRAPHIEN.1. UNIVERSITAET DORTMUND. BL. 213

M U E L H E I M   AN DER RUHR

INFRASTRUKTUR, VERSORGUNG

- STRASSENVERKEHR, EISENBAHN, SCHIFFAHRT, LUFTVERKEHR

---

665 0 0 041 0 0 0

1766-760150

KORTE JOSEF WILHELM, MAECKE PAUL ARTHUR, HOELSKEN DIETER, UEBERSCHAER M.

*GUTACHTEN ZUR VERKEHRSPLANUNG DER STADT MUELHEIM AN DER RUHR. TEIL 1. INDIVIDUELLER VERKEHR

OHNE ORT 1964, 99 S., BILDBAND

---

665 0 0 041 0 0 0

1767-760149

KORTE JOSEF WILHELM, MAECKE PAUL ARTHUR, HOELSKEN DIETER, UEBERSCHAER M.

*GUTACHTEN ZUR VERKEHRSPLANUNG DER STADT MUELHEIM AN DER RUHR. TEIL 1. INDIVIDUELLER VERKEHR. DIAGNOSE UND PROGNOSE

OHNE ORT 1964, 64 S., TEXTBAND

---

665 0 0 041 0 0 0

1768-760155   BB 565/16

MAECKE PAUL ARTHUR

STADT MUELHEIM A.D.RUHR, VERKEHRSBETRIEBE (3)

*VERKEHRSANALYSE DES OEFFENTLICHEN NAHVERKEHRS IN MUELHEIM AN DER RUHR IN DIAGNOSE UND PROGNOSE. TAFELBAND

AACHEN, 1965, 151 GEZ. BL., TAFELBD.

---

665 0 0 041 0 0 0

1769-760154   BB 565/16

MAECKE PAUL ARTHUR, HOELSKEN DIETER

STADT MUELHEIM AN DER RUHR, VERKEHRSBETRIEBE, (3)

*VERKEHRSANALYSE DES OEFFENTLICHEN NAHVERKEHRS IN MUELHEIM AN DER RUHR IN DIAGNOSE UND PROGNOSE.

AACHEN 1965, 47 GEZ. BL., TEXTBD., V. BOHM

---

665 0 0 041 0 0 0

1770-760153

STADT MUELHEIM AN DER RUHR, (3)

*DIE STADTBAHN IN MUELHEIM AN DER RUHR. VERKNUEPFUNGSPUNKT

ESSEN: ROHDEN 1969

---

665 0 0 041 0 0 0

1771-761467

STADT MUELHEIM AN DER RUHR

*DIE STADTBAHN IN MUELHEIM AN DER RUHR

ESSEN: ROHDEN 1969

665625 0 041 0 0 0

1772-760119

LANDSCHAFTSVERBAND RHEINLAND, (3)

*DER RUHRSCHNELLWEG - B 60 IM RAUME MUELHEIM-DUISBURG

ESSEN, 1970, GETR. PAG. MIT KT. UND TAB.

---

665 0 0 041 0 0 0

1773-760161

WOLTER HANS-JOACHIM, (1)

STADT MUELHEIM AN DER RUHR, OBERSTADTDIREKTOR, (3)

*NORDBRUECKE. MUELHEIM AN DER RUHR

MUELHEIM/RUHR 1971, 38S. VERLAG KLAPHECK

---

665 0 0 041 0 0 0

1774-760163

STADT MUELHEIM AN DER RUHR, (3)

*DER STADTBAHNBAU IN MUELHEIM AN DER RUHR BAUABSCHNITT 3, LEIBNIZSTRASSE

ESSEN: FLEER 1972, 23 S., ABB.

---

(1)BEARBEITER (2)MITARBEITER (3)HERAUSGEBER (4)REDAKTION (5)PROJEKTLEITUNG (6)AUFTRAGGEBER

665670 063041 0 0 0

1775-761686

THOMA WERNER

IHK FUER DIE STADTKREISE ESSEN, MUELHEIM UND
OBERHAUSEN ZU ESSEN

*BEGINN D. S-BAHN RUHR. AB 26.5. SIEBEN
SCHNELLBAHNLINIEN IM KAMMERBEZIRK

IN: WIRTSCHAFTLICHE NACHRICHTEN DER IHK
FUER D. STADTKREISE ESSEN, MUELH./R. U. OBER-
HAUSEN ZU ESSEN, 28 (1974) S. 240-242

---

665 0 0 041 0 0 0

1776-760164

SCHULZ PETER, (1),

STADT MUELHEIM AN DER RUHR,
OBERSTADTDIREKTOR(6)

*ALLES UEBER DIE U-STADTBAHN. IM BEREICH DER
BAULOSE 12, 13, 14 MUELHEIM-RUHR HEISSEN

ESSEN 1975, VERLAG WEBELS, 1 FALTBL.

M U E L H E I M   AN DER RUHR

INFRASTRUKTUR, VERSORGUNG

- WASSERWIRTSCHAFT, ABFALL, UMWELTSCHUTZ

---

665 0 0 043 0 0 0

1777-760165

HOLM FRANZ

*WASSERVERSORGUNG UND ABWASSERBESEITIGUNG AM
BEISPIEL DER STADT MUELHEIM AN DER RUHR

MUELHEIM/RUHR 1972 100S. FOTODRUCK

M U E L H E I M   AN DER RUHR

INFRASTRUKTUR, VERSORGUNG

- BILDUNGSWESEN, SCHULEN, HOCHSCHULEN, MEDIEN,
  KUNST, KULTUR

---

665 0 0 045 0 0 0

1778-761110

MEYER H.(5), ROLFF H.G., FERNAU F.W.,
BONES E., BUCHHOLTZ D. (2)

STADT MUELHEIM A D RUHR, OBERSTADTDIREKTOR

*BILDUNGSENTWICKLUNGSPLAN DER STADT MUELHEIM
A D RUHR (ENTWURF)

MUELHEIM/RUHR 1974, 453 S., KT., ABB., TAB.

BEITRAEGE ZUR STADTENTWICKLUNG, NR.1

M U E L H E I M   AN DER RUHR

FINANZWESEN, STATISTIK, KARTOGRAPHIE

- STATISTIK
  (SOWEIT NICHT THEMATISCH EINGEORDNET)

---

665 0 0 063 0 0 0

1779-761021

STADT MUELHEIM / RUHR, AMT FUER STATISTIK UND
WAHLEN (1),(3), OBERSTADTDIREKTOR (6)

*STRUKTURDATEN, GEGLIEDERT NACH STADTTEILEN
UND STADTBEZIRKEN

MUELHEIM A D RUHR 1967 (FOTOMECH.VERVIELF.)

M U E L H E I M   AN DER RUHR

GESCHICHTE

- STADTGESCHICHTE, SIEDLUNGSGESCHICHTE,
  LANDESGESCHICHTE

---

665 0 0 071 0 0 0

1780-760147

KRAPP FRANZ ROLF(1)

*MUELHEIM - WEG EINER STADT AN DER RUHR. EINE
KLEINE STADTGESCHICHTE VON DEN ANFAENGEN BIS
ZUR GEGENWART

MUELHEIM/RUHR 1967, 232 S., FOTOS U. BILDTAF

---

(1)BEARBEITER (2)MITARBEITER (3)HERAUSGEBER (4)REDAKTION (5)PROJEKTLEITUNG (6)AUFTRAGGEBER

BIBLIOGRAPHIE RAUMPLANUNG IM RUHRGEBIET. IRPUD-BIBLIOGRAPHIEN.1. UNIVERSITAET DORTMUND.

---

665 062563071 0 0 0

1781-760679

KRAEMER K. E.

*DAS UNTERE RUHRTAL VON ESSEN BIS DUISBURG.

OHNE ORT 1970

---

665 0 0 071 0 0 0

1782-760152

KRAPP FRANZ ROLF, (1) WOLTER, LOEHR, (2)

KUNSTVERLAG JOSEF BUEHN, STADT MUELHEIM AN
DER RUHR, STADTVERWALTUNG, (3)

*MUELHEIM AN DER RUHR. KULTUR- UND WIRTSCHATS-
CHRONIK DER STADT MUELHEIM AN DER RUHR

MUENCHEN, 1972, 156 BL., KT., ABB., FARBFOTOS

M U E L H E I M AN DER RUHR

GESCHICHTE

  - SOZIALGESCHICHTE

---

665 0 0 072 0 0 0

1783-760151

STEINISCH IRMGARD (1)

*DIE REVOLUTIONAEREN EREIGNISSE IN MUELHEIM
ENDE 1918/ANFANG 1919.

BERLIN, 1971, 169 BL., FOTODRUCK

M U E L H E I M AN DER RUHR

GESCHICHTE

  - WIRTSCHAFT- UND TECHNIKGESCHICHTE

---

665 0 0 073 0 0 0

1784-760148

FOERSTER-BALDENIUS WERNER, JURETZKA GERD, (1)

STADT MUELHEIM A. D. RUHR, VERKEHRSBETR., (3)

*FUENFUNDSIEBZIG JAHRE STRASSENBAHN MUELHEIM
AN DER RUHR

ESSEN, 1972, 52 S., VERLAG VELA-ROHDE,

M U E L H E I M AN DER RUHR

GESCHICHTE

  - FIRMENGESCHICHTE

---

665 0 0 074 0 0 0

1785-760145

TREUE WILHELM(1)

*DIE FEUER VERLOESCHEN NIE. AUGUST THYSSEN-
HUETTE. BAND 1. (1890 - 1926)

DUESSELDORF, 1966, 264 S., VERLAG ECON

---

665 0 0 074 0 0 0

1786-760146

TREUE WILHELM(1),UEBBING HELMUT(2)

*DIE FEUER VERLOESCHEN NIE. AUGUST THYSSEN-
HUETTE. BAND 2. (1926 - 1966)

DUESSELDORF, 1969, 228 S., VERLAG ECON

M U E L H E I M AN DER RUHR

GESCHICHTE

  - BAUTENGESCHICHTE

---

(1)BEARBEITER (2)MITARBEITER (3)HERAUSGEBER (4)REDAKTION (5)PROJEKTLEITUNG (6)AUFTRAGGEBER

665 0 0 076 0 0 0

1797-760157

BINDING GUENTHER (1)

*DIE SPAETKAROLINGISCHE BURG BROICH IN MUEL-
HEIM AN DER RUHR. DIE BAUENTWICKLUNG BIS 1443
NACH DEN AUSGRABUNGEN 1965 - 1968. MIT FOTO-
TAFELN, GRUNDRISS UND FALTPLAN

DUESSELDORF 1968, 82 S., RHEINLAND-VERLAG

RHEINISCHE AUSGRABUNGEN, BAND 4

O B E R H A U S E N

RAUMENTWICKLUNG, RAUMPLANUNG

- STADTENTWICKLUNG,STADTPLANUNG,
  STADTERNEUERUNG,SANIERUNG

---

670 0 0 012 0 0 0

1788-761711

MENGE HANS, PREUSCHEN-LEWINSKI MICHAEL VON,
SCHOMERS MANFRED, WILKENS MANFRED, ZLONICKY
PETER

STADT OBERHAUSEN (6), PLANERBUERO ZLONICKY,
INTERNATIONAL INST. OF URBAN STUDIES (3)

*ENTWICKLUNG DER STADTMITTE OBERHAUSEN

ESSEN 1972, 178 S., 37 BL., KT., ABB.,TAB.

O B E R H A U S E N

RAUMENTWICKLUNG, RAUMPLANUNG

- SIEDLUNGSGEOGRAPHIE,STADTGEOGRAPHIE

67082230066517 0 0 0

1789-761599

MERTINS C.

*DIE KULTURLANDSCHAFT DES WESTLICHEN
RUHRGEBIETS (MUELHEIM-OBERHAUSEN-DINSLAKEN)

GIESSEN 1964

GIESSENER GEOGRAPHISCHE SCHRIFTEN, H. 4

O B E R H A U S E N

WIRTSCHAFT

- WIRTSCHAFTSSTRUKTUR,STRUKTURWANDEL,
  STRUKTURKRISE,WIRTSCHAFTSGEOGRAPHIE

---

670 062563521 0 0 0

1790-760213

HARTMANN PETER (1)

RUHRUNIVERSITAET BOCHUM (3)

*DER MODERNE STRUKTURWANDEL DER INDUSTRIE IN
DEN STAEDTEN GELSENKIRCHEN, OBERHAUSEN UND
DUISBURG

BOCHUM 1970, 65 S., EXAM.ARB. MASCH.SKRIPT

O B E R H A U S E N

INFRASTRUKTUR, VERSORGUNG

- STRASSENVERKEHR,EISENBAHN,
  SCHIFFAHRT,LUFTVERKEHR

---

670 063066541 0 0 0

1791-761686

THOMA WERNER

IHK FUER DIE STADTKREISE ESSEN, MUELHEIM UND
OBERHAUSEN ZU ESSEN

*BEGINN D. S-BAHN RUHR. AB 26.5. SIEBEN
SCHNELLBAHNLINIEN IM KAMMERBEZIRK

IN: WIRTSCHAFTLICHE NACHRICHTEN DER IHK
FUER D. STADTKREISE ESSEN, MUELH./R. U. OBER-
HAUSEN ZU ESSEN, 28 (1974) S. 240-242

O B E R H A U S E N

RECHT, VERWALTUNG, POLITIK

- OEFFENTLICHKEITSARBEIT,PARTIZIPATION,
  DEMOKRATISIERUNG

---

(1)BEARBEITER (2)MITARBEITER (3)HERAUSGEBER (4)REDAKTION (5)PROJEKTLEITUNG (6)AUFTRAGGEBER

BIBLIOGRAPHIE RAUMPLANUNG IM RUHRGEBIET. IRPUD-BIBLIOGRAPHIEN.1. UNIVERSITAET DORTMUND. BL. 217

6706758226055557 0 0

1792-760758

WALCHSHOEFER JUERGEN

UNIVERSITAET MARBURG

*GEBIETSREFORM UND BUERGERSCHAFTLICHE PARTIZIPATION

MARBURG 1974, 424 S., TAB., LIT. SOZ. DISS.

O B E R H A U S E N

RECHT, VERWALTUNG, POLITIK

- TERRITORIALE VERWALTUNGSGLIEDERUNG, REGIONALE UND KOMMUNALE NEUGLIEDERUNG

67067582260557 0 C55

1793-760758

WALCHSHOEFER JUERGEN

UNIVERSITAET MARBURG

*GEBIETSREFORM UND BUERGERSCHAFTLICHE PARTIZIPATION

MARBURG 1974, 424 S., TAB., LIT. SOZ. DISS.

O B E R H A U S E N

GESCHICHTE

- STADTGESCHICHTE, SIEDLUNGSGESCHICHTE, LANDESGESCHICHTE

670610 0 071 0 0 0

1794-761572

GLAESSER E.

*DIE KULTURLANDSCHAFTSENTWICKLUNG DES WESTLICHEN RUHRGEBIETES VOR BEGINN DER HOCHINDUSTRIELLEN PERIODE, GEZEIGT AN BEISPIELEN AUS DEM RAUM OSTERFELD-STERKRADE-BOTTROP

BAD GODESBERG 1968

IN: BERICHTE ZUR DEUTSCHEN LANDESKUNDE, BD. 4, HEFT 1, S. 59-80

R E C K L I N G H A U S E N

OHNE SACHGLIEDERUNG

---

675 0 0 00000

1795-760103

SIEKMANN KURT, LUECKE WERNER, (1)

*RECKLINGHAUSEN

FRANKFURT, 1975, VERLAG WOLFGANG WEIDLICH

R E C K L I N G H A U S E N

RAUMENTWICKLUNG, RAUMPLANUNG

- STADTENTWICKLUNG, STADTPLANUNG, STADTERNEUERUNG, SANIERUNG

67568061565512 0 0 0

1796-760199

LANDESENTWICKLUNGSGES. NW F. STAEDTEBAU, WOHNUNGSW. U. AGRARORDN., PLANERB. ZLONICKY, (3)

*MEHRGEMEINDLICHE ENTWICKLUNGS- UND STANDORTPLANUNG. GUTACHTEN IM AUFTRAG DER STAEDTE CASTROP-RAUXEL, HERNE, RECKLINGHAUSEN, WANNE-EICKEL

ESSEN, 1973

R E C K L I N G H A U S E N

WIRTSCHAFT

- UEBRIGE WIRTSCHAFTSZWEIGE

---

(1)BEARBEITER (2)MITARBEITER (3)HERAUSGEBER (4)REDAKTION (5)PROJEKTLEITUNG (6)AUFTRAGGEBER

675300 065528 0 0 0

1797-761016

WIGGEN JOACHIM, ZURWEHN ULRICH, (1)

*VERGLEICH DER STRUKTUR UND PROBLEME DER
AGRARWIRTSCHAFT IN DER EMSCHERZONE UND VESTI-
SCHEN ZONE ANHAND VON BEISPIELBETRIEBEN IN
HERNE UND RECKLINGHAUSEN

OHNE ORT 1974

R E C K L I N G H A U S E N

BEVOELKERUNG

- DEMOGRAPHIE,SOZIOGRAPHIE,STADTSOZIOLOGIE

675655 0 031 0 0 0

1798-760053

GRUENEWALD MARIE-LUISE, KRAUSE BEATE, (1)

*ZENTRENAUSRICHTUNG AUSGEWAEHLTER SOZIALER
GRUPPEN IN HERNE UND RECKLINGHAUSEN

OHNE ORT UND JAHR

R E C K L I N G H A U S E N

INFRASTRUKTUR, VERSORGUNG

- WASSERWIRTSCHAFT,ABFALL,UMWELTSCHUTZ

---

675 0 0 043 0 0 0

1799-761052

HECKER G., (1)

STADT RECKLINGHAUSEN, (3)

*UMWELTSCHUTZBERICHT 1973 DER STADT RECKLING-
HAUSEN

RECKLINGHAUSEN 1973, 26 S., 9 BL.

R E C K L I N G H A U S E N

RECHT, VERWALTUNG, POLITIK

- OEFFENTLICHKEITSARBEIT,PARTIZIPATION,
DEMOKRATISIERUNG

67582260567055570 0 0

1800-760758

WALCHSHOEFER JUERGEN

UNIVERSITAET MARBURG

*GEBIETSREFORM UND BUERGERSCHAFTLICHE
PARTIZIPATION

MARBURG 1974, 424 S., TAB., LIT. SOZ. DISS.

R E C K L I N G H A U S E N

RECHT, VERWALTUNG, POLITIK

- TERRITORIALE VERWALTUNGSGLIEDERUNG,
REGIONALE UND KOMMUNALE NEUGLIEDERUNG

67568061565557 0 0 0

1801-760607   BB 970/24

SIEDENTOPF HEINRICH

DIE STAEDTE CASTROP-RAUXEL, HERNE, RECKLING-
HAUSEN, WANNE-EICKEL (3)

*ZU DEN KONZEPTIONEN EINER TERRITORIALEN
NEUGLIEDERUNG IM RUHRGEBIET
GUTACHTEN ERSTELLT FUER DIE STAEDTE CASTROP
RAUXEL, HERNE, RECKLINGHAUSEN UND WANNE-
EICKEL

HERNE 1972, 76 S.

67568061565557 0 0 0

1802-760606

SIEDENTOPF HEINRICH

DIE STAEDTE CASTROP-RAUXEL, HERNE, RECKLING-
HAUSEN, WANNE-EICKEL

*STELLUNGNAHME ZUM NEUGLIEDERUNGSVORSCHLAG DES
INNENMINISTERS DES LANDES NORDRHEIN-WESTFALEN
VOM 25. SEPTEMBER 1972
GUTACHTEN ERSTELLT FUER DIE STAEDTE CASTROP-
RAUXEL, HERNE, RECKLINGHAUSEN U WANNE-EICKEL

HERNE 1973, 122 S.

---

(1)BEARBEITER (2)MITARBEITER (3)HERAUSGEBER (4)REDAKTION (5)PROJEKTLEITUNG (6)AUFTRAGGEBER

BIBLIOGRAPHIE RAUMPLANUNG IM RUHRGEBIET. IRPUD-BIBLIOGRAPHIEN.1. UNIVERSITAET DORTMUND. BL. 219

67582260567057 0 055

1803-760758

WALCHSHOEFER JUERGEN

UNIVERSITAET MARBURG

*GEBIETSREFORM UND BUERGERSCHAFTLICHE PARTIZIPATION

MARBURG 1974, 424 S., TAB., LIT. SOZ. DISS.

R E C K L I N G H A U S E N

FINANZWESEN, STATISTIK, KARTOGRAPHIE

- KARTOGRAPHIE, KARTEN

---

675 0 0 064 0 0 0

1804-760593

OHDE HEINZ, (OEFFENTL. BEST. VERMESSUNGSING.)

STADT RECKLINGHAUSEN (3)

*DIGITALES FLAECHENNUTZUNGSMODELL RECKLINGHAUSEN, MASSSTAB 1:10 000, STAND FEB. 1975

RECKLINGHAUSEN 1975

---

675 0 0 064 0 0 0

1805-760108

STADT RECKLINGHAUSEN, OBERSTADTDIREKTOR, VERMESSUNGSAMT, (3)

*DIE STADT RECKLINGHAUSEN DARGESTELLT IN KARTEN UND PLAENEN

RECKLINGHAUSEN, 1975, 1. AUFLAGE

R E C K L I N G H A U S E N

GESCHICHTE

- STADTGESCHICHTE, SIEDLUNGSGESCHICHTE, LANDESGESCHICHTE

---

675 0 0 071 0 0 0

1806-760102

BURGHARDT WERNER, SIEKMANN KURT, (1)

*RECKLINGHAUSEN - KLEINE STADTGESCHICHTE

RECKLINGHAUSEN, 1971, VERL. RUDOLF WINKELMANN

W A N N E - E I C K E L

OHNE SACHGLIEDERUNG

---

680 0 0 00000

1807-761011

LUDEWIG WILHELM, WOLF FRED, RADDATZ HERBERT (GRAFIK)

*EINE STADT IM REVIER

WANNE-EICKEL, 1963 (2.AUFLAGE), 44 S.

---

680 0 0 00000

1808-761006

STADT WANNE-EICKEL

*GRUNDLAGENBERICHT DER STADT WANNE-EICKEL

WANNE-EICKEL, 1971 (UEBERARB. AUFLAGE)

---

680 0 0 00000

1809-761003

STADT WANNE-EICKEL

*INFORMATIONEN UEBER WANNE-EICKEL

WANNE-EICKEL, 1973

---

(1)BEARBEITER (2)MITARBEITER (3)HERAUSGEBER (4)REDAKTION (5)PROJEKTLEITUNG (6)AUFTRAGGEBER

W A N N E - E I C K E L

RAUMENTWICKLUNG, RAUMPLANUNG

- STADTENTWICKLUNG,STADTPLANUNG,
  STADTERNEUERUNG,SANIERUNG

---

680 0 0 012 0 0 0

1810-760177

STADT WANNE-EICKEL, (3)

*INVESTITIONSPLAN DER STADT WANNE-EICKEL FUER
DIE JAHRE 1973 - 1977

OHNE ORT UND JAHR

---

680 0 0 012 0 0 0

1811-760198

STADT WANNE-EICKEL, (3)

*BAULEITPLANUNG DER STADT WANNE-EICKEL

WANNE-EICKEL 1970

68061565567512 0 0 0

1812-760199

LANDESENTWICKLUNGSGES. NW F. STAEDTEBAU,WOH-
NUNGSW. U. AGRARORDN., PLANERB. ZLONICKY, (3)

*MEHRGEMEINDLICHE ENTWICKLUNGS- UND STANDORT-
PLANUNG. GUTACHTEN IM AUFTRAG DER STAEDTE
CASTROP-RAUXEL, HERNE, RECKLINGHAUSEN, WANNE-
EICKEL

ESSEN 1973

---

680 0 0 012 0 0 0

1813-760082

STADT WANNE-EICKEL, (3)

*NOCH MEHR CITY IN WANNE-EICKEL
DAS ZWEITE STUECK HAUPTSTRASSE WIRD
FUSSGAENGERZONE

1974

680655 0 012 0 0 0

1814-760184

STADT HERNE, (3)

*STADTKERNERNEUERUNG WANNE - HERNE

HERNE 1975

W A N N E - E I C K E L

RAUMENTWICKLUNG, RAUMPLANUNG

- SIEDLUNGSGEOGRAPHIE,STADTGEOGRAPHIE

---

680 0 0 017 0 0 0

1815-760036

BUSCH PAUL, (1)

*ZUR SIEDLUNGSSTRUKTUR DER STADT WANNE-EICKEL

PADERBORN 1965

W A N N E - E I C K E L

WIRTSCHAFT

- WIRTSCHAFTSSTRUKTUR,STRUKTURWANDEL,
  STRUKTURKRISE,WIRTSCHAFTSGEOGRAPHIE

---

680 0 0 021 0 0 0

1816-761010

*WANNE-EICKEL - WIRTSCHAFT UND LEBEN 1971

ESSEN : BELEKE 1971

BIBLIOGRAPHIE RAUMPLANUNG IM RUHRGEBIET. IRPUD-BIBLIOGRAPHIEN.1. UNIVERSITAET DORTMUND. BL. 221

---

680 0 0 021 0 0 0

1817-760081

STADT WANNE-EICKEL, (3)

*WANNE-EICKEL AUF DEM RICHTIGEN WEGE - DIE WIRTSCHAFTSKRAFT UNSERER STADT WAECHST WEITER

WANNE-EICKEL, 1969

---

680 0 0 021 0 0 0

1819-760086

STADT WANNE-EICKEL, (3)

*AUF EIN WORT - INDUSTRIEGELAENDE IN WANNE-EICKEL

WANNE-EICKEL, 1969

W A N N E - E I C K E L

WIRTSCHAFT
  - WIRTSCHAFTSPLANUNG, WIRTSCHAFTSPOLITIK, WIRTSCHAFTSFOERDERUNG

---

680 0 0 022 0 0 0

1819-760046

INTERTRAFFIC GMBH, (3)

*KONZEPTION ZUR ENTWICKLUNG UND FOERDERUNG DER WIRTSCHAFT DER STADT WANNE-EICKEL

DUESSELDORF, 1969

W A N N E - E I C K E L

WIRTSCHAFT
  - BERGBAU

680300 0 023 0 0 0

1820-760021

SCHMITZ GERHARD, (1)

*ENTWICKLUNG DES RUHRBERGBAUS - DARGESTELLT AM BEISPIEL DER ZECHE "KOENIGSGRUBE" IN WANNE-EICKEL

WANNE-EICKEL

W A N N E - E I C K E L

WIRTSCHAFT
  - GEMEINDEUNTERNEHMEN (OHNE INFRASTRUKTUREINRICHTUNGEN)

---

680 0 0 027 0 0 0

1821-761020

STADT WANNE-EICKEL, STADTWERKE

*GESCHAEFTSBERICHTE FUER DIE JAHRE 1966 BIS 1973

(WANNE-EICKEL), (1973)

W A N N E - E I C K E L

BEVOELKERUNG
  - SOZIALWESEN, SOZIALARBEIT, SOZIALPOLITIK

---

680 0 0 034 0 0 0

1822-760084

*KINDERGARTENPLAN - EIN BEITRAG ZUR STADTENTWICKLUNG DER STADT WANNE-EICKEL

1972/73

---

(1) BEARBEITER (2) MITARBEITER (3) HERAUSGEBER (4) REDAKTION (5) PROJEKTLEITUNG (6) AUFTRAGGEBER

BIBLIOGRAPHIE RAUMPLANUNG IM RUHRGEBIET. IRPUD-BIBLIOGRAPHIEN.1. UNIVERSITAET DORTMUND. BL. 222

---

680 0 0 034 0 C 0
1823-761004

STADT WANNE-EICKEL

*RATGEBER FUER AELTERE MITBUERGER IN WANNE-EICKEL

WANNE-EICKEL 1973

W A N N E - E I C K E L

BEVOELKERUNG

- PARTEIEN,VERBAENDE,VEREINE,KIRCHEN

68C 0 0 035 0 C 0
1824-761009

BUERGERGEMEINSCHAFT WANNE-EICKEL E.V.

*JAHRESBERICHT 1970

1970

W A N N E - E I C K E L

BEVOELKERUNG

- ERHOLUNG,FREIZEIT,URLAUB,SPORT,SPIEL

---

680 0 0 036 0 0 0
1825-760191

STADT WANNE-EICKEL, (3)

*SPORTHALLE WANNE-EICKEL

WANNE-EICKEL 1969

---

680 0 0 036 0 0 0
1826-760166

STADT WANNE-EICKEL, STADTWERKE, (3)

*SOL- UND THERMALBAD WANNE-EICKEL - DAS MODERNE BAD IM HERZEN DES RUHRGEBIETES

WANNE-EICKEL 1970 U. 1975

W A N N E - E I C K E L

INFRASTRUKTUR, VERSORGUNG

- STRASSENVERKEHR,EISENBAHN, SCHIFFAHRT,LUFTVERKEHR

680655 0 041 0 0 0
1827-760169

WANNE - HERNER EISENBAHN UND HAFEN GMBH, (3)

*56. JAHRESBERICHT FUER DIE ZEIT VOM 1. 1. - 31. 12. 1970. 1913 - 1963 FESTSCHRIFT ANLAESSLICH DES 50 JAEHRIGEN BESTEHENS

WANNE-EICKEL 1970

680620 0 041 0 0 0
1828-761144   UB DISS 75/470

WUESTER GERHARD

UNIVERSITAET DORTMUND, ABTEILUNG RAUMPLANUNG

*EINE METHODE ZUR ERMITTLUNG DER HINTERLANDVERFLECHTUNG VON OEFFENTLICHEN BINNENHAEFEN IM WASSER-LAND-VERKEHR

DORTMUND 1975, 106S.,348L., MASCH.SKR.,DISS.

W A N N E - E I C K E L

INFRASTRUKTUR, VERSORGUNG

- WASSERWIRTSCHAFT,ABFALL,UMWELTSCHUTZ

---

(1)BEARBEITER (2)MITARBEITER (3)HERAUSGEBER (4)REDAKTION (5)PROJEKTLEITUNG (6)AUFTRAGGEBER

680 0 0 043 0 0 0

1829-760171

WASSERVERSORGUNG WANNE-EICKEL GMBH, (3)

*GESCHAEFTSBERICHTE FUER DIE JAHRE 1969, 1970, 1973

1969

W A N N E - E I C K E L

INFRASTRUKTUR, VERSORGUNG

- BILDUNGSWESEN,SCHULEN,HOCHSCHULEN,MEDIEN, KUNST,KULTUR

68069060561045 0 0 0

1830-760091

KNOLL JOACHIM, HUETHER JUERGEN, SCHOLAND HILDEGARD, BREUER DETLEF, ZSCHOERNER HELMUT, (1)

DER BUNDESMINISTER FUER BILDUNG UND WISSEN- SCHAFT, (3)

*NEBENAMTLICHE MITARBEITER IN DER ERWACHSENEN- BILDUNG. BERICHT EINER ERHEBUNG AN VIER VOLKSHOCHSCHULEN IM RUHRGEBIET
WERMELSKIRCHEN 1974
SCHRIFTENREIHE BILDUNGSPLANUNG HEFT 7

W A N N E - E I C K E L

RECHT, VERWALTUNG, POLITIK

- VERTRETUNGSKOERPERSCHAFTEN,WAHLEN

---

680 0 0 054 0 0 0

1831-760175

STADT WANNE-EICKEL, (3)

*KOMMUNALWAHL IM STADTKREIS WANNE-EICKEL DER JAHRE 1964, 1969,

WANNE-EICKEL 1964, 1969

---

680 0 0 054 0 0 0

1832-760187

STADT WANNE-EICKEL, (3)

*LANDTAGSWAHL IM STADTKREIS WANNE-EICKEL JAHRE 1966, 1970

OHNE ORT UND JAHR

---

680 0 0 054 0 0 0

1833-760181

STADT WANNE-EICKEL, (3)

*BUNDESTAGSWAHL IM STADTKREIS WANNE-EICKEL JAHRE 1965, 1969, 1972

WANNE-EICKEL 1965, 1969, 1972

W A N N E - E I C K E L

RECHT, VERWALTUNG, POLITIK

- VERWALTUNGSORGANISATION,VERWALTUNGS- RATIONALISIERUNG,PLANUNGSORGANISATION

---

680 0 0 056 0 0 0

1834-760172

WIRTSCHAFTSBERATUNG AG DUESSELDORF, (3)

*GUTACHTEN UEBER DIE ZWECKMAESSIGSTE ORGANI- SATION DER BAEDERBETRIEBE IN WANNE-EICKEL

1967

W A N N E - E I C K E L

RECHT, VERWALTUNG, POLITIK

- TERRITORIALE VERWALTUNGSGLIEDERUNG, REGIONALE UND KOMMUNALE NEUGLIEDERUNG

---

(1)BEARBEITER (2)MITARBEITER (3)HERAUSGEBER (4)REDAKTION (5)PROJEKTLEITUNG (6)AUFTRAGGEBER

68061565567557 0 0 0

1835-760607   BB 970/24

SIEDENTOPF HEINRICH

DIE STAEDTE CASTROP-RAUXEL, HERNE, RECKLING-
HAUSEN, WANNE-EICKEL (3)

*ZU DEN KONZEPTIONEN EINER TERRITORIALEN
NEUGLIEDERUNG IM RUHRGEBIET
GUTACHTEN ERSTELLT FUER DIE STAEDTE CASTROP
RAUXEL, HERNE, RECKLINGHAUSEN UND WANNE-
EICKEL

HERNE 1972, 76 S.

68061565567557 0 0 0

1836-760606

SIEDENTOPF HEINRICH

DIE STAEDTE CASTROP-RAUXEL, HERNE, RECKLING-
HAUSEN, WANNE-EICKEL

*STELLUNGNAHME ZUM NEUGLIEDERUNGSVORSCHLAG DES
INNENMINISTERS DES LANDES NORDRHEIN-WESTFALEN
VOM 25. SEPTEMBER 1972
GUTACHTEN ERSTELLT FUER DIE STAEDTE CASTROP-
RAUXEL, HERNE, RECKLINGHAUSEN U WANNE-EICKEL

HERNE 1973, 122 S.

---

680 0 0 057 0 0 0

1837-760186   BB 970/25

STADT WANNE-EICKEL, (3)

*STELLUNGNAHME DER STADT WANNE-EICKEL ZUM VOR-
SCHLAG DES INNENMINISTERS DES LANDES NW ZUR
NEUGLIEDERUNG DER GEMEINDEN UND KREISE DES
NEUGLIEDERUNGSRAUMES RUHRGEBIET

WANNE-EICKEL 1973

680655 0 057 0 0 0

1838-760045   BB 970/25

SIEDENTOPF HEINRICH, (1)

STADT HERNE UND STADT WANNE-EICKEL, STADTVER-
WALTUNGEN, (3)

*STELLUNGNAHME ZU DEM ENTWURF EINES GESETZES
ZUR NEUGLIEDERUNG DER GEMEINDEN UND KREISE
DES NEUGLIEDERUNGSRAUMES RUHRGEBIET (RUHR-
GEBIETGESETZ)

HERNE, 1973, 14S.
DRUCKSACHE DES LANDTAGES NRW 7/2800

W A N N E - E I C K E L

.

FINANZWESEN, STATISTIK, KARTOGRAPHIE

 - FINANZEN, FINANZPLANUNG, HAUSHALTSWESEN

---

680 0 0 061 0 0 0

1839-761019

STEFFEN FRIEDRICH,

*HAUSHALTSREDE 1964 VOR DEM RAT DER STADT
WANNE-EICKEL AM 5.12.1963

---

680 0 0 061 0 0 0

1840-761017

STEFFEN FRIEDRICH,

*ETATREDE DES STADTKAEMMERERS ZUM HAUSHALTS-
PLANENTWURF 1971 VOR DEM RAT DER STADT WANNE-
EICKEL AM 24.9.1970

---

680 0 0 061 0 0 0

1841-761018

STEFFEN FRIEDRICH,

*ETATREDE DES STADTKAEMMERERS ZUM HAUSHALTS-
PLANENTWURF 1973 VOR DEM RAT DER STADT WANNE-
EICKEL AM 19.10.1972

W A N N E - E I C K E L

FINANZWESEN, STATISTIK, KARTOGRAPHIE

 - STATISTIK
   (SOWEIT NICHT THEMATISCH EINGEORDNET)

---

680 0 0 06390 0 0

1842-760183   BB 830/133

STADT WANNE-EICKEL, (3)

*WANNE-EICKEL GEMESSEN, GEZAEHLT, GERECHNET
STATISTISCHER JAHRESBERICHT FUER DIE JAHRE
1963 BIS 1967/70. STATISTISCHER VIERTEL-
JAHRESBERICHT FUER DIE JAHRE 1963 BIS 1966

OHNE ORT UND JAHR

---

(1)BEARBEITER (2)MITARBEITER (3)HERAUSGEBER (4)REDAKTION (5)PROJEKTLEITUNG (6)AUFTRAGGEBER

BIBLIOGRAPHIE RAUMPLANUNG IM RUHRGEBIET. IRPUD-BIBLIOGRAPHIEN.1. UNIVERSITAET DORTMUND.

W A N N E - E I C K E L

GESCHICHTE
- STADTGESCHICHTE,SIEDLUNGSGESCHICHTE,
LANDESGESCHICHTE

---

680 0 0 071 0 0 0

1843-760065

KEINHORST HERMANN, (1)

*EICKEL VOM JAHRE 774 BIS ZUR NEUZEIT

WANNE-EICKEL, 1965, 115 S.

---

680 0 0 071 0 0 0

1844-760069

REUTER CHRISTA, (1)

*GESCHICHTE DES WIEDERAUFBAUES DER STADT
WANNE-EICKEL NACH 1945 UNTER BESONDERER BE-
RUECKSICHTIGUNG DER WIRTSCHAFTLICHEN UND
KULTURELLEN ENTWICKLUNG

WANNE-EICKEL 1966

---

680 0 0 071 0 0 0

1845-760071

NIEDERBAEUMER ANNELIESE

*GESCHICHTE VON WANNE-EICKEL BIS ZUR BILDUNG
DER STADT 1926

WANNE-EICKEL 1969

---

680 0 0 071 0 0 0

1846-760168

*KULTUR- UND WIRTSCHAFTSCHRONIK FUER DIE STADT
WANNE-EICKEL

MUENCHEN 1971   KUNSTVERLAG J. BUEHN

---

680 0 0 071 0 0 0

1847-760111

STADT WANNE-EICKEL, (3)

*WANNE-EICKEL, EINE STADT IM REVIER

WANNE-EICKEL 1971,(3.AUFL.)

---

680 0 0 071 0 0 0

1848-760040

SMOCK HANS-WOLFGANG, (1)

*WANNE-EICKEL, BEVOELKERUNGS-, WIRTSCHAFTS-
UND SIEDLUNGSSTRUKTUR UND IHRE ENTWICKLUNG
SEIT MITTE DES 19. JAHRHUNDERTS

WANNE-EICKEL 1972

---

680 0 0 071 0 0 0

1849-760041

HAGEMANN RUDOLF, (1)

*BERGBAUSIEDLUNGEN IN WANNE-EICKEL VOR 1914

WANNE-EICKEL 1974

---

680 0 0 071 0 0 0

1850-761005

STADT WANNE-EICKEL

*WANNE-EICKEL - EINE STADT WANDELT IHR GESICHT

WANNE-EICKEL, 1974

W A N N E - E I C K E L

GESCHICHTE
- SOZIALGESCHICHTE

---

(1)BEARBEITER (2)MITARBEITER (3)HERAUSGEBER (4)REDAKTION (5)PROJEKTLEITUNG (6)AUFTRAGGEBER

BIBLIOGRAPHIE RAUMPLANUNG IM RUHRGEBIET. IRPUD-BIBLIOGRAPHIEN.1. UNIVERSITAET DORTMUND. BL. 226

---

680 0 0 072 0 0 0

1851-760038

HISCHER URSULA, (1)

*DIE BEVOELKERUNGSBEWEGUNG IN WANNE-EICKEL ALS FOLGE DER INDUSTRIALISIERUNG

WANNE-EICKEL 1967

---

680 0 0 072 0 0 0

1852-761015

TURKOWSKI WALTRAUD, (1)

*DIE CRANGER KIRMES -ENTWICKLUNG UND HEUTIGE BEDEUTUNG

WANNE-EICKEL 1969

---

680 0 0 072 0 0 0

1853-760072

KNOBLICH SIGRID, (1)

*DER RUHRKAMPF IN WANNE-EICKEL

WANNE-EICKEL 1972

WANNE-EICKEL

GESCHICHTE

- FIRMENGESCHICHTE

680655 0 074 0 0 0

1854-760052

KROME ERICH, (1)

*WANNER-HERNER EISENBAHN UND HAFEN-GESELLSCHAFT MBH 1913-1963

BERLIN, BASEL 1963, 90 S.

WANNE-EICKEL

ZEITUNGEN,ZEITSCHRIFTEN,SCHRIFTENREIHEN

---

680 0 0 09063 0 0

1855-760183   BB 830/133

STADT WANNE-EICKEL, (3)

*WANNE-EICKEL GEMESSEN, GEZAEHLT, GERECHNET STATISTISCHER JAHRESBERICHT FUER DIE JAHRE 1963 BIS 1967/70. STATISTISCHER VIERTEL-JAHRESBERICHT FUER DIE JAHRE 1963 BIS 1966

OHNE ORT UND JAHR

---

680 0 0 090 0 0 0

1856-760170

GESELLSCHAFT FUER HEIMATKUNDE (3) WANNE-EICKEL E.V.

*DER EMSCHERBRUECHER

IN: WANNE-EICKELER HEFTE 1/68, 1+2/69, 1/71, 1/74, 1/75

WATTENSCHEID

RAUMENTWICKLUNG, RAUMPLANUNG

- STADTENTWICKLUNG,STADTPLANUNG, STADTERNEUERUNG,SANIERUNG

---

685 0 0 012 0 0 0

1857-760763

HOPPE WERNER

*GEOGRAPHISCHE GESICHTSPUNKTE IN DER STADT-PLANUNG VON WATTENSCHEID

WATTENSCHEID 1969

---

(1)BEARBEITER (2)MITARBEITER (3)HERAUSGEBER (4)REDAKTION (5)PROJEKTLEITUNG (6)AUFTRAGGEBER

BIBLIOGRAPHIE RAUMPLANUNG IM RUHRGEBIET. IRPUD-BIBLIOGRAPHIEN.1. UNIVERSITAET DORTMUND. BL. 227

W A T T E N S C H E I D

RAUMENTWICKLUNG, RAUMPLANUNG
- SIEDLUNGSGEOGRAPHIE, STADTGEOGRAPHIE

---

685 0 0 017 0 0 0

1858-760768

HOMBERGS

*DIE SIEDLUNGSSTRUKTUR DER STADT WATTENSCHEID

W A T T E N S C H E I D

WIRTSCHAFT
- WIRTSCHAFTSSTRUKTUR, STRUKTURWANDEL, STRUKTURKRISE, WIRTSCHAFTSGEOGRAPHIE

---

685 0 0 021 0 0 0

1859-760764

WARNEKE

*FOLGEN DER WIRTSCHAFTLICHEN STRUKTURVER-
AENDERUNG IM RUHRGEBIET AM BEISPIEL VON
WATTENSCHEID

WATTENSCHEID 1968

---

685 0 0 021 0 0 0

1860-760765

WEGENER W., RACZKOWSKI E.

*DER WIRTSCHAFTLICHE STRUKTURWANDEL DER
STADT WATTENSCHEID

WATTENSCHEID 1970

---

685 0 0 021 0 0 0

1861-760762

JAHNKE

*DIE INFRASTRUKTUR UND DIE STRUKTURVER-
AENDERUNGEN DER STADT WATTENSCHEID

WATTENSCHEID 1971

---

685 0 0 021 0 0 0

1862-760965

*DIE WIRTSCHAFTSSTRUKTURELLEN VERAENDERUNGEN
DER STADT WATTENSCHEID SEIT DER KOHLENABSATZ-
KRISE.

WATTENSCHEID 1973

W A T T E N S C H E I D

RECHT, VERWALTUNG, POLITIK
- TERRITORIALE VERWALTUNGSGLIEDERUNG,
REGIONALE UND KOMMUNALE NEUGLIEDERUNG

---

685 0 0 057 0 0 0

1863-760096

STADT WATTENSCHEID

*STELLUNGNAHME DER STADT WATTENSCHEID ZUM VOR-
SCHLAG DES INNENMINISTERS DES LANDES NORD-
RHEIN-WESTFALEN ZUR NEUGLIEDERUNG DER GEMEIN-
DEN UND KREISE DES NEUGLIEDERUNGSRAUMES RUHR-
GEBIET

WATTENSCHEID 1972

---

685 0 0 057 0 0 0

1864-760608

SIEDENTOPF HEINRICH

STADT WATTENSCHEID (3)

*ZUR SITUATION DER STADT WATTENSCHEID IM
NEUGLIEDERUNGSRAUM RUHRGEBIET. (GUTACHTEN)

WATTENSCHEID 1972, 235 S., MASCH.DRUCK.

---

(1) BEARBEITER (2) MITARBEITER (3) HERAUSGEBER (4) REDAKTION (5) PROJEKTLEITUNG (6) AUFTRAGGEBER

W A T T E N S C H E I D

GESCHICHTE

- STADTGESCHICHTE, SIEDLUNGSGESCHICHTE, LANDESGESCHICHTE

---

685 0 0 071 0 0 0

1865-760757

GABRIEL

*SEVINGHAUSEN, BEITRAEGE ZUR HEIMATKUNDE EINES ORTSTEILS VON WATTENSCHEID

WATTENSCHEID 1965

---

685 C 0 071 0 0 0

1866-760771

SCHULTE-VORHOFF

*HOENTROP (STADT WATTENSCHEID) VON 1930-1965

---

685 0 0 071 0 0 0

1867-760772

KOCH

*DIE WATTENSCHEIDER HEIDE. GESCHICHTLICHE UND GEOGRAPHISCHE ENTWICKLUNG SEIT DEM URKATASTER

WATTENSCHEID 1967, 17 KT., 29 ABB.

---

685 0 0 071 0 0 0

1868-760770

MOHNFELD

*DIE ENTWICKLUNG DES SIEDLUNGSBILDES VON WATTENSCHEID IM INDUSTRIEZEITALTER

WATTENSCHEID 1968

---

685 0 0 071 0 0 0

1869-760767

STADT WATTENSCHEID

*KULTUR UND WIRTSCHAFTSCHRONIK DER STADT WATTENSCHEID

WATTENSCHEID 1972

W A T T E N S C H E I D

GESCHICHTE

- WIRTSCHAFT- UND TECHNIKGESCHICHTE

---

685 0 0 073 0 0 0

1870-760766

RAGSCH

*DIE WIRTSCHAFTSGEOGRAPHISCHE ENTWICKLUNG VON WATTENSCHEID SEIT 1800

WATTENSCHEID 1967

W I T T E N

RAUMENTWICKLUNG, RAUMPLANUNG

- STADTENTWICKLUNG, STADTPLANUNG, STADTERNEUERUNG, SANIERUNG

---

690 0 0 01213 0 0

1871-761533   BB 082/1

UNIVERSITAET DORTMUND, ABTEILUNG RAUMPLANUNG

*UNTERSUCHUNG DER WOHNSITUATION IN WITTEN-ANNEN-MITTE
STUDIENPROJEKT P 02, STUDIENJAHR 1972/73

DORTMUND 1973

---

(1)BEARBEITER (2)MITARBEITER (3)HERAUSGEBER (4)REDAKTION (5)PROJEKTLEITUNG (6)AUFTRAGGEBER

BIBLIOGRAPHIE RAUMPLANUNG IM RUHRGEBIET. IRPUD-BIBLIOGRAPHIEN.1. UNIVERSITAET DORTMUND. BL. 229

690655 0 012 0 0 0

1872-760048

HANSMANN ULRICH, (1)

*DIE HAUPTGESCHAEFTSSTRASSEN IN WITTEN UND
HERNE - EIN VERGLEICH IHRER STRUKTUREN UND
IHRER ENTWICKLUNG

HERNE 1975

---

690 0 0 012 0 0 0

1873-760997   BB 083/37

MUCZKA NORBERT

UNIVERSITAET DORTMUND, ABTEILUNG RAUMPLANUNG

*SANIERUNG STANDORTZENTRUM WITTEN-INNENSTADT-
HAUPTBAHNHOF

DORTMUND 1975, 93 BL., DIPLOMARBEIT

---

690 0 0 01218 0 0

1874-760994   BB 083/31

ROTH HEINZ-GEORG

UNIVERSITAET DORTMUND, ABTEILUNG RAUMPLANUNG

*STADTENTWICKLUNG UND BODENPREISBILDUNG
IN WITTEN

DORTMUND 1975, 148 BL., DIPLOMARBEIT

W I T T E N

RAUMENTWICKLUNG, RAUMPLANUNG

   - WOHNUNGSWESEN,WOHNPLANUNG,BAUWESEN

---

690 0 0 013 0 0 0

1875-760005

STADT WITTEN, AMT FUER STATISTIK U. WAHLEN(3)

*ERGEBNISSE DER ZAEHLUNG DER WOHNGEBAEUDE -
MAERZ 1963

WITTEN 1963

STATISTISCHE SONDERBERICHTE DER STADT WITTEN

---

690 0 0 013 0 0 0

1876-760506

STADT WITTEN, AMT FUER STATISTIK (3)

*ERGEBNISSE DER VOLKSZAEHLUNG 1961 IN WITTEN.
ZAEHLUNG DER WOHNGEBAEUDE

WITTEN 1963

---

690 0 0 01312 0 0

1877-761533   BB 082/1

UNIVERSITAET DORTMUND, ABTEILUNG RAUMPLANUNG

*UNTERSUCHUNG DER WOHNSITUATION IN
WITTEN-ANNEN-MITTE
STUDIENPROJEKT P 02, STUDIENJAHR 1972/73

DORTMUND 1973

W I T T E N

RAUMENTWICKLUNG, RAUMPLANUNG

   - SIEDLUNGSBAU,ARBEITERSIEDLUNGEN

---

690 0 0 014 0 0 0

1878-761624

WALTER A.

*DIE BERGMANNSKOETTERSIEDLUNG WENGERN-
TRIENENDORF

WITTEN 1964

IN: JAHRB. D. VEREINS F. ORTS- U. HEIMATKUNDE
IN D. GRAFSCHAFT MARK, JG. 64, 1964,
SEITE 69-124.

W I T T E N

RAUMENTWICKLUNG, RAUMPLANUNG

   - LANDSCHAFTSOEKOLOGIE,LANDSCHAFTSPLANUNG

---

(1)BEARBEITER (2)MITARBEITER (3)HERAUSGEBER (4)REDAKTION (5)PROJEKTLEITUNG (6)AUFTRAGGEBER

BIBLIOGRAPHIE RAUMPLANUNG IM RUHRGEBIET. IRPUD-BIBLIOGRAPHIEN.1. UNIVERSITAET DORTMUND. BL. 230

---

690 0 06051643 0 0

1879-761212

SIEDLUNGSVERBAND RUHRKOHLENBEZIRK

*DAS OELBACHTAL ZWISCHEN BOCHUM UND WITTEN.
WASSERWIRTSCHAFTLICHE UND LANDESPFLEGERISCHE
PLANUNG. ZUSAMMENGESTELLT VOM SVR.

ESSEN 1963

---

690 03006051643 0 0

1880-761280

KOLT WALTER, KLEIN J.

AVA-ARBEITSGEMEINSCHAFT ZUR VERBESSERUNG DER
AGRARSTRUKTUR IN HESSEN E.V.(3) SVR (6)

*DIE LANDWIRTSCHAFT IM OELBACHTAL. VORAUSSET-
ZUNGEN UND MOEGLICHKEITEN FUER DIE LANDWIRT-
SCHAFT ZUR ERHALTUNG UND PFLEGE STADTNAHER
FREIFLAECHEN IM REGIONALEN GRUENFLAECHEN-
SYSTEM DES RUHRGEBIETS
WIESBADEN 1966
AVA-SONDERHEFT NR.25

W I T T E N

RAUMENTWICKLUNG, RAUMPLANUNG

 - GRUNDEIGENTUM,BODENNUTZUNG,BODENWERT,
   BODENORDNUNG

---

690 0 0 01812 0 0

1881-760994   BB 083/31

ROTH HEINZ-GEORG

UNIVERSITAET DORTMUND, ABTEILUNG RAUMPLANUNG

*STADTENTWICKLUNG UND BODENPREISBILDUNG
IN WITTEN

DORTMUND 1975, 148 BL., DIPLOMARBEIT

W I T T E N

WIRTSCHAFT

 - WIRTSCHAFTSSTRUKTUR,STRUKTURWANDEL,
   STRUKTURKRISE,WIRTSCHAFTSGEOGRAPHIE

---

690 0 0 021 0 0 0

1882-760508

STADT WITTEN, AMT FUER STATISTIK (3)

*ERGEBNISSE DER VOLKSZAEHLUNG 1961 IN WITTEN.
ZAEHLUNG DER ARBEITSSTAETTEN UND
BESCHAEFTIGTEN

WITTEN 1963

---

690 0 0 021 0 0 0

1883-760509

STADT WITTEN, AMT FUER STATISTIK (3)

*ERGEBNISSE DER VOLKSZAEHLUNG 1961 IN WITTEN.
ZAEHLUNG DER PENDLER

WITTEN 1964

---

690 0 0 021 0 0 0

1884-760003

STADT WITTEN, AMT FUER STATISTIK U. WAHLEN(3)

*ERGEBNISSE DER ZAEHLUNG DER ARBEITSSTAETTEN
UND BESCHAEFTIGTEN (JULI 1963)

WITTEN 1964

STATISTISCHE SONDERBERICHTE DER STADT WITTEN

690200 0 021 0 0 0

1885-760010

STADT WITTEN, AMT FUER STATISTIK U. WAHLEN(3)

*DIE WIRTSCHAFTLICHE ENTWICKLUNG WITTENS
VON 1957 - 1964. DIE GESAMTWIRTSCHAFTLICHE U.
INDUSTRIELLE ENTWICKLUNG WITTENS VON 57-64 IM
VERGLEICH ZU D. UEBRIGEN KREISFREIEN STAEDTEN
DES RUHRGEBIETES, DEM LAND NW UND DER BRD.

STATISTISCHER SONDERBERICHT 2 / 1967

690200 0 021 0 0 0

1886-760016

STADT WITTEN, AMT FUER STATISTIK U. WAHLEN(3)

*DAS WIRTSCHAFTLICHE WACHSTUM WITTENS
VON 1961-64 IM VERGLEICH ZUM BALLUNGSZENTRUM
DES RUHRGEBIETES, DEM LANDE NW UND DER BRD.

WITTEN 1967 (VERGRIFFEN)

---

(1)BEARBEITER (2)MITARBEITER (3)HERAUSGEBER (4)REDAKTION (5)PROJEKTLEITUNG (6)AUFTRAGGEBER

W I T T E N

WIRTSCHAFT
- BERGBAU

---

690 C 0 023 0 0 0

1887-761112

METZELDER HANS ALWIN

UNIVERSITAET MUENSTER

*DER WITTENER STEINKOHLENBERGBAU IM UMBRUCH ZUR GROSSINDUSTRIE 1830-1860

MUENSTER, 1964, DISS., MASCH.SKRIPT

W I T T E N

WIRTSCHAFT

---

690 060562029 0 0 0

1888-761591

FORTMANN HUBERT

*STELLUNGNAHME ZUR TEILFRAGE DER AGRARSTRUKTUR IM OELBACH-PLANGEBIET BOCHUM, DORTMUND, WITTEN

DORTMUND 1965

W I T T E N

BEVOELKERUNG
- DEMOGRAPHIE, SOZIOGRAPHIE, STADTSOZIOLOGIE

---

690 0 0 031 0 0 0

1889-760004

STADT WITTEN, AMT FUER STATISTIK U. WAHLEN(3)

*ERGEBNISSE DER ZAEHLUNG DER WOHN- UND ERWERBSBEVOELKERUNG - JULI 1963

WITTEN 1963

STATISTISCHE SONDERBERICHTE DER STADT WITTEN

---

690 0 0 031 0 0 0

1890-760507

STADT WITTEN, AMT FUER STATISTIK U. WAHLEN(3)

*ERGEBNISSE DER VOLKSZAEHLUNG 1961 IN WITTEN. ZAEHLUNG DER WOHN- UND ERWERBSBEVOELKERUNG

WITTEN 1963

---

690 0 0 031 0 0 0

1891-760012

STADT WITTEN, AMT FUER STATISTIK U. WAHLEN(3)

*MOTIVBEFRAGUNG BEI DEN WANDERUNGEN IN WITTEN WAEHREND DER MONATE OKTOBER UND NOVEMBER 1967

WITTEN 1968

---

690 0 0 031 0 0 0

1892-760626

SAENGER HEINZ

UNIVERSITAET MANNHEIM

*FLUECHTLINGE UND VERTRIEBENE. EIN BEITRAG ZUM FLUECHTLINGSPROBLEM, DARGESTELLT AM BEISPIEL DER STADT WITTEN AN DER RUHR, FUER DIE ZEIT VON 1945 BIS 1955.

MANNHEIM 1971. 258 S. WIRTSCH. DISS.

---

690 0 0 031 0 0 0

1893-760008

STADT WITTEN, AMT FUER STATISTIK U. WAHLEN(3)

*EINFLUSS DER ANSIEDLUNG DES SIEMENS-BETRIEBES AUF DEN ARBEITSKRAEFTEMARKT IN WITTEN UNTERSUCHUNG DER BERUFLICHEN UND RAEUMLICHEN HERKUNFT DER BESCHAEFTIGTEN DES SIEMENSWERKES WITTEN

WITTEN 1972

---

(1)BEARBEITER (2)MITARBEITER (3)HERAUSGEBER (4)REDAKTION (5)PROJEKTLEITUNG (6)AUFTRAGGEBER

BIBLIOGRAPHIE RAUMPLANUNG IM RUHRGEBIET. IRPUD-BIBLIOGRAPHIEN.1. UNIVERSITAET DORTMUND. BL. 232

W I T T E N

BEVOELKERUNG

  - BERUF,ARBEIT,SITUATION DER ARBEITER

---

690 0 0 032 0 0 0

1894-760009

STADT WITTEN, AMT FUER STATISTIK U. WAHLEN(3)

*PROBLEME DER FRAUENERWERBSTAETIGKEIT IN
WITTEN - ERGEBNISSE EINER REPRAESENTATIVEN
BEFRAGUNG VON ERWERBSTAETIGEN UND
NICHTERWERBSTAETIGEN FRAUEN

WITTEN 1969

W I T T E N

INFRASTRUKTUR, VERSORGUNG

  - WASSERWIRTSCHAFT,ABFALL,UMWELTSCHUTZ

---

690 0   060543 0 016

1895-761212

SIEDLUNGSVERBAND RUHRKOHLENBEZIRK

*DAS OELBACHTAL ZWISCHEN BOCHUM UND WITTEN.
WASSERWIRTSCHAFTLICHE UND LANDESPFLEGERISCHE
PLANUNG. ZUSAMMENGESTELLT VOM SVR.

ESSEN 1963

---

690 030060543 0 016

1896-761280

KOLT WALTER, KLEIN J.

AVA-ARBEITSGEMEINSCHAFT ZUR VERBESSERUNG DER
AGRARSTRUKTUR IN HESSEN E.V.(3) SVR (6)

*DIE LANDWIRTSCHAFT IM OELBACHTAL. VORAUSSET-
ZUNGEN UND MOEGLICHKEITEN FUER DIE LANDWIRT-
SCHAFT ZUR ERHALTUNG UND PFLEGE STADTNAHER
FREIFLAECHEN IM REGIONALEN GRUENFLAECHEN-
SYSTEM DES RUHRGEBIETS
WIESBADEN 1966
AVA-SONDERHEFT NR.25

---

690 0 0 043 0 0 0

1897-760504

STADT WITTEN, AMT FUER STATISTIK (3)

*STAUBNIEDERSCHLAGSUNTERSUCHUNG. AUSWERTUNG
DER ERGEBNISSE DER IN WITTEN UND IN
VERGLEICHBAREN GEBIETSEINHEITEN VON NW VOM
4.11.1963 BIS 31.10.1964 DURCHGEFUEHRTEN
STAUBNIEDERSCHLAGSMESSUNGEN

STATISTISCHER SONDERBERICHT 1/1966

---

690 0 0 043 0 0 0

1898-760502

STADT WITTEN, AMT FUER STATISTIK (3)

*UNTERSUCHUNG DER SCHWEFELDIOXYD-IMMISSIONEN.
AUSWERTUNG DER ERGEBNISSE DER IN WITTEN UND
IN VERGLEICHBAREN GEBIETSEINHEITEN VON NW VOM
2.11.1964 BIS 28.10.1965 DURCHGEFUEHRTEN
SCHWEFELDIOXYD-IMMISSIONSMESSUNGEN

STATISTISCHER SONDERBERICHT 1/1967

---

690 0 0 043 0 0 0

1899-760013

STADT WITTEN, AMT FUER STATISTIK U. WAHLEN(3)

*LUFTVERUNREINIGUNG IN WITTEN 1964 UND 1968
VERGLEICHENDE UNTERSUCHUNG DER STAUBNIEDER-
SCHLAEGE UND SCHWEFELDIOXYDIMMISSIONEN

WITTEN 1970

STATISTISCHER SONDERBERICHT NR.14, 1970

W I T T E N

INFRASTRUKTUR, VERSORGUNG

  - BILDUNGSWESEN,SCHULEN,HOCHSCHULEN,MEDIEN,
    KUNST,KULTUR

---

690 0 0 045 0 0 0

1900-761542   BB 082/1

UNIVERSITAET DORTMUND, ABTEILUNG RAUMPLANUNG

*RAUMPLANUNG UND AUTOMATION IN DER VERWALTUNG
UNTERSUCHT AM BEISPIEL DER RAEUMLICHEN
ORGANISATION IM GRUNDSCHULBEREICH DER
STADT WITTEN/RUHR
STUDIENPROJEKT P 21, STUDIENJAHR 1972/73

DORTMUND 1973

---

(1)BEARBEITER (2)MITARBEITER (3)HERAUSGEBER (4)REDAKTION (5)PROJEKTLEITUNG (6)AUFTRAGGEBER

BIBLIOGRAPHIE RAUMPLANUNG IM RUHRGEBIET. IRPUD-BIBLIOGRAPHIEN.1. UNIVERSITAET DORTMUND. BL. 233

69060561068045 0 0 0

1901-760091

KNOLL JOACHIM, HUETHER JUERGEN,
SCHOLAND HILDEGARD, BREUER DETLEF,
ZSCHOERNER HELMUT, (1)

DER BUNDESMINISTER FUER BILDUNG UND WISSEN-
SCHAFT, (3)

*NEBENAMTLICHE MITARBEITER IN DER ERWACHSENEN-
BILDUNG. BERICHT EINER ERHEBUNG AN VIER
VOLKSHOCHSCHULEN IM RUHRGEBIET
WERMELSKIRCHEN 1974
SCHRIFTENREIHE BILDUNGSPLANUNG HEFT 7

W I T T E N

RECHT, VERWALTUNG, POLITIK

- VERTRETUNGSKOERPERSCHAFTEN, WAHLEN

---

690 0 0 054 0 0 0

1902-760505

STADT WITTEN, AMT FUER STATISTIK (3)

*ERGEBNISSE DER WAHL DES RATES DER STADT
WITTEN AM 27.9.1964

WITTEN 1964

---

690 0 0 054 0 0 0

1903-760503

STADT WITTEN, AMT FUER STATISTIK (3)

*LANDTAGSWAHL 1966. ERGEBNISSE DER LANDTAGS-
WAHL VOM 10.1.1966 IN WITTEN MIT EINER
AUSWERTUNG DER SONDERSTIMMBEZIRKE.

WITTEN 1966

STATISTISCHER SONDERBERICHT, NR.2, 1966

---

690 0 0 054 0 0 0

1904-760015

STADT WITTEN, AMT FUER STATISTIK (3)

*ERGEBNISSE DER KOMMUNALWAHL VOM 15.3.1970
MIT ANHANG: ANALYSE DER ERGEBNISSE

WITTEN 1970

STATISTISCHER SONDERBERICHT NR.13

---

690 0 0 054 0 0 0

1905-760007

STADT WITTEN, AMT FUER STATISTIK (3)

*ANALYSE DER ERGEBNISSE DER BUNDESTAGSWAHL VOM
28.9.1969

WITTEN 1970

STATISTISCHE SONDERBERICHTE DER STADT WITTEN
NR. 12

---

690 0 0 054 0 0 0

1906-760011

STADT WITTEN, AMT FUER STATISTIK U. WAHLEN(3)

*ANALYSE DER ERGEBNISSE DER LANDTAGSWAHL
AM 14.6.1970

STATISTISCHER SONDERBERICHT NR.15, 9. 1970

---

690 0 0 054 0 0 0

1907-760006

STADT WITTEN, AMT FUER STATISTIK U. WAHLEN(3)

*ERGEBNISSE DER BUNDESTAGSWAHL AM 19.11.1972
HERAUSGABE DER VORLAEUFIGEN ERGEBNISSE

WITTEN 1972

STATISTISCHE SONDERBERICHTE DER STADT WITTEN
NR. 16 A

---

690 0 0 054 0 0 0

1908-760499

STADT WITTEN, AMT FUER STATISTIK (3)

*ANALYSE DER WAHLERGEBNISSE

WITTEN 1975

STATISTISCHER SONDERBERICHT NR.18

---

690 0 0 054 0 0 0

1909-760501

STADT WITTEN, AMT FUER STATISTIK (3)

*ERGEBNISSE DER WAHLEN ZUM LANDTAG, KREISTAG
UND GEMEINDERAT AM 4.5.1975

WITTEN 1975

---

(1)BEARBEITER (2)MITARBEITER (3)HERAUSGEBER (4)REDAKTION (5)PROJEKTLEITUNG (6)AUFTRAGGEBER

BIBLIOGRAPHIE RAUMPLANUNG IM RUHRGEBIET. IRPUD-BIBLIOGRAPHIEN.1. UNIVERSITAET DORTMUND. BL. 234

W I T T E N

RECHT, VERWALTUNG, POLITIK

- TERRITORIALE VERWALTUNGSGLIEDERUNG, REGIONALE UND KOMMUNALE NEUGLIEDERUNG

690710 0 057 0 Q 0

1910-761077

THIEME WERNER

*GUTACHTEN UEBER DIE EINKREISUNG DER STADT WITTEN IN DEN ENNEPE-RUHR-KREIS DURCH DAS RUHRGEBIET-GESETZ. (UMSCHLAGT.:DIE KREISFREIHEIT DER STADT WITTEN)

HAMBURG 1974, XIII,211 S., MASCH.DRUCK

W I T T E N

FINANZWESEN, STATISTIK, KARTOGRAPHIE

- STATISTIK
  (SOWEIT NICHT THEMATISCH EINGEORDNET)

---

690 0 0 063 0 0 0

1911-760014

STADT WITTEN, AMT FUER STATISTIK (3)

*STRUKTURDATEN.
VORABDRUCK DER NACH STADTTEILBEZIRKEN AUFBEREITETEN UND ANALYSIERTEN ERGEBNISSE DER VOLKS-, BERUFS- UND ARBEITSSTAETTENZAEHLUNG VOM 27.5.1970

WITTEN 1973

---

690 0 0 06390 0 0

1912-760018

STADT WITTEN, AMT FUER STATISTIK (3)

*STATISTISCHE JAHRBUECHER DER STADT WITTEN
 1. BIS 9.JAHRGANG, BERICHTSJAHR 1949-1958
 BERICHTSZEITRAUM JEWEILS 1.APRIL - 31.MAERZ

WITTEN 1950-1959 (VERGRIFFEN)

---

690 0 0 06390 0 0

1913-760500

STADT WITTEN, AMT FUER STATISTIK (3)

*STATISTISCHE JAHRBUECHER DER STADT WITTEN
BERICHTSZEITRAUM JEWEILS VOM 1.1. BIS 31.12.
DER JAHRGAENGE 10 BIS 15, 1961-1966

WITTEN 1961 BIS 1966

---

690 0 0 063 0 0 0

1914-760498

STADT WITTEN, AMT FUER STATISTIK

*STATISTISCHES JAHRBUCH 1969, BERICHTSZEITRAUM
1.1.1967 BIS 31.12.1968 JG.16

WITTEN 1969

---

690 0 0 06390 0 0

1915-760017

STADT WITTEN, AMT FUER STATISTIK (3)

*STATISTISCHE JAHRBUECHER DER STADT WITTEN
17.-22. JAHRGANG (1970-1975)
BERICHTSJAHRE 1969-1974

WITTEN 1970-1975

W I T T E N

FINANZWESEN, STATISTIK, KARTOGRAPHIE

- KARTOGRAPHIE,KARTEN

---

690 0 0 064 0 0 0

1916-760510

ERNST RAINER W., SCHRAEDER WILHELM F.,
PAPE SIEGFRIED W. (1)

STADT WITTEN, AMT FUER STATISTIK (3)

*WITTEN STRUKTURATLAS 1.
COMPUTERKARTOGRAPHISCHE STRUKTURELLE GLIEDERUNG DES STADTGEBIETES MIT DATEN DER GEBAEUDE- U.WOHNUNGS- (1968) U.D.VOLKS-, BERUFS- + ARBEITSSTAETTENZAEHLUNG 1970
WITTEN 1972
STATISTISCHE SONDERBERICHTE, NR.16

---

(1)BEARBEITER (2)MITARBEITER (3)HERAUSGEBER (4)REDAKTION (5)PROJEKTLEITUNG (6)AUFTRAGGEBER

BIBLIOGRAPHIE RAUMPLANUNG IM RUHRGEBIET. IRPUD-BIBLIOGRAPHIEN.1. UNIVERSITAET DORTMUND. BL. 235

W I T T E N

ZEITUNGEN,ZEITSCHRIFTEN,SCHRIFTENREIHEN

---

690 0 0 09063 0 0

1917-760018

STADT WITTEN, AMT FUER STATISTIK (3)

*STATISTISCHE JAHRBUECHER DER STADT WITTEN
1. BIS 9.JAHRGANG, BERICHTSJAHR 1949-1958
BERICHTSZEITRAUM JEWEILS 1.APRIL - 31.MAERZ

WITTEN 1950-1959 (VERGRIFFEN)

---

690 0 0 09063 0 0

1918-760500

STADT WITTEN, AMT FUER STATISTIK (3)

*STATISTISCHE JAHRBUECHER DER STADT WITTEN
BERICHTSZEITRAUM JEWEILS VOM 1.1. BIS 31.12.
DER JAHRGAENGE 10 BIS 15, 1961-1966

WITTEN 1961 BIS 1966

---

690 0 0 09063 0 0

1919-760017

STADT WITTEN, AMT FUER STATISTIK (3)

*STATISTISCHE JAHRBUECHER DER STADT WITTEN
17.-22. JAHRGANG (1970-1975)
BERICHTSJAHRE 1969-1974

WITTEN 1970-1975

KREIS D I N S L A K E N

FINANZWESEN, STATISTIK, KARTOGRAPHIE

- STATISTIK
  (SOWEIT NICHT THEMATISCH EINGEORDNET)

---

700 0 0 063 0 0 0

1920-760301

LAND NORDRHEIN-WESTFALEN, STATISTISCHES
LANDESAMT (3)

*STATISTISCHE RUNDSCHAU FUER DEN KREIS
DINSLAKEN

DUESSELDORF 1970, 57 S., KT.,TAB.

---

700 0 0 063 0 0 0

1921-760811

LANDESAMT FUER DATENVERARBEITUNG UND
STATISTIK NRW

*STATISTISCHE RUNDSCHAU (KREISBESCHREIBUNG)
FUER DEN KREIS DINSLAKEN

DUESSELDORF 1970

E N N E P E - R U H R - K R E I S

RAUMENTWICKLUNG, RAUMPLANUNG

- RAUMENTWICKLUNG,RAUMORDNUNG,
  LANDESPLANUNG,REGIONALPLANUNG

---

710 0 0 011 0 0 0

1922-761524   BB 082/1

UNIVERSITAET DORTMUND, ABTEILUNG RAUMPLANUNG

*NEUGLIEDERUNG ENNEPE-RUHR-KREIS
STUDIENPROJEKT P 10, STUDIENJAHR 1970/71

DORTMUND 1971

E N N E P E - R U H R - K R E I S

WIRTSCHAFT

- WIRTSCHAFTSSTRUKTUR,STRUKTURWANDEL,
  STRUKTURKRISE,WIRTSCHAFTSGEOGRAPHIE

---

(1)BEARBEITER (2)MITARBEITER (3)HERAUSGEBER (4)REDAKTION (5)PROJEKTLEITUNG (6)AUFTRAGGEBER

BIBLIOGRAPHIE RAUMPLANUNG IM RUHRGEBIET. IRPUD-BIBLIOGRAPHIE-.1. UNIVERSITAET DORTMUND. BL. 236

---

710 0 0 021 0 0 0

1923-760414

ENNEPE-RUHRKREIS, KREISVERWALTUNG SCHWELM (3)

*DER ENNEPE-RUHR-KREIS. PROBLEME DER WIRT-
SCHAFTSSTRUKTUR

SCHWELM 1973, 324 S., KT., ABB., TAB., LIT.

---

710 0 0 021 0 0 0

1924-760531

ENNEPE-RUHR-KREIS, KREISVERWALTUNG SCHWELM

*PROBLEME DER WIRTSCHAFTSSTRUKTUR DES
ENNEPE-RUHR-KREISES

SCHWELM 1975

E N N E P E - R U H R - K R E I S

RECHT, VERWALTUNG, POLITIK

   - TERRITORIALE VERWALTUNGSGLIEDERUNG,
     REGIONALE UND KOMMUNALE NEUGLIEDERUNG

---

710 0 0 057 0 0 0

1925-760486

TECHNISCHE HOCHSCHULE MUENCHEN, LEHRSTUHL FUER
RAUMFORSCHUNG, RAUMORDNUNG U. LANDESPLANUNG (3)

*DIE NEUGLIEDERUNG DES ENNEPE-RUHR-KREISES.
STELLUNGNAHME ZUM BESCHLUSS DES RATES DER
STADT BLANKENSTEIN VOM 26.9.68

MUENCHEN 1968, 28 BL. MASCH.DRUCK

710690 0 057 0 0 0

1926-761077

THIEME WERNER

*GUTACHTEN UEBER DIE EINKREISUNG DER STADT
WITTEN IN DEN ENNEPE-RUHR-KREIS DURCH DAS
RUHRGEBIET-GESETZ. (UMSCHLAGT.:DIE KREISFREI-
HEIT DER STADT WITTEN)

HAMBURG 1974, XIII,211 S., MASCH.DRUCK

E N N E P E - R U H R - K R E I S

FINANZWESEN, STATISTIK, KARTOGRAPHIE

   - STATISTIK
     (SOWEIT NICHT THEMATISCH EINGEORDNET)

---

710 0 0 063 0 0 0

1927-760812

LANDESAMT FUER DATENVERARBEITUNG UND
STATISTIK NRW

*STATISTISCHE RUNDSCHAU (KREISBESCHREIBUNG)
FUER DEN ENNEPE-RUHR-KREIS

DUESSELDORF 1971

E N N E P E - R U H R - K R E I S

FINANZWESEN, STATISTIK, KARTOGRAPHIE

   - KARTOGRAPHIE, KARTEN

---

710 0 0 064 0 0 0

1928-760978

ENNEPE-RUHR-KREIS, KREISVERWALTUNG SCHWELM

*STRUKTURATLAS ENNEPE-RUHR-KREIS

SCHWELM 1974

KREIS GELDERN

FINANZWESEN, STATISTIK, KARTOGRAPHIE

   - STATISTIK
     (SOWEIT NICHT THEMATISCH EINGEORDNET)

---

(1)BEARBEITER (2)MITARBEITER (3)HERAUSGEBER (4)REDAKTION (5)PROJEKTLEITUNG (6)AUFTRAGGEBER

720 0 0 063 0 0 0

1929-760813

LANDESAMT FUER DATENVERARBEITUNG UND STATISTIK NRW

*STATISTISCHE RUNDSCHAU (KREISBESCHREIBUNG) FUER DEN KREIS GELDERN

DUESSELDORF 1972

KREIS ISERLOHN

RAUMENTWICKLUNG, RAUMPLANUNG

- RAUMENTWICKLUNG, RAUMORDNUNG, LANDESPLANUNG, REGIONALPLANUNG

---

730 0 0 011 0 0 0

1930-761482

KREIS ISERLOHN, OBERKREISDIREKTOR

*LANDKREIS ISERLOHN. ENTWICKLUNG, STRUKTUR.

ISERLOHN 1967, 108S. ABB.UND TAB.

---

730 0 0 01117 0 0

1931-760786

WENZEL HANS-JOACHIM

UNIVERSITAET GIESSEN, GEOGRAPHISCHES INSTITUT

*STRUKTURZONEN UND FUNKTIONSBEREICHE IM ISERLOHNER RAUM (MAERKISCHES SAUERLAND) IN GLIEDERUNG, AUFBAU UND DYNAMIK UND IN IHRER BEDEUTUNG FUER DIE PLANUNG

GIESSEN: 1970

GIESSENER GEOGRAPHISCHE SCHRIFTEN H. 22,116 S

KREIS ISERLOHN

RAUMENTWICKLUNG, RAUMPLANUNG

- SIEDLUNGSGEOGRAPHIE, STADTGEOGRAPHIE

---

730 0 0 01711 0 0

1932-760786

WENZEL HANS-JOACHIM

UNIVERSITAET GIESSEN, GEOGRAPHISCHES INSTITUT

*STRUKTURZONEN UND FUNKTIONSBEREICHE IM ISERLOHNER RAUM (MAERKISCHES SAUERLAND) IN GLIEDERUNG, AUFBAU UND DYNAMIK UND IN IHRER BEDEUTUNG FUER DIE PLANUNG

GIESSEN: 1970

GIESSENER GEOGRAPHISCHE SCHRIFTEN H. 22,116 S

KREIS ISERLOHN

WIRTSCHAFT

- WIRTSCHAFTSPLANUNG, WIRTSCHAFTSPOLITIK, WIRTSCHAFTSFOERDERUNG

---

730 0 064522 57 0 0

1933-761519   BB 082/1

UNIVERSITAET DORTMUND, ABTEILUNG RAUMPLANUNG

*INDUSTRIEANSIEDLUNG HAGEN-LENNESCHIENE STUDIENPROJEKT P05, STUDIENJAHR 1970/71

DORTMUND 1971

KREIS ISERLOHN

RECHT, VERWALTUNG, POLITIK

- TERRITORIALE VERWALTUNGSGLIEDERUNG, REGIONALE UND KOMMUNALE NEUGLIEDERUNG

---

730 0 064557 0 022

1934-761519   BB 082/1

UNIVERSITAET DORTMUND, ABTEILUNG RAUMPLANUNG

*INDUSTRIEANSIEDLUNG HAGEN-LENNESCHIENE STUDIENPROJEKT P05, STUDIENJAHR 1970/71

DORTMUND 1971

---

(1)BEARBEITER (2)MITARBEITER (3)HERAUSGEBER (4)REDAKTION (5)PROJEKTLEITUNG (6)AUFTRAGGEBER

BIBLIOGRAPHIE RAUMPLANUNG IM RUHRGEBIET. IRPUD-BIBLIOGRAPHIEN.1. UNIVERSITAET DORTMUND. BL. 238

KREIS I S E R L O H N

FINANZWESEN, STATISTIK, KARTOGRAPHIE

- STATISTIK
  (SOWEIT NICHT THEMATISCH EINGEORDNET)

---

730 0 0 063 0 0 0

1935-760814   BB 830/6-ISE

LANDESAMT FUER DATENVERARBEITUNG UND
STATISTIK NRW

*STATISTISCHE RUNDSCHAU (KREISBESCHREIBUNG)
FUER DEN KREIS ISERLOHN UND STADT ISERLOHN

DUESSELDORF 1968

KREIS M O E R S

RECHT, VERWALTUNG, POLITIK

- TERRITORIALE VERWALTUNGSGLIEDERUNG,
  REGIONALE UND KOMMUNALE NEUGLIEDERUNG

---

740 0 0 057 0 0 0

1936-760031

STADT MOERS, AMT FUER STRUKTURVERBESSERUNG,
(3)

*VORSCHLAG ZUR NEUGLIEDERUNG DER GEMEINDEN
DES KREISES MOERS

MOERS 1972, 247S., KT., ABB., TAB.

KREIS M O E R S

FINANZWESEN, STATISTIK, KARTOGRAPHIE

- STATISTIK
  (SOWEIT NICHT THEMATISCH EINGEORDNET)

---

740 0 0 063 0 0 0

1937-760815

LANDESAMT FUER DATENVERARBEITUNG UND
STATISTIK NRW

*STATISTISCHE RUNDSCHAU (KREISBESCHREIBUNG)
FUER DEN KREIS MOERS

DUESSELDORF 1972

---

740 0 0 06390 0 0

1938-761093

NORDRHEIN-WESTFALEN, STATISTISCHES LANDESAMT

*STATISTISCHE RUNDSCHAU FUER DEN KREIS MOERS

DUESSELDORF 1972, 76 S., KT., ABB., TAB

---

740 0 0 063 0 0 0

1939-761091   BB 75-2/384

STADT MOERS, OBERKREISDIREKTOR, AMT FUER
STRUKTURVERBESSERUNG

*STRUKTURDATEN 1973, KREIS MOERS - JAHRES-
BERICHT

MOERS 1973, 166 S., ABB., TAB.

---

740 0 0 063 0 0 0

1940-761092

STADT MOERS, OBERKREISDIREKTOR, AMT FUER
STRUKTURVERBESSERUNG

*STRUKTURDATEN KREIS MOERS

MOERS 1973, 205 S., KT., ABB., TAB.

KREIS M O E R S

ZEITUNGEN, ZEITSCHRIFTEN, SCHRIFTENREIHEN

---

(1)BEARBEITER (2)MITARBEITER (3)HERAUSGEBER (4)REDAKTION (5)PROJEKTLEITUNG (6)AUFTRAGGEBER

BIBLIOGRAPHIE RAUMPLANUNG IM RUHRGEBIET. IRPUD-BIBLIOGRAPHIEN.1. UNIVERSITAET DORTMUND. BL. 239

---

740   0 0   09063 0 0

1941-761093

NORDRHEIN-WESTFALEN, STATISTISCHES LANDESAMT

*STATISTISCHE RUNDSCHAU FUER DEN KREIS MOERS

DUESSELDORF, 1972, 76 S., KT., ABB., TAB

KREIS R E E S

FINANZWESEN, STATISTIK, KARTOGRAPHIE

- STATISTIK
  (SOWEIT NICHT THEMATISCH EINGEORDNET)

---

750   0 0   063 0 0 0

1942-760816

LANDESAMT FUER DATENVERARBEITUNG UND
STATISTIK NRW

*STATISTISCHE RUNDSCHAU (KREISBESCHREIBUNG)
FUER DEN KREIS REES

DUESSELDORF 1974

KREIS R E C K L I N G H A U S E N

RAUMENTWICKLUNG, RAUMPLANUNG

- RAUMENTWICKLUNG, RAUMORDNUNG,
  LANDESPLANUNG, REGIONALPLANUNG

---

760   0 0   011 0 0 0

1943-760242

MACHNIK, MOGGE, (1)

STADT RECKLINGHAUSEN, (3)

*KREIS RECKLINGHAUSEN: ENTWICKLUNG, RAUM-
ORDNUNG

RECKLINGHAUSEN, 1970, 59 BL., KT.

KREIS R E C K L I N G H A U S E N

RAUMENTWICKLUNG, RAUMPLANUNG

- LANDSCHAFTSOEKOLOGIE, LANDSCHAFTSPLANUNG

---

760   0 0   016 0 0 0

1944-761025

PRIDIK WEDIG, (1)

KREIS RECKLINGHAUSEN, SIEDLUNGSVERBAND RUHR-
KOHLENBEZ, STADT DORSTEN, ENTW.GES WULFEN

*LANDSCHAFTSRAHMENPLANUNG MIDLICHER MUEHLEN-
BACHTAL, HOHE MARK

OHNE ORT UND JAHR

KREIS R E C K L I N G H A U S E N

FINANZWESEN, STATISTIK, KARTOGRAPHIE

- STATISTIK
  (SOWEIT NICHT THEMATISCH EINGEORDNET)

---

760   0 0   063 0 0 0

1945-760817

LANDESAMT FUER DATENVERARBEITUNG UND
STATISTIK NRW

*STATISTISCHE RUNDSCHAU (KREISBESCHREIBUNG)
FUER DEN KREIS RECKLINGHAUSEN

DUESSELDORF 1970

---

760   0 0   063 0 0 0

1946-760647

STATISTISCHES LANDESAMT NRW (3)

*STATISTISCHE RUNDSCHAU FUER DEN KREIS RECK-
LINGHAUSEN.

DUESSELDORF 1970. 65 S. KT., ABB., TAB.

---

(1)BEARBEITER (2)MITARBEITER (3)HERAUSGEBER (4)REDAKTION (5)PROJEKTLEITUNG (6)AUFTRAGGEBER

BIBLIOGRAPHIE RAUMPLANUNG IM RUHRGEBIET. IRPUD-BIBLIOGRAPHIEN.1. UNIVERSITAET DORTMUND. BL. 240

KREIS RECKLINGHAUSEN

KREIS UNNA

ZEITUNGEN, ZEITSCHRIFTEN, SCHRIFTENREIHEN

WIRTSCHAFT

- WIRTSCHAFTSPLANUNG, WIRTSCHAFTSPOLITIK, WIRTSCHAFTSFOERDERUNG

---

760 0 0 090 0 0 0

1947-760137

KREIS RECKLINGHAUSEN, STATISTISCHES AMT (3)

*STATISCHE JAHRESBERICHTE FUER DEN KREIS RECKLINGHAUSEN

RECKLINGHAUSEN

---

770 0 0 022 0 0 0

1950-761547   BB 082/1

UNIVERSITAET DORTMUND, ABTEILUNG RAUMPLANUNG

*AUSWIRKUNGEN DER WIRTSCHAFTSFOERDERUNG AUF DIE ENTWICKLUNG DES KREISES UNNA
STUDIENPROJEKT P 12, STUDIENJAHR 1973/74

DORTMUND 1974

---

760 0 0 090 0 0 0

1948-760136

KREIS RECKLINGHAUSEN, STATISTISCHES AMT (3)

*STATISTISCHE RUNDSCHAU FUER DEN KREIS RECKLINGHAUSEN

RECKLINGHAUSEN

KREIS UNNA

RECHT, VERWALTUNG, POLITIK

- TERRITORIALE VERWALTUNGSGLIEDERUNG, REGIONALE UND KOMMUNALE NEUGLIEDERUNG

KREIS UNNA

RAUMENTWICKLUNG, RAUMPLANUNG

- RAUMENTWICKLUNG, RAUMORDNUNG, LANDESPLANUNG, REGIONALPLANUNG

---

770 0 0 057 0 0 0

1951-760954   BB 902/NOR22

LAUX EBERHARD, GRUDA GERD, PARTZSCH DIETER(1)

WIRTSCHAFTSBERATUNG AG (WIBERA)

*UNTERSUCHUNGEN UEBER DIE BILDUNG VON PLANUNGSRAEUMEN UND DIE NEUORDNUNG DER VERWALTUNGSGLIEDERUNG IM LANDKREIS UNNA, BAND I, II

DUESSELDORF 1964

---

770 0 0 011 0 0 0

1949-760236

BALLHORN FOLKMAR,   EICHSTAEDT-BOHLIG FRANZISKA, VETTER ROBERT (U.A.) (1)

WIRTSCHAFTSFOERDERUNGSGESELLSCHAFT FUER DEN KREIS UNNA MBH, KREISVERWALTUNG UNNA, (3)

*KREISENTWICKLUNGSPLAN (KREIS UNNA), TEIL 1A/B

UNNA 1971, MASCH.SCHRIFTLICH VERVIELFAETIGT

REFERATEBLATT ZUR RAUMORDNUNG 3162/6351

770 0 0 057 0 0 0

1952-760515

WRAGE VOLKHARD

*TAKTIK DER TERRITORIALREFORM. EINE STUDIE ZUM PROZESS DER MEINUNGS- U. WILLENSBILDUNG BEI MASSNAHMEN DER TERRITORIALEN REFORM. DARGESTELLT AM BEISPIEL DER NEUORDNUNG DES KREISES UNNA

KOELN, BERLIN: GROTE VERLAG 1973, 207 S.

---

(1)BEARBEITER (2)MITARBEITER (3)HERAUSGEBER (4)REDAKTION (5)PROJEKTLEITUNG (6)AUFTRAGGEBER

BIBLIOGRAPHIE RAUMPLANUNG IM RUHRGEBIET. IRPUD-BIBLIOGRAPHIEN.1. UNIVERSITAET DORTMUND. BL. 241

770300 0 057 0 0 0

1953-761080   BB 970/22

KREIS UNNA, KREISTAG

*STELLUNGNAHME ZU DEN VORSCHLAEGEN DES INNENMINISTERS NW ZUR NEUGLIEDERUNG DER GEMEINDEN UND KREISE DES NEUGLIEDERUNGSRAUMES RUHRGEBIET UND DES NEUGLIEDERUNGSRAUMES MUENSTER/HAMM. ARBEITSUNTERLAGE F.D. BERATUNG DES KREISTAGES UNNA.NIEDERSCHRIFT UEBER DIE SITZUNG DES KREISTAGES UNNA VOM 29.5.1973

UNNA 1973, 39 GEZ.BL.

KREIS U N N A

FINANZWESEN, STATISTIK, KARTOGRAPHIE

- STATISTIK
  (SOWEIT NICHT THEMATISCH EINGEORDNET)

---

770 0 0 063 0 0 0

1954-760818

LANDESAMT FUER DATENVERARBEITUNG UND STATISTIK NRW

*STATISTISCHE RUNDSCHAU (KREISBESCHREIBUNG) FUER DEN KREIS UNNA

DUESSELDORF 1969

B E R G K A M E N

RAUMENTWICKLUNG, RAUMPLANUNG

- STADTENTWICKLUNG, STADTPLANUNG,
  STADTERNEUERUNG, SANIERUNG

---

806 0 0 012 0 0 0

1955-761292

BUEKSCHMITT JUSTUS

*DAS MODELL BERGKAMEN. EINE STADT WAECHST AUS TEILEN ZUR EINHEIT

IN: NEUE HEIMAT (1967)HEFT 12, S.16-25

---

806 0 0 01218 0 0

1956-761534   BB 083/94

BARTEL GERHARD

UNIVERSITAET DORTMUND, ABTEILUNG RAUMPLANUNG

*STADTENTWICKLUNG UND BODENPREISBILDUNG, DARGEST. AM BEISP. D. STADT BERGKAMEN

DORTMUND 1975, 197 BL., 1 PL., DIPLOMARBEIT

B E R G K A M E N

RAUMENTWICKLUNG, RAUMPLANUNG

- WOHNUNGSWESEN, WOHNPLANUNG, BAUWESEN

---

806 0 0 013 0 0 0

1957-761558   BB 082/1

UNIVERSITAET DORTMUND, ABTEILUNG RAUMPLANUNG

*FLAECHENSTANDORTPLANUNG BERGKAMEN STUDIENPROJEKT F 06, STUDIENJAHR 1974/75

DORTMUND 1975

B E R G K A M E N

RAUMENTWICKLUNG, RAUMPLANUNG

- GRUNDEIGENTUM, BODENNUTZUNG, BODENWERT,
  BODENORDNUNG

---

806 0 0 01812 0 0

1958-761534   BB 083/94

BARTEL GERHARD

UNIVERSITAET DORTMUND, ABTEILUNG RAUMPLANUNG

*STADTENTWICKLUNG UND BODENPREISBILDUNG, DARGEST. AM BEISP. D. STADT BERGKAMEN

DORTMUND 1975, 197 BL., 1 PL., DIPLOMARBEIT

---

(1)BEARBEITER   (2)MITARBEITER   (3)HERAUSGEBER   (4)REDAKTION   (5)PROJEKTLEITUNG   (6)AUFTRAGGEBER

D A T T E L N

RAUMENTWICKLUNG, RAUMPLANUNG

- STADTENTWICKLUNG,STADTPLANUNG,
  STADTERNEUERUNG,SANIERUNG

---

820 0 0 C12 0 0 0

1959-761462

ZLONICKY MARLENE, ZLONICKY PETER,
KRAWITZ JOACHIM, MARTIN KLAUS, NOWATZEK GERD,
SIMONEIT WOLFGANG, ROHRER HANSLUDWIG

PLANERBUERO ZLONICKY

*ERLAEUTERUNGSBERICHT. FLAECHENNUTZUNGSPLAN
STADT DATTELN. (EINSCHL. UNTERSUCHUNG ZU
BEVOELKERUNG, WIRTSCHAFT, INFRASTRUKTUR)

ESSEN 1973

D A T T E L N

RAUMENTWICKLUNG, RAUMPLANUNG

- SIEDLUNGSBAU,ARBEITERSIEDLUNGEN

---

820 0 0 014 0 0 0

1960-760936

ACKERS WALTER

*SIEDLUNG BEISENKAMP IN DATTELN.
AUFLOESUNG EINER GEMEINSCHAFT DURCH ZWANG
ZU EIGENTUMSBILDUNG

IN: STADTBAUWELT 46, 1975, S. 101-104

---

820 0 0 014 0 0 0

1961-760785

WERNER HERMANN

*INTEGRATIONSPROBLEME AM BEISPIEL
BEISENKAMP (DATTELN)

IN: STADTBAUWELT 46, 1975, S.104-1059

D A T T E L N

INFRASTRUKTUR, VERSORGUNG

- ENERGIEVERSORGUNG

820922 030042 0 0 0

1962-760775

WEINZIRL KLAUS

*TECHNOLOGIEN ZUR KOHLEVERGASUNG ZUM EINSATZ
AM STANDORT DATTELN/WALTROP. VORTRAG GEHALTEN
IN DER ABTEILUNG RAUMPLANUNG, UNI. DORTMUND
AM 18.11.1975

DORTMUND 1975,MASCH.SKRIPT.

D I N S L A K E N

RAUMENTWICKLUNG, RAUMPLANUNG

- WOHNUNGSWESEN,WOHNPLANUNG,BAUWESEN

---

822 0 0 013 0 0 0

1963-760404   88 777/78

DUWENDAG DIETER, HARTZ LUDWIG, EPPING GUENTER
(U. A.), (1)

WESTFAELISCHE WILHELM UNIVERSITAET MUENSTER,
INSTITUT FUER SIEDLUNGS- U. WOHNUNGSWESEN,(3)

*WOHNBEDARFSPROGNOSE FUER DEN WIRTSCHAFTSRAUM
DINSLAKEN BIS 1980

MUENSTER 1970, MASCH.DRUCK

SONDERDRUCK 51

D I N S L A K E N

RAUMENTWICKLUNG, RAUMPLANUNG

- SIEDLUNGSGEOGRAPHIE,STADTGEOGRAPHIE

82230066567017 0 0 0

1964-761599

MERTINS G.

*DIE KULTURLANDSCHAFT DES WESTLICHEN
RUHRGEBIETS (MUELHEIM-OBERHAUSEN-DINSLAKEN)

GIESSEN 1964

GIESSENER GEOGRAPHISCHE SCHRIFTEN, H. 4

D I N S L A K E N

INFRASTRUKTUR, VERSORGUNG

- WASSERWIRTSCHAFT, ABFALL, UMWELTSCHUTZ

---

822 062588243 0 0 0

1965-761475   BB 210/59

WALLRAFF GUENTER, HAGEN JENS

*WAS WOLLT IHR DENN, IHR LEBT JA NOCH. CHRONIK
EINER INDUSTRIEANSIEDLUNG. EIN LEHRSTUECK MIT
ORGINALAUSSAGEN, DOKUMENTEN, SONGS SOWIE
EINEM PLAKAT VON KLAUS STAECK. (STEAG-KRAFT-
WERK DINSLAKEN, VEBA-CHEMIE ORSOY-RHEINBOGEN)

REINBECK BEI HAMBURG 1973

D I N S L A K E N

RECHT, VERWALTUNG, POLITIK

- OEFFENTLICHKEITSARBEIT, PARTIZIPATION,
  DEMOKRATISIERUNG

8226056706755557 0 0

1966-760758

WALCHSHOEFER JUERGEN

UNIVERSITAET MARBURG

*GEBIETSREFORM UND BUERGERSCHAFTLICHE
PARTIZIPATION

MARBURG 1974, 424 S., TAB., LIT. SOZ. DISS.

D I N S L A K E N

RECHT, VERWALTUNG, POLITIK

- TERRITORIALE VERWALTUNGSGLIEDERUNG,
  REGIONALE UND KOMMUNALE NEUGLIEDERUNG

---

822 0 0 057 0 0 0

1967-760276   BB 696/242

BUECKMANN WALTER

*GEBIETSREFORM UND ENTWICKLUNGSPLANUNG IN
NORDRHEIN-WESTFALEN. DARGESTELLT AN EINEM
VORSCHLAG ZUR NEUGLIEDERUNG DES RAUMES
DINSLAKEN

KOELN, BERLIN, BREMEN 1973, DT. GEMEINDE VERL.

ABHANDLUNGEN ZUR KOMMUNALPOLITIK. 6.

82260567067557 0 055

1968-760758

WALCHSHOEFER JUERGEN

UNIVERSITAET MARBURG

*GEBIETSREFORM UND BUERGERSCHAFTLICHE
PARTIZIPATION

MARBURG 1974, 424 S., TAB., LIT. SOZ. DISS.

D O R S T E N

OHNE SACHGLIEDERUNG

---

824 0 0 00000

1969-761030

STADT DORSTEN, AMT F WIRTSCHAFT U VERKEHR
WERBEAGENTUR TROOST UND ARTWORK (DUESSELDORF)

*DORSTEN, DIE STADT FUER LEUTE VON MORGEN

OHNE ORT UND JAHR

---

(1)BEARBEITER (2)MITARBEITER (3)HERAUSGEBER (4)REDAKTION (5)PROJEKTLEITUNG (6)AUFTRAGGEBER

CORSTEN

DORSTEN

RAUMENTWICKLUNG, RAUMPLANUNG

- STADTENTWICKLUNG, STADTPLANUNG,
  STADTERNEUERUNG, SANIERUNG

WIRTSCHAFT

- WIRTSCHAFTSPLANUNG, WIRTSCHAFTSPOLITIK,
  WIRTSCHAFTSFOERDERUNG

---

824 0 0 012 0 0 0

1970-760133

INSTITUT FUER GEBIETSPLANUNG UND STADTENT-
WICKLUNG, KOELN, (3)

*DIE STADT DORSTEN ALS VERSORGUNGZENTRUM

OHNE ORT UND JAHR

---

824 0 0 022 0 0 0

1973-761028

STADT DORSTEN, AMT FUER WIRTSCHAFT UND VER-
KEHR

*INDUSTRIEWEGWEISER DORSTEN

DORSTEN, OHNE JAHR

---

924 0 0 012 0 0 0

1971-760131

BURGHARTZ, WAGNER A.

STADT DORSTEN (3)

*ERLAEUTERUNGSBERICHT ZUM FLAECHENNUTZUNGSPLAN
DER STADT DORSTEN

ESSEN, OHNE JAHR

DORSTEN

BEVOELKERUNG

- SOZIALWESEN, SOZIALARBEIT, SOZIALPOLITIK

DORSTEN

RAUMENTWICKLUNG, RAUMPLANUNG

- WOHNUNGSWESEN, WOHNPLANUNG, BAUWESEN

---

824 0 0 034 0 0 0

1974-761026

FUNKE, LUDES, ZSCHOCH
(PLANUNGSGRUPPE DORSTEN) (1)

STADT DORSTEN

*STADT DORSTEN, BEGEGNUNGSZENTRUM MARIA LIN-
DENHOF, METHODISCHE GRUNDLAGENERFASSUNG UND
STANDORTANALYSE, BAND 1 UND 2

OHNE JAHR

---

824 0 0 013 0 0 0

1972-761149

WOHNSTAETTEN-AG, WESTDEUTSCHE WOHNHAEUSER AG,
WESTDEUTSCHE BAUTRAEGER GMBH

*UNTERSUCHUNG DER NACHFRAGE NACH WOHNUNGEN
SPEZIELL NACH EIGENTUMSWOHNUNGEN IM BEREICH
DER STADT DORSTEN

ESSEN 1971, HEFT 21

DORSTEN

INFRASTRUKTUR, VERSORGUNG

- STRASSENVERKEHR, EISENBAHN,
  SCHIFFAHRT, LUFTVERKEHR

---

(1) BEARBEITER (2) MITARBEITER (3) HERAUSGEBER (4) REDAKTION (5) PROJEKTLEITUNG (6) AUFTRAGGEBER

BIBLIOGRAPHIE RAUMPLANUNG IM RUHRGEBIET. IRPUD-BIBLIOGRAPHIEN.1. UNIVERSITAET DORTMUND. BL. 245

---

824 0 0 041 0 0 0

1975-760138   BB 555/75

HINTERLEITNER (1)

RAT DER STADT DORSTEN (6)

*GENERALVERKEHRSPLAN AMT HERVEST-DORSTEN
1. TEIL VERKEHRSANALYSE. 2. TEIL VERKEHRS-
PROGNOSE. NACHTRAG ZUM 2.TEIL: FLIESSENDER
INDIVIDUALVERKEHR 1971 UND 1972. 3.TEIL:
RUHENDER VERKEHR IN DER STADT DORSTEN

STUTTGART 1962

D O R S T E N

GESCHICHTE

- STADTGESCHICHTE, SIEDLUNGSGESCHICHTE,
  LANDESGESCHICHTE

---

824 0 0 071 0 0 0

1976-760139

BANKE W.

STADT DORSTEN, (3)

*700 JAHRE STADT DORSTEN

OHNE ORT UND JAHR

---

824 0 0 071 0 0 0

1977-760134

KUHLMANN BERNHARD, (1)

*GESCHICHTE DER STADT DORSTEN
- VON DER ZEITENWENDE BIS 1975 -

OHNE ORT UND JAHR

H A L T E R N

RAUMENTWICKLUNG, RAUMPLANUNG

- LANDSCHAFTSOEKOLOGIE, LANDSCHAFTSPLANUNG

---

840 0 0 016 0 0 0

1978-761733

BRUNA (1), PEUCKER (2)

PLANUNGSBUERO NOLTE-HUETKER STAEDTEBAU UND
LANDESPFLEGE OSNABRUECK (3), SVR (6)

*LANDSCHAFTSPLANUNG HALTERN/DIE HAARD

OHNE ORT, OHNE JAHR, 107 S.

H A T T I N G E N

RAUMENTWICKLUNG, RAUMPLANUNG

- STADTENTWICKLUNG, STADTPLANUNG,
  STADTERNEUERUNG, SANIERUNG

---

844 0 0 012 0 0 0

1979-761566

BUCHHOLZ HANNS JUERGEN, HEINEBERG H.

*DIE HATTINGER NORDSTADT (GUTACHTEN)

BOCHUM 1968

---

844 0 0 012 0 0 0

1980-760408

EINSELE MARTIN

*STADTERNEUERUNG AM BEISTIEL HATTINGEN

STUTTGART, 1971

H A T T I N G E N

RECHT, VERWALTUNG, POLITIK

- TERRITORIALE VERWALTUNGSGLIEDERUNG,
  REGIONALE UND KOMMUNALE NEUGLIEDERUNG

---

(1)BEARBEITER (2)MITARBEITER (3)HERAUSGEBER (4)REDAKTION (5)PROJEKTLEITUNG (6)AUFTRAGGEBER

BIBLIOGRAPHIE RAUMPLANUNG IM RUHRGEBIET. IRPUD-BIBLIOGRAPHIEN.1. UNIVERSITAET DORTMUND. BL. 246

---

844 0 0 057 0 0 C

1981-760616

SCHOELLER PETER

STADT HATTINGEN (3)

*KOMMUNALE GEBIETSREFORM RUHRTAL-HATTINGEN.
GUTACHTEN UEBER VORAUSSETZUNGEN UND MOEGLICH-
KEITEN EINER KOMMUNALEN NEUGLIEDERUNG IM
NORDWESTLICHEN ENNEPE-RUHR-KREIS

HATTINGEN 1968, (2.AUFL.)

844300 0 057 0 0 0

1982-761567   BB 970/8

BUCHHOLZ HANNS JUERGEN, HEINEBERG H.,
MAYR ALOIS, SCHOELLER PETER

GEOGRAPHISCHES INSTITUT RUHRUNIVERSITAET
BOCHUM (3), STADT HATTINGEN (6)
*MODELLE REGIONALER UND KOMMUNALER
NEUGLIEDERUNG IM RHEIN-RUHR-WUPPER BALLUNGS-
GEBIET UND DIE ZUKUNFT DER STADT HATTINGEN
BOCHUM 1971, 135 S.
MATERIALIEN ZUR RAUMORDNUNG AUS DEM
GEOGRAPHISCHEN INSTITUT DER RUHRUNIVERSITAET
BOCHUM, NR. 9

H E R B E D E

RAUMENTWICKLUNG, RAUMPLANUNG

- STADTENTWICKLUNG, STADTPLANUNG,
  STADTERNEUERUNG, SANIERUNG

---

846 0 0 012 0 0 0

1983-761527   BB 082/1

UNIVERSITAET DORTMUND, ABTEILUNG RAUMPLANUNG

*SIEDLUNGSENTWICKLUNG HERBEDE
STUDIENPROJEKT P 02, STUDIENJAHR 1971/72

DORTMUND 1972

---

846 0 0 012 0 0 0

1984-761526   BB 082/1

UNIVERSITAET DORTMUND, ABTEILUNG RAUMPLANUNG

*SANIERUNG HERBEDE
STUDIENPROJEKT P 01, STUDIENJAHR 1971/72

DORTMUND 1972

H E R B E D E

BEVOELKERUNG

- ERHOLUNG, FREIZEIT, URLAUB, SPORT, SPIEL

---

846 0 0 036 0 0 0

1985-761528   BB 082/1

UNIVERSITAET DORTMUND, ABTEILUNG RAUMPLANUNG

*KEMNADER STAUSEE - HERBEDE
STUDIENPROJEKT P 04, STUDIENJAHR 1971/72

DORTMUND 1972

H E R D E C K E

RAUMENTWICKLUNG, RAUMPLANUNG

- STADTENTWICKLUNG, STADTPLANUNG,
  STADTERNEUERUNG, SANIERUNG

---

848 0 0 012 0 0 0

1986-760439

GEHSE KARL F., GRUENEKE DETLEF,

*SANIERUNG INNENSTADT HERDECKE. TEIL 1:
BESTANDSAUFNAHME, GRUNDLAGEN,
ERSCHLIESSUNGSKONZEPT

HERDECKE 1971 MASCHINENDRUCK

H E R D E C K E

INFRASTRUKTUR, VERSORGUNG

- STRASSENVERKEHR, EISENBAHN,
  SCHIFFAHRT, LUFTVERKEHR

---

(1)BEARBEITER (2)MITARBEITER (3)HERAUSGEBER (4)REDAKTION (5)PROJEKTLEITUNG (6)AUFTRAGGEBER

BIBLIOGRAPHIE RAUMPLANUNG IM RUHRGEBIET. IRPUD-BIBLIOGRAPHIEN.1. UNIVERSITAET DORTMUND. BL. 247

---

848 0 0 041 0 0 0

1987-761454

INGENIEURBUERO WENSSING

*VERKEHRSTECHNISCHE UNTERSUCHUNGEN DES KNOTEN-
PUNKTES B 54 / HENGSTEYSEESTRASSE IN
HERDECKE

ISERLOHN 1970

AMT H E R V E S T - D O R S T E N (WULFEN)

RAUMENTWICKLUNG, RAUMPLANUNG
 - STADTENTWICKLUNG, STADTPLANUNG,
   STADTERNEUERUNG, SANIERUNG

---

852 0 0 012 0 0 0

1988-760797

ZAHN ERICH, RUEHL KONRAD, STEINER ALBERT
HEINRICH

*NEUE STADT WULFEN

STUTTGART: KARL KRAEMER 1962

ARCHITEKTUR WETTBEWERBE, SONDERHEFT

---

852 0 0 012 0 0 0

1989-760488

*NEUE STADT WULFEN.- ARBEITSBERICHTE 1967

IN: STADTBAUWELT 15, JG.58, 1967 S.1141-1145

---

852 0 0 012 0 0 0

1990-761293

BUEKSCHMITT JUSTUS

*DIE NEUE STADT WULFEN. ELEMENTE EINER STADT-
GRUENDUNG

IN: NEUE HEIMAT (1967) HEFT 5 S.19-28

---

852 0 0 012 0 0 0

1991-760511

WITTWER GEORG

*DIE NEUE STADT WULFEN

IN: DER AUFBAU, NR.12, WIEN 1971

AMT H E R V E S T - D O R S T E N (WULFEN)

RAUMENTWICKLUNG, RAUMPLANUNG
 - SIEDLUNGSBAU, ARBEITERSIEDLUNGEN

---

852 0 0 014 0 0 0

1992-761290

BREPOHL WILHELM, LINGNAU JOSEF

SIEDLUNGSVERBAND RUHRKOHLENBEZIRK (6)

*BEVOELKERUNG UND SIEDLUNG IM RAUM WULFEN.
ENTWICKLUNG, STRUKTUREN UND TENDENZEN 1824
BIS 1961

ESSEN 1967

AMT H E R V E S T - D O R S T E N (WULFEN)

RAUMENTWICKLUNG, RAUMPLANUNG
 - STADTGESTALTUNG, DENKMALPFLEGE

---

852 0 0 015 0 0 0

1993-760132   BB Z300/3

GROSCHE, BOERNER, STUMPFL, BROICH P.,
KOISCHWITZ L., (1)

*STADTGESTALTUNG IN DER NEUEN STADT WULFEN

IN: STADTBAUWELT, 1972, HEFT 35

---

(1)BEARBEITER (2)MITARBEITER (3)HERAUSGEBER (4)REDAKTION (5)PROJEKTLEITUNG (6)AUFTRAGGEBER

BIBLIOGRAPHIE RAUMPLANUNG IM RUHRGEBIET. IRPUD-BIBLIOGRAPHIEN.1. UNIVERSITAET DORTMUND. BL. 248

AMT H E R V E S T - D O R S T E N (WULFEN)

WIRTSCHAFT

  - WIRTSCHAFTSSTRUKTUR,STRUKTURWANDEL,
    STRUKTURKRISE,WIRTSCHAFTSGEOGRAPHIE

---

852 0 0 02131 0 0

1994-761029

STADT DORSTEN, PLANUNGSAMT, AMT HERVEST-
DORSTEN

*AMT HERVEST-DORSTEN. STRUKTURUNTERSUCHUNGEN

DORSTEN, OHNE JAHR

AMT H E R V E S T - D O R S T E N (WULFEN)

BEVOELKERUNG

  - DEMOGRAPHIE,SOZIOGRAPHIE,STADTSOZIOLOGIE

---

852 0 0 03121 0 0

1995-761029

STADT DORSTEN, PLANUNGSAMT, AMT HERVEST-
DORSTEN

*AMT HERVEST-DORSTEN. STRUKTURUNTERSUCHUNGEN

DORSTEN, OHNE JAHR

AMT H E R V E S T - D O R S T E N (WULFEN)

FINANZWESEN, STATISTIK, KARTOGRAPHIE

  - FINANZEN,FINANZPLANUNG,HAUSHALTSWESEN

---

852 0 0 06165 0 0

1996-760991   BB 083/27

SCHAEFFER HEINZ, WEISS ALFRED

UNIVERSITAET DORTMUND, ABTEILUNG RAUMPLANUNG

*PROBLEME DER EINFUEGUNG VON INFORMATIONEN
UEBER FINANZIERUNGSMOEGLICHKEITEN KOMMUNALER
INVESTITIONSVORHABEN IN KOMMUNALE BERICHTS-
WESEN, DARGEST. AM BEISPIEL DER ENTWICKLUNGS-
GESELLSCHAFT WULFEN

DORTMUND 1974, 152 BL., DIPLOMARBEIT

AMT H E R V E S T - D O R S T E N (WULFEN)

FINANZWESEN, STATISTIK, KARTOGRAPHIE

  - PLANUNGSMETHODEN

---

852 0 0 06561 0 0

1997-760991   BB 083/27

SCHAEFFER HEINZ, WEISS ALFRED

UNIVERSITAET DORTMUND, ABTEILUNG RAUMPLANUNG

*PROBLEME DER EINFUEGUNG VON INFORMATIONEN
UEBER FINANZIERUNGSMOEGLICHKEITEN KOMMUNALER
INVESTITIONSVORHABEN IN KOMMUNALE BERICHTS-
WESEN, DARGEST. AM BEISPIEL DER ENTWICKLUNGS-
GESELLSCHAFT WULFEN

DORTMUND 1974, 152 BL., DIPLOMARBEIT

AMT H E R V E S T - D O R S T E N (WULFEN)

BIBLIOGRAPHIEN

---

852 0 0 080 0 0 0

1998-761403

DIETZ SIEGLINDE

INSTITUT FUER WOHNUNGS- UND PLANUNGSWESEN,
KOELN (3)

*NEUE STADT WULFEN - LITERATURZUSAMMENSTELLUNG

KOELN 1972, 3 S.

---

(1)BEARBEITER (2)MITARBEITER (3)HERAUSGEBER (4)REDAKTION (5)PROJEKTLEITUNG (6)AUFTRAGGEBER

BIBLIOGRAPHIE RAUMPLANUNG IM RUHRGEBIET. IRPUD-BIBLIOGRAPHIEN.1. UNIVERSITAET DORTMUND. BL. 249

AMT H E R V E S T - D O R S T E N (WULFEN)

ZEITUNGEN,ZEITSCHRIFTEN,SCHRIFTENREIHEN

---

952 0 0 090 0 0 0

1999-760135

STADT DORSTEN, STATISTISCHES AMT, AMT HERVEST-DORSTEN, (3)

*STATISTISCHE JAHRESBERICHTE DES AMTES HERVEST-DORSTEN

DORSTEN

K E V E L A E R

RAUMENTWICKLUNG, RAUMPLANUNG

- STADTENTWICKLUNG,STADTPLANUNG, STADTERNEUERUNG,SANIERUNG

87C 0 0 012 0 0 0

2000-760247

BIEKER PETER, GOELLNER GERO, MUELLER WOLFGANG, TIEDEMANN JUERGEN, WEDEL HUBERTA VON, WITTICH WILHELM VON

WIRTSCHAFTSBERATUNG AG (3)

*STADTENTWICKLUNGSPLAN KEVELAER, UNTERSUCHUNG ZUR STADTENTWICKLUNGS- UND FLAECHENNUTZUNGS-PLANUNG, BAND 1 UND 2

DUESSELDORF, 1973, 364 S., KT., ABB., TAB.

K I R C H H E L L E N

RAUMENTWICKLUNG, RAUMPLANUNG

- STADTENTWICKLUNG,STADTPLANUNG, STADTERNEUERUNG,SANIERUNG

---

872 06106401257 0 0

2001-761503   BB 083/96

FECKE FRANZ-BERNHARD

UNIVERSITAET DORTMUND, ABTEILUNG RAUMPLANUNG

*KOMMUNALE NEUORDNUNG UND MOEGLICHKEITEN DER STADTENTWICKLUNG IM RAUME BOTTROP, GLADBECK, KIRCHHELLEN

DORTMUND 1976, 113 BL., DIPLOMARBEIT

K I R C H H E L L E N

RECHT, VERWALTUNG, POLITIK

- TERRITORIALE VERWALTUNGSGLIEDERUNG, REGIONALE UND KOMMUNALE NEUGLIEDERUNG

---

872 0 0 057 0 0 0

2002-761428   BB 970/11

HOPPE WERNER

GEMEINDE KIRCHHELLEN (6)

*GUTACHTEN ZUR KOMMUNALEN NEUGLIEDERUNG IM RAUM KIRCHHELLEN

MUENSTER 1973, 111 S., TEIL 1, MASCH.SKRIPT

---

872 0 0 057 0 0 0

2003-761429   BB 907/11

HOPPE WERNER

GEMEINDE KIRCHHELLEN (6)

*....ZU DEM GESETZENTWURF DER LANDESREGIERUNG ZUR NEUGLIEDERUNG DER GEMEINDEN UND KREISE DES NEUGLIEDERUNGSRAUMES RUHRGEBIET

MUENSTER 1973, 21 S., TEIL 2, MASCH.SKRIPT

---

872 061064057 0 012

2004-761503   BB 083/96

FECKE FRANZ-BERNHARD

UNIVERSITAET DORTMUND, ABTEILUNG RAUMPLANUNG

*KOMMUNALE NEUORDNUNG UND MOEGLICHKEITEN DER STADTENTWICKLUNG IM RAUME BOTTROP, GLADBECK, KIRCHHELLEN

DORTMUND 1976, 113 BL., DIPLOMARBEIT

---

(1)BEARBEITER (2)MITARBEITER (3)HERAUSGEBER (4)REDAKTION (5)PROJEKTLEITUNG (6)AUFTRAGGEBER

BIBLIOGRAPHIE RAUMPLANUNG IM RUHRGEBIET. IRPUD-BIBLIOGRAPHIEN.1. UNIVERSITAET DORTMUND. BL. 250

M A R L

GESCHICHTE

- STADTGESCHICHTE,SIEDLUNGSGESCHICHTE,
LANDESGESCHICHTE

---

874 0 0 071 0 0 0

2005-761581

LOWINSKI HEINRICH

*STAEDTEBILDUNG IN INDUSTRIELLEN ENTWICK-
LUNGSRAEUMEN, UNTERSUCHT AM BEISPIEL DER
STADT UND DES AMTES MARL

RECKLINGHAUSEN 1964

M O E R S

RAUMENTWICKLUNG, RAUMPLANUNG

- STADTENTWICKLUNG,STADTPLANUNG,
STADTERNEUERUNG,SANIERUNG

---

976 0 0 012 0 0 0

2006-760097

FOERSTER-BALDENIUS PETER, PIEPENBRINK KARL-
HEINZ, SCHNEIDER MANFRED, WOEHLERT HANS, (1)

GESELLSCHAFT FUER WOHNUNGS- U.SIEDLUNGSWESEN,
HAMBURG (3)

*GUTACHTEN ZUR ALTSTADTSANIERUNG MOERS

HAMBURG 1972, 132 S., KT., ABB., TAB.

O R S O Y

INFRASTRUKTUR, VERSORGUNG

- WASSERWIRTSCHAFT,ABFALL,UMWELTSCHUTZ

882822 062543 0 0 0

2007-761475   BB 210/59

WALLRAFF GUENTER, HAGEN JENS

*WAS WOLLT IHR DENN, IHR LEBT JA NOCH. CHRONIK
EINER INDUSTRIEANSIEDLUNG.EIN LEHRSTUECK MIT
ORGINALAUSSAGEN, DOKUMENTEN, SONGS SOWIE
EINEM PLAKAT VON KLAUS STAECK.(STEAG-KRAFT-
WERK DINSLAKEN, VEBA-CHEMIE ORSOY-RHEINBOGEN)

REINBECK BEI HAMBURG 1973

R H E I N H A U S E N

WIRTSCHAFT

- WIRTSCHAFTSSTRUKTUR,STRUKTURWANDEL,
STRUKTURKRISE,WIRTSCHAFTSGEOGRAPHIE

890625 0 021 0 0 0

2008-760232

MUELLER URSULA

RUHRUNIVERSITAET BOCHUM

*DIE WIRTSCHAFTLICHE ENTWICKLUNG DER
INDUSTRIELLEN RHEINUFERZONEN VON DUISBURG/
RHEINHAUSEN BIS MOELLEN

BOCHUM 1972, 86 S., KT.,EXAM.ARB.

R H E I N H A U S E N

INFRASTRUKTUR, VERSORGUNG

- BILDUNGSWESEN,SCHULEN,HOCHSCHULEN,MEDIEN,
KUNST,KULTUR

---

890 0 0 045 0 0 0

2009-760773

WEBER

RHEINHAUSEN, STADTDIREKTOR

*SCHULENTWICKLUNGSPLAN (UNTERSUCHUNGEN,
STRUKTURDATEN, SCHULGEBAEUDE UND
SCHULGRUNDSTUECKE)

RHEINHAUSEN 1974, 55 S., 55 BL., KT., TAB.

---

(1)BEARBEITER (2)MITARBEITER (3)HERAUSGEBER (4)REDAKTION (5)PROJEKTLEITUNG (6)AUFTRAGGEBER

BIBLIOGRAPHIE RAUMPLANUNG IM RUHRGEBIET. IRPUD-BIBLIOGRAPHIEN.1. UNIVERSITAET DORTMUND. BL. 251

RHEINHAUSEN

RECHT, VERWALTUNG, POLITIK

- TERRITORIALE VERWALTUNGSGLIEDERUNG, REGIONALE UND KOMMUNALE NEUGLIEDERUNG

890625 0 057 0 0 0

2010-760562

LAUX EBERHARD

*GUTACHTERLICHE STELLUNGNAHME ZUR NEU-
GLIEDERUNG IM RAUME DUISBURG AUS DER
SICHT DER STADT RHEINHAUSEN

DUESSELDORF, SPEYER 1974 65 S.,ABB.

890625 0 057 0 0 0

2011-760596   BB 903/AUFS.

LAUX EBERHARD

*VORENTWURF EINER GUTACHTERLICHEN STELLUNG-
NAHME ZUR FRAGE UND EINBEZIEHUNG VON RHEIN-
HAUSEN IN DAS STADTGEBIET DUISBURG

DUESSELDORF 1974, MASCH. SKRIPT

SCHERMBECK (WESLERWALD)

BEVOELKERUNG

900300 0 03011 0 0

2012-761329

SCHMITZ GOTTFRIED

*DER GEBIETSENTWICKLUNGSPLAN FUER DAS RUHR-
GEBIET ALS GRUNDLAGE FUER EIN MITTELFRISTIGES
INFRASTRUKTURPROGRAMM

IN: RAUM UND SIEDLUNG (1968) HEFT 7 S.161-170

SCHWELM

RAUMENTWICKLUNG, RAUMPLANUNG

- STADTENTWICKLUNG,STADTPLANUNG,
  STADTERNEUERUNG,SANIERUNG

---

902 0 0 012 0 0 0

2013-761554   BB 082/1

UNIVERSITAET DORTMUND, ABTEILUNG RAUMPLANUNG

*SCHWELM - ALTSTADT
STUDIENPROJEKT A 07, STUDIENJAHR 1974/75

DORTMUND 1975

STRAELEN

RAUMENTWICKLUNG, RAUMPLANUNG

- STADTENTWICKLUNG,STADTPLANUNG,
  STADTERNEUERUNG,SANIERUNG

---

910 0 0 012 0 0 0

2014-760246

BICKENBACH GERHARD, BRETTSCHNEIDER HARTWIG,
DEILMANN HARALD, PFEIFFER HERBERT

STADT STRAELEN, (3), IN ZUSAMMENARBEIT MIT
STADT GELDERN, KREISPLANUNGSAMT

*STAEDTEBAULICHES GUTACHTEN ZUR STADTKERN-
SANIERUNG STRAELEN

1971

UENTROP

INFRASTRUKTUR, VERSORGUNG

- ENERGIEVERSORGUNG

---

(1)BEARBEITER (2)MITARBEITER (3)HERAUSGEBER (4)REDAKTION (5)PROJEKTLEITUNG (6)AUFTRAGGEBER

912 0 0 042 0 0 0

2015-761142

HIRSCHFELDER G.

TECHNISCHE VEREINIGUNG D GROSSKRAFTWERKSBE-
TREIBER (VGB)

*DER TROCKENKUEHLTURM DES 300-MW-THTR-KERN-
KRAFTWERKES IN SCHMEHAUSEN-UENTROP

IN: VGB KRAFTWERKSTECHNIK, MITTEILUNGEN D.
VGB (TECHN. VEREIN D. GROSSKRAFTWERKS-
BETREIBER), HEFT 7, JG. 53, 1973, S. 463-471

---

912 0 0 042 0 0 0

2016-760272

BROWN, BOVERI UND CIE. AKTIENGESELLSCHAFT;
HOCHTEMPERATUR-REAKTORBAU GMBH, (3)

*1160-MWE-KERNKRAFTWERKSPROJEKT DER VEW MIT
HOCHTEMPERATURREAKTOR IM KRAFTWERK WESTFALEN

OHNE ORT UND OHNE JAHR, (1975), 21 S.

---

912 0 0 042 0 0 0

2017-761492

HOCHTEMPERATUR-KERNKRAFTWERK GMBH (HKG)

*DAS 300 THTR-KERNKRAFTWERK UENTROP-SCHMEHAU-
SEN, BEGINN EINER NEUEN KRAFTWERKSGENERATION.

UENTROP: KRAFTWERK WESTF.1975;24S, DR.SCHRIFT

U N N A

RAUMENTWICKLUNG, RAUMPLANUNG

- STADTENTWICKLUNG,STADTPLANUNG,
  STADTERNEUERUNG,SANIERUNG

---

914 0 0 012 0 0 0

2018-761260

FRORIEP SIEGFRIED

*VORBEMERKUNGEN ZUM WETTBEWERB UNNA

IN: BAUWELT/STADTBAUWELT(1966) HEFT 10,S.780
BIS 783

U N N A

INFRASTRUKTUR, VERSORGUNG

- ENERGIEVERSORGUNG

---

914 0 0 042 0 0 0

2019-761501   BB 083/19

FORTMANN HUBERT

UNIVERSITAET DORTMUND, ABTEILUNG RAUMPLANUNG

*DIE KOMMUNALE ENERGIEPLANUNG ALS TEIL DER
STADTENTWICKLUNGSPLANUNG, DARGEST. AM BEISP.
DER SIEDLUNG UNNA-MASSEN

DORTMUND 1974, 86 BL., 3 KT., DIPLOMARBEIT

W A C H T E N D O N K

RAUMENTWICKLUNG, RAUMPLANUNG

- STADTENTWICKLUNG,STADTPLANUNG,
  STADTERNEUERUNG,SANIERUNG

---

918 0 0 012 0 0 0

2020-760248

BIEKER PETER, GOELLNER GERD,MUELLER WOLFGANG,
TIEDEMANN JUERGEN, WEDEL HUBERTA VON,
WITTICH WILHELM VON (1)

WIRTSCHAFTSBERATUNG AG, DUESSELDORF (3)

*GEMEINDEENTWICKLUNGSPLANUNG WACHTENDONK,
UNTERSUCHUNG ZUR GEMEINDENTWICKLUNGS- UND
FLAECHENNUTZUNGSPLANUNG, BAND 1 UND 2

DUESSELDORF, 1973, 319 S., KT., ABB., TAB.

W A L S U M

WIRTSCHAFT

- WIRTSCHAFTSSTRUKTUR,STRUKTURWANDEL,
  STRUKTURKRISE,WIRTSCHAFTSGEOGRAPHIE

---

(1)BEARBEITER (2)MITARBEITER (3)HERAUSGEBER (4)REDAKTION (5)PROJEKTLEITUNG (6)AUFTRAGGEBER

BIBLIOGRAPHIE RAUMPLANUNG IM RUHRGEBIET. IRPUD-BIBLIOGRAPHIEN.1. UNIVERSITAET DORTMUND. BL. 253

---

920 0 0 021 0 0 0

2021-760223

CATREIN EDITH

PAEDAGOGISCHE HOCHSCHULE MUENSTER (3)

*DIE WIRTSCHAFTSGEOGRAPHISCHE ENTWICKLUNG VON WALSUM

MUENSTER, 1972, 114 S., EXAM.ARB.MASCH.SKRIPT

WALSUM

RECHT, VERWALTUNG, POLITIK

- TERRITORIALE VERWALTUNGSGLIEDERUNG, REGIONALE UND KOMMUNALE NEUGLIEDERUNG

---

920 0 0 057 0 0 0

2022-760481

OSSENBUEHL FRITZ

*ZUR KOMMUNALEN NEUGLIEDERUNG IM RAUM WALSUM. GUTACHTEN IM AUFTRAG DER STADT WALSUM

BONN 1973, 154 S.

WALTROP

INFRASTRUKTUR, VERSORGUNG

- ENERGIEVERSORGUNG

---

922 030082C42 0 0 0

2023-760775

WEINZIRL KLAUS

*TECHNOLOGIEN ZUR KOHLEVERGASUNG ZUM EINSATZ AM STANDORT DATTELN/WALTROP. VORTRAG GEHALTEN IN DER ABTEILUNG RAUMPLANUNG, UNI. DORTMUND AM 18.11.1975

DORTMUND 1975, MASCH.SKRIPT.

WETTER

OHNE SACHGLIEDERUNG

---

932 0 01200 0 0 0

2024-761603

STADT WETTER (RUHR)

*BEBAUUNGSPLAN NR. 1 "FREIHEIT", PLAN UND BEGRUENDUNG

WETTER 12.12.1974

WETTER

RAUMENTWICKLUNG, RAUMPLANUNG

- STADTENTWICKLUNG, STADTPLANUNG, STADTERNEUERUNG, SANIERUNG

---

932 0 0 012 0 0 0

2025-760789

INSTITUT FUER GEBIETSPLANUNG UND STADTENT
WICKLUNG (INGESTA) (1), STADT WETTER (RUHR)
*STADT WETTER AN DER RUHR (6)
ENTWURF EINES GENEHMIGUNGSFAEHIGEN FLAECHEN
NUTZUNGSPLANES F. D. STADT WETTER (RUHR) ALS
ERGEBNIS EINER UNTERSUCHUNG ZUR STADTENTWICK-
LUNGSPLANUNG,
TEIL A: STRUKTURUNTERSUCHUNG
TEIL B: FLAECHENNUTZUNGSPLAN
KOELN 1971

---

932 0 0 012 0 0 0

2026-761600

LANDESENTWICKLUNGSGESELLSCHAFT NORDRHEIN-
WESTFALEN GMBH, PLANERBUERO EINSELE, GLADBECK

*NEUES ZENTRUM WETTER/OBERWENGERN -
STAEDTEBAULICHE ENTWICKLUNGSMASSNAHME

GLADBECK 1972

---

(1)BEARBEITER (2)MITARBEITER (3)HERAUSGEBER (4)REDAKTION (5)PROJEKTLEITUNG (6)AUFTRAGGEBER

BIBLIOGRAPHIE RAUMPLANUNG IM RUHRGEBIET. IRPUD-BIBLIOGRAPHIEN.1. UNIVERSITAET DORTMUND. BL. 254

---

932 0 0 012 0 0 0
2027-761604

STADT WETTER (RUHR)

*ERLAEUTERUNG ZUM FLAECHENNUTZUNGSPLAN

WETTER 1972

---

932 0 0 012 0 0 0
2028-761605

STADT WETTER (RUHR)

*ANTRAG AUF ERLASS EINER RECHTSVERORDNUNG
GEMAESS PARAGRAPH 53 STAEDTEBAUFOERDERUNGS-
GESETZ, STAEDTEBAULICHE ENTWICKLUNGSMASSNAHME
"NEUES ZENTRUM WETTER/OBERWENGERN"

WETTER 1972

93210C 0 012 0 0 0
2029-760977   BB 210/66

GELSHORN WULF, HEIMANN FRIEDRICH W., MIETHKE
WOLFGANG, SCHMAUS BRUNO, WALCHA HENNING (1)

INSTITUT FUER GEBIETSPLANUNG UND
STADTENTWICKLUNG (INGESTA) (3)

*STADTENTWICKLUNGSPLANUNG UND STANDORTPROGRAMM
(BEISPIEL WETTER/RUHR U.A.)

KOELN, OHNE JAHR, KT., ABLAUFSCHEMA

---

932 0 0 012 0 0 0
2030-761614

STADT WETTER (RUHR)

*ERLAEUTERUNG ZUM FLAECHENNUTZUNGSPLAN

WETTER 1974

---

932 0 0 012 0 0 0
2031-761553   BB 082/1

UNIVERSITAET DORTMUND, ABTEILUNG RAUMPLANUNG

*SANIERUNG WETTER/RUHR "ALTE FREIHEIT"
STUDIENPROJEKT A 05, STUDIENJAHR 1974/75

DORTMUND 1975

---

932 0 0 012 0 0 0
2032-761552   BB 082/1

UNIVERSITAET DORTMUND, ABTEILUNG RAUMPLANUNG

*WETTER - NEUES ZENTRUM ?
STUDIENPROJEKT A 04, STUDIENJAHR 1974/75

DORTMUND

---

932 0 0 012 0 0 0
2033-761617

STADT WETTER (RUHR)

*STELLUNGSNAHME ZU DER FALLSTUDIE KOMMUNALER
ENTWICKLUNGSPLANUNG FUER DIE STADTENTWICKLUNG
DER STADT WETTER (RUHR)

WETTER 30.12.1975

---

932 0 0 012 0 0 0
2034-760961

STADT WETTER

*ERLAEUTERUNGSBERICHT ZUM FLAECHENNUTZUNGSPLAN
DER STADT WETTER (RUHR)

WETTER, APRIL 1975

---

932 0 0 012 0 0 0
2035-760654

ABTEILUNG RAUMPLANUNG, UNIVERSITAET DORT-
MUND (3)

*PROJEKT A 05 STUDIENJAHR 1975. SANIERUNG
WETTER "ALTE FREIHEIT"

DORTMUND 1975, 201 S., KARTEN, TAB.

---

932 0 0 012 0 0 0
2036-761595

SCHOOF HEINRICH (5), BECKER JOERG, HOBERG
ROLF, REETZ CHRISTIAN, WEGENER GERHARD (2)

BUNDESMINISTER FUER RAUMORDNUNG, BAUWESEN UND
STAEDTEBAU (6), UNIVERSITAET DORTMUND, IFR

*FALLSTUDIEN ZUR KOMMUNALEN ENTWICKLUNGS-
PLANUNG IN UNTERSCHIEDLICHEN SIEDLUNGS-
RAEUMEN (BEISP.: WETTER, LANDAU, LUEDENSCHEID
TRIER, WUPPERTAL)

DORTMUND 1976, KT., TAB., 2 BDE. (UNV.SKRIPT)

---

(1)BEARBEITER (2)MITARBEITER (3)HERAUSGEBER (4)REDAKTION (5)PROJEKTLEITUNG (6)AUFTRAGGEBER

BIBLIOGRAPHIE RAUMPLANUNG IM RUHRGEBIET. IRPUD-BIBLIOGRAPHIEN.1. UNIVERSITAET DORTMUND.

W E T T E R

INFRASTRUKTUR, VERSORGUNG

- STRASSENVERKEHR, EISENBAHN, SCHIFFAHRT, LUFTVERKEHR

---

932 0 0 041 0 0 0

2037-760790

STADT WETTER AN DER RUHR

*ANALYSE ZUM GENERALVERKEHRSPLAN DER STADT WETTER. TEIL I, ANALYSE FUER DEN KRAFTFAHRZEUGVERKEHR, BD. 1

WETTER (RUHR) 1971

W E T T E R

INFRASTRUKTUR, VERSORGUNG

- BILDUNGSWESEN, SCHULEN, HOCHSCHULEN, MEDIEN, KUNST, KULTUR

---

932 0 0 045 0 0 0

2038-761602

TOMIAK J., KRAUSE J. (1)

STADT WETTER

*AUFGABEN IM SCHULWESEN DER STADT WETTER

WETTER (1970)

W E T T E R

RECHT, VERWALTUNG, POLITIK

- VERWALTUNGSORGANISATION, VERWALTUNGSRATIONALISIERUNG, PLANUNGSORGANISATION

---

932 0 0 056 0 0 0

2039-761613

STADT WETTER (RUHR)

*ALLGEMEINE GESCHAEFTSANWEISUNG DER STADT WETTER

WETTER 29.9.1970

---

932 0 0 056 0 0 0

2040-761615

STADT WETTER (RUHR)

*ORGANISATIONS-UND GESCHAEFTSVERTEILUNGSPLAN

WETTER, STAND 11.6.1971

---

932 0 0 056 0 0 0

2041-761616

STADT WETTER (RUHR)

*HAUPTSATZUNG DER STADT WETTER VOM 14.5.1970

WETTER, STAND 1.4.1974

W E T T E R

RECHT, VERWALTUNG, POLITIK

- TERRITORIALE VERWALTUNGSGLIEDERUNG, REGIONALE UND KOMMUNALE NEUGLIEDERUNG

---

932 0 0 057 0 0 0

2042-761601

STADT WETTER (RUHR)

*BESTANDSAUFNAHME IM RAUM VOLMARSTEIN - WETTER -ZAHLENSPIEGEL ZUR KOMMUNALEN NEUGLIEDERUNG

WETTER 1968

---

(1)BEARBEITER (2)MITARBEITER (3)HERAUSGEBER (4)REDAKTION (5)PROJEKTLEITUNG (6)AUFTRAGGEBER

BIBLIOGRAPHIE RAUMPLANUNG IM RUHRGEBIET. IRPUD-BIBLIOGRAPHIEN.1. UNIVERSITAET DORTMUND. BL. 256

W E T T E R

FINANZWESEN, STATISTIK, KARTOGRAPHIE

- FINANZEN,FINANZPLANUNG,HAUSHALTSWESEN

---

932 0 0 061 0 0 0

2043-761608

STADT WETTER (RUHR)

*MITTELFRISTIGE FINANZPLANUNG FUER DIE JAHRE 1970-1974 UND PERSPEKTIVPLANUNG AB 1975

WETTER 1970

---

932 0 0 C61 0 C C

2044-761609

STADT WETTER (RUHR)

*FORTSCHREIBUNG DER MITTELFRISTIGEN FINANZ-PLANUNG 1971-1975

WETTER 1971

---

932 0 0 061 0 0 0

2045-761610

STADT WETTER (RUHR)

*FORTSCHREIBUNG DER MITTELFRISTIGEN FINANZ-PLANUNG 1972-1976

WETTER 1972

---

932 0 0 061 0 0 0

2046-761611

STADT WETTER (RUHR)

*FINANZPLAN 1973 - 1977
INVESTITIONSPROGRAMM FUER DIE HAUSHALTSJAHRE 1974-1977

WETTER 1973

---

932 0 0 061 0 0 0

2047-761612

STADT WETTER (RUHR)

*INVESTITIONSPROGRAMM UND FINANZPLAN 1974-1978 (ENTWURF)

WETTER 1974

---

932 0 0 061 0 0 0

2048-761607

STADT WETTER (RUHR)

*NACHTRAGSHAUSHALTSSATZUNGEN UND NACHTRAGS-HAUSHALTSPLAENE 1971-1974

WETTER 1972-1975

---

932 0 0 061 0 0 0

2049-761606

STADT WETTER (RUHR)

*HAUSHALTSSATZUNGEN UND HAUSHALTSPLAENE

WETTER 1970-1975

X A N T E N

RAUMENTWICKLUNG, RAUMPLANUNG

- STADTENTWICKLUNG,STADTPLANUNG, STADTERNEUERUNG,SANIERUNG

---

934 0 0 012 0 0 0

2050-761701

BORCHERS GUENTHER, ZIMMERMANN HEINZ, PUETZ HEINZ, HILGERS FRITZ (1)

LANDSCHAFTSVERBAND RHEINLAND, NORDRHEIN-WEST-FALEN,KULTUSMINISTER, LANDESKONSERV. RHEINL.

*XANTEN,EUROPAEISCHE BEISPIELSTADT

KOELN 1975, 153 S.,KT., TAB., ABB., RHEINL.V.

ARBEITSHEFT 9

---

(1)BEARBEITER (2)MITARBEITER (3)HERAUSGEBER (4)REDAKTION (5)PROJEKTLEITUNG (6)AUFTRAGGEBER

XANTEN

RAUMENTWICKLUNG, RAUMPLANUNG

- STADTGESTALTUNG, DENKMALPFLEGE

934 0 0 015 0 0 0

2051-760263

HEER MARIA, KIRSCHBAUM JULIANE (1)

LANDSCHAFTSVERBAND RHEINLAND, (3)

*EINE ZUKUNFT FUER UNSERE VERGANGENHEIT; ZUM EUROPAEISCHEN DENKMALSCHUTZJAHR 1975

KOELN, 1974, 36 S., ABB.

XANTEN

RAUMENTWICKLUNG, RAUMPLANUNG

- LANDSCHAFTSOEKOLOGIE, LANDSCHAFTSPLANUNG

93462562030016 0 0 0

2052-760107   BB 940/1

HIRT FRITZ-HELMUT, (1)

SIEDLUNGSVERBAND RUHRKOHLENBEZIRK, (3)

*SANIERUNGEN IM REGIONALEN GRUENFLAECHENSYSTEM DES RUHRGEBIETES. (BEISPIELE DORTMUND, DUISBURG, OBERHAUSEN, XANTEN)

ESSEN, 1970

IN: SCHRIFTENREIHE DES SIEDLUNGSVERBANDES RUHRKOHLENBEZIRK, 30

5. Registeranhang

5.1. NAMENSREGISTER

ACHILLES F. W.	755
ACKERS WALTER	1960
ADELMANN GERHARD	892
AFFELD DETLEF	1124
AFHELDT HEIK	1644
AGETHEN HEINRICH	1013
AHL GERHARD	573
AHRENS T.	652
ALBRING RAINER	692
ARNDT HELMUT	299
ARRAS HARTMUT	1385
ASCHL A.	1025
BACKHAUS JUERGEN	318
BALDAUF GUENTHER	227 861 848
BALDERMANN UDO	137
BALLHORN FOLKMAR	1949
BALTHASAR JOERG	851
BALZER WOLFGANG	1754 1736 1735 1734
BANDEMER JENS DITHER VON	626
BANKE W.	1976
BANNAUER GERD	1617
BARENBERG MECHTHILD	762
BARON HANNELORE	772
BARON PAUL	771 1494
BARR J.	421
BART JAN	1532
BARTEL GERHARD	1958
BARTELS DIETRICH	1027 1022
BAUER WILHELM	526
BAUMHOFF VOLKER	444
BECKER JOERG	2036
BECKMANN DIETER	1566
BECKMANN THEODOR	882
BEHRENDT PAUL	1532 1531
BENGER HERMANN	1500 766 1494
BENKER	191
BENSBERG GERHARD	229

BENTELE HORST	1093			
BERG H.J.	1737			
BERKOWITZ BERNHARD	341			
BERVE RAGHILD	384	807		
BETH-VON-DER-WARTH	1133			
BEYER WOLFGANG	804	946		
BICKENBACH GERHARD	2014			
BIEKER PETER	2000	2020		
BIERMANN HERBERT	278			
BINDING GUENTHER	1787			
BLACKSELL MARK	698			
BLOCK JOHANNA	1322			
BLOEM C. F.	1762			
BLOTEVOGEL HANS HEINRICH	991	990	975	
BLUME CHRISTOPH	1527			
BOCK HANS-HERMANN	1114			
BOCK PETER JOSEF	1323			
BOEHLE ERIKA	937			
BOERNER	1993			
BOGLER INA	1410			
BOLLEREY FRANZISKA	1309	42	460	458
BONCZEK WILLI	439	598		
BONES E.	1778			
BOOS RUDOLF	1640			
BORCHARD KG	544			
BORCHERS GUENTHER	2050	936	935	
BORCHERS J.	1028			
BORCKE WULF DIETRICH VON	468	473		
BORK KUNIBERT K.	1408			
BORRIES HANS WILKIN VON	326	48		
BORSDORF-RUHL BARBARA	842			
BOSSHARD ROBERT	814			
BOUSTEDT OLAF	1683			
BRACHT W.	994			
BRAUN HERBERT	1495			
BREDE HELMUT	306			
BREPOHL WILHELM	1992			

BRETTSCHNEIDER HARTWIG	2014
BREUER DETLEF	1901
BREUER FRANZ-JOSEF	182
BRINKMANN KARL	1069
BROEKER WINFRIED	546
BROICH F.	664
BROICH P.	1993
BROMANN PETER	863
BRONNY HORST	571
BRUEGGEMANN JOSEF	447
BRUEL MAX	1017
BRUMME KARL	969
BRUNA	1978
BRUNN EKKEHARD	841
BUCHHOLTZ D.	1778
BUCHHOLZ HANNS JUERGEN	928 1008 1007 853 1979 504 572
BUDDE H.	1420
BUECKMANN WALTER	1967
BUEKSCHMITT JUSTUS	1955 1990 1418 1109 1107 1146 1006 931 1528 462
BURBERG PAUL-HELMUTH	87
BURCKHARD H.	775
BURGHARD WOLFGANG	1162
BURGHARDT WERNER	1806
BURGHARTZ	1971
BURKHARD W.	599
BUSCH PAUL	1815 1074 1021
BUSCH WOLFGANG	1430
CATREIN EDITH	2021
CIERNIAK RUTH	1377
CLAUSEN HARALD	23
CLEMENS LOTHAR	1596
COMEL HEINRICH	994
CORDES GERHARD	618 646
COX KARL-HEINZ	1055
CROON HELMUT	1021 883 1095
CURDES GERHARD	436 389 665
CZINKI LASZLO	696 481 480 1217 1033 172 176 174 173
DAEHNE EBERHARD	419

DASCHER OTTFRIED	1299			
DEGE WILHELM	455	329		
DEILMANN HARALD	2014			
DEUBEL OTTO	1724			
DIETRICH ERICH	351			
DIETZ SIEGLINDE	1998			
DITT H.	972			
DOEHLA R.	1169			
DOMINICUS WILHELM	1334			
DOMROES MANFRED	802			
DRESIA WOLFGANG	1477			
DREWE PAUL	686			
DROBNIEWSKI MANFRED F.	709			
DROENNER ERICH	1231			
DRUDE MICHAEL	932			
DUERHOLT HEINZ	47			
DUESTERLOH D.	903			
DUWENDAG DIETER	1042	1963	450	
ECKEY HANS-FRIEDRICH	507			
ECKWERT MANFRED	1300			
EDLER HORST	394	739	737	
EGLAU HANS OTTO	1449			
EICHSTAEDT-BOHLIG FRANZISKA	1949			
EINSELE MARTIN	1980	814	443	440
ELLROTH H.	866			
ELTING TH.	554			
ENNEN EDITH	955			
EPPING GUENTER	1963			
ERASMUS FRIEDRICH KARL	598			
ERNST RAINER W.	1916			
ERNST WERNER	294			
ESCHENBACH HEINZ	1755			
EVERS ADALBERT	859			
EVERT H.J.	1731	1739		
FABRICIUS FRITZ	813			
FAHRENTRAPP	1754			
FECKE FRANZ-BERNHARD	1620			
FEIWEIER ELKE	1340			

FELLERS HEINRICH	1526
FERNAU F.W.	1778
FESTER MARC F.	959
FEY-HAUERWAS JUTTA	1386
FILUSCH BERNHARD	619
FINK KLAUS	955
FINKE LOTHAR	937
FIOLKA JOHANN	937
FISCHER REINHOLD	396
FISCHER W.	963
FLEMING DOUGLAS K.	1306
FOERST WALTER	960 958 987
FOERSTER-BALDENIUS PETER	2006
FOERSTER-BALDENIUS WERNER	1794
FORTMANN HUBERT	2019 1888
FRANZEN DETLEF	1628
FRIEDRICH JULIUS	1026 695
FRITZ HELMUT	1515 1262 1057
FRITZE PETER	1231
FRORIEP SIEGFRIED	967 847 838 837 2018 697 538 738 722 399 397 393 404 377 355 354 375 373 369 362 361 461 472 3
FUDERHOLZ GUENTER	452 681
FUNKE	1974
GABRIEL	1865
GADEGAST JOACHIM	721 733 732 729 713 716 760 753 364 383 382 418 400
GANSAEUER K. F.	316
GARNATZ UTE	1395
GAUL OTTO	968
GEHSE KARL F.	1986
GEISEL BERND	1236
GELSHORN WULF	2029
GERBER JUERGEN	1358
GERNERT WOLFGANG	1642
GEYER	247
GIESENKIRCHEN JOSEF	1654
GLAESSER E.	1794
GOEBEL KLAUS	896
GOELLNER GERD	2020 2000

GOESCHEL WALTER	1068
GOLZ GERHARD	615 606
GOTTHARDT R.	821
GRAUL J.	1729
GREUTER BEAT	768
GROSCHE	1993
GROSCHKE MARLIES	1434
GROSSMANN H.	1101
GRUBENBECHER FRIEDRICH	395
GRUDA GERD	1951
GRUENEKE DETLEF	1986 1132 1258 814
GRUENEKLEE HEINZ GUENTHER	808 471
GRUENEWALD MARIE-LUISE	1798
GRUENSFELDER ERNST	1444
GRUNDMANN GUENTER	1009
GRUNSKY EBERHARD	1328
GUENNICKER F.	585
GUTSMANN W.	1420
GUTZWILLER BEAT	1385
GWOSDEK EVA	1403
HAAS U.	191
HAASE H.-S.	1524
HAASE WILHELM	612
HAENDEL BERND	1235
HAERINGER GEORG	945
HAFEMANN DIETRICH	1074
HAFNER WALTER	1263
HAGEMANN RUDOLF	1849
HAGEN JENS	1384
HAHN HELMUT	953 961
HAHN HUGBERT W.	297
HAHNE KARL	497 625 628
HAIN DOROTHEE	1674
HALL PETER	438
HALLAUER FRIDOLIN	1050 1048 1054
HALSTENBERG FRIEDRICH	939 819 833 835 850 862 402 408 431 500 483 382 381 376 385 383 388 387 386 374 332 597 536 535 19 27 18

HAMERLA HANS-JOACHIM	1473
HAMMER ERICH	1127
HANGEN HERMANN OTTO	937
HANSMANN ULRICH	1667
HANSTEDT WALTER	788 785 784 192
HARDERS F.	657
HARLANDER TILMAN	429
HARMSEN INGE	1376
HARTMANN HANS-GEORG	441
HARTMANN KRISTIANA	460 1309 42 458
HARTMANN PETER	1341
HARTUNG K.	1100
HARTZ LUDWIG	1963 450
HASSELMANN WOLFRAM	563
HAUSEMANN F.	1712
HECKER G.	1799
HECKMANN WILHELM	1018
HEER MARIA	2051
HEIDE H.J. VON DER	310
HEIDERMANN HORST	552
HEIMANN FRIEDRICH W.	665 2029 1075 34
HEINEBERG H.	1979 1982 858
HEINZ INGO	1232 1235
HEITZ RUDOLF	1012
HELLEN J.	25
HELM HANS	1436
HELMICH KURT	656
HENKEL GERHARD	1423
HENNIES-RAUTENBERG HENNING	576
HENZE ANTON	934
HERBER G.	446
HERBER MICHAEL	1643
HERBERMANN CL.	889
HERBERT WILHELM	759
HERINGHAUS PETER	692
HERKER H.	344
HERRMANN W.	650
HESMERT	247

HESSING FRANZ-JOSEF	320 394 390 668 803 797
HEUER JUERGEN H.B.	23
HEUSER MAGDALENE	1413
HIERET MANFRED	1008
HILDENBRAND HANSWERNER	1305 1631
HILGERS FRITZ	2050
HILSINGER HORST	1750
HINTERLEITNER	1975
HINZ WOLFGANG	1212
HIPPER JOERG	1017
HIRSCHFELDER G.	2015
HIRT FRITZ HELMUT	486 475 487
HISCHER URSULA	1851
HISS FRANZ	859
HOBERG ROLF	2036
HOBRECKER HERMANN	633
HOELSKEN DIETER	751 750 745 919 922 1769 1767 1766 1159 1221 1228 457
HOESSE HANS A.	407
HOETKER DIETER	26
HOFF HANS VIKTOR VON	1684 1716
HOGREBE KLAUS	1018
HOHLE P.	1122
HOHNS FRANZ	188
HOLLWEG GUENTER	1357 1380
HOLM FRANZ	1777
HOLTFRERICH CARL-LUDWIG	905
HOMBERGS	1858
HOMMEL MANFRED	1090 298
HOPPE WERNER	1857 2003 2002
HORTZSCHANSKY GUENTER	899
HOSTERT WALTER	996
HOTTES KARLHEINZ	682 539 1009 1008 1007 1748 1750 1749 1074 764
HUETHER JUERGEN	1083
HUETTENBERGER PETER	292
HUFFSCHMID B.	653 602

HUNEKE KLAUS	1052				
ILGEN AUGUST PETER	626				
ILLERS AENNE	1404				
IMHOFF H.-D.	1280	1277			
ISBARY GERD	310	586			
ISENBERG GERHARD	525	351	1656		
JABLONOWSKI HARRY W.	582				
JADEN ERHARD	186				
JAEGER WOLFGANG	324				
JAHNKE	1861				
JAKOB J.	357				
JAKOB JULIUS	353				
JANZIK HANS-JOACHIM	1014				
JARECKI CHRISTEL	541				
JINDRA ZDENEK	1533				
JOEHRENS EGBERT	614				
JUCHO GUENTER	1242				
JUERGENSEN HARALD	590	591	728	366	360
JUNG H.	1420				
JUNGKAMP RESI	1388				
JURETZKA GERD	1784				
KAHN SIEGBERT	1459				
KALENDER RIA	1687				
KASER P.	688				
KASSMANN F.	547	548			
KASTORFF-VIEHMANN RENATE	1354				
KEGEL STURM	825	237			
KEINHORST HERMANN	1843				
KELLNER GUENTER	686				
KEMMER HEINZ-GUENTHER	1466				
KETTENISS BERND	188				
KEUNECKE HELMUT	589	607	568	1244	
KEYSER T.	517				
KIENBAUM GERHARD	532	592	534		
KIJEWSKI ELLINOR	885				
KIRRINIS H.	675				
KIRSCHBAUM JULIANE	2051				

KIRWALD	810									
KIWITZ HANS	1369									
KLEIHUES JOSEF PAUL	459	458								
KLEIN HANS-GUENTER	251									
KLEIN J.	476									
KLEMM WOLFGANG	1130									
KLEMMER PAUL	75									
KLUCZKA G.	45									
KNABE WILHELM	485									
KNOBLICH SIGRID	1853									
KNOLL JOACHIM	1830									
KNOP ERICH	805									
KNUEBEL HANS	495	654								
KOCH	1867									
KOECHLING ANTON	1034									
KOEHLER H. G.	1505									
KOELLER HEINZ	893									
KOELMANN WOLFGANG	973	556								
KOENIG GUENTHER	723	737	943							
KOENIG R.	515									
KOENZEN ALBERT	1760									
KOERBER JUERGEN	1005	846	1086	499	503	482	283	365	372	368
	416	390	417							
KOESTER HANS	196	194								
KOHLHAAS HANS-PETER	1430									
KOISCHWITZ L.	1993									
KOLT WALTER	1980									
KONZE HEINZ	649									
KORTE HERMANN	1508									
KORTE JOSEF WILHELM	1767	1766								
KOSITZKE K.	545									
KRAEMER K. E.	1791									
KRAFT J.	79									
KRAMER W.	1659									
KRAPP FRANZ ROLF	1780	1782								
KRAUS T.	345									
KRAUSE BEATE	1682									
KRAUSE J.	2038									
KRAWITZ JOACHIM	1959									

KREISEL WILFRIED	1235					
KROMBACH UWE	690					
KROME ERICH	1854					
KRUCK ROSWITHA	576	583				
KRUEGERKE	1754					
KRUMME GUENTER	1306					
KRUMMEREY WALTER	1696					
KUCKUCK KARL HEINZ	1497	759	769			
KUECHLER BRIGITTE	1329	1336				
KUECK URSULA	1012					
KUEHNE DIETRICH	1749	1748				
KUEHNE-BUENING LINDWINA	435					
KUEHNEL WALTER	790					
KUEHR HERBERT	1516					
KUENECKE HELMUT	363					
KUEPPERS HANS	33	606	615			
KUEPPERS HERMANN	1353					
KUERTEN WILHELM VON	1719	917	708	469	490	
KUHLMANN BERNHARD	1977					
KUHLMANN CLAUDIA	1378					
KUHNKE HANS - HELMUT	1454	640	639	638	637	
KUKUK PAUL	625	628				
KUNDEL HEINZ	632					
LABS WALTER	720					
LADENDORF HELMUT	356	335				
LAMBERS HANNO	1638					
LAMBERTS WILLI	613	567	557	660		
LANDWEHRMANN FRIEDRICH	681	680	692	1460	818	328
LANG FRITZ	686					
LANGE GERD C.	351					
LANGE HANS-GEORG	606	615				
LANGER HEINZ	226					
LANGKAU JOCHEN	614					
LANGKAU-HEFRMANN	614					
LASPEYRES RENATE	311					
LAUFFS HANS-WINFRIED	434	611	569	546		
LAUX EBERHARD	854	1755	1391	1389	2010	1951

LEHNEMANN W.	1736								
LEIERMANN EMIL	1531								
LENZ WILHELM VON	238								
LEY NORBERT	2								
LEYH MANFRED	411	410	1720	1669	1666	1678			
LICHTE H.	1556								
LIEBERT BERND	580								
LIEBING KLAUS JUERGEN	710								
LIEDTKE HERBERT	1074								
LIESE F.	1028								
LINDEMANN HEINZ D.	856								
LINDEN WALTER	720	727	191	322	307				
LINGNAU JOSEF	1992								
LINGOHR M.	1729								
LINGOHR-WOLBER D.	1729								
LIPP WOLFGANG	1051								
LOCHNER H.	512								
LOEBBE KLAUS	576	583							
LOEFFLER P.	1736								
LOEHR	1782								
LOWINSKI HEINRICH	2005	13	10						
LUCAS EBERHARD	895								
LUDES	1974								
LUDEWIG WILHELM	1807								
LUDWIG KARL-HEINZ	1298								
LUEBBE HERMANN	1247								
LUECKE WERNER	1795								
LUKAS HORST	1350								
LUNTOWSKI GUSTAV	1299								
LUTZ KLAUS-DIETER	1375								
MACHNIK	1943								
MAECKE PAUL ARTHUR	1159	1221	1122	1747	1766	1767	1769	1768	919	922
	751	330							
MAEMPEL ARTHUR	1161	1303							
MALCHUS VIKTOR FRHR VON	72								
MARKHOFF HEINZ	806								
MARKS ROBERT	937								
MARQUARDT UWE	818	681							
MARTIN KLAUS	1959								

MARX DETLEF	671	591	406						
MATTHES U.	1217								
MAUL OTFRIED	1052								
MAUL W.	562								
MAY ERNST	1418								
MAYER-BRUEX HANS	331								
MAYR ALOIS	1053	1982	858	853					
MEIER F.	346	510							
MEIER GUENTER	1442								
MEIER RUDOLF CHRISTOPH	1628								
MEISE R.	61								
MEISTER MANFRED	710								
MELLINGHOFF KLAUS	700	1443	801	800	799	793	791	786	485	479
	478	474	466						
MENGE HANS	1788								
MERGLER	1478								
MERTINS G.	1789								
METZELDER HANS ALWIN	1887								
METZENDORF RAINER	1542								
MEYER F.	485								
MEYER H.	1778								
MEYER K.J.	584								
MEYER RUDOLF	1379								
MEYER-HUEHNERFELD ANNELIESE	396	395							
MEYERHOFF HERMANN	1711								
MEYERS FRANZ	7								
MEYNEN E.	45								
MICHAEL FRITZ	986								
MIETH WALTER-HERIBERT	317								
MIETHKE WOLFGANG	2029								
MITTELBACH HEINZ ARNO	175	395	484	488	701	699	707	704	703
MITTELSTRASS G.	1524								
MOEBITZ HARTMUT	644								
MOELLER WILHELM	997								
MOENNICH HORST	907	908							
MOGGE	1943								
MOHNFELD	1868								
MOMMSEN ERNST WOLF	574								
MONZ HEINZ	826								

MORATZKI J.	1737			
MORGENSTERN WERNER	1513			
MROSZ MAX	754			
MUCZKA NORBERT	1873			
MUEGGE	725			
MUELLER G.	310			
MUELLER GEORG	1647			
MUELLER GERD	615	606	33	
MUELLER GOTTFRIED	1639			
MUELLER HEINZ	932			
MUELLER MARTIN	955			
MUELLER SEBASTIAN	841			
MUELLER URSULA	2008			
MUELLER WOLFGANG	2000	2020		
MUELLER-TRUDRUNG JUERGEN	665	389	1158	
MUENSTERMANN JOERG	1212			
MUTSCHLER ROLAND	1596			
MUTZENBACH HEINZ	686			
MULSS U.	274			
NAUNIN HELMUT	241	823		
NEINHAUS TILLMANN	553			
NEUFANG HEINZ	598	845	225	412
NEUMANN GERHARD	1507			
NIEDERBAEUMER ANNELIESE	1845			
NIEHUSENER WILHELM	1530			
NIEMEIER HANS-GERHART	229			
NOETHLICH KURT	945			
NOLL KURT GUENTER	1473			
NOWATZEK GERD	1959			
NUEDERHAFER	610			
OEHM ELMAR	763	758		
OETER D.	1432			
OFEN VON WALTER	1432			
OFFERMANN JOHANNA	582			
OHDE HEINZ	1804			
OLLENBERG WILFRIED A.	156			
OPPENBERG FERDINAND	951			
OSBURG GERHARD	1487			

OSSARIO-CAPELLA CARLOS	306		
OSSENBUEHL FRITZ	2022		
OTREMBA ERICH	304		
PAETZE ERHARD	1648		
PALASCH HANS-JUERGEN	1653		
PANNENS H.	1737		
PAPE H.	1091		
PAPE SIEGFRIED W.	1916		
PARTZSCH DIETER	1951		
PAULIN MARLIES	1676		
PEITMANN ORTWIN	1233		
PELZER ARNOLD	627		
PERLICK A.	869		
PETER GERD	1235		
PEUCKER	1978		
PFEIFFER HERBERT	2014		
PIEPENBRINK KARL- HEINZ	2006		
POHL HEINRICH	1541		
POTHE ROSEMARIE	1361		
POUNDS N.J.G.	651		
PRACHT CHRISTEL	1397		
PREUSCHEN-LEWINSKI MICHAEL VON	1788		
PRIDIK WEDIG	1944		
PRIGGE MANFRED	305		
PROLL HELGA	686		
PRZYBILLA WLADISLAUS	1536		
PUETZ HEINZ	2050	74	
PURRMANN H.	1228		
RACZKOWSKI E.	1860		
RADDATZ HERBERT	1807		
RADZIO HEINER	685		
RAGSCH	1870		
RATH VOM	948		
RAU JOHANNES	794	215	212
RAUPACH HUBERT	1056		
RECHMANN BERN- HARD	686		
RECKERS STEPHANIE	995		
REETZ CHRISTIAN	2036		

REIMANN BRUNO W.	1056	
REINERS LEO	1710	
REIPS BRIGITTE	1373	
RESCH W.	655	
REULECKE JUERGEN	691	
REUTER CHRISTA	1844	
RICHTER CHARLOTTE	1417 1416 1415 1393 1387	
RICHTER DIETER	890	
RICHTER J.H.WALTER	5	
RITTER GERT	1333 1331	
RITTER ULRICH PETER	901	
ROBASCHIK K. TH.	1318	
ROCHOLL P.	1042	
RODEN GUENTER VON	1400 1405	
ROEMPKE MARGOT	1411	
ROHRER HANSLUDWIG	1959	
ROLFF H.G.	1778	
ROMMEL FRANZ	1406	
RONGE ANNELIESE	1425	
RONNEBERGER FRANZ	32	
ROSENKRANZ BRUNO	686	
ROTH HEINZ-GEORG	1874	
ROTHERMEL MANFRED	1348	
RUECKERT GERD RUEDIGER	141	
RUEHL KONRAD	1938	
RUERUP R.V.	837	
RUGE WOLFGANG	891	
RUHL BARBARA	681	425
RUPPERT H.-RASSO P.	319	
RUSCH	902	
RUST DORIS	1742	
SAENGER HEINZ	1892	
SCHABROD KARL	894	
SCHACKMANN H.	523	
SCHAEFFER HEINZ	1996	
SCHALM BERNHARD	1383	
SCHAWACHT JUERGEN HEINZ	964	
SCHENK HERMANN	661	

SCHENKEL WERNER	1587 1586
SCHIERHOLZ JUERGEN	563
SCHINDELMAYR-REYLE JUTTA	962
SCHMACKE E.	14
SCHMAUS BRUNO	34
SCHMIDT ADOLF	1709
SCHMIDT KLAUS	1409
SCHMIDT RUEDIGER	1463
SCHMIDT-LORENZ R.	485
SCHMIEDGEN JENS-UWE	774
SCHMITZ ALBERT	533
SCHMITZ FRANZ	1212
SCHMITZ GERHARD	1820
SCHMITZ GOTTFRIED	605 550 516 528 527 1615 930 873 2012 427 405 415 413 392 333 12 89
SCHMITZ P.	1099
SCHNAAS HERMANN	588
SCHNEIDER BRIGITTE	1343
SCHNEIDER MANFRED	2006
SCHNUR ROMAN	839
SCHOELER FRIEDRICH WILHELM	733
SCHOELLER PETER	860 853 993 1982 1981 1074 492 509 295
SCHOENFELD HANSKARL	703 699 701
SCHOEPS ANNEMARIE	1368
SCHOLAND HILDEGARD	1059
SCHOLZ GERHARD	1366 1365 1364 1363 1362 1360 321
SCHOMERS MANFRED	1788
SCHOOF HEINRICH	2036
SCHRAEDER HEINRICH	1527
SCHRAEDER WILHELM F.	1916
SCHREYOEGG ELFRIEDE	1213
SCHROEDER HORST	1489
SCHROEDER JOHANNES	1540
SCHROEDER JOSEF	514
SCHROETER BERTRAM	815
SCHUCH PAUL- GERHARD	1235
SCHUELER JOERG	683
SCHUETTLER A.	274
SCHULTE EDUARD	1004

SCHULTE-VORHOFF	1866									
SCHULTZE-RHONHOF FRIEDRICH-C.	313									
SCHULZ MANFRED	1399									
SCHULZ PETER	1776									
SCHULZ THORSTEN	1018									
SCHULZ VOLKHARD	1235									
SCHULZE RENATE	1512									
SCHULZKE HENNING	702									
SCHUNDER FRIEDRICH	915									
SCHWARZ KARL	136									
SDANOWITZ MANFRED	1132									
SEIBRING SIGRID	1345									
SEIDENFUS HELMUTH STEFAN	323									
SEIDENSTICKER W.	1420									
SIEBURG OTTO	1710									
SIEDENTOPF HEINRICH	1701	1700	1699	1835	1838	1864	1802	1801	1097	
SIEKMANN KURT	1806	1795								
SIMONEIT WOLFGANG	1959									
SMOCK HANS-WOLFGANG	1848									
SOMBART NICOLAUS	30									
SONNENSCHEIN ULRICH	566	608								
SPANTZEL W.	1420									
SPETHMANN HANS	838									
SPIEGEL ERIKA	767									
SPIELHOFF ALFONS	1311									
SPOERHASE ROLF	876									
SPORBECK OTTO	937									
STACHE HEINZ	1693									
STAHL LEO	82									
STAMM KARL-ERNST	970									
STAUDTE WERNER	718									
STEFFEN FRIEDRICH	1841	1840	1839							
STEFFENS BERTRAM	757									
STEINBERG HEINZ GUENTHER	502	501	494	342	445	872	888	887	886	912
	911	531								
STEINER ALBERT HEINRICH	1988									
STEINHAUER GERHARD	910	327								
STEINHAUS KURT	419									

STEINISCH IRMGARD	1783								
STEITZ WALTER	906								
STIERAND RAINER	814	841	1258						
STOLZENWALD RALF	700								
STORBECK ANNA CHRISTINE	243								
STUERMER WILHELMINE	1385								
STUMPFL	1993								
SYRING HUBERT	1068								
TERBOVEN TH.	601								
THEILE FRANK	1063								
THIELE WILHELM	1131								
THIEME WERNER	1926								
THIEMER ERICH	1492	740	749						
THOMA WERNER	1496								
THOMSEN H.G.	1731								
TIEDE WOLFGANG	1371								
TIEDEMANN JUERGEN	2000	2020							
TIETZSCH KARL HEINZ	336	347	358	352	1723				
TIMM WILLY	1637								
TIPPELSKIRCH U. VON	623								
TCMIAK J.	2038								
TREPTOW O.	636								
TREUE WILHELM	1786	1785							
TURKOWSKI WALTRAUD	1852								
UEBBING HELMUT	1786	782							
UEBERSCHAER M.	1767	1766							
ULLRICH WOLFGANG	226								
UMLAUF G.	1320								
UMLAUF JOSEF	820	834	909	349	350	339	343	334	359	6
	8	43							
UNGER ARMIN	75								
UNGEWITTER RUDOLF	337	465	463	787					
UTERMANN WILHELM	519								
VAN-DEN-BERG PETER	1335								
VENGHAUS CHRISTINE	444								
VETTER ROBERT	1949								
VIEREGGE R.	450								
VOGEL ANNELIESE	1352								

VOHWINKEL K.-MARTIN	1671							
VOIGT GERHARD	728							
VOPPEL GOETZ	44							
WAELTER ERICH	744							
WAFFENSCHMIDT	367							
WAGNER A.	1971							
WAGNER ERIKA	1333	1331						
WAGNER MEINHARD	1112	815						
WALCHA HENNING	2029							
WALCHSHOEFER JUERGEN	1968							
WALDE KLAUS-PETER	1653							
WALITZKA KARLHEINZ	1349							
WALLNER MANFRED	692							
WALLRAFF GUENTER	1384							
WALTER A.	1878							
WALTER FRIEDRICH	634	56						
WALTER H.	673							
WALTHER HORST DIETER	614							
WANGENHEIM HANS WILHELM FREIH.	423							
WARNEKE	1859							
WEBER	2009							
WECH GEROLD	459							
WEDEL HUBERTA VON	2000	2020						
WEGENER GERHARD	2036							
WEGENER W.	1860							
WEHNER BRUNO	921	920	925	924	923	748	747	743 756
WEINBERGER G.	1015							
WEINHEIMER JOHANNES	10							
WEINZIRL KLAUS	778							
WEIS DIETER	1003	1478	542					
WEISS ADOLF	1755							
WEISS ALFRED	841	1997						
WELLENDORF INGE	1075							
WELS HANS-GEORG	549	560						
WEMPER J.	1557							
WENZEL HANS-JOACHIM	1931							
WERNER ERICH	1051							
WERNER GERHARD	1235							

WERNER HERMANN	1961						
WESTPHAL JOACHIM	1229						
WICHELHAUS KLAUS.	896						
WIEGAND JUERGEN	1644						
WIEL PAUL	900	904	884	522	521	529	302
WIEMANN ULRICH	1402						
WIENEN HORST-JUERGEN	1072						
WIERLING LUDGER	840	679	669				
WIGGEN JOACHIM	667						
WILD HEINZ WALTER	1502						
WILKENS MANFRED	1788						
WINTERFELD LUISE V.	1296						
WIRTZ PAUL	1532						
WIRZ HANS	1628						
WITTICH WILHELM VON	2000	2020					
WITTMANN BERNHARD	1511						
WITTWER GEORG	1991						
WOEHLERT HANS	2006						
WOLCKE IRMTRAUD-DIETLINDE	1023						
WOLF FRED	1807						
WOLF REINHARD	197						
WOLFF HORST	1311						
WOLTER	1782						
WOLTER FRANK	663						
WOLTER HANS	543						
WOLTER HANS-JOACHIM	1773						
WRAGE VOLKHARD	1952						
WUESTER GERHARD	1828	1494	1230	770			
WURMS CHRISTOPH	841						
WURZER RUDOLF	351						
WYNEN BARBARA	1355						
ZAHN ERICH	1988	717	715				
ZANDER MANFRED	1477	1478					
ZIEMER ERNST	836						
ZIERIS ERNST	1051						
ZIEROLD HORST	433						
ZIMMERMANN HEINZ	2050						
ZIRANKA JOSEF	524						

ZISCHKA A.	391
ZLONICKY MARLENE	442 1959 849 1726 1432
ZLONICKY PETER	1726 1788 849 1959 442
ZORN WOLFGANG	954 961
ZSCHOCH	1974
ZSCHOERNER HELMUT	1901
ZUEHLKE WERNER	434 379 679 678 677 696
ZURWEHN ULRICH	667

2. INSTITUTIONENREGISTER

Bundesinstitutionen

Institution	Seiten
Bundesanstalt für Arbeitsvermittlung und Arbeitslosenversicherung	600
Bundesministerium der Justiz	230
Bundesministerium für Arbeit und Sozialordnung	52 55 57 58 59 70
Bundesministerium für Bildung und Wissenschaft	1059 1083 1830 1901
Bundesministerium für Raumordnung, Bauwesen und Städtebau	435 2036
Bundesministerium für Verkehr	726
Bundesministerium für Verkehr, Abteilung Straßenbau	182
Bundesministerium für Wirtschaft und Finanzen, Referat Presse und Information	86
Deutscher Bundestag	81
Institut für Landeskunde, Zentralarchiv für Landeskunde, Bundesanstalt für Landeskunde und Raumforschung	1648
Ministerium für Bundesangelegenheiten	28 278
Statistisches Bundesamt Wiebaden	71 139 261

Landesinstitutionen

Institution	Seiten
Land Nordrhein-Westfalen	56 256 302 1246
Nordrhein-Westfalen, Arbeitsgemeinschaft für Rationalisierung	640
Nordrhein-Westfalen, Innenminister	250 277 855 949 1646 1726
Nordrhein-Westfalen, Institut für Landes und Stadtentwicklungsforschung	75
Nordrhein-Westfalen, Kultusminister	212 213
Nordrhein-Westfalen, Landesamt für Datenverarbeitung und Statistik (bis 1973: Statistisches Landesamt)	37 38 39 41 49 50 51 54 62 63 64 65 66 67 68 69 73 76 88 91 92 93 94 95 96 97 98 99 100 101 102 103 104 105 106 107 108 109 110 111 112 113 114 115 116 117 118 119 120 121 122 123 124 125 126 127 128 129 130 131 132 133 134 135 140 142 143 144 145 146 147 148 149 150 151 152 153 154 155 157 161 162 163 164 165 166 167 168 169 170 171 178 179 180 183 184 185 189 191 201 202 203 204 205 206 207 208 209 211 215 216 217 218 219 220 221 240 242 244 245 246 248 252 253 254 257 258 259 260 262 263 266 267 268 269 270 271 272 275 276 279 281 286 287 288 289 290 291 292 325 676 868 929 950 966 982 983 1000 1001 1921 1927 1929 1935 1937 1938 1941 1942 1945 1954
Nordrhein-Westfalen, Landesamt für Forschung	552
Nordrhein-Westfalen, Landesregierung	9 15 16 20 21 24 27 199 223 232 409
Nordrhein-Westfalen, Landesvermessungsamt	195 273 795 796 1381
Nordrhein-Westfalen, Landtag	80 90 224 231 233 234 235 236 238 1039
Nordrhein-Westfalen, Minister für Arbeit, Gesundheit und Soziales	158 159 692
Nordrhein-Westfalen, Minister für Ernährung, Landwirtschaft und Forsten	200
Nordrhein-Westfalen, Minister für Ernährung, Landwirtschaft und Forsten, Landesausschuß für landwirtschaftliche Forschung, Erziehung und Wissenschaftsberatung	86 265

Nordrhein-Westfalen, Minister für Landesplanung, Wohnungsbau und öffentliche Arbeiten	10 631 977 1043 1045 1049 1688
Nordrhein-Westfalen, Minister für Landesplanung, Wohnungsbau und öffentliche Arbeiten, Landesplanungsbehörde	280
Nordrhein-Westfalen, Minister für Wirtschaft, Mittelstand und Verkehr	60 84 190
Nordrhein-Westfalen, Ministerpräsident	17 22 45
Nordrhein-Westfalen, Staatliche Archive	282
Nordrhein-Westfalen, Staatshochbauamt, Stadt Dortmund	1250
Nordrhein-Westfalen, Staatskanzlei	524 1920 1946

Sonstige überörtliche Fach- und Sonderverwaltungen

Bezirksstelle für Naturschutz und Landschaftspflege im Bereich der Landesbaubehörde Ruhr	469 917
Emschergenossenschaft	779
Landeskonservator Rheinland	935 936 1328 1407
Landesplanungsgemeinschaft Westfalen	979 980
Landschaftsverband Rheinland	1370 1772
Landschaftsverband Rheinland, Referat für Landschaftspflege	937 2051
Landschaftsverband Westfalen-Lippe, Straßenbauverwaltung	976
Lippeverband	781
Ruhrverband, Ruhrtalsperrenverein	780
Siedlungsverband Ruhrkohlenbezirk	26 30 31 32 35 181 239 294 301 303 307 320 321 322 323 330 335 340 348 350 351 352 356 360 366 370 380 395 396 403 406 414 420 422 424 426 432 436 437 457 470 476 477 485 486 487 488 491 503 506 525 526 544 546 569 580 590 591 609 646 649 665 666 671 677 678 679 680 681 684 686 700 707 719 720 727 728 730 734 735 736 740 743 745 746 747 748 751 754 756 765 783 789 792 798 811 816 820 824 827 830 839 841 842 844 870 874 875 877 878 880 881 904 914 919 920 921 922 923 924 925 1019 1020 1036 1037 1040 1147 1238 1330 1640 1641 1644 1652 1879 1880 1895 1896 1992 2052
Wasser- und Schiffahrtsdirektion Münster	714

Städte

Stadt Bochum	1010 1028 1042
Stadt Bochum, Amt für Statistik und Stadtforschung	1016 1018 1024 1030 1031 1032 1058 1065 1066 1067 1071 1072
Stadt Bochum, Arbeitsgruppe Stadtentwicklungsplanung	1011
Stadt Bochum, Arbeitsgruppe Umweltschutz	1038
Stadt Bochum, Planungsamt	1068
Stadt Bochum, Schulverwaltungsamt	1060
Stadt Bottrop, Stadtplanungsamt	1076
Stadt Bottrop, Stadtplanungsamt, Abteilung Verkehr	1082
Stadt Bottrop, Stadtverwaltung, Jugendamt	1081
Stadt Castrop-Rauxel	1096 1097 1098 1394 1699 1700 1801 1802 1835 1836

Stadt Castrop-Rauxel, Amt für Stadtentwicklung, Statistik und Wahlen	1089
Stadt Dortmund	1259 1277 1278 1279 1280 1281
Stadt Dortmund, Amt für Statistik und Wahlen	138 296 1139 1140 1141 1148 1150 1151 1152 1153 1154 1155 1156 1166 1167 1168 1169 1171 1173 1174 1175 1176 1177 1178 1179 1180 1181 1182 1184 1185 1186 1187 1188 1191 1192 1193 1194 1195 1197 1198 1199 1200 1201 1202 1203 1204 1205 1206 1207 1208 1209 1210 1211 1214 1215 1220 1222 1223 1248 1260 1264 1265 1266 1267 1268 1269 1270 1271 1272 1273 1274 1275 1282 1283 1284 1285 1286 1287 1288 1289 1290 1291 1294 1308 1314 1315
Stadt Dortmund, Arbeitsgruppe für Stadtentwicklungsplanung	1120
Stadt Dortmund, Kulturamt	1311
Stadt Dortmund, Oberstadtdirektor	1136 1218
Stadt Dortmund, Schulverwaltungsamt	1241 1245
Stadt Dortmund, Stadtamt für Wohnungswesen	1142
Stadt Dortmund, Stadtarchiv	1299
Stadt Dortmund, Stadtplanungsamt	1109 1146
Stadt Dortmund, Vermessungs- und Katasteramt	1127 1293
Stadt Duisburg	1324 1356 1414
Stadt Duisburg, Amt für Statistik und Wahlen	1387 1393 1415 1416 1417
Stadt Duisburg, Neuordnungsbüro	1390 1392
Stadt Duisburg, Oberstadtdirektor	1360 1362 1363 1364 1365 1366 1382
Stadt Duisburg, Planungsamt	1359
Stadt Duisburg, Stab für kommunale Entwicklungsplanung	1325 1385
Stadt Duisburg, Vermessungsamt	1396
Stadt Duisburg, Volkshochschule	1335
Stadt Essen	1420 1517 1518 1520 1544
Stadt Essen, Amt für Entwicklungsplanung	1429 1441 1452 1477 1478 1479 1480 1488 1490
Stadt Essen, Amt für Entwicklungsplanung, Arbeitsgruppe Standortprogramme	1431
Stadt Essen, Amt für Statistik und Wahlen	1475 1514 1521 1522 1523 1543 1550
Stadt Essen, Arbeitsamt	1447 1547
Stadt Essen, Bäderamt	1491
Stadt Essen, Dezernat für Stadtentwicklung	1421 1422
Stadt Essen, Integrierter Arbeitskreis "Schulentwicklungsplanung"	1509
Stadt Essen, Presse- und Informationsamt	1545 1551 1554
Stadt Essen, Stadtkämmerei	1519
Stadt Essen, Stadtplanungsamt, Oberstadtdirektor	1474 1486
Stadt Essen, Vermessungs- und Katasteramt	1525 1526
Stadt Gelsenkirchen	508 570 1560 1561 1564 1565 1568 1570 1573 1574 1576 1578 1583 1584 1585 1589 1590 1591 1592 1593 1598 1599 1600 1602 1605 1606 1607 1608 1609 1612 1613 1619
Stadt Gelsenkirchen, Amt für Stadtentwicklungsplanung	1569 1572 1575 1579 1581 1582
Stadt Gelsenkirchen, Amt für Statistik und Wahlen	1597 1601

Stadt Gelsenkirchen, Gesundheitsamt, Beauftragter für Umweltschutz	1588
Stadt Gelsenkirchen, Oberstadtdirektor	1611
Stadt Gelsenkirchen, Stadtplanungsamt	1558 1559 1562 1577
Stadt Gladbeck, Schuldezernat	1618
Stadt Gladbeck und Institut Gewerbebetriebe im Städtebau	1617
Stadt Hagen	1625 1634 1636
Stadt Hagen, Oberstadtdirektor	1627 1632
Stadt Hamm, Schulverwaltung	1645
Stadt Herne	1649 1651 1662 1668 1672 1675 1685 1686 1694 1695 1697 1698 1702 1703 1704 1705 1706 1708 1713 1721 1722 1814
Stadt Herne, Oberstadtdirektor	1663 1664
Stadt Herne, Stadtplanungsamt	1655 1660 1673 1689 1691 1692 1714
Stadt Herne, Stadtverwaltung	1701 1838
Stadt Lünen	1753 1759
Stadt Lünen, Amt für Statistik und Wahlen	1741 1744
Stadt Lünen, Oberstadtdirektor	1725 1730 1745
Stadt Lünen, Stadtentwicklungsamt	1729 1748 1749 1750
Stadt Lünen, Volkshochschule	1754
Stadt Mülheim an der Ruhr	1765 1770 1771 1774
Stadt Mülheim an der Ruhr, Amt für Statistik und Wahlen	1779
Stadt Mülheim an der Ruhr, Aufbaugemeinschaft Stadtmitte II IDUNA	1761
Stadt Mülheim an der Ruhr, Oberstadtdirektor	1762 1763 1773 1776 1778
Stadt Mülheim an der Ruhr, Verkehrsbetriebe	1768 1769 1784
Stadt Oberhausen	1788
Stadt Recklinghausen	1804 1943
Stadt Recklinghausen, Oberstadtdirektor, Vermessungsamt	1805
Kreis Recklinghausen, Statistisches Amt	1947 1948
Kreis Recklinghausen, Kreisverwaltung	1944
Stadt Wanne-Eickel	1808 1809 1811 1812 1813 1817 1818 1822 1823 1825 1831 1833 1837 1842 1847 1850 1855
Stadt Wanne-Eickel, Stadtwerke	1821 1826
Stadt Wattenscheid	1863 1864
Stadt Witten, Amt für Statistik	308 309 1875 1876 1882 1883 1884 1885 1886 1889 1890 1891 1893 1894 1897 1898 1899 1902 1903 1904 1905 1906 1907 1908 1909 1911 1912 1913 1914 1915 1916 1917 1918 1919
Stadt Dorsten	1971 1974 1976
Stadt Dorsten, Rat / Amt für Wirtschaft und Verkehr	1969 1973

Stadt Dorsten, Planungsamt, Amt Hervest-Dorsten	1994 1995
Stadt Dorsten, Statistisches Amt, Amt Hervest-Dorsten	1999
Stadt Hattingen	853 1981 1982
Gemeinde Kirchhellen	2002 2003
Stadt und Amt Marl	43
Stadt Moers, Amt für Strukturverbesserung	1936 1939 1940
Stadt Rheinhausen, Stadtdirektor	2009
Stadt Schwelm, Ennepe Ruhrkreis, Kreisverwaltung Schwelm	1923 1924 1928
Stadt Straelen	2014
Kreis Unna, Kreistag	857 1953
Stadt Wetter	2024 2027 2028 2030 2033 2034 2037 2038 2039 2040 2041 2042 2043 2044 2045 2046 2047 2048 2049

Politische Organisationen

Bund-Länder-Kommission für Bildungsplanung	214
CDU - Essen	1419 1485
CDU - Essen, Junge Union	1428 1483
Deutscher Städtetag	222
Deutscher Städtetag, Nordrhein-Westfalen	7
Nordrhein-westfälischer Städtebund	390
SPD - Essen, Ortsverein Karnap	1484

Gewerkschaften

DGB, Landesbezirk Nordrhein-Westfalen	445 502 537 888
Gewerkschaft Erziehung und Wissenschaft, Landesvorstand Nordrhein-Westfalen	1249

Institutionen der Wirtschaft

Wirtschaftsverbände

Deutscher Verband für Wohnungswesen, Städtebau und Raumplanung e. V.	29 284 441 448
Deutscher Verband für Wohnungswesen, Städtebau und Raumplanung, Landesgruppe Nordrhein-Westfalen	336 852
Gelsenkirchener Bergwerks-Aktiengesellschaft	361 1161 1302
Industrie- und Handelskammer Bochum	564 565
Industrie- und Handelskammer Dortmund	300 363 381 513 536 561 562 567 589 655 1149 1160 1312 1316
Industrie- und Handelskammer Duisburg	255 867
Industrie- und Handelskammer für die Stadtkreise Essen, Mülheim/Ruhr und Oberhausen zu Essen	581 593 610 641 650 717 721 775 806 1496 1552 1775 1791
Industrie- und Handelskammer Hagen, Remscheid, Solingen und Wuppertal	374 556 1629

Industrie- und Handelskammern des Ruhrgebietes	587 603
Sozialdemokratische Gemeinschaft für Kommunalpolitik in Nordrhein-Westfalen	251 585
Steinkohlenbergbauverein	77 627
Unternehmensverband Ruhrbergbau	520
Verein Deutscher Eisenhüttenleute	661
Verband Deutscher Ingenieure (VDI)	461 467 733
VGB - Technische Vereinigung der Großkraftwerksbetreiber	1449 1471 1533 1537 2015

Firmen

Agrar- und Hydrotechnik GmbH	176 1217
Deutscher Kohlenverkauf Essen	621
Deutsches Institut für Wirtschaftsforschung	160
Friedrich Krupp GmbH	1467 1546
Gesellschaft für Wohnungs- und Siedlungswesen, Hamburg (GEWOS)	1326 2006
Hoesch AG	658 908 1122 1138 1159 1164 1165 1221 1228 1307 1313
Hochtemperatur - Kernkraftwerk GmbH	2017
Hochtief Aktiengesellschaft für Hoch- und Tiefbauten, Essen	1472 1549 1555
Intertraffic GmbH	1819
Landwirtschaftskammer Rheinland	940
Landwirtschaftskammer Westfalen-Lippe in Münster	974
Niederrheinische Industrie- und Handelskammer	198 237 400 599 785 942 943 1317
Organisation for Economic Cooperation and Development	1433 1530
RWE - Rheinisch-westfälische Elektrizitätswerke AG	1501 1553
Rheinisch-westfälisches Institut für Wirtschaftsforschung, Essen	530 557 579 583 613 617 619 660 672 866 918
Ruhrkohle AG	1453 1458 1461 1548 1539
Sparkasse der Stadt Herne	1718
Wanne- Herner Eisenbahn und Hafen GmbH	1690 1827
Wirtschaftsförderungsgesellschaft für den Kreis Unna mbH und Kreisverwaltung Unna	1949
Wirtschaftsvereinigung Eisen- und Stahlindustrie	659
Wohnstätten AG	1972
Wohnungsgesellschaft Ruhr-Niederrhein mbH, Essen	453 1437

Wissenschaftliche Institutionen

Aachen, Rheinisch-Westfälische Technische Hochschule	317 340 1337 1354 1731
Aachen, Rheinisch-Westfälische Technische Hochschule, Institut für Stadtbauwesen	413 415 418 550 605 750 760 930
Aachen, Rheinisch- Westfälische Technische Hochschule, Kooperierende Lehrstühle für Planung	1666
Aachen, Rheinisch-Westfälische Technische Hochschule, Projektgruppe Städtebau	1733
Akademie für Raumforschung und Landesplanung	1 36 46 48 136 137 295 427 494 509 834 860 886 901 909 954 971 975 991 995 1087 1090
Berlin, Humboldt Universität, Institut für Allgemeine Geschichte	893

Berlin, Technische Universität	186
Bochum Ruhruniversität	507 608 618 981 989 990 1063 1070 1276 1297 1341 1344 1388 1567 1604 1610 1790 2008
Bochum Ruhruniversität, Arbeitsgemeinschaft Wohnungswesen, Stadtplanung und Raumordnung	23 451 683 1106 1158
Bochum, Ruhruniversität, Geographisches Institut	365 1005 1007 1008 1009 1035 1074
Bochum, Ruhruniversität, Institut für Arbeitssoziologie und Arbeitspolitik	818
Bonn, Universität, Institut für Agrarpolitik und Marktforschung	346
Bonn, Universität, Institut für geschichtliche Landeskunde der Rheinlande	955
Bonn, Universität, Landwirtschaftliche Fakultät	358 711 882
Bonn-Bad-Godesberg, Institut für Raumordnung	13 197 334 383 551 682 858
Braunschweig, Pädagogische Hochschule	1338 1361 1378 1395 1398
Deutsche Akademie für Städtebau und Landesplanung, Landesgruppe NW	12 832 969 1614 1615
Deutsche Verkehrswissenschaftliche Gesellschaft/ zentrale Informationsstelle für Verkehr	944 1078
Deutscher Geographentag	345 417 501 887 1002 1003 1022
Deutscher Rat für Landespflege, Bonn	847
Dortmund, Fachhochschule, Fachbereich Architektur	1012 1017 1737
Dortmund, Universität	1500
Dortmund, Universität, Abteilung Bauwesen	458
Dortmund, Universität, Abteilung Raumplanung	428 430 433 444 555 577 616 689 706 709 710 773 774 812 843 1013 1014 1077 1079 1084 1115 1116 1117 1118 1119 1123 1125 1126 1128 1129 1130 1131 1132 1133 1134 1135 1137 1143 1144 1170 1224 1225 1227 1230 1231 1233 1234 1236 1251 1254 1255 1261 1263 1327 1347 1424 1426 1434 1435 1494 1527 1616 1620 1622 1623 1624 1630 1635 1707 1727 1740 1752 1828 1871 1873 1874 1877 1881 1900 1922 1933 1934 1950 1956 1957 1958 1983 1984 1985 1996 1997 2001 2004 2013 2019 2031 2032
Dortmund, Universität, Institut für Raumplanung/	1232 1235
Duisburg, Pädagogische Hochschule Ruhr, Abteilung Duisburg	885 1322 1329 1336 1342 1343 1353 1371 1372 1373 1383 1397 1402 1404
Duisburg, Pädagogische Hochschule Ruhr, Abteilung Essen	1358 1368
Duisburg Gesamthochschule	670 1345 1349 1355 1375 1377 1379 1403
Essen, Gesamthochschule	999
Essen, Gesamthochschule, Fachbereich Architektur, Fachrichtung Städtebau und Landesplanung	1473
Forschungsinstitut der Friedrich-Ebert-Stiftung	1056
Gesellschaft für wirtschafts- und verkehrswissenschaftliche Forschung	324
Gießen, Universität, Geographisches Institut	1399 1931 1932
Hannover, Technische Universität	468 1487 1580
Hannover, Technische Universität, Lehrstuhl und Institut für Verkehrswesen, Eisenbahnbau und -betrieb	1055 1229 1256 1493
Institut für Geschichtswissenschaften beim ZK der SED, Lehrstuhl für Geschichte der Arbeiterbewegung	899
Institut für Sozialwissenschaftliche Forschung	419
Kiel, Universität, Geographisches Institut	1023

Köln, Pädagogische Hochschule	1410
Köln, Universität	941 962 1332 1339 1348 1350 1369 1412 1444
Kommission für wirtschaftlichen und sozialen Wandel	434
List - Gesellschaft	393 626
Mannheim, Universität	1892
Marburg, Universität	311 541
München, Technische Universität, Lehrstuhl für Raumforschung und Landesplanung	1639 1925
Münster, Pädagogische Hochschule	2021
Münster, Westfälische Wilhelms-Universität	612 644 762 1298 1671 1887
Münster, Westfälische Wilhelms-Universität, Forschungsstelle für Siedlungs- und Wohnungswesen	514
Münster, Westfälische Wilhelms-Universität, Institut für Siedlungs- und Wohnungswesen	11 40 156 563 1963
Münster, Westfälische Wilhelms-Universität, Institut für Verkehrswissenschaft	533 656 741 761
Neuss, Pädagogische Hochschule Rheinland, Abteilung Neuss	1346 1411
Nürnberg, Universität, Wirtschafts- und sozialgeographisches Institut	319
Rheinischer Verein für Denkmalpflege und Landschaftsschutz	965
Provinzialinstitut für westfälische Landes- und Volkskunde	972
Seminar Stiftung Volkswagenwerk, Stipendiaten der Stiftung Mitbestimmung	1046
Tübingen, Universität	313
Wissenschaftlicher Verein für Verkehrswesen, Essen	738 766 767 768 770 771 772

<u>Beratungsfirmen und Planungsbüros</u>

Arbeitsgemeinschaft deutscher wirtschaftswissenschaftlicher Forschungsinstitute e. V.	312 578
BBE - Unternehmensberatung Nordrhein, Gelsenkirchen-Buer	1571
Emnid - Institut	705 1216 1657 1658 1746
Gesellschaft für Industrie- und Werbeberatung mbH	1448
IFO - Institut für Wirtschaftsforschung	305 306 318
Ingenieurbüro für Verkehrsprognose und Verkehrsplanung (IVV)	1226
Ingenieurbüro Wenssing	247 1987
Institut für angewandte Sozialwissenschaften (INFAS)	1113 1189 1190 1212
Institut für angewandte Sozialwissenschaften (INFAS), Abteilung für Regionalgeschichte	1321 1351
Institut für Entwicklungsplanung (IFE)	1110 1111 1157 1183 1219 1237 1243
Institut für Gebietsplanung und Stadtentwicklung, Köln (INGESTA)	1970 2025
Institut für Regionale Bildungsplanung (vormals Arbeitsgruppe Standortforschung)	1594 1595 1596
Institut für Stadt- und Regionalentwicklung, Arbeitskreis für Stadtentwicklungsplanung	1603
Institut für Wohnungs- und Planungswesen, Köln	1723 1998

Institut Gewerbebetriebe im Städtebau	389 594 1075 1080 1093 1661 1679 1681 1743
Internatinal Institute of Urban Studies, Israel	1108 1240
Landesentwicklungsgesellschaft Nordrhein-Westfalen für Städtebau, Wohnungswesen und Agrarordnung GmbH, Dortmund (LEG)	2026
Landesentwicklungsgesellschaft NW und Planerbüro Zlonicky	1088 1665 1796 1812
Media Markt Analysen, Frankfurt/Main	1196 1252
Nederlands Economic Instituut Rotterdam (NEI)	85 522 576 900
Neue Heimat, Gemeinnützige Wohnungs- und Siedlungsgesellschaft mbH	1439 1728
Planerbüro Martin Einsele	1335
Planerbüro Nolte-Hüther, Städtebau und Landespflege, Osnabrück	1978
PROGNOS	1121
PROGNOS, Abteilung Stadtentwicklung und Regionalplanung	1628 1643
WIBERA -Wirtschaftsberatungs-AG, Wirtschaftsprüfungs-, Steuerberatungsgesellschaft, Düsseldorf	177 1755 1756 1757 1834 1951 2000 2020

Sonstiges

Aktion gegen Umweltzerstörung e. V., Kreisverband für Umweltschutz, Essen	1482 1506
Bürgergemeinschaft Wanne-Eickel e. V.	1824
Treuhandstelle für Bergmannswohnstätten im Rheinisch-Westfälischen Steinkohlenbezirk GmbH, Essen	449 454 456 913 1438 1738 1751
Evangelische Akademie Rheinland-Westfalen	1432
Gesellschaft der Freunde der Ruhruniversität Bochum	1073
Gesellschaft für Heimatkunde Wanne-Eickel	1856
Gesellschaft für westfälische Wirtschaftsgeschichte e. V.	647 905
Harkort Gesellschaft e. V., Hagen	1626 1631
Initiative für eine Gesellschaft zur Unterstützung der Volkskämpfe, Dortmund	693 864
Statistik der Kohlenwirtschaft e. V., Essen	643 645 927
Verein für Kommunalwissenschaften, Berlin	835
VHS - Arbeitskreis für Umwelt und Heimat	1736
Westfälischer Heimatbund	571